서양근대철학의 열가지 쟁점

서양근대철학의 열가지 쟁점

초판 1쇄 발행 • 2004년 9월 20일
초판 9쇄 발행 • 2023년 3월 23일

지은이 • 서양근대철학회
펴낸이 • 강일우
편집 • 염종선 김경태 인혜경 신선희
미술·조판 • 윤종윤 정효진 신혜원 한충현
펴낸곳 • (주)창비
등록 • 1986년 8월 5일 제85호
주소 • 10881 경기도 파주시 회동길 184
전화 • 031-955-3333
팩시밀리 • 영업 031-955-3399 편집 031-955-3400
홈페이지 • www.changbi.com
전자우편 • human@changbi.com

ⓒ 서양근대철학회 2004
ISBN 978-89-364-8316-6 03160

서양근대철학회 지음

서양근대철학의 열가지 쟁점

창비

책머리에

화이트헤드는 『과학과 근대세계』에서 서양의 17세기를 '천재들의 세기'라 부른다. 그는 17세기에 살았던 천재 12명의 이름을 열거하는데, 이들의 도움이 없었다면 인류의 지적 발전은 몇세기 더디었을지도 모른다. 고대그리스에서 서양철학의 문이 열린 이후 2500년 서양철학사는 각 시대의 문제아들이 쓴 문제들의 기록이다. 시대마다 새로운 문제들이 제기되었고 많은 철학자들이 다양한 해법들을 제시했다. 그 가운데 근대철학은 그 문제의식에서 현대와 맞닿아 있다. 근대라는 창을 통하지 않고서는 우리 시대를 제대로 볼 수 없는 이유도 여기에 있다. 근대 철학자들이 다루었던 철학의 주제들, 예를 들면 물질과 운동, 방법, 지식과 지각, 실체, 자아, 정념, 도덕과 자유의지 그리고 신과 종교 등은 지금 우리가 가지고 있는 관심사와 크게 다르지 않다.

자연을 이해하는 방식이 사뭇 달라지기 시작한 것은 17세기 초 갈릴레오나 코페르니쿠스의 업적으로, 이들이 개척한 물리학과 천문학의 새로운 세계는 토마스 쿤이 지적한 것처럼 '패러다임의 전환'이라고 할 정도로 질적인 변화를 만들어냈다. 오랜 시간 서양사람들의 정신세계를 지배하며 힘을 발휘하던 가톨릭교회는 하느님을 자연해석의 중심에 두었다. 자연과 인간은 모두 목적과 은총과 섭리의 세계를 이루는 구성요소들이었다. 근대 초기의 과학자들은 자연을 전혀 다른 코드로 읽어내려고 시도했다. 인간을 중심으로 세계를 보고, 기계론적 관점에서 운동과 법칙을 발견해내고, 인간의 인식과 지각의 힘으로 세계를 개조할 수 있다는 자긍심을 갖게 된 것도 바로 근대인들의 위대성을 상징하는 기호들이다.

신의 자리를 대신해서 실체개념을 철학의 중심개념으로 삼은 근대 철학자들은 근대과학과 어울리는 새로운 형이상학의 구축을 기도했다. 낡은 형이상학을 버리고 새로운 과학의 근거를 제공할 새로운 형이상학의 모색은 근대 철학자들이 고민했던 과제 가운데 하나였다.

운동의 개념을 가장 근대적인 의미에서 성공적으로 사용한 사람은 갈릴레오와 뉴턴이다. 물리학에서 운동과 법칙의 새로운 지평을 연 갈릴레오의 성공은 바로 홉스와 데까르뜨, 그리고 17세기 근대 철학자들의 세계관을 새로운 지평으로 확장시켜주었다. 근대의 운동론은 유물론의 복권과 밀접한 관련이 있다. 데모크리투스, 에피쿠로스, 루크레티우스로 이어지던 유물론의 전통은 기독교의 등장과 더불어 사상사의 전면에서 사라져 중세라는 긴 터널을 지날 때까지 세상의 관심을 받지 못했다. 그러나 근대 과학의 성공적인 연착륙은 유물론의 입지를 넓혀주는 데 결정적인 역할을 했다. 유물론의 힘은 어디에 있는가? 이 세상을 물질의 관점에서 해석하는 일이 왜 설득력이 있는가? 그것은 어떤 논증이나 증명의 부담이 적기 때문이다. 정신이라는 독립된 실체를 가정할 때 피할 수 없이 요청되는 증명의 부담을 철학자나 과학자들은 안고 싶지 않았을 것이다.

새 술은 새 부대에 담아야 하듯이 근대 과학자와 철학자들은 자신들의 탐구를 새로운 방법으로 시작하고자 했다. 새로운 학문의 세계, 뉴아틀란티스의 세계를 개척하면서 낡은 방법으로는 성공할 수 없다고 확신했다. 갈릴레오가 물리학과 천문학에서 거둔 분해와 결합의 방법은 데까르뜨의 정신지도규칙이나 홉스의 분석과 종합의 방법적 모범이 되었다. 기하학과 수학의 연역적 방법은 스피노자와 라이프니츠 철학을 담아내는 그릇 역할을 했다. 베이컨의 귀납주의는 로크와 뉴턴의 실험주의 방법론의 전형이 되었으며, 흄은 그 방법론을 인간본성에 관한 연구에 적용하는 데 성공했다.

학문의 새로운 방법을 발견한 근대 철학자들은 먼저 지각과 지식의 문제를 해결하는 데 그것을 사용했다. 우리가 지식이라고 부를 만한 것은 어떤 것들이 있으며, 그 한계는 어디에 있는가 하는 문제는 아주 오래된 철학의 문제였다. 지식에 등급을 매기기 시작한 것은 아마도 플라톤 때부터이며, 그후 모든 철학자들이 확실한 지식을 찾고자 노력을 기울여왔다. 한때 신앙이나 믿음이 지식보다 더 우위에 있다고 믿은 적이 있었으나 근대 철학자들은 지식과 신앙을 구별하고 확실한 지식을 찾는 일이 철학자의 주된 임무라 생각했다. 16세기 중반 유럽의 지식인들 사이에서 유행하던 회의주의를 비판하고 극복하기 위해 데까르뜨는 회의의 방법을 선택했다. 흄도 완화된 회의주의 입장을 취하면서 결과적 회의주의를 지지하지만, 그것은 학문이나 지식의 확실성을 포기하는 것이 아니라 독단주의에 중독되지 않을 해독제로서 택한 것이다.

근대철학이 서양의 지성사에 기여한 공로를 하나만 꼽으라고 한다면 그것은 자아의 발견이라고 할 수 있을 것이다. 존재의 순서(ordo essendi)에 따라 탐구를 하든 아니면 인식의 순서(ordo cognoscendi)에 따라 철학적 사유를 하든, 그 중심에는 언제나 아르키메데스의 점처럼 확실성을 담지한 자아가 놓여 있다. 인간 자신이 바로 앎과 삶의 주인공이라는 생각은 근대성을 특징짓는 한 기준이 되었다. 이성의 바른 사용은 앎의 세계를 확장시켰고, 감정과 정념 그리고 자유의지의 복권은 삶의 세계에 다양성과 역동성을 부여해주었다.

근대 철학자들은 다른 어느 시대보다 인간의 감정에 대해 적극적으로 평가한 사람들이다. 감성은 이성의 지배를 받아야 한다는 생각에서, 감정과 감성이 독자적인 기능을 하며 오히려 이성이 감성의 노예여야 한다는 주장에 이르기까지 다양한 감정론들이 이 시대에 등장했다. 감정의 복권은 곧 수치스러운 것으로 평가되어온 인간의 욕망에 대해 면죄부를 주는 결과를 낳았다. 이는 또한 근대적 개인을 소유적 개인으로, 욕구충족을 존재의 근거로 볼 수 있게 만들었다.

개인주의와 자유주의는 근대 시민사회 안에서 개인의 위치와 역할을 규정하는 이데올로기였다. 지난 4백년 동안 서양의 민주주의와 자본주의가 여러가지 모습으로 변화되어왔지만 개인주의와 자유주의의 기본정신은 면면히 유지되고 있다. 사회계약론의 이론적 토대를 마련한 17세기의 홉스와 로크, 그리고 18세기의 루쏘와 칸트의 정치이론은 개인과 사회의 관계가 어떠해야 하는가를 잘 보여준다.

21세기를 살아가는 우리에게 4백년 전 서양의 근대 철학자들이 쟁점으로 삼았던 문제들은 여전히 새로운 시각에서 다시 논의할 것을 요구하고 있다. 그 이유는 근대 철학자들이 제시한 해답에서 현대철학이 직면한 아포리아의 해법을 찾을 수 있기 때문이며, 그들이 보여주었던 철학함의 진지한 태도를 우리가 닮아야 하기 때문이다.

서양근대철학회의 회원들은 척박한 환경에서도 진지함을 잃지 않고 서양근대철학의 쟁점들을 되살리려는 노력을 해왔다. 그 결과물이 바로 『서양근대철학의 열가지 쟁점』이다. 이 책은 10개의 쟁점 주제들을 근대철학의 관점에서 재론하여 논쟁점의 예각들을 독자들에게 보여주려는 시도로 기획되었다. 3년 전 『서양근대철학』(창비)이라는 연구서를 세상에 내놓았을 때 우리 스스로 자랑스럽게 생각했던 기억이 있다. 한국에서 서양 근대철학을 연구하는 연구자의 수가 지난 몇년 사이에 놀라울 정도로 증가했으며, 그 결집된 역량으로 학술진흥재단의 지원을 3년 연속 받을 수 있는 쾌거를 만들어냈다.

이 책이 한국에서 서양 근대철학을 연구하는 사람들에게 좋은 지침서가 될 수 있을 것이라 믿는다. 또한 한국 철학계에 작은 기여를 할 수 있기를 기대한다.

2004년 9월
서양근대철학회를 대표하여
김용환

차례

물질과 운동

___자연현상을 물질의 운동으로 설명할 수 있는가

1. 과학혁명과 기계론의 등장

근대는 과학이 세상 보는 눈을 크게 바꾸어놓고 합리적인 사고와 삶의 기준으로 떠오르기 시작한 과학혁명의 시대였다. '자연철학'(philosophia naturalis)은 고대 이후 '자연학'(physica)이라 불렸고 19세기에 '과학' (science)이라는 말이 정착되기 전까지는 근대과학의 이름이었다. 베이컨 (F. Bacon), 데까르뜨(R. Descartes), 홉스(T. Hobbes), 라이프니츠(G. W. von Leibniz) 등 근대를 대표하는 철학자들은 과학자이기도 했다.

근대 자연철학은 거의 2천년 동안 서양을 지배한 아리스토텔레스주의 자연학을 무너뜨리고 흔히 기계론이라 불리는 새 자연사상을 낳았다. 기계론이란 물질의 운동법칙으로 모든 자연현상을 설명하는 관점이다. 근대 자연철학자들은 대부분 기계론적 자연사상을 가졌지만, 그에 대한 구체적인 구상은 다양하다. 근대 기계론을 구획하는 가장 큰 기준은 힘개념의 도입과 적용이다. 근대 기계론은 힘개념에 크게 의존하지 않고 자연현상을 설명하는 데까르뜨, 홉스 등의 기계론에서 힘개념을 중심으로 삼는 뉴턴 (I. Newton), 라이프니츠 등의 기계론으로 이행하는 경향을 보인다.

한편 근대 기계론에 공통으로 나타나는 또하나의 관점은 물질의 운동을 수학으로 설명하는 것이다. 갈릴레오(Galileo Galilei), 케플러(J. Kepler), 뉴턴, 라이프니츠 등은 천문학과 역학 분야에서 오늘날까지 교과서에 실리는 수학공식을 세웠다. 그러나 이들은 물질·운동·힘·원자·연장·공간·시간 등 이 공식을 뒷받침하는 개념들의 철학적 이해를 둘러싸고 논쟁을 벌였다. 근대 자연철학은 전통적으로 공간의 학문이라 불린 기하학으로 물질의 운동을 설명하려 했기 때문에 공간개념을 둘러싼 논쟁 또한 기계론을 이해하는 데 핵심적인 개념으로 등장한다.

2. 입자와 운동

고대·중세 아리스토텔레스주의 자연학에 대한 갈릴레오의 도전

근대 자연철학에서 가장 기본적인 비판대상은 아리스토텔레스주의 자연학의 원리들이었다. 16, 17세기에 천문학과 역학을 중심으로 일어난 과학혁명은 고중세를 지배한 아리스토텔레스주의 자연학을 무너뜨리고 흔히 기계론이라 불리는 새 자연철학을 낳았다.

그러나 그 과정은 단순하지 않았다. 새 원리를 발견한 자연철학자가 낡은 원리를 고수하기도 했고 아예 낡은 원리를 바탕으로 새 원리를 발견한 자연철학자도 있었기 때문이다. 예를 들어 관성원리를 발견한 갈릴레오는 천상운동이 완전한 원운동이라는 아리스토텔레스주의 관념에서 충분히 벗어나지 못했기 때문에 관성운동의 궤도를 직선이 아니라 원으로 생각했다. 또 생리학에서 혁명을 일으킨 하비(W. Harvey)는 대우주와 비슷한 원운동이 소우주인 인간에게도 있을 것이라는 아리스토텔레스의 유비를 바탕으로 피의 순환을 발견했다.

그러나 결국 근대 자연철학자들은 아리스토텔레스주의 자연학의 핵심이 되는 두 축인 물질론과 운동론을 극복하는 새 자연철학의 원리를 합작했다. 그리고 이 자연철학으로 가는 길에는 많은 선구자들이 있었지만, 낡은 원리를 대신하는 새 물질론과 새 운동론을 어느정도 정합적으로 체계화한 첫번째 대가는 갈릴레오였다.

우선 아리스토텔레스주의 자연학에서 물질론과 운동론을 간단히 살펴보자. 이 자연학은 두가지 구분을 기본으로 삼는다. 하나는 달을 포함하는 완전한 천상계와 그 아래 불완전한 지상계의 구분이고, 또 하나는 본성에 따른 자연운동과 외부원인에 의한 강제운동의 구분이다. 그리고 지상물체는 자연운동과 강제운동을 모두 하지만 천상물체는 자연운동만 한다. 지상물체의 자연운동은 연기처럼 수직으로 상승하거나 떨어지는 돌처럼 수직으로 하강하는 운동이고, 천상물체의 자연운동은 별들의 원운동이다. 지상물체의 강제운동은 외부원인인 투석기나 대포에서 발사된 투사체가 그리는 포물선운동 등 수직·상승·하강 운동을 제외한 모든 운동이다.

아리스토텔레스는 지상물체와 천상물체의 자연운동이 서로 다른 원인을 구성원소의 차이로 설명한다. 그는 엠페도클레스(Empedocles)의 원소론을 받아들여 흙·물·공기·불을 지상물체의 구성원소로 보았다. 이 물질론 또는 원소론에 따르면 흙과 물의 본성은 무거움, 공기와 불의 본성은 가벼움이므로 흙과 물을 주성분으로 가진 지상물체는 하강하고, 공기와 불을 주성분으로 가진 지상물체는 상승한다. 그러나 천상물체는 4원소로 구성되어 있지 않고 원운동을 본성으로 가진 제5원소로 구성되어 있다. 아리스토텔레스는 제5원소를 '에테르'라 칭했다.

갈릴레오는 『두가지 새로운 과학에 관한 논의와 수학적 증명』(*Discorsi e Dimostrazioni Matematiche Intorno à Due Nuove Scienze*, 1638)에서 독특한 기하학적 원자론과 새 운동론에 근거하여 아리스토텔레스주의 자연학의 원리를 반박했다. 갈릴레오는 우선 진공의 존재여부를 두고 아리스토텔레스주의자와 논쟁을 벌이는데, 이 논쟁의 목적은 진공의 존재를 증명하는 것뿐만 아니라 아리스토텔레스가 거부한 원자론을 받아들이는 것이 기도 했다.

갈릴레오는 물질입자들 사이에 있는 아주 작은 진공이 물체의 응집력의 원인이라고 논증하는 과정에서 기하학적 원자론을 제시한다. 그는 작은 물체의 응집력이 매우 강하다는 사실, 즉 그 물체를 쪼개는 데 매우 큰 힘 이 필요하다는 사실을 설명하기 위해 그 물체를 구성하는 원자와 그 사이 에 작은 진공이 무한히 많다고 주장한다. 그러나 유한한 물체의 분할 불가 능한 구성원소가 유한하지 않고 무한히 많다는 것은 모순이다. 예를 들어 물 1cc를 구성하는 수소원자와 산소원자의 수는 매우 많지만 무한하지는 않다.

갈릴레오는 이 모순을 해결하기 위해 기하학을 끌어들인다. 기하학에서 점은 위치만 가지고 크기는 없는 것으로 정의되는데 갈릴레오는 원자도 점과 같은 특성을 가진다고 주장한다. 즉 유한한 선을 구성하는 점이나 유 한한 물체를 구성하는 원자는 모두 '정량화할 수 없는 부분'(parti non quante)이다. 점이나 원자는 정량화할 수 없기 때문에 더 쪼갤 수 없으며, 유한한 선이나 물체 속에 무한히 많이 있을 수도 있다. 예를 들어 1cm의 선 분 속에 무한히 많은 점이 있듯이 1cc의 물 속에도 크기가 없기 때문에 더 쪼갤 수 없는 원자가 무한히 많이 있을 수 있다.

갈릴레오의 이 독특한 기하학적 원자론은 새 운동원리, 특히 자유낙하 원리의 바탕이 된다. 갈릴레오의 정의에 따르면 자유낙하운동은 낙하속력 이 낙하시간에 비례하는 운동이다. 이 정의는 낙하속력이 낙하거리에 비 례한다는 아리스토텔레스의 정의와는 대립하는 것이다. 그러나 아리스토 텔레스의 정의에서는 낙하거리가 낙하시간의 제곱에 비례한다는 자유낙 하원리가 수학적으로 도출되지 않는다. 반면 갈릴레오는 자신의 정의를 바탕으로 자유낙하원리를 수학적으로 도출해낸다.

이 증명의 한가지 전제는 낙하물체가 정지에서 벗어나 일정한 속력으로 가속될 때까지 그 속력보다 작은 무수한 속력들을 모두 거치더라도 일정한 속력을 얻는 데 걸리는 시간은 유한하다는 것이다. 그러나 만일 낙하물체가 일정한 속력보다 작은 무수한 속력들 각각을 정량화할 수 있는 시간 동안 가진다고 가정하면 이 모든 속력을 거치는 데 걸리는 시간은 무한히 길 수밖에 없다. 갈릴레오는 기하학적 원자론을 시간에 적용하여 낙하물체가 무수한 속력들 각각을 정량화할 수 없는 순간에 가진다고 가정함으로써 이 모든 속력들을 거치는 데 걸리는 시간이 유한하다고 주장한다. 마치 유한한 길이의 선 속에 무한히 많은 점이 있을 수 있듯이 유한한 시간 속에도 무한히 많은 순간이 있을 수 있다.

자유낙하원리는 갈릴레오가 아리스토텔레스주의 자연학을 대체하는 핵심원리들 가운데 하나로 제시한 것이다. 그러나 과학사에서 갈릴레오가 발견한 원리들 가운데 아리스토텔레스주의 자연학에 치명타를 가한 원리로 첫손가락에 꼽히는 것은 관성원리다. 관성원리와 이 원리가 무너뜨린 아리스토텔레스의 운동원리의 차이는 아인슈타인(A. Einstein)의 설명방식을 빌리면 다음과 같다.

"일정한 속력으로 움직이는 자동차가 같은 속력을 유지하려면 액셀러레이터를 밟는 것처럼 외부에서 힘을 가해야 할까, 아니면 아무 힘도 가하지 말아야 할까? 실제상황에서는 대기의 바람이나 길의 마찰 등 저항이 있기 때문에 외부에서 계속 힘을 가하지 않으면 자동차는 결국 정지하고 말 것이다. 이것이 아리스토텔레스의 운동원리이다. 아리스토텔레스에 따르면 운동하는 물체의 속력은 가한 힘에 비례하고 저항에 반비례한다. 그러나 만일 대기나 길이 아무 저항이 없는 이상적 상황이라면 외부에서 가하는 힘은 자동차의 속력을 높이거나 줄일 것이고 오히려 아무 힘도 가하지 않아야 자동차는 같은 속력을 유지할 것이다. 이것이 갈릴레오의 관성원리이다. 관성원리에 따르면 운동하는 물체는 외부의 작용이 없는 한 이미 가지고 있는 운동속력을 유지한다."

이 설명은 아리스토텔레스의 운동원리와 갈릴레오의 관성원리 사이의 대립이 실제상황과 이상적 상황의 차이에서 비롯한다는 점을 보여주지만 어느 원리가 맞는지를 보여주지 않는다. 그러나 중요한 것은 근대 자연철학이 이상적 상황에서 도출된 관성원리를 바탕으로 새 운동원리, 특히 뉴턴의 운동원리를 생산했으며 이 원리의 특성인 수학적 정량화가 근대 이후 지금까지 과학원리의 필수 자격요건이 되었다는 점이다.

갈릴레오의 관성원리는 비록 원운동궤도를 고집하는 한계를 지니고 있었지만 천상계와 지상계의 구분을 무너뜨리는 길을 열었다. 관성원리는 천상계와 지상계를 가리지 않고 모든 물체가 운동을 유지하는 데는 구성원소의 내부본성이든 외부원인이든 간에 어떤 원인도 필요하지 않으며 운동의 변화, 즉 가속도에 원인이 필요하다는 의미를 담고 있기 때문이다. 운동변화의 원인은 마침내 뉴턴에 의해 힘으로 증명된다.

원자론과 '신비한 성질'에 대한 데까르뜨의 비판

근대 자연철학에서 물질개념을 둘러싼 논쟁은 공간·실체·정신 등 여러 개념과 연관된 다양한 세부 주제를 가지고 있다. 그러나 근대 자연철학자들이 실제로 자연현상을 설명할 때 발생하는 중요한 쟁점은 원자론의 수용과 적용의 문제였다.

르네쌍스 이래 널리 퍼진 반아리스토텔레스주의 사조는 루크레티우스(Lucretius), 데모크리투스(Democritus), 에피쿠로스(Epicuros) 등의 고대그리스 원자론과 알렉산드리아의 헤론(Heron)의 입자론에 대한 관심을 불러일으켰고, 근대 자연철학자들은 16세기에 부활한 고대 원자론을 역학문제에 적용하기 시작했다. 그러나 근대 자연철학자들이 원자론을 수용하고 적용한 방식은 다양했다.

근대 자연철학자들은 대부분 아리스토텔레스주의 원소론을 거부했지만 그렇다고 바로 원자론을 수용하지는 않았다. 가쌍디(P. Gassendi), 갈릴레오, 뉴턴처럼 원자론을 받아들인 철학자들도 있었지만 데까르뜨나 홉스처럼 원자론 대신 입자론을 수용한 철학자들도 있었다. 입자론은 원자론과 달리 물질입자를 무한히 쪼갤 수 있다고 본다.

17세기 들어 가쌍디는 에피쿠로스의 원자론을 되살리는 데 크게 기여했다. 그는 에피쿠로스처럼 진공의 존재를 인정했으며 특히 원자의 운동보다는 크기와 모양으로 물체의 성질들을 설명했다. 가쌍디에 따르면 가령 불은 열을 내는 원자들의 집합이고 빛은 매우 빨리 움직이는 미세한 원자들로 구성되어 있으며 차가움은 날카로운 피라미드 모양을 가진 원자들의 집합이다.

한편 앞에서 살펴본 갈릴레오의 원자론은 독특한 기하학적 성격을 지니고 있지만 물체의 성질을 입자들 사이의 작은 구멍으로 설명한 헤론의 입자론에서 큰 영향을 받았다. 헤론에 따르면 물체가 가진 응집력의 원인은 입자들 사이에 있는 작은 구멍이며 불입자가 이 구멍을 통과하면 물체는 녹는다. 갈릴레오도 이 설명을 그대로 받아들였지만 입자론자인 헤론과는 달리 그는 원자론자였다.

데까르뜨는 아리스토텔레스주의 원소론을 거부하면서도 원자론을 받아들이지 않은 근대 철학자들 가운데 대표적인 인물이다. 데까르뜨가 원자론을 거부한 근거는 물체의 본성을 연장(延長)으로 보는 형이상학적 원리이다. 이 원리에 따르면 원자론이 허용하는 진공도 연장을 가진다는 점에서 무가 아니라 어떤 것이며 따라서 어떤 물체도 포함하지 않는 진공은 논리적으로 성립할 수 없다.

데까르뜨는 진공의 존재를 인정하는 원자론을 받아들이지도 않았지만 아리스토텔레스주의의 4원소론으로 돌아가지도 않았다. 오히려 데까르뜨는 원소의 본성에 의존하여 물체의 운동을 설명하는 낡은 원소론 대신 입자의 모양·크기·운동으로 물체의 다양한 성질과 현상을 설명하는 독특한 입자론을 대안으로 제시한다.

데까르뜨에 따르면 공간은 입자들로 꽉 차 있으며 이 입자는 한 종류가 아니라 세 종류이다. 세 종류의 입자는 크기와 운동속력이 다른데 크기가 큰 입자일수록 운동속력이 느리고 크기가 작은 입자일수록 운동속력이 빠르다. 데까르뜨가 입자론으로 설명하는 수많은 자연현상 가운데 중력에 대한 설명을 살펴보자. 이 설명은 입자론 외에도 소용돌이이론을 가설로 끌어들인다.

데까르뜨에 따르면 공간을 꽉 채우는 입자들은 정지해 있지 않고 어떤 중심 주위로 회전하고 있다. 이렇게 회전하는 물질입자들이 바로 소용돌이다. 소용돌이를 이루는 물질입자들은 마치 줄에 매달린 돌이 원심력을 가지듯이 소용돌이의 중심에서 벗어나려 하는데 이 성향은 입자의 회전속력이 빠를수록 더 강하다. 그런데 데까르뜨에 따르면 공기 중에 떠 있는 물체는 세 종류의 입자 가운데 주로 크고 느린 입자로 구성되어 있고 공기는 주로 작고 빠른 입자로 구성되어 있다. 그렇다면 공기가 소용돌이의 중심에서 벗어나려는 성향이 물체의 같은 성향보다 더 강하기 때문에 공기가 지구 중심에서 먼저 벗어날 것이다. 그리고 입자들로 꽉 찬 공간에서 이 과정이 연속되면 물체는 공기에 의해 지구 중심방향으로 점차 밀려난다. 이것이 우리 눈에는 물체가 떨어지는 것으로 보이는 것이다.

중력현상에 대한 데까르뜨의 설명이 지닌 의의는 무엇일까? 우리는 세 종류의 물질입자, 물질입자로 꽉 찬 공간, 소용돌이 등 복잡하고 자의적인 가설을 끌어들이지 않고 뉴턴처럼 간단히 물체에 서로 끌어당기는 힘을 부여하고 이 힘을 수학적으로 기술하는 대안을 생각해볼 수 있다.

그러나 이런 힘을 도입하는 데 대한 데까르뜨의 반응도 예상할 수 있다. 데까르뜨는 갈릴레오가 자연현상이 어떻게 일어나는지를 기술하기만 하고 왜 일어나는지를 설명하지 않았다고 줄기차게 비판했다. 이런 비판에 비추어보면 데까르뜨는 왜 물체가 서로 끌어당기는 힘을 가지는지를 묻고 대답하려 할 것이다. 중력현상에 대한 데까르뜨의 복잡하고 자의적인 설명은 이와같이 현상의 원인을 밝히려는 의도에서 비롯한다. 훗날 뉴턴은 "나는 가설을 만들지 않는다"(Hypotheses non fingo)는 말로 중력의 원인을 묻지 않겠다고 선언하고 데까르뜨의 가설을 자의적인 것으로 비판했다. 그러나 데까르뜨주의자들은 뉴턴의 이런 태도가 역학에 중력이라는 '신비한(occult) 성질'을 다시 도입하는 일이라고 비판했다. 이 논쟁을 좀더 살펴보자.

전통적으로 '신비한 성질'은 '명백한(manifest) 성질'과 구분된다. 명백한 성질은 감각기관에 의해 직접 지각되지만 신비한 성질은 직접 지각되지 않는다. 예를 들어 중력이나 자석의 힘은 눈에 보이지 않으며 설사를 일으키는 화학약물이 배설을 촉진하는 것도 그 약물의 색깔이나 맛 등 명백한 성질 때문이 아니라 감각할 수 없는 신비한 성질 때문이다. 아리스토텔레스주의 철학은 이런 성질의 존재를 부정하는 경향이 있었고 설사 그 존재를 인정하더라도 인간의 지성으로는 이런 성질을 알 수 없다고 주장했다. 토마스 아퀴나스(Thomas Aquinas)에 따르면 자석의 힘은 인간이 설명할 수 없는 초자연현상이다.

그러나 데까르뜨는 이런 신비한 성질도 인간의 지성으로 알 수 있다고 주장하고 이런 성질을 설명하기 위해 세 종류의 물질입자, 물질입자로 꽉 찬 공간, 소용돌이 등 미시 메커니즘을 동원한다. 따라서 뉴턴이 질량을 가진 두 물체가 서로 떨어진 상태에서 작용하는 힘을 받아들여 자연현상을 수학적으로 기술하면서도 이 힘의 원인을 탐구하지 않겠다고 선언하자 데까르뜨주의자들은 곧바로 뉴턴의 힘이 신비한 성질이라고 공격했다. 데까르뜨와 데까르뜨주의자는 감각기관으로 직접 지각할 수 없는 성질도 인간의 지성으로 파악할 수 있어야 새 자연철학의 우수성이 증명된다고 생각했기 때문이다.

이런 맥락에서 보면 중력현상에 대한 데까르뜨의 설명이 지닌 의의는 자연현상을 단지 기술하는 데 그치지 않고 그 원인을 설명하려는 의도, 더 나아가 초자연적이거나 정신적인 요소를 물체에 부여하지 않고 크기·모양·운동속력 등 기하학적 요소만으로 모든 자연현상을 설명하려는 의도를 실현한 데 있다. 이와같이 모든 자연현상을 기하학적 요소로 환원하여 설명하는 것은 데까르뜨의 기계론이 지닌 핵심 특징이다.

홉스의 운동학적 기계론의 업적과 한계

근대 자연철학자들은 대부분 형상인·목적인 등을 중시하는 아리스토 텔레스주의 자연학을 거부하고 물체의 운동으로 모든 자연현상을 설명하려 한다는 점에서 기계론자라 불린다. 그러나 기계론자들 사이에도 여러 가지 차이가 있다. 앞에서 살펴보았듯이 근대 자연철학자들은 더이상 분할할 수 없는 원자와 진공의 존재를 인정하는 원자론을 둘러싸고 서로 다른 의견과 수용방식을 나타냈다.

근대 자연철학자들의 기계론을 역사적으로나 이론적으로 구획한 또하나의 중요한 기준은 힘개념의 수용여부였다. 근대 자연철학의 흐름은 힘개념 없이 운동을 설명하는 운동학적(kinematical) 기계론에서 힘개념을 도입하여 운동을 설명하는 동력학적(dynamical) 기계론으로 이행하는 경향을 보여준다. 운동학적 기계론의 대표자는 데까르뜨이고 동력학적 기계론의 대표자는 뉴턴과 라이프니츠이다. 여기서는 운동학적 기계론의 장단점을 또하나의 대표자인 홉스의 자연철학을 통해 살펴보겠다.

홉스가 실제로 수많은 자연현상을 설명할 때 중심으로 삼은 개념은 '코나투스'(conatus)이다. 홉스는 코나투스를 "주어질 수 있는 공간과 시간보다 더 작은 공간과 시간에서 이루어지는 운동"이라고 정의한다. 이 정의에 비추어보면 홉스의 코나투스는 측정에 상대적인 개념이다. 예를 들어 만일 우리가 측정할 수 있는 최소단위가 1cm라면 측정할 수 없는 0.5cm를 통과하는 운동은 코나투스다.

그렇다면 홉스의 운동개념은 코나투스개념으로 환원될 수 있다. 공간과 시간의 측면에서 우리가 측정할 수 있는 거리를 통과하는 모든 운동은 이 거리보다 작은 모든 거리를 거쳐야 한다. 그리고 이 작은 거리는 우리가 더 이상 관찰할 수 없더라도 무한히 분할될 수 있다. 우리가 관찰할 수 없을 정도로 짧은 공간과 시간을 통과하는 운동이 코나투스이므로 관찰 가능한 모든 운동은 코나투스의 집합이다.

홉스의 기계론에서 코나투스는 이론적으로 운동개념의 기초일 뿐 아니라 그가 실제로 모든 자연현상을 설명할 때 가장 중요하게 사용하는 개념이다. 홉스는 자석의 인력현상을 다음과 같이 설명한다.

"자석은 지구의 자전운동에 의해 언제나 충분히 활성화되어 있다. 자석 주위에 쇠붙이가 있으면 이렇게 활성화되어 있는 자석의 매우 작은 입자들에 쇠붙이를 향한 코나투스가 생긴다. 자석입자들의 이 코나투스는 자석 주위의 공기에 전달되며 계속 다음 공기로 전달되어 자석을 향한 쇠붙이의 코나투스를 야기한다. 그러면 쇠붙이의 부분들도 자석을 향해 운동하기 시작하고 둘 사이에 있는 공기가 조금씩 밀려나면서 자석과 쇠붙이는 가까워진다."

자기력에 대한 홉스의 설명에는 그의 운동학적 기계론과 관련하여 주목할 만한 점이 있다. 홉스의 설명에는 자석을 능동적인 것으로 만들어주는 원리가 없다. 근대 자연철학자들 가운데 자기력을 처음 실험으로 연구한 길버트(W. Gilbert)는 자기력의 원인을 '영적 형상' 또는 살아있는 영혼과 비슷한 것이라고 주장했다. 그러나 홉스가 자기력을 설명하면서 우선 지구의 자전운동을 끌어들이는 까닭은 자석입자에 코나투스가 생겨나는 외부의 물질적 원인을 제시하기 위한 것이다. 그 다음에 생겨나는 공기입자나 쇠붙이 입자의 코나투스도 자석입자의 코나투스를 외부의 물질적 원인으로 삼는다. 홉스에 따르면 모든 물체는 스스로 운동할 수 있는 정신적 요소를 지니고 있지 않으며 언제나 다른 물체의 운동을 원인으로 삼아 운동한다.

물체의 수동성에 대한 이런 관점은 홉스뿐 아니라 데까르뜨의 기계론에서도 뚜렷하게 나타나는 중요한 특징이다. 데까르뜨에 따르면 모든 물체는 처음 신에 의해 운동을 시작하고 그 다음은 충돌에 의해서만 다른 물체에 운동을 전달할 수 있다. 데까르뜨가 자연현상을 설명할 때 뉴턴과 같이 서로 떨어진 상태에서 작용하는 힘을 가정하지 않고 물질입자의 크기·모양·운동속력 등 기하학적 요소에 의존한 것도 물체를 수동적인 것으로 보는 관점과 잘 어울린다. 훗날 뉴턴이나 라이프니츠는 힘을 물체의 능동적인 원리로 도입하게 된다.

역학에서 힘개념에 의존하지 않고 운동을 설명하는 분야가 운동학이다. 따라서 물체의 크기·모양·운동속력으로 모든 자연현상을 설명하는 데까르뜨의 기계론과 코나투스로 모든 자연현상, 더 나아가 인간의 감각과 욕망, 정념까지 설명하는 홉스의 기계론은 운동학적 기계론이라 부를 수 있다.

데까르뜨와 홉스의 운동학적 기계론은 물질에 정신적 요소를 전혀 허용하지 않고 자연현상을 설명하는 업적을 이루었으나 자연현상을 정량적으로 설명하지 않고 정성적으로 설명하는 한계도 공통으로 지니고 있었다. 중력현상에 대한 데까르뜨의 설명이나 자기력에 대한 홉스의 설명은 이런 업적과 한계를 동시에 보여준다. 뉴턴은 중력이나 자기력 등의 기하학적 개념으로가 아니라 보편적 원리인 힘개념으로 설명하게 된다.

근대 자연철학이 진화하면서 고중세 아리스토텔레스주의 자연학에 비해 궁극적으로 갖추고 있는 한가지 중요한 특징은 자연현상을 수학화하는 것이다. 이는 자연현상을 단지 수학이나 기하학의 개념으로 설명하는 데 그치지 않고 자연의 보편원리에 근거하여 정량적 공식으로 표현한다는 뜻이다. 데까르뜨와 홉스의 운동학적 기계론이 지닌 한계는 뉴턴과 라이프니츠의 동력학적 기계론이 독자적으로 힘개념을 도입함으로써 극복된다.

3. 자연기계론과 힘의 존재론

힘개념의 필요성

힘은 물질·공간·운동 개념과 더불어 근대의 기계론적인 역학이 성립하기 위해서 새로이 이해되지 않으면 안되는 핵심적인 개념에 해당한다. 갈릴레오의 자유낙하운동($s=\frac{1}{2}g \cdot t^2$, s: 낙하거리, g: 만유인력상수, t: 낙하시간)과 케플러의 행성운동법칙에서 나타나는 것처럼 가속운동은 자연에서 일어나는 변화와 운동의 핵심적인 요인으로 등장했으며, 이는 새로운 역학적 설명을 요구하는 것이었다. 이에 힘개념은 과학에서는 운동의 역학적 설명을 위해, 철학에서는 자연의 존재론적인 해명을 위해 해결해야 할 중요한 문제로 등장했다.

케플러의 천문학에서의 힘

케플러는 세가지의 행성운동법칙을 발견했는데, 그것은 "행성은 타원궤도를 운동한다" "태양과 행성을 잇는 직선은 동일한 시간에 동일한 면적을 통과한다" 그리고 "행성의 운동주기의 제곱은 태양과 행성을 잇는 직선의 세제곱에 비례한다($T^2=R^2$, T: 운동주기, R: 타원의 한 중심에서부터 행성의 거리)"는 것이다. 이 법칙들에서 주목해야 할 것은 행성의 운동을 타원운동으로 파악한다는 것이다. 타원운동이 천체의 운동형태라고 할 때 문제되는 것은 우선 천체의 타원운동이란 전통역학에서 볼 때 불가사의하다는 것이다. 나아가 타원운동은 시간에 따른 속도의 변화, 즉 가속운동을 의미하는 것으로 이는 아리스토텔레스에 의하면 불규칙적 운동이며 부자연스러운 운동에 해당한다. 이는 천문학의 불문율이었던 "천체의 운동은 완전한 원궤도상의 등(각)속도운동으로 서술되어야 한다"는 전통 천문학의 원칙에 모순되는 것이다. 가속운동은 기존의 힘개념으로는 이해 불가능한 일이다. 법칙은 규칙적이어야 하는데 케플러의 규칙은 불규칙을 규칙으로 인정하고 있는 것이다.

　이런 이유들로 학자들은 케플러의 법칙을 진리로 인정할 수 없다고 주장했으며, 일부 다른 학자들은 실질적인 진리가 아니라 계산을 간편하게 해주는 유용한 가설로만 받아들일 수 있다고 했다. 그러나 케플러는 자신의 이론을 단순히 하나의 편리한 계산도구로 보는 도구주의적 태도를 거부하고, 자신의 이론이 자연의 실질적인 현상을 나타내는 것임을 입증하기 위해 역학적인 설명을 시도한다. 이러한 시도는 관찰과 측정이 가능한 현상들의 법칙적 관계를 서술하는 것을 과학의 목적으로(경험적·서술적 방법) 규정한 갈릴레오와 달리 법칙은 실질적인 원인인 힘에 의해 설명됨으로써 완전한 이론으로 성립할 수 있다고 생각한 케플러의 방법적 확신(인과적 설명방법)에 근거한 것이다.

　케플러는 행성이 자전하며 타원궤도를 공전하는 원인을 설명하기 위해 길버트의 자력이론(De Magnete)을 응용한다. 이에 따르면 태양을 포함하여 태양계의 모든 행성들은 자성체이며 태양은 황도면을 따라 자기력을 발산하는데, 행성들은 이 자기력에 의해 각각의 공전궤도를 유지하며 운동한다. 두 행성운동법칙이 말하는 것처럼 행성들이 태양으로부터의 거리에 역비례하는 속도로 운동하는 것은 태양의 자기력이 빛과 같이 거리에 비례하여 감소하기 때문이다. 케플러는 행성운동의 원인이 되는 힘, 즉 자기력을 운동력(vis motrix)이라 칭한다. 케플러의 이 구상은 뒤에 언급할 뉴턴의 인력개념에 비해 수학적으로나 개념적으로 불완전하다. 그러나 그것은 방법적으로 중세를 이어온 관념적이고 신비스러운 개념인 운동령(anima motrix)을 폐기하고, 근대의 기계론적인 역학의 등장을 알리는 것이었다.

　케플러의 역학에서 특히 주목해야 할 것은 물리학적 경험을 천문학적 사실에 응용하는 소위 물리적 유추방식이다. 중세에는 천상계와 지상계를 존재론적으로 구분하고 지구물리적인 경험을 천문현상에 응용하는 물리적 유추는 금지되었다. 나아가 케플러는 아리스토텔레스류의 실체론적 사고와 신비스러운 개념을 폐기하고 힘을 정량화하고 있다. 중세에는 주기적으로 정확하게 반복되는 천체들의 운동은 각각의 천체의 운동을 담당하는 운동령에 의한 현상이라고 생각했다. 그러나 케플러는 물리계의 운동이든 천체계의 운동이든 간에 운동은 비밀스러운 실체적 성질이나 운동령이 아니라 하나의 단일한 물리적인 힘에 의해 발생하는 것이라고 보았다. 이 힘은 정신적이거나 지적인 존재가 아니라, 수학적으로 파악될 수 있고 단순히 기계적으로 작용하는 힘이라고 생각한 것이다.

라이프니츠의 힘의 형이상학

갈릴레오와 케플러 등의 선도적인 학자들에 의해 이루어진 새로운 법칙들의 발견과 병행하여 철학에서는 새로운 자연상을 존재론적으로 설명하기 위한 시도들이 이루어졌다. 이러한 존재론적 시도들에서도 힘은 가장 핵심적인 개념으로 등장한다. 특히 자연에 대한 수학적 법칙은 역학적으로 설명되어야 하며, 경험과학적인 지식은 형이상학적으로 근거지어져야 한다고 생각한 라이프니츠는 힘을 자신의 자연철학의 토대 개념으로 삼는다. 이러한 라이프니츠의 생각은 물리학에서 케플러가 갈릴레오와 대비되듯이, 데까르뜨 및 뉴턴과 대립하는 양상으로 전개된다.

데까르뜨 비판과 실체로서의 힘 _ 라이프니츠의 생각을 살펴보기 전에 먼저 라이프니츠가 비판하는 데까르뜨의 생각을 정리해보자. 데까르뜨는 연장을 물리적 자연의 실체로 규정함으로써 모든 현상을 수학적으로 서술하고 기계적으로 파악하는 근대과학의 방법을 정당화했다. 그리고 앞서 언급한 것처럼 그는 물리적 현상을 설명하기 위해 '코푸스켈'(korpuskel)이라 칭하는 입자를 가정하고, 우주의 생성으로부터 구체적인 지구물리적인 현상들을 연역적으로 설명하고자 했다.

라이프니츠의 비판은 우선 데까르뜨의 실체개념에서부터 시작된다. 라이프니츠에 의하면 데까르뜨가 물리적 실체로 규정하는 연장이란 실체가 아니라 실체의 현상이다. 그리고 연장이란 수학적 대상인데, 모든 수학적 대상이 그렇듯이 크기를 가진 모든 것은 무한히 분할 가능하다. 그러나 실체는 단일한 것, 더이상 분할될 수 없는 것이어야 하기 때문에 분할가능성을 함축하는 연장, 즉 물질은 실체가 될 수 없다. 라이프니츠는 데까르뜨적 실체관을 또다른 관점에서도 비판하는데, 이에 따르면 연장은 양적·수학적 개념으로서 동질성과 무차별성의 원리에 근거하여 사유적으로 추상된 관념적 존재에 불과한 것이다. 따라서 그것은 어떤 물리적 실재성도 가지지 못한다. 유사한 맥락에서 라이프니츠는 당시 홉스, 가쌍디, 호이겐스 (C. Huygens) 등이 제안한 기하학적인 원자 개념도 거부한다. 이런 비판은 현상을 본질적으로 이해하기 위해서는 물질적인 것을 넘어 비물질적인 원리에 따라 이해해야 한다는 라이프니츠의 존재론적 확신을 그 배경으로 하고 있다.

라이프니츠가 말하는, 존재에 실재성을 부여하는 비물질적인 원리란 다름아닌 물리적인 힘이다. 라이프니츠에 의하면 이 힘은 공간적으로 확산하여 실체에 물리적 특성인 연장성과 불가침입성을 부여하고 동시에 자신을 물질적 단일체로 존속시키며, 나아가 다른 실체에 작용하여 물리적 관계를 성립시키는 이른바 역동적으로 작용하는 힘(dynamisch wirkende Kraft, vis activa)이다. 라이프니츠의 이 생각에 따르면 데까르뜨가 물리적 실체로 규정한 연장이란 다름아닌 힘의 파생적 결과에 불과한 것이며, 원자론자들이 가정하는 원자란 물질덩어리가 아니라 차라리 단위힘 또는 단위에너지와 같은 존재로 이해된다. 또한 라이프니츠는 시간과 공간이란 것도 근본적으로는 이 실체적인 힘에 의해 생성되는 물체들의 상호적인 관계질서로 파악한다.

이로써 우리는 라이프니츠가 양적 특성이 아니라 질적 특성인 힘을 물질의 본질로 보며, 단순성 및 분할불가능성이라는 실체의 특성을 비물질적인 활동성에 근거시킨다는 것을 알 수 있다. 이처럼 힘을 물리적 존재의 실체로 보는 라이프니츠의 생각은 정신적 활동인 의식과 지각을 생명체의 실체로 규정하는 그의 모나드론적 사고와 맥을 같이하는 것이다.

역학적 에너지법칙 __ 라이프니츠는 자신의 힘개념을 바탕으로 에너지법칙을 연역하는데, 이것 또한 데까르뜨 비판을 발판으로 하고 있다. 데까르뜨는 운동량(충격량, impuls)개념을 운동 또는 힘을 측정하는 척도로서 제시한다. 이에 따르면 운동은 물체의 질량과 속도의 곱($p=m \cdot v$, m: 질량, v: 속도)으로 표현되며, 우주 내에서 운동량의 총합은 일정하다(운동량 보존의 법칙).

라이프니츠는 우선 데까르뜨의 운동량개념은 방향의 변화(벡터)를 무시했다고 지적한다. 데까르뜨의 운동량 보존의 법칙은 물질에 대한 정신의 작용에 관한 전제, 즉 영혼은 운동의 총합을 변화시킬 수는 없지만 운동의 방향은 변화시킬 수 있으며, 운동의 방향은 운동의 크기에 아무런 영향을 주지 못한다는 가정하에 성립한 것이다. 그 때문에 데까르뜨는 물질에 대한 영혼의 작용가능성에도 불구하고 우주의 운동량 총합은 일정한 것으로 보았다. 말하자면 데까르뜨는 ① 운동의 방향을 운동량의 규정에서 배제하고 있으며, ② 정신과 물질(신체) 간의 인과적 작용을 전제하고 있다. 그러나 라이프니츠는 뉴턴의 운동법칙에서도 명시된 것처럼 방향도 운동량의 요인으로 고려되어야 한다는 것을 지적한다.

라이프니츠는 데까르뜨가 제시한 운동량을 죽은 힘(tote Kraft)이라 칭하고, 그것은 운동의 올바른 척도가 되지 못한다고 지적하며, 운동의 올바른 이해는 원인이 되는 힘이 물리적으로 행사하는 작용의 결과에 따라 이루어져야 한다고 주장한다. 이를테면 어떤 물체가 낙하할 경우 그 물체가 운동을 통해서 지면에 행사하는 충격과 같은 작용력에서 힘이 파악되어야 한다. 이처럼 라이프니츠는 작용의 결과에 따른 힘의 크기를 연속적인 시간의 흐름에서 발생하는 미분적 속도들(m·△v)의 집적에 의해 생성되는 것으로 파악한다. 라이프니츠는 이러한 미분적 속도들을 홉스의 개념을 차용하여 코나투스라 칭하고, 코나투스의 집적으로 이루어진 힘을 데까르뜨의 개념과 구분하는 용어로 생동적인 힘(lebendige Kraft, vis viva)이라 칭한다. 이러한 생각으로부터 라이프니츠는 생동적인 힘으로 $f=\frac{1}{2}m\cdot v^2$(m: 질량, v: 속도)과 $m\cdot g\cdot h$(g: 중력상수, h: 높이)를 연역해내는데, 이는 각기 다름아닌 운동에너지와 위치에너지를 말하는 것이다. 그리고 라이프니츠는 에너지 보존의 법칙을 제시하는데, 이에 따르면 외적 작용이 없는 한 우주에서의 에너지의 총량과 방향은 언제나 일정하다. 이는 위치에너지와 운동에너지의 총합은 일정하다는 것을 의미한다.

뉴턴의 인력과 라이프니츠의 비판

라이프니츠는 물리학은 형이상학적으로 근거지어져야 한다고 주장했다. 그러나 뉴턴은 정반대로 경험적으로 확인할 수 없는 어떤 형이상학적 가설도 인정하지 않는다("나는 가설을 만들지 않는다")는 것을 물리학적 사고의 방법적 원칙으로 규정하고, 힘의 문제를 순전히 경험적 차원에서 풀어나간다. 이 점에서 뉴턴은 물리학의 과제를 관찰 가능한 현상의 관계의 서술이라고 규정한 갈릴레오와 생각을 같이한다고 할 수 있다.

뉴턴은 두가지의 힘개념을 수립하는데, 그 하나는 역학적 힘이다. 역학적 힘은 운동의 상태(방향을 포함하는 속도)를 변화시키는 원인($f=m\cdot a$, f: 힘, a: 가속도)으로서의 힘이다. 그리고 다른 하나는 천체역학적 힘인데, 이는 행성의 운동을 유발하는 힘으로 운동방정식 $f=g\cdot m_1\cdot m_2/r^2$($m_1$, m_2: 두 천체의 질량, r: 행성간의 거리)으로 표기된다. 뉴턴은 이 운동방정식을 케플러의 제3법칙($T^2=R^3$)과 호이겐스의 구심력($b=v^2/r$, b: 구심가속도)으로부터 연역하는데, 이 방정식은 케플러의 타원운동법칙과 갈릴레오의 자유낙하공식을 포괄한다.

이 두 종류의 힘개념 가운데 철학적인 논쟁의 대상이 되는 것은 행성운동력이다. 뉴턴은 일단 이 운동방정식의 근거가 되는 힘을 인력이라 칭한다. 하지만 그는 자신의 경험주의적 규범에 따라 인력이 운동의 실질적인 원인으로 존재하느냐 하는 문제에 대해서는 언급을 피했다. 말하자면 인력은 단순히 경험적으로 확인 가능한 수학적 방정식에 대한 다른 이름에 불과하다는 것이다. 그러나 다른 한편 그는 인력을 단순한 수학적 구성물로 보는 데 불만을 품고, 인력을 물리적인 실재라고 주장하기도 한다. 즉 인력은 행성의 운동은 물론, 물질들의 공간적인 공존을 가능하게 하는 자연계의 실질적인 힘이라는 것이다.

라이프니츠는 뉴턴이 운동의 물리적 원인으로 도입한 인력개념과 절대공간, 절대운동 그리고 이외에도 여타의 지구물리적인 현상들을 설명하기 위해 도입한 개념들을 모두 거부한다. 그 이유는 앞서 언급한 것처럼 자연의 올바른 이해는 경험물리학적 방식이 아니라 자연을 실체적인 근거에 따라 설명하는 형상학적인 방식에 의해 이루어질 수 있다는 생각에 있다. 라이프니츠가 거부하는 물리학적 사고의 대표적인 예는 뉴턴의 인력개념이 함축하는 인과성의 원리이다. 라이프니츠에 의하면 실체는 독립적이며 자족적인 존재이다. 어떤 것이 독립적이고 자족적이라는 것은 그것이 오직 내적 원리에만 근거하여 존재하며 다른 외적인 원인을 필요로 하지 않는다는 것을 의미한다. 그렇다면 하나의 물체에 관련된 사건들은 모두 물체 그 자체의 내적인 원인에 기인하는 것이다. 이는 물체들은 근본적으로 다른 물체와 인과적 관계를 가질 필요가 없다는 것을 말한다. 말하자면 실체는 외부로 향하는 통로를 가지고 있지 않은 것이다.

그렇다면 우리가 경험에서 확인하는 인과관계란 무엇인가? 라이프니츠에 의하면 물체들이 운동하는 현상은 물체들이 상호행사하는 인과적 작용의 결과처럼 보이지만, 사실은 물체의 내적 본성인 힘과 예정된 조화에 의한 것이다. 말하자면 세계의 모든 사건은 사건이 그렇게 진행하도록 이미 예정된 수순에 따라 이루어지며, 현상세계에서 관찰되는 모든 인과적인 관계는 사실상 예정된 조화의 겉보기 현상일 뿐이라는 것이다. 이런 논지로 라이프니츠는 상호인과적인 작용을 전제로 하는 뉴턴의 인력개념을 거부한다. 그는 뉴턴과 달리 척력만을 유일한 물리적인 힘으로 규정하는데, 앞에서 언급한 것처럼 척력은 물질의 실체적인 힘으로서 외부로 작용하여 실체로 하여금 물질로 나타나게 하며, 공간적으로 작용하여 장(Energy-field)을 형성하는 것과 같은 일방향적인, 즉 원심적인 확산력이다.

뉴턴의 인력개념에 대한 라이프니츠의 비판은 물리적 힘의 전달원리에 관한 생각도 함축하고 있다. 인력이란 어떤 물질의 힘이 매질 없는 공허한 공간에서 다른 물체에 전달되는 힘인데 이를 원격작용력이라 한다. 그러나 라이프니츠는 공간을 통한 힘의 전달은 직접적인 접촉이나 매질을 통해서만 가능하다는 생각을 견지하고 있다. 이를 근접작용력이라 하는데, 전자기학에서 가정된 에테르나 장이론적 사고가 이에 해당한다. 말하자면 라이프니츠는 근접작용원리를 물리적 힘의 전파방식으로 보는 것이다. 근접작용력을 토대로 한 라이프니츠의 구상은 오늘날 파동역학적 우주론에 해당한다고 할 수 있다.

칸트의 탈형이상학화

라이프니츠와는 다른 관점에서이긴 하지만 경험론자들, 특히 흄(D. Hume)은 인식비판적 관점에서 뉴턴의 힘개념과 인과성원리의 객관적 타당성에 대해 의문을 제기했다. 그러나 칸트(I. Kant)는 흄과 달리 인과성개념의 타당성뿐만 아니라 뉴턴의 인력도 물리적으로 실재하는 것으로 인정한다.

칸트가 뉴턴의 물리학적 사고를 인정하는 것은 물리학적인 차원이 아니라 인식론적 고려에 근거한 것이다. 칸트는 인식의 주관적이며 선험적인 조건을 밝히는 것을 목표로 하는 소위 선험적인 인식비판(transzendental

Erkenntinskritik)을 통해 모든 인식은 근본적으로 인간지성의 고유한 사유구조에 근거한 것임을 밝힌다. 칸트에 따르면 우리가 사물을 경험한다는 것은 사물의 특성을 복사하는 것이 아니라, 우리가 인식주체로서 경험적 소재를 일정한 방식으로 구성하는 선험적인 활동을 통해 이루어진다. 그리고 칸트는 우리의 경험이 선험적 구성을 통해서만 주어지기 때문에 우리는 선험적으로 매개되지 않은 것들, 이를테면 라이프니츠 같은 존재론자들이 말하는 실체 또는 실체적 본성——칸트의 용어로는——물자체(Ding an sich)에 관련된 문제에 대해서는 언급할 입장에 있지 못하다. 칸트는 인식주체가 경험을 구성하는 선험적인 방식을 시공간의 직관형식과 양·질·관계·양상 등의 범주로 규정한다. 이 가운데 물리학의 중요 문제인 힘과 관련된 범주는 관계의 범주인데, 이는 실체성·인과성·상호성이라는 하위범주들로 이루어진다. 칸트의 인식론적 관점에서 보면 뉴턴의 관성의 법칙, 힘의 법칙 그리고 작용과 반작용의 법칙 등『자연철학의 수학적 원리』(*Philosophiae Naturalis Principia Mathematica*)의 이론구조는 관계범주에 따른 지성인식의 필연적 결과이다.

칸트는 자연에 대한 경험이 어떻게 지성의 범주적 구성을 통해 뉴턴의 법칙으로 성립하는가를『자연과학의 형이상학적 기초』(*Metaphysische Anfangsgründe der Naturwissenschaften*)에서 밝히는데, 여기서 핵심적인 개념은 힘이다. 칸트는 우선 자연을 인식하는 데 주어지는 경험적 소재로 힘을 상정한다. 칸트에 의하면 물리적인 힘은 우리가 경험을 통해 만나는 객관적 실재이다. 그러나 우리는 힘의 실체적인 근원에 대해서는 알 수 없다. 그런데 이 힘은 지성이 실체성·인과성·상호성과 같은 범주에 의해 구성됨에 따라 뉴턴의 법칙이 진술하는 방식으로 나타난다. 칸트의 관점에서 보면 뉴턴의 힘개념은 우리가 물질을 경험하는 전제인 선험적인 형식에 따라 구성된 것이기 때문에, 또 우리는 그러한 방식으로만 물리적 사건을 인식할 수밖에 없기 때문에 물리적 자연의 객관적이고도 보편적인 실재이다.

이러한 칸트의 인식론적 검토를 통해 밝혀지는 것은 힘이 물리적 실재로 인정되지만, 라이프니츠가 생각한 것처럼 존재론적인 의미를 더이상 가지지 않는다는 것이다. 힘에 관한 존재론적 언급은 칸트에 의하면 경험의 소재에 대해서만 사용 가능한 개념을 경험 불가능한 비경험적 대상으로 확장한 지성의 월권행위이며, 라이프니츠가 말하는 실체적인 힘과 예정조화는 무의미한 형이상학적 구성물에 불과하다.

4. 공간

근대 이전 공간에 관한 철학적 쟁점들

우리가 일상적으로 공간에 대해 말할 때 그 속에는 다음과 같은 생각이 깔려 있다. 공간은 그 속에 존재하는 모든 사물들을 비우더라도 결코 제거되지 않고 남으며, 상상(혹은 추상)을 통해서도 제거될 수 없는 것이고 세계에 대한 경험(혹은 인식)을 가능하게 해주는 어떤 것이다. 시간도 마찬가지다. 우리의 경험(혹은 인식)이 '지금'과 '여기'로부터 결코 벗어나지 못하고 있음을 기억하라. 그런데 이러한 생각은 이미 기원전 5세기경 서양사상을 낳은 그리스 자연철학자들에 의해 제기되었다.

당시 무한하고 모든 것을 포함하는 광활한 공간이라는 개념이 처음 등장했다. 이는 기하학(유클리드 기하학)의 문제, 곧 서로 평행한 두 직선이 무한히 뻗어나가더라도 결코 만날 수 없음을 보이기 위해 요청된 것이다. 한편 원자론자들은 기하학과 상관없이 원자들(나아가 사물들)을 서로 구별하고 그것들의 무한한 다양성과 운동을 가능케 하는 빈 공간(void)을 주장했다. 즉 원자(혹은 사물)가 존재하기 위해서는 그보다 먼저 이들이 놓일 장소로서의 텅 빈 공간(empty space)이 있어야 함을 주장했는데, 이는 공간을 자연에 객관적으로 실재하며 사물의 존재를 규정하는 근거로 본 셈이다. 그러나 이 빈 공간 개념은 과연 그 자체가 존재인가 비존재인가 하는 논쟁, 곧 공간의 존재론적 지위에 관한 논쟁을 불러일으켰다. 가령 제논 (Zenon)은 그 유명한 역설을 통해 원자론자들이 주장한 공간의 실체성을 부정했다. 이에 따르면 "만일 일체의 실재하는 것들이 공간 속에 있고 그 공간도 실재하는 것이라면 분명히 공간은 전술한 바와 같이 공간 속에 있지 않으면 안된다." 만약 이처럼 공간이 공간 속에 있다면 사물이 놓이는 물적인 근거로서의 공간의 의미는 사라지고 공간 자체가 공간적인 사물이 되어야 하는데, 이는 가능하지 않기에 공간의 존재는 무의미하다.

한편 플라톤은 이러한 비판에 맞서 공간개념에 새로운 존재론적 의미를 부여했다. 세계를 현상계와 이데아계로 이원화한 플라톤은 이데아를 영원한 존재로, 기하학을 "영원한 존재에 관한 학문"으로 보고, 공간을 포함한 모든 기하학적 진리들을 현상계의 경험적 진리를 가능케 하는 근원적 진리로 보았다. 결국 현상계에서 우리가 경험하는 공간의 존재와 본질이 이데아의 기하학적 공간에 의해 규정된다고 할 수 있다. 플라톤이 유물론적인 원자론자들과 다른 점은 실제적인 사물들을 벗어나 이데아의 관점에서 사물들의 존재를 가능케 하는 근거로 공간문제를 보고 있다는 점이다. 그러나 아리스토텔레스는 이러한 플라톤의 이원론에 반대했다. 실체는 변화의 주체이고 속성의 담지자이며 유일하게 자립적으로 존재하는 본질로서 모든 존재는 이러한 실체 안에 있거나 실체와 연결되어 있어야 한다. 그런데 플라톤의 이데아들은 사물들의 바깥에 존재하는 까닭에 사물들의 존재근거나 운동원인이 될 수 없다는 것이다. 공간이 실재하려면 사물들과의 연결은 피할 수 없으며, 그러한 맥락에서 아리스토텔레스는 공간을 지각 가능한 사물들간의 위치관계에 의해 구성되는 것으로 보았다. 따라서 원자론자들이 주장하는 것과 같은 텅 빈 공간, 곧 진공(vacuum)이란 있을 수 없다. 그는 공간을 그것을 채우는 사물들과 사물들의 관계로 충만한 것

(plenum)으로 보고, 연속적인 어떤 양으로 규정했다.

정리하면 근대 이전 공간에 관한 철학적 논의는 주로 공간은 존재인가 아니면 비존재인가, 존재라면 어떤 속성(무한 혹은 유한, 꽉 참 혹은 텅 빔, 실체 혹은 다른 어떤 것 등)을 지니는가, 반면 비존재라면 공간의 의미는 무엇인가라는 형이상학적·존재론적 문제들에 초점이 맞추어져 있다고 할 수 있다. 그렇다면 이러한 논의들은 자연에 대한 인간의 인식이 중요한 철학의 문제로 대두된 근대에 이르러 어떻게 변화하는가를 살펴보자.

데까르뜨의 실체적·기하학적 공간론

데까르뜨는 공간과 물질을 구분하지 않는다. 데까르뜨에게서 물질의 실체적 본성은 연장이고, 물질의 연장적인 부분은 실제로 물질이 점유한 공간에 해당하기 때문이다. 그래서 연장은 물질에서처럼 공간의 근본적 속성이 된다. 결국 공간도 물질과 같은 연장적 실체로서, 개별적인 사물들이 존재하듯이 존재한다고 말할 수 있다. 여기서 연장이 물질이나 공간의 본성이라는 말은 물질이나 공간에 대해 기하학적 성질들과 관계만이 명증적으로 이해될 수 있음을 뜻한다. 데까르뜨 기하학의 기본은 연장이 없는 점이 아니라 연장을 지닌 선분(곧 양)이기 때문이다. 이처럼 연장성을 지닌 공간은 더이상 무한소(無限小)로서의 점으로 분할되지 않으며, 같은 맥락에서 점 역시 더이상 공간의 부분이 아니다. 이렇게 보면 빈 공간은 존재할수 없게 된다. 실제로 데까르뜨는 공간이 미립자라 불리는 최소의 물질입자로 충만해 있다고 보았다.

한편 공간을 물질과 같은 연장적 실체로 봄으로써 데까르뜨가 추구했던바는, 이성의 요청에 따른 존재에 대한 규정만은 아니었다. 그는 단지 존재의 형이상학 안에 머물지 않았다. 그에게 공간의 연장성이란 곧 공간의 분할가능성을 함축하며, 나아가 공간에 대한 기하학적 규정이 가능함을 내포한다. 특히 그는 유클리드 기하학의 특성을 우리가 살고 있는 공간의 중요한 특성으로 간주하고, 공간을 수학적으로 기술할 수 있는 한가지 방법으로 3차원 직교좌표계(일명 데까르뜨 좌표계, Cartesian Coordinate)를 제안함으로써 연장적 실체인 공간에 물질을 배치할 수 있는 하나의 수학적 인식틀을 제시한 셈이다. 이제 물질의 운동을 수학적으로 기술할 수 있는, 달리 말해 자연을 수학화할 수 있는 방법적 틀이 마련된 것이다. 공간의 본질에 관한 존재론적 규정과 사물을 인식하기 위한 방법론적 측면에서 요청되는 수학적 규정을 동시적으로 고찰하는 이러한 데까르뜨의 사유는, 그를 시작으로 공간의 문제가 더이상 형이상학적 사유 안에 머물지 않고 운동현상을 수학적으로 가능하게 하는 인식방법론의 문제로 확장되어나감을 의미한다.

그러나 이같은 의미에도 불구하고 데까르뜨의 주장은 다음과 같은 의문을 낳는다. 만약 공간이 물질과 동일하다면 어떻게 우리는 공간 안에서 하나의 대상사물을 다른 사물과 구별할 수 있는가? 달리 말해 물체가 다른 것에 대해 상대적으로 움직이고 있다는 진술을 어떻게 명료하게 할 수 있는가?

뉴턴의 절대적·선재적 공간론

데까르뜨와 달리 뉴턴은 물질을 공간과 구별한다. 공간은 그 속에서 물질의 운동이 진행되는 무한하고 균질적인 텅 빈 공간으로 논리적으로 물질에 선행하여 존재한다. 물질의 부피(volume)는 물질의 성질이지만, 물질이 점유한 공간은 물질의 성질이 아니다. 설령 무한의 물질이 있어서 무한의 공간을 점유한다 할지라도 공간은 결코 물질의 성질일 수 없다. 엄밀히 말해서 공간 그 자체는 부분으로 쪼개지지 않으며(indivisible), 원리상 분리되지 않는다(inseparable). 그러나 물체의 점유에 의해 형성된 공간상의 서로 다른 영역들은 분리 가능하다. 이러한 속성은 사실상 브루노(G. Bruno)로부터 연유한다. 브루노에 의하면 "공간은 그 안에 물질들의 크기가 담겨져 있는 연속적인 3차원의 자연적 양(natural quantity)이다. 공간은 본성상 모든 물질들에 선행해 존재하고 그것들 없이도 지속되며, 모든 물질들을 받아들인다."

이렇듯 공간이 더이상 물질적 실체도, 물질의 속성도 아니라면 무엇인가? "만일 물질적 실체로서의 공간 규정이 불가능하다면 공간을 속성으로 추정하는 방법만이 남게 된다. 그런데 공간은 영원하고 무한하므로 그 자체가 영원하고 무한한 속성을 지닌 실체, 곧 신의 속성일 수밖에 없다." 공간은 잠재적이 아니라 실제적으로 모든 방향에서 무한하다. 따라서 공간은 신의 속성이다. 물질처럼 창조된 것이 아니라 모든 물질들을 포함하는 영원하며 무한한 존재이다. 공간은 언제나 동등하게 부동의 정지상태에 있으며, 그 속에서 물체가 어떻게 배열되어 움직이든 그 자체는 변화하지 않는 절대적인 것이다. 절대공간은 바로 신 존재의 즉각적이고 필연적인 귀결이다.

뉴턴은 공간개념을 둘로 구분한다. 이성이 요청하고 있는 신의 속성으로서의 절대공간개념과 우리가 직접 경험하고 수량화할 수 있는 상대공간 개념이 그것이다. 절대공간은 항상 동등하며 부동의 상태에 있는 무한자를 의미한다. 이는 뉴턴 물리학과 직접 관련이 없는, 뉴턴의 형이상학적 세계관을 반영한다. 반면 상대공간은 우리가 경험하는 수량화할 수 있는 개념들로 물질의 운동에 대한 수학적인 서술을 가능하게 한다. 뉴턴은 데까르뜨와 마찬가지로 상대공간을 유클리드적인 공간, 즉 등방적이고 균질적이며 무한히 펼쳐진 평평한 3차원 공간으로 보았다. 그리고 이러한 특성들이 절대공간이 지니는 존재적 속성을 가장 잘 드러내줄 것으로 생각한 듯하다.

뉴턴은 데까르뜨와 유사하게 유클리드 기하학의 정리들을 만족하는 용기로서 공간을 주장한다. 그는 공간에 대해 오직 기하학적인 속성만을 부여할 뿐, 그외에 어떤 물리적인 속성도 부여하지 않는다. 따라서 공간상의 개개 점은 상호간에 수학적 관계를 맺고 있는 점으로서, 정확히 3차원 직교좌표계 내의 좌표로 표현된다(뉴턴은 이를 기준좌표계 referential frame 라 부른다). 그런데 공간에 대한 이와같은 수학적 표현은 뉴턴 물리학에서 공간에서의 물질운동을 수학적으로 서술하는 데 매우 중요한 역할을 한다. 물체의 운동이 좌표계 안에서 물체가 위치한 점, 곧 질점(mass point)의 변화를 표현함으로써 기술될 수 있기 때문이다.

이 질점의 변화와 관련하여 뉴턴은 두 종류의 힘을 언급한다. 그중 하나는 물체에 고유한 관성력으로서 직선상에서 물체를 등속도로 일정하게 움직이게 하는 힘이며, 다른 하나는 물체에 강제된(impressed) 것으로서 물체에 가속도운동을 일으키는 힘이다. 강제된 힘으로부터 자유로운 물체의 등속운동의 경우, 상대적으로 고정된 기준좌표계를 통해 서술될 수 있다. 즉 물체와 함께 움직이는 3차원 직교좌표계를 기준좌표계로 설정할 수도 있고, 물체의 등속운동을 서술하는 3차원 직교좌표계를 기준좌표계로 설정할 수도 있다. 뉴턴은 이 모두를 관성계(inertial reference frame)라고 부른다. 이 관성계개념은 사실상 뉴턴이 주장했던 또하나의 공간, 곧 상대공간에 대한 수학적 개념화로 볼 수 있다. 결과적으로 뉴턴역학에서 물체의 운동에 대한 분석과 관련하여 본질적으로 중요한 것은, 형이상학적인 절대공간관념보다는 오히려 상대적인 관성계개념이라고 할 수 있다. 모든 관성계에서 물리법칙은 언제나 동일하다는 뉴턴의 상대성원리는 이 점을 가장 극명하게 보여준다. 이 개념에 의거하여 뉴턴은 물질의 운동을 수학적으로 기술하고, 우리가 사는 거시세계에서의 자연현상을 체계적으로 설명하고 예측할 수 있었다.

정리하면 존재의 측면에서 물질에 독립하여 이들을 모두 포함할 수 있는 무한한 절대공간이 존재한다는 점, 그리고 이러한 공간의 선재성은 자연현상에 대한 인식의 측면에서 물질의 운동에 관한 효율적인 과학적 인식을 위해 필요한 전제라는 점이 뉴턴 공간론의 핵심이라고 할 수 있다. 이에 대해 버클리(G. Berkeley)는 물질이 없는 공간, 관계도 없고 무한하고 움직이지도 않고 불가분하고 지각 가능하지도 않은 뉴턴의 절대공간을 '공허'(nothing)한 것이라고 주장한다.

라이프니츠의 상대적 · 관계론적 공간론

뉴턴과 마찬가지로 라이프니츠는 공간을 물질과 동일하게 보는 데까르뜨의 주장을 받아들이지 않는다. 동시에 공간이 물질에 선행하여 존재하며 절대적인 특성을 지닌다는 뉴턴의 주장에도 반대한다. 대신 공간을 모나드(monad, 단자 혹은 나누어질 수 없는 실체)들 사이에 성립하는 관계로 본다. 즉 공간은 서로 공존하는 사물들(혹은 실체들) 사이의 질서이다. 따라서 "실체가 없는 곳에 공간도 없다." 라이프니츠는 존재하는 모든 것은 실체이거나 실체의 속성이라는 전통적 견해를 따른다. 그런 까닭에 공간은 실체들간의 상대적 관계일 뿐 더이상 실체도, 실체의 속성도 아니다. 결국 라이프니츠는 공간에 대해 어떠한 실체적 해석도 거부하고 있다. 그렇다면 라이프니츠에게 공간은 어떤 존재론적 의미를 갖는가?

공간은 실체들 사이의 질서, 특히 위치의 질서 또는 관계이다. 여기서 질서 또는 관계는 현재 동시적으로 존재하는 것들간의 현실적인 관계 또는 질서뿐 아니라 "모든 존재 가능한 사물들의 질서 또는 관계"도 모두 포함한다. 즉 공간은 사물들이 공존하는 질서이며, 이상적인 공간은 그 공존을 가능성의 세계로까지 확대한 결과이다. 현실성 차원만이 아니라 좀더 넓게 가능성 차원에서 공간은 성립한다. 그러한 의미에서 라이프니츠의 공간개념은 매우 추상적이고 관념적이다. 한편 이러한 질서나 관계는 상대적이기에 공간은 더이상 절대적일 수 없고 상대적이다. 물질의 절대적인 위치란 없으며, 단지 실체 상호간의 관계와 이로부터 추상된 상대적 위치만이 있을 뿐이다.

라이프니츠 공간관의 핵심은 한마디로 뉴턴의 절대공간에 대한 거부라고 할 수 있다. 이러한 견해는 1715~16년에 걸쳐 라이프니츠가 뉴턴 역학의 대변자였던 클라크(S. Clarke)에게 보낸 편지들에 잘 나타나 있다. 이 편지들에서 라이프니츠는 충족이유율(Principle of Sufficient Reason)과 동일성원리(Identity of Indiscernibles)에 입각하여 뉴턴의 절대공간론을 거부하고, 공간의 상대성을 주장한다. 만약 공간의 절대이론이 참이라면, 공간이 물질에 논리적으로 선행하므로 창조된 물질세계는 공간의 어떤 영역도 점유할 수 있다. 그런데 신은 충족이유율에 따라 충분한 이유 없이는 어떤 선택도 하지 않는데, 따라서—동질적인 절대공간을 받아들인다면—신이 왜 현재와 같은 방식으로 사물들을 공간에 배열했는지를 설명할 수가 없다. 한편 동일성원리는 두개의 식별 불가능한 실체들은 동일함을 말해준다. 즉 그것들은 동일한 실체에 대한 서로 다른 이름을 가정한 것 뿐, 독립적으로 존재하는 것이 아니다. 라이프니츠에 따르면 본성이 동일한 두개의 실체들이 독립적으로 별개인 양 존재할 수 없다. 이는 하나의 물질세계가 내적 구조의 차이 없이 공간상의 서로 다른 영역들(곧 상대공간)을 점할 수 있다는 뉴턴의 견해를 정면으로 거부하는 의미를 가진다.

한편 공간은 사물들의 창조에 선행해서 존재하는 것이 아니라, 사물들이 창조되고 이들 사이의 관계에 따라 이들을 배치하는 과정에서 형성되는 것이다. 따라서 물질세계 밖에는 어떠한 공간도 존재할 수 없다. 물질세계가 유한하여 공간 속에서 움직일 수 있다는 뉴턴의 주장은 성립할 수 없게 된다. 또한 사물들 사이의 공존적 질서는 가상적인 것이 아니므로 빈 공간 역시 존재한다고 말할 수 없다. 물질세계 안에 '텅 빈 공간'이 존재할 수 있다는 뉴턴의 주장은 거부된다. 물질세계는 연속적이고 무한하게 전개될 수 있으므로, 결국 공간은 물질로 꽉 찬 공간이 된다.

정리하면 라이프니츠가 논리적이고 인식론적인 관점에서 절대공간을 부정하고 관계론적인 상대공간을 주장하는 반면, 뉴턴은 바로 이러한 상대공간의 근거로서 객관적으로 실재하는 절대공간이 필요함을 주장하는 셈이다.

칸트의 선험적·관념적 공간론

칸트는 지금까지 분석되어왔던 모든 공간론들을 부정한다. 대신 공간을 인간 내면에 속하는, 그리고 그것을 통해 인식이 가능하게 되는 주관적인 어떤 것으로 본다. "공간이란 객관적이고 실재적인 어떤 것이 아니다. 실체도 속성도 관계도 아니며, 불변하는 법칙에 의해 마음의 성질에 나타나는 주관적이고 관념적인 어떤 것이다." 이 공간은 우리의 모든 경험적 인식을 가능케 한다. 그렇다면 칸트에게서 공간은 구체적으로 무엇인가? 이를 분석하기 위해 칸트의 주장을 두 부분으로 나누어 살펴보자.

첫째, 칸트는 공간의 존재적 성질을 형이상학적으로 해명한다. 그에 따르면 우선 공간은 "외적 경험으로부터 추상된 경험적 개념이 아니다." 사물 일반의 관계에 관한 논증적 또는 일반적 개념이 아니다. 개념은 동일한 종류의 많은 사물들로부터 공통점을 추상하여 만들어지지만, 공간은 오직 하나뿐으로 개념이 될 수 없다. 다음으로 공간은 선험적이고 감성적인 순수직관 혹은 순수직관의 형식이다. 이 직관의 형식은 우리의 외적 경험을 가능케 한다. 다시 말해 공간이 구비되지 않으면 외적 경험 자체는 불가능하다. 그러한 의미에서 공간은 우리의 인식이 성립하는 논리적 조건이며, 동시에 현상을 가능케 하는 제약이다. 대상 없는 공간은 생각할 수 있어도, 공간 없이 대상을 표상(인식)할 수 없다. 한편 "공간은 무한히 주어진 양으로 표상된다"(공간의 무한성). 즉 자신의 무한한 부분을 자기 자신 속에 포함하고 있다. 어떤 개념도 이처럼 무한수의 표상을 자기 자신 속에 포함하는 것으로 사유될 수 없지만, 공간은 그렇게 사유된다. 그러한 이유에서도 공간은 직관이지 개념이 아니다. 그러나 이러한 형이상학적 해명은 공간의 성질을 규명할 뿐, 주관의 순수형식인 공간이 시간이나 다른 지성의 개념들과 함께 어떻게 인식을 가능하게 하는지를 설명해주지는 못한다.

둘째, 칸트는 공간을 선험적으로 해명한다. 칸트에 따르면 경험적 인식은 공간·시간·지성과 같은 선험적 개념들이 구비되었을 때 가능하다. 그렇다면 객관에 대한 인식을 가능케 하는 직관이 어떻게 심성 속에 존재하는가? 직관은 객관에 의해 촉발되어, 객관에 관한 직접 표상을 만들기 위한 주관의 형식적 성질로서 주관 속에 자리를 잡는다. 공간은 주관의 형식이며 동시에 객관이 주관에 수용되는 원리로서 객관에 의해 항상 촉발된다. 즉 주관에 속하면서 주관 그대로가 아닌 것, 일체의 대상사물에 대한 가능한 관계들을 공간은 포함하고 있다. 따라서 공간은 주관을 떠난 물자체의 성질이 될 수 없다. 공간은 사물의 표상이 놓이게 되는 의식 속의 장소이다.

정리하면 칸트에게서 공간은 외적 실재인 객체에 속하는 것도 아니고, 사물의 어떤 성질도 아니며 또한 사물들 상호간의 관계도 아니다. 그것은 전적으로 직관의 형식으로서 우리들 주관에 속한다. 공간은 경험으로부터 얻은 것이 아니고, 선천적으로 우리들의 심성 속에 미리 구비되어 있는 것이다. 우리들의 주관 속에서 공간은 감성에 속한다. 우리 감성 속에는 마음의 한 성질인 외감이 있고 이 외감의 형식인 공간에서 외적 대상을 표상한다. 다른 한편 마음의 내적 상태를 직관하는 내감이 있는데, 내감은 시간 형식으로 모든 현상을 표상한다.

이러한 칸트의 공간론은 다음과 같은 주장들의 종합이라는 특성을 지닌다. 첫째, 뉴턴적 요소이다. 상대공간과 절대공간을 구분하고, 인식을 성립시키기 위한 기초토대로 공간을 바라본 점은 뉴턴에게서 영향을 받은 것으로 볼 수 있다. 또한 공간의 외연을 등방적인 연장성으로 본 점도 뉴턴의 공간관념에서 비롯된 것이라고 말할 수 있다. 다만 뉴턴은 인식과정에서 물체의 운동이나 정지 등을 결정하는 데 기준이 되는 절대공간이 외부세계에 실재해야 하는 것으로 보았다. 반면 칸트는 외부대상이 인식주체 안에서 어떤 현상으로 촉발되어 나타날 때, 그것을 인지가능한 현상으로 근거지어줄 공간(과 시간)이 인간 밖이 아니라 인간 내면에 선험적·관념적 요소로서 존재하고 있다고 보았다. 둘째, 라이프니츠적 요소이다. 라이프니츠에게서 공간은 사물들의 공존적 질서인 까닭에, "만일 어떠한 창조물도 존재하지 않는다고 가정한다면, 공간과 시간은 단지 신의 관념 속에만 있게" 된다. 여기서 '신'의 관념을 '인간'의 관념으로 바꾸면, 바로 공간을 인간의 선험적 형식으로 간주한 칸트의 관점과 일치하게 된다.

근대 공간론의 특성

지금까지의 분석들을 정리해보면 공간에 관한 근대 철학자들의 논의에는 근대 이전과 다른 새로운 변화들이 나타남을 알 수 있다.

첫째, 여전히 공간의 존재론적 특성에 관한 형이상학적인 논쟁이 이어지고 있지만, 과거와는 달리 공간의 존재를 자연을 인식하는 문제들—현상인식이 가능하기 위한 조건들, 물체의 운동을 서술하기 위한 전제들—과 연결지어 사유하려는 특성이 나타난다. 데까르뜨에 의한 공간의 기하학적 표상과 이에 근거한 운동의 수학화, 뉴턴에 의한 절대공간-상대공간의 구분과 상대운동의 등장, 그리고 칸트에 의한 공간의 인식주체 내재화, 특히 외적 사물들을 인식하기 위한 감성의 선험적 형식으로서의 공간에 대한 규정 등이 이를 잘 보여준다. 한마디로 근대철학의 공간론은 형이상학뿐 아니라 인식론의 근본문제가 되었다.

둘째, 공간에 관한 논의에 기하학적 방법이 구체적으로 적용되기 시작한다. 즉 사물인식과 관련한 학문 일반의 방법으로서 기하학적 방법이 채택되면서 기하학을 통한 공간개념의 분석이라는 새로운 접근방법이 발전하였다. 실제로 17~18세기에 공간기하학의 문제는 단지 수학만의 문제가 아니라 자연철학(나아가 자연과학)의 중요한 문제이기도 했다.

셋째, 칸트에 의해 이루어진 공간의 주관화와 내재화는 공간에 관한 이후의 철학적 논의에 새로운 전기를 가져왔다. 인간의 인식구조를 벗어난 초월적인 실체 개념을 무의미하고 낡은 형이상학의 유물이라고 거부했던 칸트는 공간을 인간의 선험적 형식으로 인식을 가능케 하는 조건으로 간주함으로써 공간문제를 인간의식 내의 문제로 대치시켰다. 이제 공간은 모든 사물들의 존재와 관련된 세계 내의 조건 혹은 근거로서가 아니라, 사물들에 대한 인식을 성립시키는 인식주체 내의 조건 혹은 근거로 새롭게 이해되기 시작한 것이다.

근대 자연철학은 물질의 운동으로 자연현상을 설명하는 기계론의 전통을 세웠다. 이 가운데 데까르뜨와 홉스의 기계론이 힘개념에 크게 의존하지 않고 크기·모양·운동·코나투스 등 운동학적 개념들로 자연현상을 설명하는 운동학적 기계론이라면 뉴턴과 라이프니츠의 기계론은 제각기 힘개념을 중심으로 운동을 설명하는 동력학적 기계론이라 할 수 있다. 그리고 데까르뜨와 홉스의 운동학적 기계론이 자연의 수학화를 강조했지만 실제로 정량적으로 일반화시키지는 못했다. 반면 뉴턴과 라이프니츠의 동력학적 기계론은 힘개념을 바탕으로 자연현상을 정량화함으로써 근대 기계론적 과학의 틀을 완성한다.

라이프니츠와 뉴턴은 서로 다른 힘개념을 가지고 논쟁을 벌였지만, 각자가 제시한 개념은 각기 다른 운동현상에 관계된 것이고, 고유한 설명력과 타당성을 가진 것으로 판명되었으며, 훗날 에너지개념과 천체물리학적 중력개념으로 정착되었다. 그러나 이 논쟁은 이후 베르누이(J. Bernoulli)가 말한 것처럼 단순한 말싸움의 에피쏘드라기보다는 새로운 과학이 정착하는 과도기에 발생할 수 있는 창의적인 사고의 역사로 평가해야 한다. 더욱이 이 논쟁은 오늘날에도 자연의 실체를 밝히고자 하는 지적 작업에서 핵심적인 주제로 자리잡고 있다.

근대 자연과학이 발달하는 과정에서 주류를 형성한 것은 뉴턴의 물리학이었고 그래서 18, 19세기 과학은 통틀어 '뉴턴과학'이라 불렸다. 그러나 라이프니츠의 형이상학적 사고도 하나의 전통을 형성하면서 낭만주의와 관념론적 자연철학에 지대한 영향을 미쳤으며, 현대 자연과학의 발전에도 지속적으로 영향을 미치고 있다. 현대 자연과학의 발전과정에서 경험적 사고가 한계에 부딪혔을 때, 라이프니츠의 분석적이며 동시에 총체적인 사고 그리고 기계론적이면서도 유기체적인 사고는 발상의 전환수단으로 드물지 않게 이용되고 있다. 이를테면 라이프니츠의 인과율 거부나 예정 조화론적 사고는 일상의 경험과는 어긋나는 생각이지만, 오늘날 국소성의 원리와 관련된 양자역학 문제를 푸는 하나의 가설로 물리학자들 사이에서 언급되고 있는 실정이다.

한편 철학사에서 공간문제는 존재의 차원이든 인식의 차원이든 간에, 주로 사물들의 존재 및 운동과 연관지어 논의되어왔다. 근대 자연철학도 예외가 아니다. 그러나 근대 자연철학의 경우 과거와 달리 그러한 공간론이 근현대 자연과학의 발전에 초석을 마련했다는 점에서 매우 특별한 의의를 갖는다.

데까르뜨나 뉴턴에서 볼 수 있듯이 공간에 대한 기하학적 해명은 공간을 수학화함으로써 공간 안에서 이루어지는 사물의 운동을 수학적으로 정확하게 서술할 수 있는 인식적 토대를 제공했다. 이는 과학의 발전에서 매우 중요한 의미를 갖는다. 그리고 뉴턴의 상대공간개념은 공간문제를 인식의 차원에서 바라보는 전환점이 되었다. 물질의 운동은 보통 그것을 관측하는 인식주체 또는 인식주체가 중심좌표가 되는 상대공간에 상대적인 방식으로 서술된다. 예를 들어 달리는 자동차 안의 인식주체에 의해 정지해 있는 것으로 관측된 날파리는 자동차 밖의 인식주체에 의해서는 자동차와 같은 속도로 운동하는 것으로 관측된다. 결과적으로 운동에 대한 서술은 그것을 인식하는 주체가 어떤 상대공간에 있는지에 따라 달라진다. 물론 두 공간간의 상대적 운동관계는 두 서술이 동등함을 분명하게 말해주고 있다. 운동에 대한 수학적인 서술이 정합성을 갖기 위해서는 인식의 차원에서 공간문제를 바라보는 새로운 접근이 필요한데, 뉴턴의 상대공간

개념은 이에 적절하다. 이러한 접근은 20세기 상대성이론의 시공간개념의 출현과도 밀접한 관련을 갖는다는 의미에서 과학의 발전에 중요한 역할을 했다.

|김국태·김성환·이중원|

02

방법

___지식 획득의 새로운 방법은 무엇인가

1. 경험론의 과학방법론

새로운 방법의 추구

16세기에서 18세기에 이르는 근대철학은 사람들에게 확실하고 유용한 과학을 가져다줄 방법에 대해 커다란 관심을 가지고 있었다. 이 시기에 간행된 대부분의 과학문헌들은 방법에 대한 논의로부터 시작하거나 방법론적 언명들을 담고 있었다. 이 주제에 관한 가장 유명한 저작인 데까르뜨의 『방법서설』(Discours de la Méthode, 1637)은 기하학·기상학·굴절광학이라는 세가지 과학적 작업을 위한 서론이었다. 또한 뉴턴의 저술 중 가장 유명하고 널리 읽히는 「일반주석」은 『자연철학의 수학적 원리』 2판에 대한 결론으로서 씌어졌다. 거기서 뉴턴은 자연철학에서의 설명의 본성과 가설의 역할에 대해 논의한다.

근대 과학과 철학에서 말하는 '방법'이란 새로운 탐구의 방법을 가리킨다. 다시 말해 그것은 새로운 철학적 원리 혹은 자연학적 원리를 발견하기 위해 따라야 할 절차를 말한다. 이런 의미에서 발견의 방법이라고도 할 수 있다. 한편 '방법'은 어떤 발견된 원리를 정당화하기 위한 절차를 의미하는 것이기도 하다. 즉 정당화의 방법이다.

학문탐구의 방법에 대한 논의는 지식의 개념과 범위, 인식의 본성과 구조 등 인식론적 관점과 밀접히 결합되어 있다. 지식의 원천을 무엇으로 보는가에 따라서 인식의 방법도 달라질 것이기 때문이다. 뿐만 아니라 방법론은 형이상학적 문제, 대상의 구조와 본질에 대한 존재론적 관점과도 분명히 관련되어 있다. 기계론적 관점, 입자론적 관점, 제1성질과 제2성질의 구분 등에 대해서 어떤 입장을 가지는가 하는 것이 방법론적 입장을 결정할 수도 있다. 또한 새로운 방법론이 형이상학적 문제에 대한 해결방법으로서 제시되는 경우도 있다. 뉴턴의 "나는 가설을 만들지 않는다"는 슬로건이 전형적인 경우인데, 그것은 뉴턴의 중력이론에 대한 대륙의 데까르뜨주의 과학자들의 비판을 극복하기 위한 방법론적 조처였다고 볼 수 있다.

학문탐구의 방법이 근대철학의 중요한 쟁점의 하나로 떠오른 데는 몇가지 배경이 작용했다.

첫째, 중세의 스콜라철학적 학문관과 그 방법론을 극복하기 위한 노력이다. 이러한 의미에서 '방법의 중요성'을 가장 먼저 간파한 사람은 프랜씨스 베이컨(Francis Bacon)이다. 베이컨은 그의 필생의 야망이었던 '학문의 대혁신'을 위해서는 새로운 방법이 먼저 확립되어야 한다고 믿었다. 그리고 데까르뜨도 스콜라적인 학문에서 벗어나는 것을 학문적 목표로 삼았다. 그는 이를 위해 먼저 추구해야 할 것은 새로운 방법이라고 생각했다. 데까르뜨는 "과학에서 모든 악의 원인과 뿌리는 이것이다. 즉 우리가 인간정신의 힘을 잘못 찬양하고 그것에 진정한 도움을 줄 수 있는 것을 찾는 일을 게을리한 것이다"라고 지적하면서, 올바른 방법의 발견을 통해 모든 장애를 극복하려고 했다. 이와같이 대부분의 근대 철학자들은 우리가 자연의 빛으로서 이성을 가지고 있음에도 확실한 지식에 도달하지 못한 이유를 그것을 도와줄 적절한 보조물로서의 방법을 가지지 못했던 것에서 찾았다.

둘째, 방법에 대한 추구는 회의주의에 대한 응전의 구체적인 양식이었다. 회의론은 16세기에 쎅스투스 엠피리쿠스(Sextus Empiricus) 저작의 발견과 더불어 부활했다. 회의론은 고대그리스에서와 같이 우리가 사물의 어떤 감추어진 본질과 비밀을 알지 못한다는 것을 논증하는 데 사용되었다. 새로운 방법에 대한 추구는 이러한 회의주의의 부흥에 대한 대응이었다고 할 수 있다. 극단적 회의주의에 대한 응전으로서의 방법에 대한 추구는 두가지 양상으로 나타난다. 그중 하나는 데까르뜨의 방법론처럼 우리가 확실한 지식을 갖기 위한 보편적 방법을 가질 수 있다는 주장이다. 17세기 중엽에 데까르뜨의 작업은 회의주의에 대한 반박일 뿐만 아니라 확실성을 가진 과학을 위한 본질주의적이고 연역적인 기초를 놓으려는 노력으로 받아들여졌다. 다른 한가지 대안은 완화된 회의주의를 택하는 경향으로서 확실한 것보다도 개연적인 것 혹은 합당한 것을 구하는 것이다. 이러한 회의주의는 연역적이고 선험적인 방법 대신에 실험적 혹은 경험적 방법을 옹호했다.

셋째, 철학자들의 방법에 대한 추구는 새로운 과학의 의미분석 작업의 일환이었다. 당시의 철학자들, 특히 영국의 경험론자들은 코페르니쿠스(Copernicus)로부터 뉴턴에 이르는 자연과학의 성공을 가능케 한 것은 무엇보다도 그 새로운 방법이라고 생각했다. 뉴턴의『자연철학의 수학적 원리』가 처음으로 두 전문집단으로 나뉜 철학자들과 물리학자들의 상상력에 미친 영향은 너무나 지대한 것이어서, 그의 업적이 자연과학 나아가 모든 학문의 패러다임이 되는 것은 당연했다.『자연철학의 수학적 원리』와『광학』(Opticks)의 여러 페이지에 흩어져 있던 뉴턴의 방법에 관한 진술도 그에 상응하는 권위를 갖게 되었다. 근대과학에 대한 뉴턴의 위대한 공헌은 그의 우주론적 종합 그 자체보다도 그가 과학의 새로운 개념과 방법을 정식화한 점에 있었다. 이런 이유로 철학자들은 뉴턴의 방법을 정신과학(moral science)에 도입하기 위한 시도로서 방법론을 전개했다. 과학적 방법을 철학을 비롯한 정신과학적 주제에 도입하기 위해서는 먼저 과학적 방법에 대한 비판적 분석이 필요했다.

그러나 방법에 관한 근대인들의 탐구는 서양세계에서 전적으로 새로운 것은 아니었다. 이미 아리스토텔레스는 그의 『분석론 후서』(*Analytica Hystera*) 등에서 자신의 방법론을 전개한 바 있다. 방법에 대한 비판적인 논의가 이미 중세기에 진행되고 있었음에도 불구하고, 중세인들은 학문의 새로운 방법 자체를 추구했거나 이를 확립한 것은 아니었다. 따라서 근대의 새로운 방법 추구는 고대그리스의 원전과 필사본을 발굴하거나, 아랍인이나 비잔틴제국 사람들이 가지고 있던 번역서를 구독함으로써 실현될 수밖에 없었다. 방법의 필요성에 대한 새로운 자각은 우리가 르네쌍스라고 부르는 시기로부터 시작되었다고 할 수 있다. 르네쌍스기의 새로운 과학과 방법에 대한 관심은 서유럽이 그리스철학의 원전과 아랍어 번역판을 획득한 것에서 비롯되었다고 보아도 틀리지 않다. 랜달(J. H. Randall)과 같은 철학사가는 고대의 방법을 부흥시키려는 노력의 대표적인 사례로 이딸리아의 빠두아(Padua)학파를 든다.

그러나 방법에 대한 근대인들의 관점은 그러한 번역과 해석의 시간이 상당히 경과한 17세기에 접어들어서야 확립되었다고 말할 수 있다. 사실상 갈릴레오의 저작에서도 '방법'이라는 용어는 거의 찾아보기 힘들다. 새로운 방법을 통해서 학문을 혁신하고자 하는 노력은 베이컨과 데까르뜨에 이르러서야 구체적으로 발견할 수 있다. 그러나 최종적으로 발견되고 실천적으로 증명된 생산적인 방법도 역시 전혀 새로운 것은 아니었다. 그것은 13, 14세기 스콜라주의의 전통 가운데 있었고, 반교권적인 빠두아에서 조심스럽게 발전되고 확장되어온 것이었다. 과연 근대인들이 고대로부터 배워서 새롭게 구성한 방법이란 무엇인가? 그것은 그들의 탐구에 실제로 어떻게 적용되었는가? 그리고 근대인의 철학적 탐구에 어떤 영향을 미쳤는가?

뉴턴 이전의 방법론

분해와 종합의 방법__ 17세기 이전 인물들 가운데 과학적 방법에 관해 가장 큰 영향력을 발휘했던 인물은 그로스테스트(R. Grosseteste)와 로저 베이컨(Roger Bacon)이다. 그들은 아리스토텔레스가 말한 과학적 탐구의 귀납-연역적 패턴을 긍정적으로 받아들였다. 그로스테스트에게 귀납의 단계는 현상을 그 구성요소로 '분해'(resolution)하는 것이고, 연역의 단계는 각 요소를 조합하여 본래의 현상을 재구성하는 '종합'(composition)이다. 그로스테스트의 '분해의 방법'은 현상에 대한 명제들로부터 현상을 재구성하는 데 사용될 일반적 설명원리를 귀납하는 절차이다. '종합의 방법'은 설명원리를 귀납하는 데 사용된 자료 안에 포함되지 않았던 새로운 귀결들을 연역적으로 추론하는 일을 말한다. 한편 이러한 방법을 기반으로 적극적인 실험적 방법을 제안한 사람이 바로 로저 베이컨이다. 그는 귀납적 절차의 성공적인 적용은 정확하고도 광범위한 사실적 지식에 달려 있으며, 또한 과학의 사실적 기반이 적극적인 실험에 의해서 증대될 수 있다고 주장했다.

『분석론 후서』에 대한 중세와 르네쌍스기의 이러한 주석에 의해 방법론에서 중요한 발전과 명료화가 이루어졌다. 특히 '분해'와 '종합'에 관한 중세의 논의가 17세기 들어 귀납적 방법과 가설연역적 방법이 출현하는 기반이 되었다고 볼 수 있다. 아리스토텔레스의 개념적 도식 내에서 작업하였음에도 불구하고, 스콜라학자들은 관찰과 이론의 관계에 대해서 그리스인들보다 훨씬 더 많은 것을 발견했다.

베이컨의 귀납법__ 베이컨은 실험적 방법을 발견의 방법이자 동시에 정당화의 방법으로 제시했다. 그는 이 실험적 방법을 '귀납법'이라고 불렀다. 『새 오르가논』(*Novum Organum*)에서 베이컨은 그가 '귀납법'이라고 부르는 방법이 두가지 서로 다른 논리적 절차로 구성된다고 기술했다. 그중 첫째는 점진적이고 지속적인 상승에 의해 개별적인 관찰 사실로부터 폭넓은 일반화로 나아가는 것이다. 관찰사실들이 확보된 후에는 이것들 사이의 상관관계를 추구해야 한다. 그리고 점진적인 귀납의 상승, 즉 일반성이 낮은 상관관계에서 일반성의 정도가 높은 상관관계로 상승해가야 한다. 이렇게 경험으로부터의 상승과정을 통해 공리 혹은 가설을 확립하고, 이어서 그것으로부터 다시 새로운 관찰 가능한 개별적 사실에 대한 주장을 이끌어낸다. 즉 확립된 가설로부터 검증 가능한 연역적 귀결을 이끌어내는 것이다. 그리고 그 추측적인 성격의 개별적 사실에 대한 주장이 존재의 표, 부재의 표, 정도의 표에 의해 검토된다. 이때 연역적 귀결에 해당하는 관찰이 주어지지 않는다면 확립된 가설은 반증된다. 요약하면 관찰로부터의 가설의 확립과 가설에 대한 경험적 검증, 이 두 과정이 베이컨이 말하는 '자연을 해석하는 기술'의 두 국면으로 '실험의 방법' 혹은 '자연사적 방법'이다. 그는 이것을 그가 '자연에 대한 예단'이라고 불렀던 아리스토텔레스의 방법과 대비시켰다. 『새 오르가논』에서 베이컨이 그의 방법을 '귀납'이라고 지칭했던 것은 이것을 삼단논법의 연역적 방법과 구분하기 위한 것이었다. 이 방법은 분명히 세계의 관찰된 특징에 대해서만 적용할 수 있다. 그것은 공존, 비공존, 공변 등에 주목한다. 베이컨은 이런 방식으로 어떤 단순본성을 지배하고 구성하는 법칙에 대응하는 규칙성을 발견할 수 있다고 믿었다. 여기서 탐구의 목적은 자연세계의 우연성과 혼란 가운데서 관찰적으로 결정가능한 법칙성을 발견하는 것이다.

　베이컨은 공리라는 용어를 우리가 가설이라고 부르는 것을 지칭하기 위해 사용한다. 『새 오르가논』 제2권에서 베이컨은 두가지 유형의 공리를 구분한다. 그중 한 유형은 물체를 색깔과 무게 같은 관찰가능한 성질의 집합이라고 간주하고, 다른 유형은 복합물이 이러한 성질을 가질 수 있게 하는 숨겨진 과정에 관한 것이다. 이러한 구분은 귀납적 일반화와 인과적 가설사이의 구분과 유사하다. 그는 두 유형의 공리를 검증하기 위해서 실험이 수행되어야 한다고 말한다. 그는 실험으로부터 원인과 공리를 추출하고, 이 원인과 공리로부터 새로운 작업과 실험을 획득한다. 잠정적이고 가설적인 원인으로부터 유도된 귀결을 검증하는 것은 베이컨의 실험적 작업에서 기본적인 일이다.

베이컨은 결과로부터 감추어진 원인으로 나아가는 추론에 대한 정당화의 중요성을 매우 분명히 알고 있었다. 그것은 그가 추구하는 과학이 물체의 내재적 구조의 탐구 및 발견을 목표로 한다는 확신 때문이다. 이러한 감춰진 영역에 도달하는 유일한 방법은 인과적 가설의 방법뿐이다. 그러한 가설은 그것으로부터 유도된 관찰 가능한 귀결들에 대한 체계적인 검토를 통하여 검증되어야 한다. 베이컨은 이러한 정당화의 양식이 그가 존재의 표, 부재의 표, 정도의 표에서 채용한 것과는 다르다는 것을 알았을 것이다. 인력은 직접적으로 관찰될 수 없기 때문에 그의 표에서 하나의 항목으로 등장할 수 없다. 그것은 오히려 증거에 대한 표에 의존하는 간접적인 방식으로 도달할 수 있다. 그는 두 종류의 정당화를 귀납이라는 단일한 용어로 표현했다. 따라서 그의 귀납의 방법은 두가지 분리된 단계를 포함한다. 첫째는 관찰된 개체들 사이의 관계를 일반화하는 것이고, 둘째는 그러한 일반화로부터 얻어진 인과적 추측을 검증하는 것이다. 한편 베이컨은 수학적인 추리의 유형을 권장하지 않았고 물리학에서 수학의 사용을 일축했다.

갈릴레오의 가설연역법_ 갈릴레오는 삐사대학에서 공부하던 젊은 시절, 스승 부오나미치(F. Buonamici)로부터 수학의 역할과 본성에 관한 '물음'이 아리스토텔레스와 플라톤이 대립하는 주요 원천이라는 것을 배웠다. 몇년 뒤 교수가 되어 삐사대학으로 돌아온 후, 친구이자 동료인 마쪼니(J. Mazzoni)로부터 수학의 본성과 역할에 대해서 더 구체적으로 배우게 된다. 물리학과 형이상학에 대한 수학의 우월한 지위를 주장하고 그것이 물리학에서 실제적인 가치를 가진다고 생각한 점에서 갈릴레오는 분명히 플

56

라톤주의자였다. 그는 자연현상에 대한 탐구에서 수학적 방법을 지지했다. 이 입장에서 갈릴레오는 지식의 원천으로서 감각지각을 포기해야만 했고, 지적이고 선험적인 지식이 실재의 본질을 파악하기 위한 유일한 수단이라고 선언해야 했다. 낙하하는 물체의 운동은 수의 법칙에 종속된다. 즉 운동은 수에 의해 지배된다. 반면에 성질에 대해서는 수학적 연역을 제시할 수 없다. 따라서 갈릴레오는 데까르뜨와 마찬가지로 성질의 개념을 포기하고 그것을 주관적이라고 선언하고, 자연의 영역으로부터 배제하게 된다.

갈릴레오는 플라톤적 입장에서 분석과 종합의 방법을 이어갔다. 그는 물리학에서 추상화와 이상화의 중요성을 강조했고, 자신의 연구에서 '진공 중에서의 자유낙하' '이상진자'와 같은 이상화를 만들었다. 이런 이상상태는 현상에서는 직접 나타나지 않는다. 그는 낙하물체나 진자의 실제 운동을 이상화된 운동의 성질을 규명하는 설명원리로부터 연역했다. 이상화를 이루기 위해서 전제되는 가설은 단순한 자료를 열거하는 귀납적 방법에 의해서 획득되는 것이 아니다. 그러한 가설은 창조적 상상력에 의한 직관을 통해서 획득된다. 이러한 이상화의 단계가 분석의 과정에 해당한다. 이러한 절차는 종합의 방법으로 이어지는데, 그것은 설명원리인 가설로부터 새로운 귀결을 추론하는 단계이다. 마지막으로 얻어진 결론을 다시 한번 실험적으로 검증하는 실험적 확증의 단계가 있다. 이렇게 볼 때 갈릴레오의 방법이란 공준(公準)을 정식화하고, 그것이 함의하는 귀결을 연역하며, 이에 대한 입증을 관찰에 호소하는 과학적 실험의 방법이라고 할 수 있다.

과학에의 이상화 및 추상화의 방법은 아르키메데스(Archimedes)의 연역적 체계화의 이상을 반영한다. 우리는 젊은 시절의 갈릴레오의 저작에서 아르키메데스의 영향을 분명히 발견할 수 있는데, 그것은 수학적 철학의 원리를 물리학에 적용하려는 시도이다. 갈릴레오는 모호하고 혼란스러운 임페투스(impetus)의 개념을 정확한 수학적 개념으로 바꾸는 일이 불가능하다는 것을 알았다. 따라서 아르키메데스의 노선을 따라 수학적 물리학을 성립시키기 위해서 그는 이러한 개념을 완전히 포기해야 했다. 이것은 중세적인 임페투스 과학을 대치하는 갈릴레오적인 새로운 과학의 등장을 의미한다. 말하자면 근대과학의 기초가 상식과 경험으로부터 수학적 언어에 기초한 실험으로 변화된 것이다. 실험은 자연에 관한 방법적 질문이다. 그 질문은 그 물음을 정식화하는 데 하나의 언어를 전제하고 함축한다. 갈릴레오에게 그것은 곡선·원·삼각형이고, 수학적인 것이며, 더욱 구체적으로 말하면 기하학적 언어이다. 그것은 상식의 언어가 아니며 순수한 상징도 아니다. 우리는 그것으로 자연에게 말하고 자연의 대답을 들어야 한다. 공간의 기하학화는 자연의 수학화, 과학의 수학화를 의미한다. 갈릴레오에게 새로운 과학은 플라톤주의의 실험적 증명이다.

데까르뜨의 분석의 방법 __ 데까르뜨는 그의 처녀작인 『방법서설』과 미간행된 『정신지도규칙』(*Regulae ad Directionem Ingenii*)에서 그의 방법론을 전개하였다. 그는 새로운 방법의 필요성에 대해서 이렇게 말한다. "훌륭한 정신을 소유하고 있다는 것만으로는 충분치 않다. 중요한 일은 그것을 잘 적용하는 것이다." 이 두 책에서 데까르뜨가 우리에게 잘 가르치겠다고 공언한 것이 바로 이성을 잘 사용하는 방법, 다시 말해 진리를 허위로부터 분별하기 위해서 정신의 기능을 적절히 구사하는 방법이다.

이 두 작업에서 공통적으로 제시한 데까르뜨의 방법은 바로 '분석의 방법'이다. 여기서 말하는 '분석'이란 오늘날 우리가 알고 있는 명제분석의 기술과는 다르다. 그것은 오히려 고대그리스의 기하학자들이 사용했던 '분석과 종합의 방법'에 가깝다. 사실상 방법에 관한 데까르뜨의 진술은 이딸리아 빠두아학파의 방법론적 진술들과 놀라울 정도로 유사하다. 빠두아학파는 데까르뜨의 『방법서설』이 출간되기 이전에 이미 두 세기에 걸쳐 과학방법에 관한 고전적인 연구와 발전을 부흥시키는 데 지도적인 역할을 담당했다.

그러면 데까르뜨가 말하는 분석의 방법이란 무엇인가? 먼저 분석은 발견의 방법이다. 그것은 어떤 탐구영역 안에서 가장 기본적인 원리(공리, 영원한 진리, 공통개념)를 발견하는 방법이다. 즉 기하학적 분석에서는 기하학의 가장 일반적인 원리인 공리를 발견하고, 형이상학적 분석은 자아의 존재와 같은 형이상학의 가장 일반적인 원리를 발견하는 것을 말한다. 발견의 방법으로서의 분석에는 직관이라는 정신작용이 동원된다. 직관이란 명료하고 주의 깊은 정신에 의해 의심할 수 없는 공리적 전제를 발견하는 것이다. 직관에 의해서 파악되는 공리적 전제에는 형이상학적 일반원리, 제일원리, 작용인(efficient cause) 등이 포함된다. 두번째로 분석은 증명의 방법이기도 하다. 그것은 바로 연역을 의미한다. 연역이란 직관적으로 알려진 전제들로부터 자연의 광범위한 국면을 추론해내는 과정을 말한다.

두번째로 데까르뜨의 분석방법은 가설연역적 방법을 의미하기도 한다. 데까르뜨는 『광학』과 『기상학』(Les Météores)에서 문제된 현상에 대해 적절한 인과적 설명을 제공함으로써 그것이 참임이 증명되는 여러가지 가설을 도입했다. 여기서 가설과 증거 사이의 재미있는 관계가 발견된다. 즉 원인에 대한 가설이 문제된 현상을 설명한다면 그 가설이 현상에 의해 증명되었다고 여겨지고, 그 현상이 원인에 대한 가설로부터 연역적으로 도출될 수 있다면 그 현상이 가설에 의해 설명된 것으로 여겨진다. 이것은 원인과 결과의 상호증명이라고 할 수 있다. 다시 말해 하나의 가설이 어떤 결과가 반드시 발생한다는 주장을 설명하고 이를 연역적으로 함축하는 경우에, 우리가 가설로서의 원인을 형식적으로 진리라고 수락하는 것이 정당화된다. 이것이 데까르뜨가 생각하는 이중적 정합성이다.

그러므로 데까르뜨가 말하는 '분석'은 두가지 국면을 갖는다. 첫째는 상향적 국면인데, 이것은 원리에 대한 추구이다. 여기서 우리는 증명하고자 하는 것을 가정하고, 그것을 연역적으로 설명할 원리를 찾는다. 둘째는 하향적 국면인데, 이것은 발견된 원리에 근거한 종합적인 논증이다.

앞서 언급했듯이 이러한 데까르뜨의 방법은 파푸스(Pappus)와 같은 고대그리스의 기하학자들이 사용한 분석과 종합의 방법과 유사하다. 이에 따르면 "분석은 찾아야 할 것을 마치 이미 발견된 것처럼 여기고 그것으로부터, 그것의 귀결을 통해 종합에서 발견되어야 할 어떤 것으로 나아가는 방식이다." 그러므로 데까르뜨의 방법은 기본적인 발상에서 파푸스의 그것과 일치한다. 그들은 모두 어떤 문제가 이미 해결되었다는 가정으로부터 출발한다. 이 알지 못하는 것이 이미 우리에게 주어져 있으며, 기호화될 수 있고, 마치 우리가 아는 것처럼 다루어질 수 있다고 가정한다. 다만 차이점은 데까르뜨가 대수적인 방법을 기하학에 적용했다는 데 있다. 수학적으로 말하면 미지수를 포함하는 방정식을 발견하기 위해서 미지수를 대수적으로 조작하고, 그 미지수를 찾기 위해서 그 방정식을 푸는 기법이라고 할 수 있다. 일반적으로 말하면 데까르뜨의 방법은 함수적 종속성에 의해 알지 못하는 것을 아는 것과 연관시키는 방법이다. 데까르뜨는 이러한 방법이 기하학적 문제의 해결뿐만 아니라 모든 자연현상의 설명, 나아가 형이상학적 주제에도 적용될 수 있다고 믿었다. 이런 의미에서 그의 분석방법은 곧 보편수학의 방법이다. 데까르뜨는 메르쎈느(M. Mersenne) 신부에게 보낸 편지에서 『제1철학에 대한 성찰』(*Meditationes de Prima Philosophia*)에서의 논변들이 기하학적 방법, 즉 분석의 방법에 따라 개진되었다고 말한 바 있다. 또 1630년경에는 형이상학적 진리들을 "기하학적 증명보다 더 확실한 방법"으로 증명하는 방법을 발견했다고 쓰고 있다. 그 방법은 곧 분석의 방법이고, 오늘날의 과학철학적 관점에서 본다면 가설의 방법 혹은 가설연역법이다.

『정신지도규칙』이나 『방법서설』에서 데까르뜨가 비판하는 주요 대상은 스콜라주의적 아리스토텔레스주의자들이었다. 그럼에도 불구하고 『정신지도규칙』의 방법은 스콜라주의와 마찬가지로 수학의 확실성을 의심할 수 없는 것으로 여긴다. 다만 스콜라주의와 근본적으로 다른 점이 있다면, 데까르뜨가 형식주의(formalism)를 거부하고 있으며 비수학적인 연역에서도 수학적 확실성이 실현될 수 있다고 믿은 점이다. 질쏭(E. Gilson)이 정확히 지적한 바와 같이 데까르뜨 철학의 가장 깊은 뿌리가 있다면 그것은 수학주의(mathematicism)였고, 그것은 모든 인간의 지식을 수학적 명증성의 유형에 일치하도록 만들어나가려는 시도였다.

뉴턴의 실험적 방법과 귀납주의

뉴턴의 『자연철학의 수학적 원리』는 새로운 종류의 과학을 제시했다. 그것의 새로움은 무엇보다도 그 방법에 있었다. 그것은 자연현상에 대한 수학적 분석을 행하면서도 가설적인 추리를 행하지 않는다. 운동과학에 대한 뉴턴의 창조적인 접근은 인과적 설명에 대한 추구를 위해 도입할 수밖에 없는 골치아픈 가설적 요소를 배제할 수 있게 만든 것으로 보였다. 만일 역학에서 가설 없이도 탐구가 진행될 수 있다면 실험철학의 다른 부분에서도 그럴 수 없겠는가?

1687년『자연철학의 수학적 원리』의 제1판이 간행된 후 제2판이 출간되기까지 26년 동안 뉴턴은 대륙의 비판자들에게 시달렸다. 그들은『자연철학의 수학적 원리』가 자연철학의 수학적 원리를 해명했다고 주장함에도 불구하고, 그 성격상 기본적으로 가설적이며 보편적 인력의 신비한 성질에 호소한다고 비난했다. 특히 라이프니츠는 떨어진 거리에서도 작용한다는 뉴턴의 중력개념을 비판하면서, 그것은 물질의 신비한 성질(occult quality)을 도입하는 것이며, 마술이나 기적을 인정하는 것과 다름없다고 주장했다.

『자연철학의 수학적 원리』의 제1판에서 뉴턴은 '가설'이라는 주제에 대해서나 그 책에서 소개한 수학적 원리와 관찰된 운동현상 사이의 논리적 관계에 대해 명확하게 말한 바가 없다. 그러나 제2판부터는 대륙의 데까르뜨주의자들의 공격에 대응하여 적극적인 방법론적 주장을 펴기 시작했다. 그는 무엇보다도 자신의 중력이론이 가설이 아니라는 것을 밝히기 위해 그 이론 자체가 데까르뜨적인 가설의 방법에 의해서 얻어진 것이 아니라는 사실을 해명하려고 애썼다. 뉴턴은 자신의 방법을 데까르뜨의 방법과 구분하기 위해서 '실험적 방법'이라고 지칭하고, 그것이 갖는 귀납적 성격을 강조했다.

이러한 입장에서 『자연철학의 수학적 원리』 제2판의 편집자인 코츠(R. Cotes)는 자연철학의 방법을 스콜라주의적 방법, 데까르뜨주의적 방법 그리고 실험적 방법으로 구분했는데, 이는 뉴턴 과학과 그 이전의 과학 사이의 근본적인 차이를 실험적 방법에서 찾으려는 것이었다. 이런 뜻에서 당시의 사람들은 뉴턴 과학을 위시해 실험적 방법을 사용하는 과학을 실험철학이라고 일컬었다.

뉴턴의 실험철학은 우선 가설의 방법을 배제한다. 뉴턴은 실험적 방법에서는 관찰이나 실험에 기초하지 않은 가설이 허용되어서는 안된다고 생각했기 때문이다. 뉴턴은 현상으로부터 연역되지 않은 명제들을 모두 '가설'(hypothesis)이라고 부르는데, 그것이 형이상학적인 것이든 물리학적인 것이든, 신비한 성질에 관한 것이든 역학적 성질에 관한 것이든 간에 일체의 가설은 실험철학에서 자리를 잡을 수 없다는 것이다. 그는 "나는 가설을 만들지 않는다"라는 슬로건을 통해 가설의 방법에 반대했다. 이러한 반가설적 태도는 중력의 원인을 밝히라는 합리론자들의 요구를 물리치기 위한 방법론적 전략이라고 볼 수도 있다.

뉴턴은 가설의 방법 대신 분석과 종합의 방법을 주장한다. 그러나 뉴턴이 말하는 분석과 종합의 방법은 한마디로 귀납적 방법을 말한다. 그는 "이 실험철학에서는 개별적인 명제가 현상으로부터 추론되고, 그 다음에 귀납에 의해 일반화된다. 그렇게 하여 물체의 불가입성, 운동량과 충격량, 그리고 운동의 법칙과 중력의 법칙이 발견된 것이다"라고 말한다. 이러한 진술은 운동의 법칙과 중력의 법칙을 발견하는 데 사용된 방법이 바로 귀납적 방법임을 의미한다. 그 방법에서는 분석의 방법이 선행하고, 종합의 방법이 이어진다.

뉴턴이 말하는 '분석'은 "실험과 관찰을 하고 그것으로부터 귀납에 의해 일반적인 결론을 이끌어내고, 실험이나 다른 확실한 진리로부터 도출된 것을 제외하고는 어떤 것도 결론에 대한 반박으로 인정하지 않는 것"을 말한다. 뉴턴에 의하면 우리는 이러한 분석방법을 가지고 복합적인 것으로부터 그 구성요소로 진행할 수 있으며, 운동으로부터 운동을 산출하는 힘으로, 또한 일반적으로는 결과로부터 그것의 원인으로, 그리고 개별적인 원인으로부터 일반적인 원인으로 진행하여 가장 일반적인 결론에 이를 수 있다. 분석의 방법에 의해 원인이 발견된다면 그것을 원리로 확립하고, 그것으로부터 귀결되는 현상을 설명하고 그 설명을 증명하게 된다. 이것이 뉴턴이 말하는 '종합의 방법'이다. 뉴턴은 이러한 분석과 종합의 방법이 수학과 자연철학의 공통된 방법이 될 수 있다고 생각했다. 이러한 뉴턴의 방법론적 입장은 그가 『자연철학의 수학적 원리』 제2판에 포함시킨 '철학적 추리의 네가지 규칙' 속에 집약되어 있다.

한편 뉴턴은 실험과 관찰로부터의 귀납논증이 일반적 결론에 대한 증명은 되지 못한다는 것을 간파하고 있었다. 하지만 그는 그것이 사물의 본성이 허용하는 최선의 논증이며 그 귀납이 얼마나 일반적인 것인가에 따라서 개연성이 높은 논증으로 확립될 수 있다고 믿었다. 데까르뜨 과학에 대한 뉴턴 과학의 승리는 기하학적 방법에 기초한 데까르뜨의 정교한 연역체계에 대한 뉴턴의 실험적 방법의 우월성을 입증해주는 것이었다. 그것은 과학에서의 실험적 방법에 대한 압도적인 인정을 가져왔을 뿐 아니라, 철학적 탐구 모델을 수학으로부터 뉴턴적인 역학으로 대치하려는 시도를 가져왔다. 뉴턴은 그러한 작업의 가능성에 대해 다음과 같이 말한 바 있다. "만일 자연철학이 그 모든 부분에서 이 방법을 추구함으로써 훨씬 완벽해

질 수 있다면, 동일한 방법으로 정신철학의 영역을 넓혀갈 수 있을 것이다."

로크의 실험적 방법

로크(J. Locke)의 방법론에 대한 해석에서 현재 두가지의 입장이 대립된다. 요스트(R. Yost), 욜튼(J. Yolton) 등의 주석가들은 로크를 자연사가라고 해석한다. 반면 만델바움(M. Mandelbaum), 라우던(L. Laudan) 등은 로크가 가설의 방법(method of hypothesis)을 사용한 사람이라고 주장한다.

요스트-욜튼의 해석에 의하면 로크는 베이컨, 씨든햄(T. Sydenham)을 비롯한 왕립학회의 구성원들이 주장하는 자연사의 방법(method of natural history)의 옹호자라고 할 수 있다. 자연사의 방법이란 관찰과 실험대상의 자연사를 기술함으로써 대상들 사이의 어떤 규칙성이라는 공통적 특성을 발견하는 방법을 말한다. 따라서 이러한 입장의 자연사가들은 순수하게 관찰가능한 대상과 사건에 대한 귀납적·기술적 과학을 강조한다. 그들은 존재하고 관찰 가능한 것의 성질이나 원인을 설명하거나 발견하기 위해 관찰 불가능한 대상에 호소하는 것은 비과학적인 일이라고 생각한다. 이러한 해석에서 로크는 반가설주의자, 관찰 가능한 세계를 관찰 불가능한 입자들의 운동과 결합으로 설명하려는 입자이론의 반대자로 간주된다.

한편 만델바움-라우던의 해석은 로크와 보일(R. Boyle) 그리고 데까르뜨 사이의 연관성에 주목한다. 그들은 로크의 문제가 관찰적인 성질에 관한 기술적(記述的) 과학보다는 비관찰적인 것에 대한 기계론적 철학에 우월성을 부여하는 전통에서 온 것으로 본다. 그들은 로크가 가설에 반대하지 않았으며, 관찰 불가능한 사건에 대한 가설을 사용하는 입자론자들에 대해서 적대적이지 않았다고 본다. 더 나아가 그들은 로크의 가설적 방법, 그리고 그의 가설주의를 정당화하는 그의 인식론적 논증은 당대 입자론자들의 방법론적 입장으로부터 왔거나 적어도 그것의 변형이라고 주장한다.

만델바움은 로크가 그의 전 생애를 통해 원자론자였으며, 입자철학 혹은 실험적 철학(혹은 적어도 과학적 전제)의 진리와 과학적 유용성을 받아들였다고 주장한다.

로크는 인간의 감관의 범위를 넘어서기 때문에 "추측하고, 개연적으로 예상할 수밖에 없는" 사물들에 대해서는 사변을 제시해야 한다고 인정했다. 실제로 그는 "물질의 궁극적인 구성요소"를 설명하기 위해서 '입자가설'을 내세웠다.

그러면 가설의 방법에 관한 로크의 설명을 검토해보자. 로크는 판단을 통해서 개연적인 언명이 획득될 수 있다고 주장한 다음, 개연적인 언명에는 두가지 종류가 있다는 것을 논증한다. ① 엄밀한 관찰이 가능한 현상을 다루는 언명과 ② 비관찰적인 현상을 다루는 사변이 그것이다. 로크는 두번째 종류의 개연적 언명, 즉 비관찰적인 것에 대한 사변에 주의를 기울인다. 그는 그러한 사변을 다시 ① 순수히 정신적인 존재에 관한 추측(천사, 악마)와 ② 생성·자기현상·열과 같은 자연현상의 관찰 불가능한 원인에 대한 가설로 나눈다. 여기서 두번째 종류의 가설이 우리가 관심을 가지는 것이다.

로크는 우리의 감각을 넘어서는 것이어서 단지 짐작할 수만 있고 개연적인 추측만이 가능한 범위에 있는 것에 대한 개연적 언명인 두번째 종류의 가설은 인간의 지성을 지도하기 위해서 불가결하다고 생각한다.

로크가 생각한 대로 우리가 열의 궁극적인 원인을 이해하려 한다고 가정해보자. 우리는 열의 원인에 대해서 명료한 지각을 가지지 못하기 때문에 그것에 관해서 무엇인가를 안다고 할 수 없다. 우리가 할 수 있는 것은 그것의 본성과 원인에 대한 개연적인 언명을 제시하는 것뿐이다. 로크는 열에 관한 설명이 관찰 불가능한 입자의 행동에 관한 개념에 의해서 표현될 것이라고 생각했기 때문에, 열을 산출하는 원자의 행동에 대해 직접적으로 말할 수 있는 바가 없다고 주장했다.

그러면 어떻게 우리는 유용한 가설을 정식화할 수 있는가? 로크의 대답은 간단하다. 그에 따르면 지각하는 물체들에 대한 유추(analogy)를 통해 현미경으로도 보이지 않는(submicroscopic) 입자에 관해 생각함으로써 우리는 지각의 대상이 되는 커다란 물체의 축소된 형태로서의 최소의 입자들을 그려볼 수 있다. "감각이 발견할 수 없는 사물들의 경우 유추는 최대의 개연성의 규칙이다." 말하자면 우리는 현미경으로도 관찰되지 않는 사건의 본성에 대해 생각할 때 유추와 모델에 의존한다. 왜냐하면 그것들에 대한 우리의 추리는 직접적으로 검증될 수 없고, 우리가 그것을 개연적이라고 믿는 것은 그것이 "우리 마음속에서 확립되어 있는 진리와 다소 일치하기 때문이고, 또한 그러한 추측이 최소한 우리의 지식과 관찰의 나머지 부분과 양립할 수 있기 때문"이다. 따라서 로크는 "유추는 이러한 [관찰 불가능한 사건들에 관련된] 문제에 있어서 우리가 가질 수 있는 유일한 도움이고, 여기서 모든 개연성의 기초가 도출된다"고 말한다.

그러므로 우리는 유추가 우리가 보거나 아는 사물에 기초해서 우리가 보지 못하고 알지 못하는 사물들과 원인들에 관한 가능한 이론을 형성하는 것을 돕는다고 생각할 수 있다. 로크는 관찰 불가능한 사건들에 대한 이러한 유추에 기초한 가설을 인정하기 어려운 것으로 여기지 않았다. 오히려 유추적 가설을 구성하는 것이 과학이 가지고 있는 가장 생산적이고 이론적으로 산출력있는 방법이라고 주장한다.

실제로 로크는 지각에 대한 설명 등에서 물질에 대한 입자가설을 사용한다. 그러나 로크에게 가설은 과학적 탐구를 위해서만 사용되는 것이라고 보기 어렵다. 로크는 물리학·지질학·자연종교·정치학 등의 다양한 영역에서 가설을 사용하기 때문이다.

로크는 과학적 설명이 입자적 사건에 대한 가설에 기초해야 한다고 믿었으며, 과학자들은 가설을 사용하는 데 신중해야 한다고 했다. 가설은 '원리'라고 불려서는 안된다. 왜냐하면 그러한 명칭을 통해서 우리는 가설에 대해 실제보다 더 큰 신뢰성을 부여할 수 있기 때문이다. 더욱이 그 가설이 설명하고자 하는 현상을 조심스럽게 검토하지 않은 채 그 가설을 수락해서는 안된다. 그리고 그 가설이 효과적으로 현상을 구해내는 경우에만 그것을 수락해야 한다.

이제 이러한 논의를 통해서 볼 때 "로크의 방법은 가설을 채용하지만 그것들은 관찰 가능한 성질들 사이의 상호관계에 대한 가설이고, 관찰 불가능한 현상을 지시하는 것이 아니다"라는 요스트의 주장은 근거를 잃고 만다. 따라서 우리는 로크가 가설에 반대하지 않았으며 관찰 불가능한 사건에 대해 가설을 사용하는 입자론자들에 적대적이지 않았다고 결론지어야 한다. 로크에게 가설의 방법은 우리 감관의 범위를 넘어서는 사물·행동·사건·현상 등에 대한 인과적 판단을 인도하는 방법으로 인정된다.

버클리의 가설연역주의

버클리는 뉴턴과 동시대의 철학자들 중 뉴턴과학을 가장 잘 이해하고, 비판할 수 있었던 철학자로 평가된다. 『운동론』(*De motu*, 1721) 제37절에서 버클리가 말하는 바와 같이 자연철학자들의 목표는 현상에 대한 설명과 해결이고, 그것은 현상의 원인, 즉 그러한 현상이 발생하는 이유를 부여하는 일이다. 물론 여기서 말하는 원인이란 작용인이 아니라 기호의 역할을 하는 원인이다. 이것은 원인이 되는 현상은 결과가 되는 현상이 발생한다는 것을 알려주는 기호의 역할을 한다고 본다는 뜻이다. 그러므로 버클리에게 현상의 원인을 부여한다는 것은 "어떤 작용인을 확립하는 것이 아니라, 충돌 혹은 인력에 관한 법칙들, 한마디로 운동의 법칙들을 확립하고, 확립된 법칙들로부터 특정한 현상에 대한 작용적인 원인이 아닌 해결을 제시하는 것"이다. 그러면 그러한 절차를 위한 구체적인 방법은 무엇인가?

버클리에 의하면 그것은 두가지의 단계로 이루어진다. 첫번째 단계는 관찰과 실험을 통해 감각과 경험에 주어진 현상들을 연결시킬 수 있는 법칙을 확립하는 절차이다. 이 단계에 대해 버클리는 "물리학자는 일련의 감각적 사물들 혹은 그것의 계기를 연구하고 어떤 법칙으로 그것들이 서로 연관되며, 무엇이 원인으로서 선행하고, 무엇이 결과로서 따라오는지를 연구한다"고 말한다. 그에 의하면 이 단계는 다시 두 과정으로 세분될 수 있는데, ① 인과적으로 계기하는 사건들에 대한 관찰을 포섭할(comprise) 일반적 개념을 착상하는 과정과 ② 그것을 토대로 개별적인 언명들을 포괄할 수학적 가설을 확립하는 과정이다. 우리는 버클리가 이 단계에 대한 설명에 덧붙여 "이것은 기하학자들이 잘 알고 있다"라고 한 점에 미루어 그가 이 단계에서 수학의 중요성을 인식했다고 말할 수 있다. 이러한 절차로부터 확립되는 "운동의 법칙들은 원리들이라고 부를 수 있는데, 그것으로부터 일반적인 역학적 공리와 현상에 대한 특정한 설명들이 유도되기 때문"이다.

그 다음 단계 역시 두 과정으로 세분되는데, ① 이러한 일반법칙 혹은 일반명제를 일차적인 원리로 하여 그보다 덜 일반적인 원리들을 연역하는 과정과 ② 그것으로부터 개별적인 현상에 대한 설명이 연역되는 절차이다. ①의 절차에 대해 버클리는 다음과 같이 말한다. "역학에서도 개념들, 즉 운동에 대한 정의 그리고 일반명제가 전제되고, 그 다음으로 수학적 방법에 의해 좀더 개별적인 사실에 가까운 그리고 덜 일반적인 명제가 연역된다." 이 절차를 운동현상에 적용해서 말한다면 그것은 "원천 그리고 일차적 원리로서의 그러한 법칙들로부터 운동의 전달에 관한 규칙이 유도되는" 과정이다.

②의 절차에 대해서는 다음과 같이 말한다. "마치 기하학적 정리를 적용함으로써 특정한 물체들의 크기가 측정되듯이, 역학의 보편적 정리에 의해 세계 씨스템의 어떤 부분의 운동이나 그것에 의존하는 현상들이 알려지고 확정될 수 있다." 이러한 절차는 발견된 자연의 법칙이 각 현상과 항

상 일치하는지를 밝히는 일이고, 현상이 그러한 법칙을 따르는지를 확인하는 절차이다.

과학적 탐구절차에 대한 버클리의 설명에서 우리가 특히 주목해야 할 것은 그가 이 과학적 탐구절차에서 지켜야 할 규칙들을 제시하고 있다는 점이다. 이러한 규칙들은 운동의 진정한 본성을 결정하기 위한 규칙 혹은 물리학에서 제시된 정리들을 이해하기 위한 규칙으로서 제시된 것인데, 우리는 그 규칙들이 운동현상을 이해하는 규칙으로서만이 아니라 모든 자연현상에 대한 탐구에서 지켜져야 할 방법론적 규칙이라고 보아야 한다. 왜냐하면 버클리는 "이러한 규칙을 따른다면 자연의 비밀을 해명하는 기계적 철학의 모든 유명한 정리들이 이해되고, 세계의 씨스템이 인간의 계산으로 환원될 수 있으며, 운동에 대한 연구가 수많은 세목(minutae), 난점 그리고 추상관념으로부터 자유로워질 것이다"라고 말하기 때문이다. 그가 제시하는 규칙은 다음과 같다.

① 물체의 본성들로부터 수학적 가설들을 구별해야 한다.

② 추상된 것과 그렇지 않은 것을 구별해야 한다.

③ 운동의 현상은 감각 가능한 것이거나 적어도 상상할 수 있는 것, 그리고 상대적인 측정이 가능한 것이어야 한다.

이제 이러한 과학적 추리방법에 대한 버클리의 분석은 다음과 같이 집약될 수 있다.

첫째, 버클리에게 과학적 추리방법의 목표는 현상에 대한 설명을 제공하는 것이다. 그것은 현상에 작용적 원인을 부여하려는 것이 아니라, 개별적 현상들을 법칙포섭적으로 설명하려는 것이다.

둘째, 버클리는 과학적 절차를 크게 두 부분으로 구분하는데, 일반법칙을 확립하는 단계와 일반법칙으로부터 개별적인 현상을 연역하는 단계이다. 이러한 과학적 절차에는 우리가 따라야 할 규칙들이 있다.

셋째, 버클리는 그러한 과학적 절차를 기하학을 모델로 설명하고 일반법칙을 수학적 가설이라고 해석한다.

이러한 논의를 토대로 할 때 버클리가 제안하는 과학의 방법은 오늘날의 가설-연역적 방법에 가깝다고 해석할 수 있다. 버클리가 생각하는 과학적인 절차는 뉴턴의 실험적 방법과 상당한 차이가 있다. 버클리의 방법은 전적으로 기하학을 모델로 한 것이고 각 단계에서 연역적 추리를 강조하는 데 비해, 뉴턴의 실험적 방법에서 기하학의 역할은 제한적이다. 반면에 버클리가 생각한 과학적 방법의 목표는 뉴턴의 그것과 상당히 유사하다. 특히 버클리가 자연과학에서 추구해야 할 것으로 제시한 기호로서의 원인개념은 뉴턴의 원인개념을 반영한다고 생각된다. 왜냐하면 뉴턴에게 과학이 추구하는 원인이란 작용적인 것이 아니라, 현상들 사이의 상호관련성을 보여주는 수학적인 원인이기 때문이다.

흄의 실험적 방법과 자연주의

흄이 뉴턴으로부터 방법론적으로 영향을 받았다는 주장은 스미스(N. K. Smith)에 의해 제기되었다. 그는 흄이 『인간본성에 관한 논고』(*A Treatise of Human Nature*, 1739)에서 뉴턴의 실험적 방법에 기초하여 '인간본성의 학문'(Science of Human Nature)을 제시하고자 했다고 보았다. 흄은 뉴턴이 몇가지 일반적이고 보편적인 원리를 통해 다양하고 복잡한 물리현상을 설명한 것처럼, 몇가지 일반원리에 의해 인간이 왜 그렇게 행동하고 생각하고 지각하고 느끼는지를 설명하려고 했다. 이러한 흄에 대한 해석을 우리는 자연주의적 해석이라고 부른다. 이러한 해석에 따르면 흄이 뉴턴의 실험적 방법을 따르고자 했다는 것은 다음의 몇가지 사실로도 충분히 뒷받침된다.

첫째, 흄은 『인간본성에 관한 논고』에 "실험적 추론의 방법을 정신적 주제에 적용하는 시도"라는 부제를 달았다. 흄은 이 책에서 실험의 중요성을 강조하면서 그의 중요한 논증이 그가 실험이라고 부르는 것에 의해서 뒷받침되고 있음을 주장했다. 여기서 흄이 '실험'이라고 부르는 것은 일반화를 위한 신뢰할 만한 기초를 마련하기 위해서 충분한 수의 다양한 관찰을 의도적으로 수집하는 것을 말한다. 둘째, 흄은 '원인'의 개념에서도 뉴턴의 영향을 받았다. 즉 현상들은 몇가지 단순한 원인들로 환원됨으로써 설명될 수 있으며, 우리는 그 궁극적 원인에 대해서는 알 수 없다는 흄의 생각은 뉴턴의 원인개념을 반영한다. 셋째, 흄은 가설에 대한 뉴턴의 견해를 받아들일 뿐만 아니라 그의 철학 속에서 확장했다. 흄이 대상들 사이의 인과적 결합을 상정하는 것을 현상에 의해 검증 가능한 것을 넘어서는 가설적이고 사변적인 것이라고 여기는 것은 뉴턴의 태도와 같다. 마지막으로 흄이 제시한 "원인과 결과를 판단하기 위한 규칙"은 뉴턴의 철학적 추리의 규칙과 유사하다.

이러한 실험적 방법을 정신현상에 적용하기 위해 흄은 과학적 방법의 원리, 그것의 용법, 그 범위와 타당성을 검토하는 일의 중요성을 인식하고, 먼저 그것의 논리적·심리학적·존재론적 기반을 제시하는 데 열중했던 것이다.

그러면 흄이 이해한 실험적 방법이란 무엇이며, 흄은 이것을 어떻게 정신현상에 적용했는가?

흄은 "조심스럽고 정확한 실험과 관찰을 행하지 않고는 (정신의) 능력과 성질을 전혀 이해할 수 없다"고 말한다. 여기서 '조심스럽고 정확한 실험'이란 마음 그 자체에 대한 관찰이 아니라 마음의 '결과'를 관찰하는 것이며, 이러한 결과를 '가장 단순하고도 가장 적은 수의 원인을 가지고' 설명하기 위한 것이다. 이러한 설명력있는 원인은 마음의 작용 그 자체이며, 교제·일·희로애락하는 사람들의 행동이 마음의 결과라고 할 수 있다. 그러나 흄은 정신과학자가 마음의 원리를 발견하기 위해 그것에 접근하는 일이 물리과학자가 외적 세계의 원리를 발견하기 위해 자연에 접근하는 것과는 다른 불리함을 가지고 있음을 인정한다. 그것은 자연과학에서와 달리 정신과학에서는 실험을 위한 "반성과 사전계획이 나의 자연적 원리의 작용을 방해하여, 현상으로부터 어떠한 정당한 결론도 형성할 수 없도록 만들 것이기" 때문이다. 그러나 이러한 난점에도 불구하고, 흄은 인간학에서의 실험이 물리과학에서의 실험과 근본적으로 다르지 않다고 생각했다. 그는 "[자연과학에서와] 동일한 능력과 주의를 기울인다면, 정신의 힘과 조직에 관한 우리의 탐구에서 동일한 성공을 거두지 못할 이유가 없다"라고 말한다. 이러한 인간학의 궁극적인 목표는 인간의 이해력과 인식원리들을 해명함으로써 수학·자연철학·자연종교 등 모든 학문의 새로운 기초를 확립하는 것이었다.

그러면 흄이 말하는 실험적 방법은 무엇인가? 『인간본성에 관한 논고』 초록에서 흄은 실험적 추리가 '현상을 하나의 공통된 원리로 분해하고 그것을 다시 다른 원리로 환원하여' 궁극적으로는 '몇개 안되는 간단한 원리'에 도달하는 것이라고 말한다. 흄의 실험적 방법은 『인간본성에 관한 논고』 제1권 3부 15절에서 "원인과 결과에 대한 판단을 규제할 인과적 판단의 실천적 규칙"이라는 제목으로 제시되고 있다. 흄에 의하면 이 여덟가지 '일반규칙'들은 "우리가 개연적 추리에서 채용하기에 적절하다고 생각하는 논리"를 망라한 것이다.

여덟가지의 규칙들 가운데 「규칙1」은 공간 및 시간적 근접, 「규칙2」는 원인의 선행성, 「규칙3」은 항상적 연접 등은 인과적 결합의 중요한 본성을 규정한 것이다. 「규칙4」는 동일원인—동일결과의 원리 및 그 역을 말하는데, '자연의 제일성'의 원리를 포함하는 것이다. 「규칙5」는 일치법이고, 「규칙6」은 차이법이며, 「규칙7」은 공변법이다. 끝으로 「규칙8」은 「규칙4」의 변형이다. 이것들은 19세기 들어 허셸(J. Herschel)과 밀(J. S. Mill)이 각각 제시했던 「귀납의 규준」(Canons of Induction)에 훨씬 앞서는 귀납적 추론의 규칙이다. 흄은 이 규칙들이 당시의 실험과학자들에게 인정될 수 있는 일련의 방법론적 지침이라고 생각했고, 인성학의 방법론으로서 사용하려 했던 것이다.

흄은 이러한 규칙들이 경험으로부터 이끌어진 것임을 강조했다. 그러므로 흄이 말하는 인간학의 유일하게 안전한 기초란 다름아닌 '경험과 관찰'이다. 흄은 "인간본성의 궁극적이고 원초적인 성질을 발견하는 체하는 어떤 가설도 거부해야 한다"면서, 인간학에서는 관찰과 실험에 의거하지 않은 그 어떤 가설도 배제되어야 함을 강조한다.

이제 인과관계와 개연적 추리의 문제에 실험적 방법이 어떻게 적용되고 있는지를 살펴보자. 인과관계와 개연적 추리에 관한 흄의 물음은 두가지로 구분된다. 첫번째 물음은 어떻게 우리가 실제로 가질 수 있는 감각인상을 넘어서는 추리를 할 수 있는가, 또 그러한 추리의 심적 기초는 무엇인가에 관한 것이다. 두번째 물음은 어떤 개연적 추리가 다른 것보다 강하다는 것은 어떤 의미에서인가, 즉 어떤 개연적 추리가 다른 것보다 낫다고 판단할 근거가 무엇인가 하는 것이다. 예컨대 어떻게 우리는 실험적 과학에 의해 제시된 개연적 추리의 결론이 종교적 사변이나 광기에 의해서 제시된 것보다 낫다고 판단할 수 있는가?

흄은 개연적 추리의 본성을 이해하기 위해서는 먼저 원인의 관념이 어디에서 온 것인지를 알아야 한다고 생각했다. 그것은 개연적 추리가 원인과 결과의 관계에 기초하고 있다고 보았기 때문이다. 그러나 흄은 종래의 철학자들과 다르게 탐구의 방향을 바꾸어 다음과 같은 물음을 제기한다. "우리가 원인과 결과 중 하나로부터 다른 하나를 끌어내는 추론의 본성과 그 추론에 대해서 갖는 신념의 본성은 무엇인가?" 이것이 본래 흄이 의도했던 정신원리의 탐구에 해당하는 것이다. 그가 이러한 물음을 제기하는 것은 인과적 추론이란 두 대상 사이의 결합을 믿는 것을 의미하므로 그러한 신념의 메커니즘을 해명하게 되면 자연히 인과적 결합의 본성도 해명되리라고 생각하기 때문이다. 흄은 이 문제를 마치 "경험과 관찰에 의해 결정되어야 할 자연철학의 문제와 같이" 다루어보려고 했다. 그는 "뉴턴의 중력이론을 모델로 삼아 어떤 비밀스런 혹은 신비한 원인을 상정하지 않고 궁극적인 성질에 관한 가설도 만들지 않으면서 인식현상을 설명"하려는 것이다.

흄이 실험적 추리의 방법을 적용함으로써 발견한 심적 메커니즘은 바로 습관이다. 즉 우리는 습관이라는 심적 메커니즘에 의해 인과적인 추론을 할 수 있다. 이제 다음에 올 작업은 인과적인 추론을 형성할 때 우리가 따라야 할 방식이나 규칙을 발견하는 일이다. 흄은 이러한 규칙이 필요한 이유에 대해 "거의 모든 종류에서 상황은 매우 복잡하여 어떤 것은 본질적이어서 결과의 산출에 필수불가결한 반면, 다른 것은 주변적이어서 단지 우연적으로만 연접되기" 때문이라고 말한다. 예를 들어 (A<1>, A<2>)를 어떤 결과 B와 인과적으로 결합시키고 난 후에 A<2>를 경험하게 되면 그것이 사실상 주변적인 상황임에도 불구하고 B를 판단하게 된다. 이와같이 "습관이 우리의 모든 판단의 기초이지만 때때로 그것은 판단력과 반대되도록 상상력에 작용하여 같은 대상에 대한 느낌에서 서로 상충" 할 수 있다. 따라서 우리는 상상력에 의해서 획득된 신념들을 비판적으로 평가하고 교정할 필요가 있다.

흄은 그러한 규칙들이 우리의 지성활동에 대한 경험을 반성함으로써 찾을 수 있다고 생각했다. 그것이 바로 "원인과 결과에 대한 판단을 규제할 인과적 판단의 실천적 규칙", 즉 '일반규칙'이다. 흄에 의하면 "이러한 규칙들은 우리 지성의 본성에 입각해서, 그리고 대상에 대한 우리의 판단에 작용하는 것의 경험을 토대로 형성된다. 그것에 의해 우리는 우연적인 상황과 유효한 상황 사이를 구분할 수 있게 된다." 흄이 말하고자 하는 것은 반성적 원리로서의 규범적인 규칙 역시 습관과 경험의 산물이라는 것이다. 여기서 우리는 흄의 자연주의의 중요한 논점을 발견할 수 있다. 즉 인식에 관해 우리가 따라야 할 규범은 우리가 실제 인식하는 방식에서 도출된다는 것이다. 결국 흄이 제시하는 '일반규칙'이란 오랜 경험에 의해 '좀더 보편화되고 확고해진' 지성의 자연적 원리인 것이다.

2. 합리론의 방법

자연의 탐구에서 본유관념이나 이성적 원리의 존재를 주장한다든지 존재론적 원리를 인식의 근거로 삼는 사상들은 일반적으로 합리론으로 분류된다. 그리고 합리론적 사상들은 방법에서는 연역주의적이며, 경험의 역할이나 의미를 극소화한다. 이에 반해 경험론자들은 본유관념이나 존재론적 원리를 인정하지 않으며, 경험을 지식의 원천으로 보고, 관찰과 실험 그리고 귀납을 유일한 방법적 도구로 규정한다. 합리론자들을 경험론자들과 구분짓는 또다른 점은 경험론자들은 현상의 체계적인 서술을 탐구의 목적으로 보는 데 반해, 합리론자들은 문제를 원인의 탐구로, 그리고 탐구를 개별적인 법칙의 차원을 넘어 우주론적 차원으로 확대한다는 점이다. 이들은 과학적 탐구에서 구체적인 경험보다는 자연철학적 생각이나 존재론적 통찰을 중시하며, 전체로서 자연에 대한 인식을 탐구의 궁극적 목표로 생각한다. 이렇게 보면 근대의 합리론은 경험론과 극단적으로 대립하는 것처럼 보이지만, 방법적 도구의 문제에서 둘은 그리 큰 차이를 보이지 않는다. 근대의 학자들은 경험론자이든 합리론자이든 수학적 특성을 사물의 객관적 성질로 규정하고 분석과 종합, 가설연역법, 유추 또는 기계론적 분석을 탐구의 방법으로 사용했다.

합리론과 경험론 사이에 존재하는 방법론적 차이는 철학적 태도의 차이, 달리 말해 합리론자들의 사고의 복합성에 근거하고 있다. 앞서 말한 방법론적 사고나 도구들은 전혀 새로운 것이 아니었다. 그것들은 사실 대부분 그리스시대에 제안되었고, 중세말 르네쌍스를 거치면서 새로이 연구·개발되어온 것들이었다. 경험론자이든 합리론자이든 간에 당시 새로운 학문의 가능성을 탐구한 학자들은 플라톤이든 아리스토텔레스이든 그 연원을 불문하고 방법적으로 유용한 사고나 도구는 기꺼이 수용하고 연구했다. 그러나 경험론자들은 존재론적 사고는 과감히 배척했다. 반면 합리론자로 분류되는 학자들은 방법적 도구는 물론 존재론적 자연철학사상도 기꺼이 수용했다. 그들은 특히 플라톤적인 사상에 상당한 애착을 가졌다. 이를테면 당시 지식인 집단에서는 플라톤에 연원을 둔 수학적 자연사상과 자연기계론이 중세의 아리스토텔레스적 학문에 대한 대안사상으로 일반화되어 있었다. 플라톤의 수학적 자연사상은 아리스토텔레스의 정성적 사고에 대한 대안으로 받아들여졌으며 유클리드, 프로클로스(Proklos), 아르키메데스 등 플라톤을 계승한 학자들의 방법론이 재론되고 응용되었다. 반면에 아리스토텔레스적인 사고는 낡은 학문으로 취급받고 폐기되는 분위기였다. 그러나 합리론자들은 플라톤적인 사고와 방법들을 계승했음에도 불구하고, 존재의 원리를 규명하고 그로부터 현상을 해명하려는 존재론적 태도도 버리지 않았다. 즉 합리론자들은 아리스토텔레스적인 모든 것을 폐기하지는 않았던 것이다. 이것이 방법에 관한 합리론자들의 생각을 경험론자들과 차별화하는 중요한 요인 가운데 하나이다. 탐구영역에 따라 다소 차이는 있으나 그들은 플라톤적인 수학적 · 기계론적 사고와 아리스토텔레스의 존재론적 사고를 종합하여 새로운 차원의 방법론을 구성해냈다. 합리론자로 분류되는 과학자와 철학자들은 이처럼 사상적으로 복합적인 패러다임 안에서 연구를 수행했으며, 그런 이유로 그들의 방법에 관한 생각들은 일정한 공통분모를 갖고 있다.

케플러의 방법과 철학적 배경

케플러의 과학적 성공은 방법에 대한 혁신을 통해 이루어진 것이라고 할 수 있을 만큼, 방법에 대한 연구는 케플러 과학의 토대가 된다. 그러나 케플러가 과학의 방법을 주제로 하여 별도로 다룬 글은 없으며, 그의 구체적인 연구과정들에서 방법에 관한 생각들을 탐지할 수 있다.

　가설연역법__ 케플러의 천문학적 연구를 이끈 핵심적인 방법의 하나는 가설연역방법이다. 천문학에서 케플러가 직면한 문제는 코페르니쿠스가 제안한 태양중심적 가설이 진리임을 증명하는 작업이었는데, 이 작업은 태양을 중심으로 한 화성의 공전속도를 규명하는 방식으로 진행되었다. 케플러는 우선 선배 천문학자 티코 브라헤(Tycho Brache)로부터 물려받은 관측자료를 당시 일반적으로 통용되던 프톨레마이오스(Ptolemaios)의 등각속원운동모델로 해석하는 시도를 했다. 여기서 그는 원운동모델이 관측데이터와 정확하게 일치하지 않음을 발견하고, 오랜 고심 끝에 행성은 원이 아니라 타원궤도상에서 이루어진다는 해석을 내린다. 이후 타원운동이 다른 행성운동을 해석하는 데에도 적합함을 발견한 케플러는 이를 행성운동법칙으로 확정한다. 이 과정은 관측자료 → 가설 설정 → 경험적 검증 → 가설의 반증 → 새로운 가설의 수립 → 검증이라는 순서로 정리되며, 전형적인 가설적 연역에 해당한다. 케플러가 수행한 이 가설연역방법은 전통적으로 사용되어온 방법이기 때문에 그렇게 돋보이는 것은 아니다. 케플러의 연구를 돋보이게 한 것은 그의 엄밀한 경험주의적 태도이다. 티코 브라헤가 제공한 관측데이터는 당시 천문학사상 가장 정확한 것이었다. 그리고 케플러가 원운동을 포기하고 타원으로 결정한 것은 엄밀한 경험적 검증의식이다. 그가 프톨레마이오스의 원운동모델로 얻은 오차 수치는 8분이었는데, 이 수치라면 추가적인 가설과 부분적인 수정을 통해 당시의 기준(오차 10분)으로는 이론이 검증된 것으로 볼 수 있었다. 하지만 케플러는 그런 미봉적인 시도를 폐기함으로써 새로운 법칙을 발견하게 된 것이다.

　설명의 방법과 유추__ 케플러의 연구를 이끈 또다른 중요한 방법은 설명과 유추의 방법이다. 케플러가 발견한 새로운 행성운동법칙은 수학적 가설에 불과한 것이었다. 말하자면 그것은 운동의 물리적인 원인이 무엇인지에 대해서는 말하는 바가 없었다. 그리고 시간과 공간에 따라 속도를 달리하는 타원운동이 전통적인 아리스토텔레스 역학으로는 설명될 수 없는 것이었기 때문에, 역학적 설명은 케플러 이론의 성패를 결정짓는 문제였다. 이에 많은 학자들은 케플러의 법칙을 실재적 진리가 아니라 현상을 체계적으로 '서술한' 수학적 가설로 수용하자는 제안을 했다. 그러나 케플러는 자신의 이론을 단순한 수학적 가설로 보자는 제안을 거부하고, 이론은 '원인'의 규명을 통해 증명될 수 있어야 한다고 주장했다. 이러한 케플러의 생각은 천문학의 방법에 관한 전통적인 규범에 대한 도전을 의미하는 것이다. 전통적으로 과학의 방법은 서술(description)의 방법과 설명(explanation)의 방법으로 대별되었는데, 서술의 방법은 원인을 탐구하지 않고 현상의 규칙적 서술만을 목표로 하며, 설명의 방법은 현상의 실질적인 원인을 규명하는 것을 목표로 했다. 특히 천문학의 방법은 서술의 방법으로 국한되어 있었다. 그러나 케플러는 천문학을 자연에 관한 진리의 학문으로 성립시켜야 한다는 의지로 원인의 규명을 요구했다.

케플러는 행성운동법칙이 실재적인 진리임을 증명하기 위해 길버트의 자력이론으로 역학적 설명을 시도한다. 그에 따르면 행성이 타원궤도를 공전하는 원인은 태양의 황도면을 따라 발산되는 자기력 때문이다. 이 설명은 물리학적 경험을 천문학적 사실에 응용하는 소위 유추의 논리에 해당하는데, 물리적 유추방식은 당시까지—플라톤의 이념론적 관점에서나 물리계와 천체계를 존재론적으로 구분한 아리스토텔레스의 세계관에서나—금지된 것이었다. 아리스토텔레스는 우주를 불완전하고 비영속적인 물리계와 완전하고 영속적인 천체계로 구분하고, 물리계의 경험을 천체계를 인식하는 데 응용하는 것을 금지했다. 그러나 케플러는 그러한 전통적 규범을 무시하고, 지상의 경험을 과감히 천체현상에 응용한 것이다. 물리적 유추는 논리학적으로 귀납의 특수한 경우인데, 케플러 이후로는 새로운 현상에 대한 이해의 방법으로 과학에서 흔히 사용되었다.

자연철학적 배경 __ 방법적 변화는 대체로 존재론적 또는 인식론적 관점의 변화를 배경으로 한다. 특히 존재론적 사고를 단도직입적으로 배제한 갈릴레오나 뉴턴과는 달리 케플러의 연구는 존재론적 사고에 강하게 의존했다.

케플러의 연구배경이 된 사상은 플라톤의 사상, 특히 수학적 조화론에서 유래하는 기계론적 자연관이다. 플라톤은 자연을 건축물처럼 조물주가 순수질료를 이념적 형상들에 따라 만들어낸 것으로 보았으며, 이 이념적 형상을 다름아닌 수학적 형식들로 생각했다. 자연을 수학적 구성체로 보는 플라톤의 자연관은 르네쌍스를 지나면서 기계적 자연관으로 정착되었다. 기계적 자연관에 따라 사람들은 자연을 동일한 법칙에 따라 영구히 움직이는 시계와 같은 영구기계(기계적 세계, Machina Mundi)로 생각했다. 케플러는 "물질이 있는 곳에는 기하학이 있다"라고 공언했으며, 갈릴레오도 같은 의미에서 자연을 수학적 암호로 씌어진 책이라 칭했다. 케플러를 비롯한 과학자들은 자연의 수학적 조화, 즉 기계적인 법칙을 발견하는 것을 과학의 과제로 규정했다. 케플러가 물리적 유추를 적용할 수 있었던 것도 플라톤적인 자연관에 대한 신뢰에 근거한 것이다. 케플러는 플라톤적인 관념을 일반화하여 물리계이든 천체계이든 모든 운동의 원인은 실체적 본성이 아니라 물리적인 힘이라고 생각했으며, 그 힘은 수학적으로 파악될 수 있는 그리고 기계적인 방식으로 현상하는 힘으로 생각했다. 훗날 뉴턴이 자유낙하법칙과 행성운동을 하나로 묶는 만유인력법칙을 구상할 수 있었던 것도, 케플러와 같이 물리적 힘의 보편성에 대한 신념에 근거한 것이었다.

나아가 케플러가 플라톤의 수학적 자연관을 물리계에 적용한 것도 하나의 사상적 전환을 배경으로 했다. 우선 수학의 존재론적 의미에 대한 새로운 이해가 필요했는데, 문제는 플라톤적인 전통에서는 수학은 이념적 존재로서 물리계에 응용하는 일이 그렇게 일반화되지 않았다는 것이다. 이를테면 플라톤주의자였던 아르키메데스는 자신이 구상한 수학적 가설을 자연에서 검증하기를 원치 않았는데, 이념적 진리인 수학을 자연에서 검증하는 것은 옳지 않다고 보았기 때문이다. 그러나 케플러는 플라톤이 수학에 부여한 초월적인 의미를 제거하고, 수학을 자연계에 실재하는 진리로 재해석했다.

수학에 대한 실재론적 해석과 더불어 케플러는 또한 자신의 과학적 행위에 대해 인식론적 해석을 시도했다. 그는 자신이 발견한 법칙에 대해 이렇게 말했다. "현상의 경험이 내게 자연의 진리를 가르쳐준 것이 아니라 진리는 플라톤이 이야기했듯이 나의 영혼 깊은 곳에 숨어 있었고 현실의 경험에 의해 일깨워졌다." 그리고 경험이 아니라 "나의 정신과 판단력의 불꽃이 천체들에 질서를 부여했다"라고 쓰고 있다. 이 표현을 통해 케플러는 과학적 지식은 단순히 관찰과 실험 그리고 귀납과 같은 경험적 방법에 의해서는 얻어질 수 없으며, 인식하는 정신의 능동적 활동이 과학의 토대가 된다고 밝히는데, 이는 칸트의 선험철학적 통찰을 선취한 것으로 판단된다.

라이프니츠의 분석적 방법

라이프니츠의 연구는 언어학, 논리학 그리고 수학에서부터 자연과학 및 존재론에 이르는데, 라이프니츠의 주된 목적은 모든 학문에 새로운 차원의 토대를 제공하는 것이었다. 그만큼 그의 모든 연구는 방법적 사고로부터 진행되었다. 그의 방법적 사고는 크게 두가지로 구분할 수 있는데, 그것은 분석과 종합이다. 라이프니츠는 분석을 주어진 사태를 핵심적인 구성요소와 원리로 분해하는 방법으로, 종합은 그러한 구성요소로부터 복합적인 사태를 구성하거나 특수한 사태를 추론, 설명하는 방법으로 이해한다. 라이프니츠는 분석을 발견의 기술(ars inventio), 종합을 증명의 기술이라고도 표현한다. 앞서 언급한 것처럼 분석과 종합의 방법은 이미 경험주의적 과학자나 철학자들에 의해 귀납논리적 차원에서 일반적으로 언급되고 사용되었던 것이다. 그러나 라이프니츠는 이 방법을 경험론자들과는 달리 언어와 논리학 그리고 수학의 기초에 관한 연구 등 기초학문의 정초문제를 중심으로 주로 논리분석적 차원에서 사용한다.

기초과학의 정초와 논리적 분석 __ 언어, 수학 등에 관한 라이프니츠의 연구는 보편과학적 또는 보편논리적 차원에서 이러한 분야들을 새로이 정초하는 것을 목적으로 한다. 라이프니츠의 기본 생각은 문제가 언어이든 수학이든 사태를 원소적인 요소와 기본원리로 환원하고, 그로부터 복합적인 사태가 논리적으로 구성된 것으로 파악하는 것이다. 라이프니츠는 어떤 관념은 무수히 많은 단순한 관념들의 복합체이며, 더 기본적인 요소로 환원될 수 있고, 모든 생각은 또한 계산될 수 있다고 생각했다. 그는 사유를 계산하고 오류를 찾아내기 위한 방법으로 형식논리를 구상했으며, 최초로 계산기를 발명하기도 했다. 이러한 논리적인 작업을 확대하여 그는 궁극적으로 보편언어를 만들어내고자 했다. 보편언어란 모든 언어로 번역 가능한 언어체계인데, 라이프니츠는 그 일환으로 컴퓨터의 이진법과 같이 모든 언어로 환원 가능하며 계산 가능한 형식적 언어체계인 보편기호학(charakteristica universalis)을 구상했다.

수학에 대한 연구에서도 라이프니츠는 같은 생각에서 소위 보편수학(mathesis universalis)을 제안했는데, 이 수학은 수, 도형, 천체의 운동, 음악 등 모든 양에 관계된 문제들을 논리적 요소와 관계들에 의해 파악할 수 있는 그런 사고체계를 말한다. 이러한 목표하에 그는 유클리드 기하학, 수, 미분 및 연속성의 문제 등을 논리적으로 분석하고 재구성했다. 그는 특히 수학을 공리적 구성체로 보고, 수학적 명제들을 몇개의 요소명제들과 공리로 환원하는 작업을 시도했다.

라이프니츠는 자신의 분석논리적 사고를 존재론적 문제에도 적용하는데, 여기서는 전통적 개념인 실체와 단순성·자족성·무한성·개별성 등 그에 관련되는 개념들은 논리적 의미로 대체되고, 결과적으로 실체는 원소적 존재가 아니라 논리적 구성물로 재구성된다. 라이프니츠의 존재에 대한 논리적 이해는 결과적으로 존재론을 전통적 의미와는 다른 새로운 차원의 (논리적) 존재론으로 성립시킨다. 이러한 사실이 라이프니츠의 철학이 전통 존재론적인 측면과 현대의 논리적인 측면을 동시에 갖게 하는 근거가 된다. 라이프니츠의 분석논리적·공리적 사고는 이후 프레게(F. Frege), 러셀(B. Russell)에 의해 계승되어 현대 기호논리학과 수학 그리고 언어분석의 시원을 이루었다.

명목적 정의와 실질적 정의__ 학문의 정초작업에서 기초명제의 확립은 필수적 조건이다. 이런 이유로 라이프니츠는 정의(definition)의 문제도 중요한 과제로 다룬다. 그는 정의를 명목적 정의(nominal definition)와 실질적 정의(real definition) 두 종류로 구분한다. 명목적 정의는 사물이나 사태를 외연적인 특징에 따라 규정하는 것이며, 실질적 정의는 근원적 원리에 따라 정의하는 것이다. 근원적 원리란 그 사물이나 사태가 존재하게 되는, 그리고 명목적 정의에서 나타난 외연적 특징들의 근거가 되는 것이다. 수·기하학·연속성 등에 대한 라이프니츠의 정초작업은 실질적 정의의 차원에서 전통적 개념들을 좀더 원리적이고 논리적으로 엄밀한 개념과 관계로 환원하는 방식으로 이루어진다. 명목적 정의와 실질적 정의에 대한 라이프니츠의 구분은 데까르뜨 이래 지식의 확실성의 척도로 사용된 명석·판명 개념과 맥을 같이하는 것이다. 라이프니츠는 명석을 우리가 한 대상을 외연적 특성에 따라 인지하고 다른 대상과 구분할 수 있을 때의 인식상태로, 판명은 우리가 대상을 그 발생적 근거나 원리에 따라 인지할 수 있을 때의 상태로 규정한다.

충족이유의 원리와 설명의 방법 __ 라이프니츠는 논리분석적·수학적 방법이 인간과 자연의 사실을 이해하는 궁극적인 방법이라고는 생각하지 않았으며, 인간과 자연의 사실에 관한 문제는 존재론적 통찰, 즉 존재에 대한 형이상학적 원리에 근거해야 한다고 생각했다. 자연현상의 탐구에서 그는 언제나 존재론적인 원리에 따라 자연을 '설명'할 것을 요구한다. 여기서 '설명'개념은 케플러의 경우와 같은 의미를 가진다. "자연은 가능한 한 가장 단순한 경로를 선택한다"는 자연의 단순성, "자연은 쓸데없는 일을 하지 않는다"는 경제성, "자연에 불연속은 존재하지 않는다"는 연속성의 원리, 그리고 자연의 풍요성, 실체적 원인이나 힘 등이 그런 원리에 해당한다. 이를테면 라이프니츠는 광학에서 입사각과 반사각이 동일한 빛의 굴절법칙을 자연의 경제성·단순성과 같은 원리에 의해 설명한다. 이처럼 자연에 관한 문제에서 존재론적 사고를 요구하는 이유는 라이프니츠의 지식개념에 근거한다. 그는 지식을 이성적 지식과 사실적 지식으로 나누는데, 이성적 지식은 논리학이나 수학과 같이 모순율과 그로부터 파생된 동일률을 근거로 하는 순형식논리적인, 그야말로 필연적인 지식들이다. 사실적 지식은 "행성은 타원운동을 한다"든지 "까이싸르는 피살되었다"와 같이 사실적이며 역사적인 지식들이다. 그런데 이 사실적 지식의 특징은 필연적이 아니라는 것, 즉 어떤 사건이 꼭 그런 방식으로 발생해야 하는 이유가 논리적으로는 없다는 것, 달리 말해 그에 대한 반대가 가능하다는 것이다. 그럼에도 불구하고 모든 사건은 발생해야 하는 이유가 있어야 하는데, 그것을 그는 충족이유율이라 칭한다. 충족이유율은 어떤 존재가 존재하거나 어떤 사건이 일어나기 위해서는 충분한 이유가 있어야 한다는 원리이다. 라이프니츠는 단순성·경제성의 원리 그리고 연속성의 원리, 자연의 충만성, 물리적 실체·힘, 최선의 선택 등과 같은 자연철학적 원리들을 총족이유로 규정하고, 존재론적 사고를 근거로 연역적으로 해명하는 방식으로 자연현상의 연구를 진행한다.

라이프니츠는 데까르뜨나 뉴턴주의자들과 자주 논쟁을 벌였는데, 이는 근본적으로 방법적 태도의 차이에 기인한 것이었다. 데까르뜨의 운동이론에 대한 라이프니츠의 비판을 살펴보면, 데까르뜨는 실체를 연장이라는 기하학적 성질로 규정하고, 이에 근거하여 운동량보존의 법칙을 수립했으며, 원자론적 입자가설에 근거하여 우주의 생성과 중력, 간조현상 등 자연의 현상을 설명했다. 우선 데까르뜨의 운동량 보존의 법칙과 관련하여 라이프니츠가 지적하는 점은, 그것이 존재의 관념적 특성에 불과한 수학과 기하학적 원리에 근거하고 있다는 것이다. 라이프니츠는 운동과 같은 물리적 현상은 실체적인 원인을 근거로 설명해야 한다고 주장하며, 이 힘을 그는 원자적인 단위(conatus)의 살아있는 힘(vis viva)이라 칭한다. 라이프니츠가 말하는 이 힘은 오늘날 역학적 에너지에 해당하는 것인데, 그는 이 힘과 자연의 보편원리라고 생각한 연속성의 원리를 전제로 에너지보존의 법칙을 연역했다. 단순한 수학주의적·기계론적 설명을 거부하고 역학적 원인을 근거로 현상을 설명한다는 점에서 라이프니츠는 갈릴레오나 뉴턴과 구분되며, 케플러와 일맥상통한다고 할 수 있다.

또한 라이프니츠는 뉴턴의 물리학, 특히 보편인력설을 거부하는데 그이유도 뉴턴의 방법에 대한 불신에 있다. 뉴턴은 "나는 가설을 만들지 않는다"(과학의 규칙 philosophiae regulapandi)라고 선언함으로써 과학에서 존재론적·자연철학적 사고를 배제할 것을 자신의 연구원칙으로 규정했다. 그러나 라이프니츠는 단순히 감각적 경험으로부터 자연의 법칙을 귀납하는 뉴턴의 방법을 유치한 현상론적 방식으로 규정하고, 그런 방법으로는 자연의 올바른 인식에 도달하지 못한다고 말한다. 그에 의하면 실재는 전적으로 관념에 의해 지배되어야 하며, 자연에 대한 참된 인식은 형이상학적 원리에 기초해야 한다. 라이프니츠는 실체의 '자족성'(창 없음, 상호작용을 하지 않음)으로부터 뉴턴의 상호작용하는 힘인 인력가설을 거부하며, 그에 대한 대안으로 근거리작용인인 척력을 우주적인 힘으로 규정하고 오늘날 장이론(field theory)에 해당하는 우주론을 제시했다.

라이프니츠가 데까르뜨나 뉴턴과 차별되는 또다른 점은 라이프니츠도 일단은 뉴턴이나 데까르뜨처럼 기계론적 분석을 자연탐구의 보편적 방법으로 수용하지만, 기계론적 분석이 자연의 진리를 해명하는 완벽한 방법이라고 생각하지 않는다는 점이다. 그에 따르면 자연을 비롯한 생명은 '자동기계'이다. 그러나 그는 기계의 부분이 또 기계로 되어 있는 '무한 자동기계'(Die unendliche Machine der Natur)라고 주장한다. 이는 분석적·기계론적 사고의 한계에 대한 라이프니츠의 반성의식을 나타내는 것이라 할 수 있다.

칸트의 선험적 원리와 과학방법론__ 인식의 선험적 원리를 전제한다는 점에서 보면 칸트는 연역적 방법을 주장할 것처럼 보인다. 그러나 이러한 생각은 칸트의 선험적 원리에 대한 오해이며, 좀더 세부적인 이해가 필요하다.

칸트에 의하면 인식은 경험론자들이 말하는 것처럼 단순한 심리적 관념연합이나 귀납과 같은 방법으로는 성립하지 않는다. 인식은 인식주체가 가진 개념으로 경험을 구성, 종합하는 선험적 행위에 의해 이루어진다. 칸트는『순수이성비판』(*Kritik der Reinen Vernunft*) 이후 어떻게 뉴턴의 관성의 법칙, 힘의 법칙, 작용과 반작용의 법칙들이 선험적 개념들에 따라 구성되었는가를『자연과학의 형이상학적 기초』(*Metaphysische Anfangsgründe der Naturwissenschaft*)라는 책에서 체계적으로 개진하고 있다. 여기서 뉴턴의 세가지 법칙들은 실체·인과성·상호성이라는 선험적 개념에 의해 구성된 것으로 나타난다. 이렇게 보면 칸트는 경험과 귀납 등을 과학의 방법으로 규정한 로크나 흄에 대립하여 연역을 과학의 방법으로 주장하는 것처럼 보인다. 그러나 칸트의 선험적 원리에 대한 이러한 생각은 옳지 않다. 그 이유는 칸트가『순수이성비판』에서 개진하는 인식론은 그가 선험철학

(Transzendentalphilosophie)에 대한 정의에서 밝히듯이, 과학적 탐구과정을 설명하는 과학방법론이 아니라, 인식에서 주관의 선험적인 조건을 밝히는 것을 목표로 하기 때문이다. 이를테면 인과율은 선험적(a priori) 조건의 하나인데, 그것은 시·공간의 형식을 통해 포착된 감각자료들을 인과적 관계에 따라 구성한다. 이처럼 경험적 내용들이 주관의 원리에 의해 포착되고 설명된다는 점에서는 방법적으로 연역이라 할 수 있다. 그러나 우리가 사태를 한번 더 들여다본다면, 이러한 의미의 연역은 경험을 토대로 구체적인 지식을 산출하는 것을 문제삼는 경험과학에서는 방법으로서의 의미를 가지지 못한다는 것을 알 수 있다.

자연에 관한 모든 인식은 경험대상과 인식주체 양자가 만나는 곳에서 이루어진다. 구체적인 사태에서 인과율을 비롯한 여타 선험적 조건들은 인식이라는 사실이 성립하는 하나의 조건, 달리 말해 주관적인 조건에 불과하다. 선험적 주관만으로 인식은 성립할 수 없다. 인식이 이루어지기 위해서는 우선 대상에 대한 경험, 즉 감각적 소여가 먼저 주어져야 한다. 감각적 소여가 주어지면 인식주관은 선험적 개념으로 감각적 내용들을 객관적 대상에 대한 경험으로 구성하며, 이를 통해 대상에 대한 인식이 완성되는 것이다. 그런데 이러한 감각적 소여의 과정에 대한 해명은 앞서 밝혔듯이 선험적 사고의 영역이 아니다. 그것은 전적으로 주관으로부터 독립된 경험적 사실의 문제이다. 그리고 경험적 사실은—칸트도 이 점을 명백히 하는데—구체적으로 과학자가 경험의 현장에서 관찰과 실험을 통해서 배워야 하는 문제이다. 이를테면 번개가 쳤다고 하자. 선험적 사고는 이 현상을 인과론적으로 추적할 것이다. 번개 현상의 원인을 추적하는 사고방식은 선험적인 과정에 해당한다. 그러나 원인을 사실적으로 해명하기 위해서는 구체적인 실험과 관찰이 필요하다. 다양한 관찰과 실험을 통해 과학자는 번개의 원인에 관계되었다고 생각되는 사건들을 수집하고 비교·분석한다. 그는 우연적 요소들을 사상하고, 일반적이라 생각되는 요소, 즉 전기적 작용을 발견할 것이며, 대기 중의 특정한 전기현상과 번개 간의 관계를 확인하게 되고, 방전이 번개의 원인이라는 결론을 내린다. 그리고 다양한 검증을 통해 이 추측이 참임을 확증할 것이다. 현상의 원인을 구체적으로 추적하는 이러한 과정은 전적으로 경험론자들이 말하는 관찰·실험 그리고 비교·분석·종합하는 귀납과 가설연역법에 해당한다. 이러한 과정은 선험적으로는 알려질 수 없는, 과학자가 직접 경험을 통해 구체적으로 풀어나가야 하는 작업이다. 이러한 구체적인 방법에 관한 문제는 인식의 발생에 관한 문제이며, 경험론자들의 논리가 바로 이에 답하고 있다. 그러나 칸트의 인식론적 논의는 인식의 주관적인 조건만을 다루기 때문에, 경험에 직면하여 구체적으로 지식이 이루어지는 방법에 대해서는 관계하지 않으며, 그 문제는 과학자들의 몫으로 또는 경험론자들의 문제로 남겨두고 있는 것이다. 이런 이유로 칸트의 선험적 원리를 경험론자들의 귀납과 동일한 위상에서 대립하는 관점에서 비교하는 것은 적절치 못하다.

칸트가 지식형성의 경험적 과정이나 방법의 문제를 주제화하고 구체적으로 다루는 부분은 그리 많지 않다. 그러나 비판전기의 논문들과 비판기의 일부 저술들에서 방법론적 문제에 대한 그의 생각을 간접적으로 추적해볼 수는 있다.

그가 경험적 방법의 중요성을 의식하고 있었음은 비판전기의 여러 논문들에서 찾을 수 있다. 칸트는 뉴턴의 물리학 방법을 주제로 쓴 글 「기본명제의 명료성에 관하여」(Über die Deutlichkeit der Grundsätze)에서 뉴턴의 경험론적 태도와 물리학을 과학의 합리적인 방법의 전형으로 규정한다. 그는 여기서 경험을 모든 선험적인 규정에 선행하는 인식의 실질적인 토대로 규정하며, 뉴턴이 경험을 통해 제시한 질량, 관성, 인력 등의 개념들을 인식의 실질적인(질료적인 materielle) 조건으로 승인한다. 그리고 이러한 뉴턴적인 개념들을 토대로 우주생성에 관한 가설(Allgemeine Naturgeschichte)을 구성했다.

비판철학에서 칸트의 이념에 대한 논의도 방법론의 차원에서 이해할 수 있다. 이념이란 자연의 본질에 관한 존재론적 명제들을 지칭하며, 목적론적 사고방식이나 케플러, 라이프니츠에서처럼 자연철학적 원리들이 이에 해당한다. 칸트에 의하면 이러한 이념들은 경험 가능한 대상이 아니며 이성의 가상에 불과하기 때문에 객관적 타당성이 없으며, 구체적인 지식의 산출에 기여할 수 없다. 인과성이나 관계성과 같은 지성개념들만이 객관적인 지식형성에 기여할 수 있다. 이런 의미로 칸트는 이들을 인식구성적 (erkenntniskonstitutiv)이라 칭한다. 이념에 대한 칸트의 이런 판정은 사실상 케플러나 라이프니츠에서와 같은 존재론적 탐구 태도에 한계를 긋는 의미를 가진다. 그러나 칸트는 이념을 자연의 탐구에서 무용지물로 판정하지는 않는다. 그는 이념이 자연의 경험적인 탐구에 구체적으로 기여하지는 않지만, 경험적 사고를 선도하고, 유도하는 기능을 가진다고 생각하며, 이 기능을 인식통제적인(erkenntnisregulativ) 기능이라 칭한다. 이처럼 이념에 인식통제적인 기능을 인정하는 칸트의 해법은 케플러나 라이프니츠에서 행해진 존재론적 사고를 방법론적인 사고로 전환시키는 의미를 가진다. 존재론적으로 추구된 존재의 본질이란 것들은 칸트의 선험철학적 해석에 의하면, 경험적으로 확증될 수 없는 개념으로 그리고 단순히 진리에 대한 이성의 바람에 기인하는 것으로 판명된다. 그렇지만 그런 이성적 바람이 무용지물이라는 것은 아니며, 경험적인 단편적 지식들을 묶어줌으로써 인식을 점차로 확장할 수 있는 기능을 한다는 것이다. 이를테면 칸트가 「보편적 자연사」(Universale Naturgeschichte)란 글에서 제시한 것처럼 뉴턴에 의해 경험과학적으로 획득된 법칙들을 동원하여 우주의 발생과정과 전체로서의 우주의 형상을 설명한 것이라든지, 케플러가 플라톤의 다섯 가지 대칭물질을 근거로 우주의 구성을 설명하려고 했듯이 일정한 존재론적 가설을 설정하고, 그런 가정하에 경험적 자료들을 분석하고 비교하는 방법이 이념에 근거한 지식의 확장작업에 해당한다. 이처럼 자연철학적 가설을 전제한 탐구방법은 현재도 경험과학에서 수렴적 방법(intergrative methode)으로 상용되고 있다. 이를테면 플라톤에서 시작된 대칭의 원리(symmetry principle)는 전통적으로 자연탐구에서 중요한 역할을 해왔는데, 현대에도 과학자들은 관찰과 실험에서 대칭의 원리를 확인하는 데에 많은 시간을 할애하고 있다. 이러한 자연철학적 수렴적 방법이 과학의 역사 전반에 걸쳐 이론의 발견이나 인식의 확장에 일익을 담당해왔다는 것은 간과할 수 없는 사실이며, 가설연역방법의 일종으로 이해될 수 있다.

3. 근대 과학방법론의 역할과 의의

과학적 방법을 수용하고 이를 철학에 도입하려는 태도에서 고전적 경험론자들의 입장은 일정한 공통분모를 형성한다고 생각할 수 있는데, 그것은 철학적 자연주의의 입장이다. 그러나 과학적 방법이 무엇인가에 대한 해석에서는 차이를 나타내고 있다. 베이컨과 뉴턴이 귀납적 방법을 옹호하는 데 비해 갈릴레오와 데까르뜨는 분석의 방법 혹은 가설의 방법을 주장했다. 뉴턴에 대해 비판적 입장을 보였던 버클리는 뉴턴의 귀납주의를 비판하고 가설연역적 방법을 주장했다. 반면에 흄은 정신과학의 뉴턴이 되려는 야망을 가지고 그의 실험적 추리의 방법을 철학에 적극적으로 도입한다. 흄은 귀납적 방법이 논리적으로 정당화될 수 없다는 사실을 지적하면서도 귀납적 방법의 사용이 불가피하다는 점을 인정한 것이다. 반면에 과학적 방법에 대한 로크의 입장은 매우 양면적이다. 그는 때로는 베이컨 식의 귀납적 방법을 사용하다가 때로는 가설의 방법을 사용했다. 로크는 관찰 가능한 현상에 대해서는 귀납적 방법을 사용하고, 비가시적인 사물의 내적 본질에 대해서는 가설의 방법을 사용할 수밖에 없음을 주장하는 것으로 판단된다.

합리론자로 분류되는 학자들의 입장도 앞서 밝혔듯이 대체로 일정한 공통분모를 형성하는데, 그것은 자연주의적·귀납론적 태도와는 거리가 멀다는 것, 어떤 종류의 선험적인 원리를 인정한다는 점, 그리고 지식을 존재론적 원리나 우주론적인 차원으로 확대하는 태도이다. 그리고 데까르뜨나 라이프니츠와 같이 사유와 세계를 이성의 원리에서 이해하려는 태도는 칸트 이후 본격화된 이성주의적 철학에 교두보를 마련했다.

방법의 문제를 둘러싼 경험론·합리론적 논의들은 관점에 따라 논쟁적이며 서로 비판하고 대립되는 양상을 나타내기도 하지만, 근대 자연과학의 핵심적인 토대가 되었으며 자연과학을 넘어 근대에 등장한 여러 학문과 사회발전의 모범이 되었다. 그것은 학문을 전통적인 권위나 초월적인 믿음으로부터 해방시키고, 실질적인 경험과 인간의 이성적인 판단의 토대 위에서 합리적인 지식으로 성립시켰으며, 나아가 지식과 진리의 민주화와 근대시민사회 형성의 밑거름이 되었다.

|김국태·배선복·정병훈|

지식

___지식은 어디까지 정당화되는가

1. 퓌론주의와 근대 인식론

인식론에 대한 관심

서양 근대철학의 중요한 특징으로 인식론에 대한 열렬한 관심을 꼽을 수 있다. 당시 거의 모든 철학자들은 우리가 세계에 대해 갖는 앎의 기원은 어디에 있는가, 이 앎은 어떻게 정당화될 수 있는가, 이 앎의 한계는 어디인가 등의 인식론적인 문제들에 대해 그 어느 시대의 철학자들보다 폭 넓고 깊게 천착했다. 오직 루쏘(J. J. Rousseau)만이 예외로 보이는데, 베이컨과 홉스, 데까르뜨, 라이프니츠, 로크, 버클리, 흄, 칸트 등 근대철학을 선도한 학자들은 모두 인식론자로 분류해도 무리가 없을 것이다. 더욱 중요한 사실은 당시의 철학적 논의는 지금처럼 대학에서 철학을 가르치고 연구하는 사람들의 글에서나 시비가 가려지고 마는 일부의 전유물이 아니었으며 인식론적 담론은 유럽사회의 거의 모든 지적 성원들의 직간접적인 열렬한 참여에 의해 이루어졌다는 점이다.

인식론에 대한 이런 열렬한 관심은 어디서 유래하는가? 여기에는 두가지 중요한 역사적 사건이 자리잡고 있다. 이 사건들은 데까르뜨가 태어나기 직전 르네쌍스기에 발생한 것인데, 양자 모두 인간의 믿음이나 앎과 관련되는 것이었다. 한 사건은 16세기에 있었던 마틴 루터(Martin Luther)의 교회개혁운동이고, 다른 사건은 16세기 후반 고대 퓌론주의(pyrrhonism)의 부활이다. 교회개혁운동은 그때까지 신앙의 문제는 때로 정교일치의 관점에서 정치적인 문제에까지 영향을 미치던 가톨릭교회의 전적인 권위에 대해 강력한 의문을 제기했다. 루터는 교회나 사제의 결정권을 부인하는 대신 신앙을 가진 자 자신의 양심을 강조했는데, 이는 그 어떤 것도 '전통'(traditio)이라는 이름 아래 인간의 내면을 지배할 수 없음을 의미했다.

그러나 문제는 간단치 않았다. 교회의 권위는 종교적 도그마와 생활지침으로 그치는 것이 아니라 인간의 앎의 방식과 한계 등과도 복잡한 관계를 맺고 있었다. 가톨릭교회의 권위에 대한 도전은 인간과 세계의 가장 중요한 대면방식, 즉 지식의 획득과 관련된 문제를 전면에 부각시키기에 충분했다. 교황이 계승한 전통의 힘이 사라졌다거나 교회가 지닌 권위가 사라졌다고 해서 그 자리를 개인의 양심이 자동적으로 대체할 수 있는 것은 아니었다. 권위적인 성경해석이 사라졌다는 것은 그만큼 다양한 해석의 가능성이 열려 있다는 것을 뜻했다. 그리고 이는 가능성의 문제로 그치지 않고 실제의 역사적 사건이었다. 이제 유일한 진리가 아니라 다수의 상이한 진리주장들이 존재하게 되었다.

여기 어떤 자유시장이 있다. 이 시장은 의견의 시장으로 자유롭고 평등한 자들이 출입한다. 한편에는 가톨릭교회의 세계관과 아리스토텔레스의 형이상학이 있고, 다른 한편에는 프로테스탄트의 세계관과 근대 자연과학이 있다. 내세를 보장하는 종교적 믿음 옆에 물질적인 풍요를 약속하는 자연과학적인 믿음이 나란히 놓이는가 하면, 갈릴레오의 지동설과 프톨레마이오스의 천동설이 서로 시비를 다툰다. 프로테스탄트 목사와 가톨릭 사제가 성경책에 손을 얹고 격론을 벌이는가 하면, 감각주의자와 이성주의자가 지식의 기원을 놓고 심각하게 토론한다. 서양 근대는 모든 곳에서 이견이 분출되는 장소였다. 흄의 표현을 빌리면 논쟁거리가 되지 않는 것이 없었고 식자들이 의견이 달라 서로 맞서지 않는 것이 없었다.

『퓌론주의 개요』

다수의 진리와 주장이 대립하고 난무하는 이런 역사적 사건은 또다른 역사적 사건과 더불어 철학적인 논의의 장으로 편입된다. A.D. 2세기경 로마에 살던 한 의사의 책이 1562년에 라틴어로 번역되었다. 쎅스투스 엠피리쿠스의 『퓌론주의 개요』(Outlines of Pyrrbonism)가 바로 그것인데, 이 책은 고대 회의주의 일파인 퓌론주의의 학설을 집대성했다. 엠피리쿠스에 따르면 퓌론주의자의 논의는 경쟁적이고 때로 모순적으로 보이는 여러 진술이나 사실들이 있다는 상황에서 출발한다. 퓌론주의자는 이렇게 묻는다. 과연 이것들 중 어느 것이 실재를 있는 그대로 대변하고 진상을 반영하는 것이라고 할 수 있는가? 이를 결정하는 기준은 무엇인가? 감각인가? 그렇지 않다. 감각적인 증거야말로 서로 어긋나는 경우가 얼마나 많은가? 그럼 이성인가? 그도 아니다. 개인들 각자는 자신의 이성적 판단능력을 사용하지만 그 결론들은 갈등관계에 빠지지 않는가? 결국 그 어떤 기준에 의해서도 우리는 무엇이 진상을 대변하는지 아무런 판단도 내릴 수 없다. 그리고 우리가 판단을 중지하는 순간 우리의 마음에는 동요에서 벗어난 고요한 평화의 상태, 아타락시아(Ataraxia)가 찾아온다.

고대 퓌론주의는 시대와 장소를 뛰어넘어 당시 유럽의 지적 상황과 상당히 잘 맞아떨어졌다. 퓌론주의는 문제 자체를 전혀 새로운 시각에서 보도록 유도했다. 인간은 어떤 확실한 지식에 도달할 수 있는가? 과연 퓌론주의자의 도전을 이겨내고 흔들리지 않는 지식을 얻을 수 있는가? 인간의 지식획득 방식들 가운데 어느 것이 가장 온전한 것인가? 후대에 들어 전형적으로 인식론적인 물음이라 일컬어지는 이런 질문들이 철학자들에 의해 제기되었고 그 답들이 다양하고 심도있게 논의되었다. 퓌론주의에 대한 반응은 일단은 수용과 반박으로 요약할 수 있을 것이다. 하지만 반박이라고 해도 단순한 반박으로 그치는 것은 아니었다. 문제는 퓌론주의자의 회의를 견뎌낼 수 있는 진리의 모델을 구하는 데 있었고, 이는 데까르뜨의 경우에서 목격할 수 있는 것처럼 단순한 반박 이상의 작업을 요구했다.

엠피리쿠스의 책은 철학자들의 유형을 셋으로 분류하면서 시작한다. "사람들이 무엇인가를 찾을 경우 뒤따를 수 있는 결과는 그 무엇을 찾았거나, 또는 찾지 못하고서 그것이 찾을 수 없는 것임을 인정하거나, 또는 그것을 계속 찾는 것이다. 철학에서 찾는 것도 이와 마찬가지여서 어떤 이들은 진리를 찾았다고 주장하고, 어떤 이들은 진리는 파악될 수 없다고 단언하고, 이에 반해 어떤 이들은 여전히 진리를 찾고 있다. 진리를 찾았다고 생각하는 사람들은 정당하게 불러도 이른바 '독단주의자들'이다. 특히 아리스토텔레스와 에피쿠로스의 추종자들, 스토아주의자들 그리고 몇몇 다른 사람들이 그런 독단주의자들이다. 클레이토마코스(Kleitomachos)와 카르네아데스(Karneades)의 추종자들은 다른 아카데미학파와 마찬가지로 진리란 파악될 수 없다고 주장했다. 회의주의자들은 계속해서 진리를 찾는다."

이 인용문에서 보듯이 퓌론주의자는 다음과 같이 주장한다.

　①아직 우리는 진리를 찾아내지 못했다.
　②우리는 "진리는 파악될 수 없다"고 주장하지도 않는다.
　③우리는 계속해서 진리를 찾는다.

엠피리쿠스가 대변하는 퓌론주의자들에게 앞의 세 주장은 틀림없이 긴밀한 연관성을 갖고 있었을 것이다. 현대인의 입장에서 눈길을 끄는 것은 세번째 주장이다. 이는 회의주의자에 대한 기술에서는 생략되곤 하는 항목인데, 보통 회의주의자는 더이상의 진리탐구를 포기한 '나태한' 사람들로 간주되기 십상이다. 그러나 엠피리쿠스에 따르면 진정한 회의주의자는 진리가 인간의 수중에 들어올 수 없다는 것을 개탄하면서 진리탐구 자체를 포기하는 사람이 아니다.

그러나 일견 퓌론주의자는 모순에 빠져 있는 것처럼 보일 수 있다. 가령 이런 반론을 생각해보라. 주장 ①이 옳다고 하자. 즉 아직 우리는 진리를 찾지 못했다. 그렇다면 임의의 명제 p는 참이 아니다. 그러나 사정이 이러할 때 만일 우리가 배중률을 버리지 않는다면, 이 경우 적어도 ~p는 참이다. 따라서 "우리는 진리를 찾아내지 못했다"라는 퓌론주의자의 주장은 그르다. 우리는 우리가 찾아낸 임의의 명제 수(數)에 대응하는 만큼의 참을 알고 있으며, 따라서 주장 ①은 거짓이다. 유사한 반론이 ①의 자기모순적 성격을 지적함으로써도 성립할 수 있다. 만약 ①이 옳다면 우리는 최소한 진리인 명제를 하나 갖고 있는 것이며, 따라서 ①은 옳지 않다.

사실 이런 반론은 퓌론주의자의 핵심을 건드리고 있다. 엠피리쿠스는 앞의 인용문에 다음과 같은 단서조항을 붙인다. "우리는 이제 말하려고 하는 것들 모두와 관련해서 실재가 전혀 진술된 바 그대로라고 확고하게 주장하지 않는다. 우리는 매순간 단순히 기록자처럼 무엇이 우리에게 경우로 나타나는가를 보고한다." 자기 자신에게 나타나는 바를 그대로 보고하되, 그것을 실재와 아무런 연관도 짓지 않으면서 보고하는 것이 퓌론주의자의 태도라는 것이다.

다시 말해서 퓌론주의자의 목적은 어떤 명제가 거짓이라거나 그것이 실재와 어긋난다는 것을 보여주는 데 있는 것이 아니다. 때문에 ①은 오해의 여지없이 정확히 다음과 같이 풀어 쓸 수 있다.

①* 우리는 진리를 찾지 않은 것처럼 보인다(또는 임의의 명제 p는 진리가 아닌 것처럼 보인다).

그럼 퓌론주의자는 무엇을 근거로 ①*을 말하는가? 그렇다면 이제 명제 ~p는 진리인 것처럼 보이지 않을까? 그리하여 우리는 ~p는 진리인 것처럼 보인다는 판단을 내릴 수 있지 않겠는가?

전략

어떤 명제 p가 참이 아닌 것처럼 보인다는 점을 입증하기 위한 퓌론주의자의 전략이 무엇인지를 이해하기 위해서는 먼저 그가 무엇을 기준으로 우리가 진리를 찾았거나 찾지 않았다고 정당하게 주장할 수 있다고 생각했는지를 알아야 한다. 이 점에 관한 한 퓌론주의자의 입장은 분명하다. 그의 인식론적 이상은 명증성을 따르는 데 있다. 어떤 명제가 참임을 정당하게 주장하기 위해서는 그것이 인식자에게 충분히 명증하게 인식되어야 한다는 것이다. "퓌론주의자는 명증하지 않은 것에는 결코 동의하지 않는다." 퓌론주의자가 비난하는 것은 인식상의 내재적 증거 없이 어떤 진술이나 명제에 동의하거나 그것을 믿는 것이다.

이제 어떻게 퓌론주의자가 임의의 명제 p가 우리에게 충분히 명증하지 않음을 보여주는가를 다음 세 단계로 나누어 고찰해보자.

④ 견해들간의 대립
⑤ 대립으로 인한 판단중지, 곧 에포케(epoche) 상태
⑥ 마음의 평정상태, 곧 아타락시아

먼저 퓌론주의는 견해들의 대립에서 출발한다. "여기서 우리는 감각·지각대상을 현상으로 취하여 이것을 판단에 대립시킨다. (…) 우리는 현상과 판단을 다양한 방식으로 대립시킨다. 즉 현상을 현상에, 판단을 판단에, 또 다르게는 현상을 판단에 대립시킨다." 여기서 '대립된' 진술들의 의미는 모순뿐 아니라 서로 어긋나는 경우도 포함한다. "우리가 말하는 '대립

된' 진술들은 비일관적인 진술들을 의미한다. 반드시 긍정진술과 부정진술의 대립일 필요는 없다."

퓌론주의자가 이런 견해들의 대립을 통해 노리는 것은 판단중지의 상태이다. 이는 특정한 논의주제를 둘러싼 일련의 견해들 각각이 모두 동등한 명증성을 갖고 있는 것처럼 보이게 될 때 성립하는 상태이다. "우리가 '동등성'이란 말로 의미하는 것은 신뢰가능성이나 신뢰가능성의 결여에 관한 동등성이다. 즉 상호일관적이지 않은 진술들 가운데 그 어느 것도 다른 것보다 더욱 신뢰할 수 있다는 점에서의 우월성을 갖고 있지 않다."

결국 퓌론주의자가 임의의 진술 p에 대해 ~p를 대립시키는 것은 ~p가 참임을 보여주기 위해서가 아니다. 다만 ~p 역시 p만큼 명증함을 보여주고자 할 뿐이며, ~p가 참임을 주장하려는 것은 결코 아니다. 그리고 이런 견해들간의 대립에 이르면 독단을 행하는 행위는 종식된다. 둘 중 하나만이 명증하다거나 하나가 다른 하나에 비해 상대적으로 더 명증하다면 그쪽 손을 들어주겠지만, 둘 다 똑같이 명증하다면 어느 쪽 손도 들어줄 수 없다. 그렇다고 p와 ~p를 똑같이 믿을 수도 없는 노릇이다. 결국 도그마를 갖는 일은 없게 된다. "퓌론주의의 주요 원칙은 각각의 진술을 동등한 진술에 대립시키는 것을 실천하는 것이다. 이 일은 독단의 행사를 종결시키는 일인 것처럼 보인다."

여기서 엠피리쿠스가 말하는 도그마는 어떤 이론적인 견해나 주장을 가리키는 것이 아니다. 퓌론주의자의 기준에 따르면 객관적인 참을 주장하는 모든 견해는 도그마에 포함되고 일상적인 진술에도 얼마든지 독단적인 성격이 깃들여 있을 수 있다. 예를 들어보자. 누군가가 얼음을 만지면서 "이 얼음은 차다"라고 할 때, 이 말은 학문적이거나 이론적인 견해를 표명하는 것은 아니다. 그러나 퓌론주의자의 눈에 이 진술은 일종의 도그마이다. 이 진술은 진술자가 자신에게 명증한 것, 즉 '나는 차가움을 느낀다'는 사실을 보고하는 차원을 넘어서서 바로 '이 얼음'이 객관적으로 '차다'는 것을 주장하고 있다. 이는 그것이 일종의 이론, 다시 말해서 감각정보는 객관적인 진상을 표상해준다는 인식론적인 이론을 바탕에 깔고 있는 주장이기 때문이다.

퓌론주의자는 이렇게 견해들의 대립을 통해 아무런 판단도 내리지 않게 되는 상태를 판단중지, 즉 '에포케'라고 부른다. 에포케란 그 어느 것에 대해서도 긍정도 부정도 하지 않는 마음상태이다. 명제 p가 ~p만큼이나 똑같이 명증하다는 사실 앞에서 마음은 어느 쪽도 더 명증하다거나 덜 명증하다고 말할 수 없다. 그리고 이런 에포케 다음에는 마음의 평정상태인 아타락시아가 온다. 아타락시아는 영혼이 아무런 동요도 겪지 않는 고요한 상태를 뜻한다. "우리는 퓌론주의적인 방식의 인과적 기원이 아타락시아를 획득하려는 희망에 있다고 말한다. 몇몇 재능있는 사람들은 '사실들'간의 모순, 그리고 이 '사실들' 가운데 어느 것이 동의의 가치가 있는 것인지에 관해 어쩔 줄 몰라 하면서 이것들 가운데 무엇이 참이고 거짓인지를 발견하고자 노력했다. 이 판정을 통해 아타락시아를 얻으리라고 기대하면서 말이다." 그러나 무엇이 참이고 거짓인지를 판정하는 일은 불가능하며, 오히려 인간은 아무것도 결정하지 않고 판단을 중지한 상태에서 마음의 평화를 얻는다.

믿음 없는 동의

그럼 퓌론주의자가 주장하는 에포케란 과연 무엇인가? 도대체 아무런 판단도 내리지 않는 인식상태가 가능한 것인가?

퓌론주의자는 이 지점에서 믿음상태와 믿음 없는 단순한 동의상태를 구분한다. 아무런 판단을 내리지 않는다고 해서 그 어떤 것에도 동의하지 않는다는 것은 아니며, 판단이 없고 그래서 믿음이 없어도 동의는 가능하다는 것이다. "회의주의자는 판타지아를 통해 강요되는 심적 현상에는 동의한다." 퓌론주의자는 뜨거움이나 차가움을 느낄 때 "나는 뜨겁지 않은 것 같다"거나 "나는 차갑지 않은 것 같다"고 말하지 않는다. "나는 뜨겁다"나 "나는 차갑다"는 진술들에서 뜨거움이나 차가움은 그에게 심적으로 강제되는바 명증한 것이지만, 어떤 객관적인 존재자에게 부여된 속성으로 언명되고 있는 것은 아니다. 따라서 이 진술들은 도그마가 아니므로 퓌론주의자가 정당하게 동의할 수 있는 것들이다.

결국 퓌론주의자가 유일하게 인정하는 것은 현상들뿐이다. 이때 현상들은 "수동적으로 받아들여진 판타지아에 맞추어 비자발적으로 동의하게 이끄는 것들"에 해당한다. 퓌론주의자는 이런 의미의 현상들을 거부하지 않는다. 그가 부인하는 것은 단지 현상이 실재를 있는 그대로 표상한다는 주장이다. "그리고 외부대상이 나타나는 것 그대로인가를 질문받으면 우리는 그 대상이 현상한다는 것을 인정한다. 우리는 현상에 대해 어떤 질문을 제기하는 것이 아니라 그 현상에 관해 언명되는 것에 대해 질문을 제기한다. 이는 현상 자체에 대해 질문을 제기하는 것과는 다르다."

퓌론주의자는 외부대상이 이런저런 방식으로 현상한다는 것은 문제삼지 않는다. 그가 문제삼는 것은 현상이 실재 자체인지의 여부이다. 현상 자체가 아닌 현상의 객관성을 문제삼는 것이다. 꿀이라고 불리는 어떤 것이 달콤하게 현상할 때 그는 이렇게 묻는다. 실제로 꿀은 달콤한가? 이 질문에 답할 수 있기 위해서는 현상과 실재의 관계를 설명하는 모종의 이론이 있어야 한다. 퓌론주의자가 반대하는 것은 바로 이런 모종의 이론이다. "왜냐하면 이 이론은 현상이 아니라 현상에 대해 언명되는 무엇인가이기 때문이다."

결국 퓌론주의자의 인식론적인 태도는 다음과 같이 요약해볼 수 있다.

⑦ 명증한 것들, 곧 현상들에만 동의하거나 그것들에 대해 말한다.
⑧ 하지만 그 현상들이 실재를 있는 그대로 표상한다고 믿지는 않는다.

여기서 퓌론주의 자체에 관한 중요한 함축이 드러난다. 퓌론주의는 그 어떤 이론체계가 아니다. 현상에만 동의할 뿐 현상에 대해 말해지는 모든 이론을 거부하는 퓌론주의는 이론적 입장일 수 없다. "우리는 회의주의자가 체계를 갖는지의 여부를 질문받을 때에도 같은 방식으로 답한다. 만일 체계를 서로 일치하고 현상들과도 일치하는 일련의 도그마에 대한 애착으로 정의하고, 또 도그마를 명증하지 않은 어떤 것에 대한 동의라고 정의한다면, 회의주의자는 체계를 갖지 않는다고 말할 것이다." 이런 관점은 자기 반성적인 단계로까지 심화된다. "명증하지 않은 것들에 관한 슬로건을 제시할 때도 회의주의자는 독단을 행하지 않는다. 우리는 '더가 아닌'이라거나 '나는 아무것도 결정하지 않는다' 등의 슬로건들을 제시할 때도 독단을 행하지 않는다. 왜냐하면 독단주의자는 그가 독단을 행한다고 말해지는 것을 확실한 것으로 제시하지만, 회의주의자는 그런 슬로건들을 절대적으로 지지하는 것들로 제시하지 않기 때문이다."

그러나 퓌론주의자는 비록 이론적인 체계는 거부하지만 삶의 방식으로서의 일정한 지침은 인정한다. "그러나 만일 체계를 삶의 한 방식으로 정의한다면, 다시 말해서 현상에 부합하여 올바르게 사는 것처럼 보이는 것이 어떻게 가능한가를 보여주는 어떤 규준을 따르고 판단을 중지하는 성향을 산출하려고 하는 자의 삶의 방식으로 정의한다면, 우리는 회의주의자가 체계를 갖고 있다고 말할 것이다." 판단 없이 산다고 해서 삶의 존속에 필요한 어떠한 활동도 하지 않고 살아갈 수는 없는 노릇이다. 살아간다는 것은 그 자체가 활동이며 따라서 일정한 활동지침이 필요하다. "우리는 믿음을 갖지는 않지만 일상적인 삶의 지배에 맞추어서는 살아간다. 왜냐하면 우리는 전적으로 비활동적일 수 없기 때문이다."

그러면 퓌론주의자들이 말하는 '일상적인 삶의 지배'란 무엇을 의미하는가? 이 대목에서 퓌론주의자는 다분히 도덕적 순응론자의 태도를 취한다. "이 일상적인 삶의 지배는 네 종류인 것처럼 보인다. 하나는 자연의 지도(指導)와 관련되며, 다른 하나는 파테(Pathe, 감성)의 충동, 또다른 하나는 법과 관습의 전수, 네번째는 기예와 기술의 가르침과 관련된다. 자연의 지도를 통해 우리는 자연스럽게 감각하고 생각할 수 있다. 즉 파테의 충동을 통해 배고픔은 우리를 음식으로 몰아대고 갈증은 우리를 마시게끔 만든다. 관습과 법의 전수를 통해 우리는 삶의 영위에서 경건은 선이고 불경은 악임을 받아들인다. 기예와 기술의 가르침에 의해 우리는 우리가 획득하는 모든 것에서 비활동적이지 않다. 그리고 우리는 이 모든 것들을 믿음 없이 말한다."

반응

퓌론주의의 출현 앞에서 서양 근대인들이 취했던 반응양식은 다양했지만 일단 긍정적인 수용태도에 주목해보자. 퓌론주의는 두가지 방향에서 긍정적으로 수용되었는데, 그중 하나는 인간능력의 한계를 인정하고 종교적인 신앙을 통해 인간의 인식보다 한단계 더 높은 단계로 도약하려는 태도이다. 여기서는 인간이성의 명증성 대신 자기결정의 원리가 강조되고, 이를 통해 자신의 행위의 책임을 절대적인 존재자에게 양도하는 종교적 단계가 중시된다. 전형적인 예로 빠스깔(B. Pascal)을 들 수 있다. 그는 인간의 이성이 얼마나 위대한가를 말하면서 동시에 얼마나 무(無)에 가까운가를 말한다. 그가 데까르뜨와 공유한 수학적인 배경지식은 인간이 어떻게 섬세한 정신을 발휘하여 직관적인 앎을 구현할 수 있는가를 깨닫게 했지만 그의 고대적인 어투에는 인간능력의 한계에 대한 절절한 깨달음이 배어나온다. 인간의 구원은 이성을 통해서가 아니라 절대자에 대한 믿음을 통해 얻어진다는 것이다.

이와 비슷하게 몽떼뉴(M. E. Montaigne)는 퓌론주의를 동원하여 종교적 믿음을 회의로부터 구제하고자 했다. 그는 『수상록』(*Essais*, 1580)의 한 장인 「레이몽 쓰봉을 위한 변명」(An Apology for Raymond Sebond)에서 종교적 신앙을 자연이성에 근거지으려는 이성주의자 쓰봉의 주장에 결함이 있음을 지적하면서도 퓌론주의를 통해 역설적인 방식으로 쓰봉을 옹호한다. 즉 종교적 신앙은 본래 인간이성으로 근거를 밝힐 수 없다. 인간의 감각은 대립되는 현상들을 제시하며, 우리는 이들 가운데 어떤 것이 객관적인 진상을 대변하는 것인지 모른다. 그렇다고 이성적인 추론을 통해 이를 판가름할 수도 없다. 이성적인 추론이란 늘 선행하는 또다른 이성적인 추론을 필요로 하고, 그렇게 되면 무한퇴행이 발생하기 때문이다. 우리가 무한퇴행에서 벗어나는 길은 신앙을 믿음의 궁극적인 근거로 받아들이는 것뿐이다.

하지만 퓌론주의를 긍정적으로 수용하되 인간중심적이고 세속적인 색채를 띠는 경우도 있었다. 즉 퓌론주의자가 말하는 '일상적인 삶의 지배'를 강조하여 인간적인 윤리학으로 관심의 방향을 돌리는 것이다. 여기서는 복잡하고 거창한 형이상학적 탐구나 치밀한 인식론적 논증 대신 일상적인 건강한 삶을 예찬하거나 일상적인 삶으로 복귀하려는 의도가 선두에 오고 이성 대신 감정, 논증 대신 기술(記述)이 옹호된다.

바로 흄의 철학이 이에 해당하는데, 그는 인간에게는 그 누구도 거부할 수 없는 몇몇 기본적인 믿음들이 있다는 점에 주목한다. 외부세계가 실재한다는 믿음, 이 세계가 인과율의 지배 아래 운행된다는 믿음, 그리고 각자에게는 고정불변의 자아가 있다는 믿음 등이다. 이런 믿음들은 일상인과 철학자들이 공유하는 도그마들이다. 철학자들은 이런 일상적인 도그마들을 정당화하고 해명하기 위해 자신만의 철학적인 이론체계를 만들어낸다. 그러나 이런 노력은 결코 성공할 수 없다. 철학자들이 옹호하고자 하는 일상적인 도그마들은 상상력이 만들어낸 허구에 불과하기 때문이다. 흄의 회의주의적 논증들은 상상력이 오류투성이의 추론과정을 통해 이런 허구를 날조한다는 점을 자세히 설명한다.

그러나 흄은 동시에 우리가 이런 믿음들을 거부할 수 없다는 사실을 강조한다. 그는 엠피리쿠스와는 달리 인간은 심적으로 강요되는 현상들뿐만 아니라 인간의 자연적인 본성에 토대를 두고 있는 이런 믿음들 역시 거부할 수 없다고 보았다. 엠피리쿠스가 인간으로서 피할 수 없는 동의가 있다는 것을 인정했다면, 흄은 인간이 피할 수 없는 믿음들이 있음을 인정한 셈이다. 하지만 믿음들에 관한 이런 입장 차이가 양자의 친근성을 덮어버리는 것은 아니다. 다음과 같은 흄의 말을 퓌론주의를 보충하는 언급으로 보아도 무방할 것이다. "삶의 모든 사건에서 우리는 여전히 회의주의를 유지해야만 한다. 만일 우리가 '불이 뜨겁다' '물이 상쾌하다'라고 믿는다면 이는 오직 그와 다르게 생각하기 위해서는 더 많은 비용을 치러야 하기 때문이다."

다른 한편 일군의 철학자들은 퓌론주의를 적극적으로 반박하여 물리치려고 애썼다. 그들은 퓌론주의의 비현실적이고 과장된 면모를 진단했고 나아가 모든 회의주의 논변을 이겨내어 지식체계의 굳건한 토대가 될 수 있는 어떤 확실한 지점, 즉 아르키메데스의 점을 찾고자 했다. 이런 반응은 지식이란 것의 중요성과 연관된다. 지식은 퓌론주의에 대항하여 어떤 식으로든 '구제되어야 할' 그 무엇이었다. 데까르뜨를 위시한 근대 합리론자들이 퓌론주의의 회의적인 분위기를 뿌리치기 위해 분투한 것은 지식을 구제하기 위해서였다. 다른 많은 것들과 마찬가지로 지식이 놓여야 하는 맥락은 더이상 종교의 거대한 창조담론의 맥락이 아니었다. 하지만 이런 지식의 탈신성화가 지식의 중요성이 감소되었음을 뜻하는 것은 아니었다. 오히려 지식의 인간적인 유의미성은 더욱 커졌다. 지식은 자전하는 한 행성 위에서 스스로의 힘으로 무게중심을 잡고 살아가야 하는 한 개인에게 그야말로 일차적으로 필요한 것이었다. '아는 것은 곧 힘'이었고, 지식을 소유하고 확장하는 것 자체가 인간 삶의 근본원칙이었다.

앞에서 말한 것처럼 합리론자들의 시도는 퓌론주의를 전적으로 무시하는 식으로 이루어진 것은 아니었다. 데까르뜨의 코기토 명제 '나는 생각한다. 고로 존재한다'(Cogito, ergo sum)의 확실성이 방법적 회의를 통해 퓌론주의자의 과장된 회의를 넘어서는 것이지만, 상당부분 퓌론주의의 논증을 수용한 결과였다.

데까르뜨의 전략은 퓌론주의자의 방법을 통해 주장 ①에 대한 반증사례에 도달하는 것이다. 사실 너무 명석·판명하여 그 누구도 그 확실성에 대해 의심할 수 없는 진리를 하나라도 제시할 수 있다면 주장 ①은 반증될 것이다. 데까르뜨는 코기토 명제가 바로 이런 반증사례에 해당한다고 보았다. 코기토 명제는 발화될 때마다 참인 명제로서, 비록 외부의 실재에 대해 아무런 판정을 내리지 않는다고 주장하는 퓌론주의자라 해도 확실하게 참인 것으로 인정할 수밖에 없는 명제이다. 자신이 가진 임의의 명제 p가 참인지 ~p가 참인지, 아니면 둘 다 참이 아닌지 염려하고 근심하는 인간은 자기 자신이 사유활동을 행하고 있으며 그런 한에서 존재한다는 사실을 결코 부인할 수 없다. 이런 점에서 코기토 명제는 인식 내재적으로 명증한 진리이며 외부세계와 실재 간의 관계에 대한 그 어떤 이론적인 설명에 의해서도 뒷받침될 필요가 없는 탈이론적 명제이다.

데까르뜨는 얼마나 성공적으로 퓌론주의 전략을 봉쇄했을까? 이는 실로 복잡한 논의가 필요한 문제이다. 그가 확실한 진리라고 주장하기를 원했던 것은 코기토 명제만이 아니었다. 그는 코기토 명제를 출발점으로 그에 비견될 만한 다수의 확실한 명제들이 있음을 증명하고자 했는데, 이 점 역시 그의 철학적 성과에 대한 평가를 더욱 복잡하게 만든다. 그러나 그의 시도 자체가 꽤나 시기적절했으며 그 방법 또한 상당히 적합했다는 것을 그 누구도 선뜻 부정하지는 못할 것이다. 자유로운 지식시장에서는 설령 교황의 재가나 왕의 칙령이라 할지라도 합리적인 설득력을 구비하지 않는 이상 아무런 힘도 발휘할 수 없다. 전통의 힘이 사라지고 모든 개인의 발언들이 오직 그것들 자체로서만 평등하게 평가받을 때 유일하게 수용 가능한 진리기준은 모든 사람들이 공유하는 어떤 것일 수밖에 없다. 코기토 명제의 확실성은 사유활동 자체에 뿌리를 두고 있다. 그 활동은 퓌론주의자이든 아니든 간에 모든 사람들에게 공평하게 분배되어 있는 이성의 기능이었고, 자신이 사유활동을 하고 있다는 사실을 인정하는 모든 사람들은 코기토 명제의 확실성을 인정할 수밖에 없는 것이다.

2. 데까르뜨의 토대주의

데까르뜨의 정당화 전략

데까르뜨 철학의 일차적 목표는 우리가 살고 있는 이 세계에 대한 확고한 지식을 수립하여 모든 형태의 회의주의를 논파하는 데 있다. 이를 위해 그는 우선 모든 지식을 명석·판명한 인식으로부터 연역적으로 도출할 수 있는 토대를 마련하고자 한다. 하나의 건축물이 무너지지 않기 위해서는 견고한 토대와 그 토대가 안전하게 떠받치는 상부구조가 요구된다. 마찬가지로 데까르뜨에 따르면 어떠한 믿음이든간에 그것이 지식으로 간주되기 위해서는 '절대적 확실성'과 같은 특별한 지위를 갖는 기초적 지식이 존재해야 하며, 나머지 지식들은 그 기초와 어떤 특정한 관계를 맺고 있어야 한다. 이를 토대주의적 전략이라 할 수 있는데, 이는 어떠한 경우에도 결코 흔들리지 않는 지식을 확립하려는 것으로, 데까르뜨 이후에도 인식론이 지향하는 이상적인 모델로 간주되었다.

데까르뜨적 토대주의의 핵심은 기초적 믿음의 존재를 인정한다는 점과 다른 믿음들의 정당성은 궁극적으로 그 기초적 믿음에 의존해서 확보된다는 점에 있다. 그래서 기초적이지 않은 믿음들이 정당성을 지니기 위해서는 반드시 기초적 믿음과 특정한 관계에 놓여야 하며, 그 관계는 연역적 추론방식을 따라야 한다. 말하자면 기초적 믿음과 기초적이지 않은 믿음이라는 두 종류의 믿음을 인정하는 동시에 기초적이지 않은 믿음은 기초적 믿음으로부터 연역적으로 추론되어야 한다. "정당성의 원천이 되는 기초적 믿음이 존재하고, 다른 모든 믿음은 어떤 것이든 기초적 믿음에 의존할 때만 그 정당성이 확보된다"라는 두가지 사항이 토대주의의 핵심이라면, 기초적 믿음은 정당성의 원천이 되기 위한 특정한 속성을 가질 때만 자신의 정당성을 확보할 수 있다. 반면 다른 여타의 믿음은 기초적 믿음과 모종의 관계를 가질 때만 그 정당성을 확보할 수 있다. 그러므로 두 경우에 정당성이 확보되는 방식은 서로 다르다. 전자의 경우 그 정당성이 스스로 확보되는 반면, 후자의 경우에는 그 정당성이 의존적으로 확보된다.

그런데 이런 데까르뜨의 토대주의가 성립되기 위한 관건은 무엇보다 기초적 믿음의 자기정당화(self-justification)에 있다. 왜냐하면 기초적 믿음을 제외한 다른 모든 믿음은 기초적 믿음에 의존하면서 그 정당성을 확보하는데, 이런 기초적 믿음이 다른 믿음에 또다시 의존하게 될 경우 그 믿음은 정당성을 제공받는 믿음, 즉 의존적인 믿음이 되어버리기 때문이다. 그렇다면 그 믿음은 더이상 기초적이지 않게 된다. 그렇다면 기초적 믿음은 어떻게 자기정당성을 확보할 수 있는가? 결국 이 문제가 데까르뜨적 전략의 성공과 실패를 결정하는 관건인 셈이다.

기초적 믿음의 자기정당화 가능성에 대한 물음의 배후에는 회의주의의 도전이 자리하고 있다. 데까르뜨의 토대주의는 자신의 정당성을 스스로 창출하는 어떤 믿음이 없다면 회의주의를 극복할 수 없고, 궁극적으로는 지식의 성립이 불가능하다는 결론에 도달할 수밖에 없다. 문제는 과연 그런 자기정당성을 지닌 믿음을 어떻게 확보할 수 있느냐에 있다. 만일 그런 믿음이 확보될 수 있다면 세계에 대한 우리의 지식들이 참된 지식이 될 수 있음을 증명할 수 있지만, 만일 그렇지 않다면 데까르뜨의 신념은 환상으로 끝나게 된다. 어쨌든 데까르뜨의 계획이 실현될 수 있느냐의 여부는 기초적 믿음의 자기정당화 가능성과 나머지 다른 믿음이 그 토대와 어떤 관계를 가져야 하는지에 대한 답변에 달려 있다.

회의의 방법과 믿음의 검사

토대주의를 본질적으로 규정짓는 것이 다른 어떤 믿음에도 의존하지 않는 기초적 믿음의 자기정당화 가능성에 있다면, 토대가 되는 믿음은 다른 믿음들이 갖고 있지 않은 어떤 특징 혹은 속성을 가져야만 할 것이다. 데까르뜨는 기초적 믿음이 되기 위해 요구되는 그런 특징들을 제시하는데 확실성·의심불가능성·오류불가능성 등이 그것이다. 말하자면 이런 특징들을 갖는다는 것은 그 스스로 정당화 근거를 갖는다는 것을 의미한다.

『제1철학에 대한 성찰』의 처음 부분에서 읽을 수 있는 것처럼 데까르뜨는 확실성의 토대가 될 수 있는 믿음을 찾기 위해 '방법적 회의' 혹은 '회의의 방법'을 제안한다. 바로 이것이 우리가 가진 여러 믿음들 가운데 토대의 구실을 할 수 있는 믿음을 결정하는 방법이라는 것이다. 이 방법에 따르면 어떤 믿음이든 조금이라도 의심의 여지가 있다면 일단 배제되어야 한다. 왜냐하면 조금이라도 의심될 수 있다면 확실하지 않은 것이며, 따라서 토대의 구실을 할 수 없기 때문이다. 반면 의심의 여지가 없는 것이라면 그 믿음은 확실한 것이고, 따라서 토대의 구실을 할 수 있다. 그렇지만 이런 검사를 통과하지 못한 믿음이 곧장 거짓으로 판정되는 것은 아니다. 어디까지나 의심 가능하기 때문에 확실성의 영역에서 제외된 것이므로 단지 잠정적으로만 배제의 상태에 놓이는 것이다. 말하자면 그 믿음은 확실성을 갖는 것이 아니기 때문에 토대의 구실을 할 수 없을 따름이다.

데까르뜨는 회의의 방법을 통해 확실한 믿음을 선별하기 전에 믿음들을 종류별로 구분한다. 수많은 믿음을 일일이 다 검사할 수 없기 때문인데, 첫 번째 종류로 분류된 것은 감각경험에 의한 믿음이다. 우리의 믿음을 이루는 것 가운데 가장 많은 부분을 차지하는 것이 시각·청각·촉각 등에 따른 경험적 믿음일 것이다. 그런데 데까르뜨는 어떤 믿음이든 감각경험에 따른 믿음은 모두 의심 가능한 것으로 규정한다. 데까르뜨는 왜 그렇게 생각한 것일까? 그가 이와같이 단호한 입장을 취한 배경에는 다음과 같은 생각이 깔려 있다. 가령 내가 지금 시각경험에 근거해서 내 앞에 컴퓨터가 있다고 믿을 경우, '내 앞에 컴퓨터가 있다'가 참이라는 나의 믿음은 '지금 나는 컴퓨터를 보고 있다'는 현재의 나의 시각경험에 의존하고 있을 것이다. 그런데 이런 믿음이 거짓임에도 불구하고, '지금 나는 컴퓨터를 보고 있다'는 시각적 경험을 하면서 '내 앞에 컴퓨터가 있다'고 믿는 상황이 있을 수 있으며, 때문에 지금 '내 앞에 컴퓨터가 있다'는 믿음은 의심 가능하다는 것이다. 지금 '내 앞에 컴퓨터가 있다'는 나의 믿음은 시각경험에 기초한 것이지만 나는 어떤 환상을 보고 있는지도 모르고, 혹은 꿈을 꾸고 있을지도 모른다. 꿈을 꿀 경우에도 나는 '내 앞에 컴퓨터가 있다'고 믿을 수 있다. 꿈속에서도 나는 지금 내가 경험하는 것과 똑같은 경험을 할 수 있기 때문이다. 그러나 꿈속에서 내가 갖는 믿음은 참이 아니다. 데까르뜨는 이와같은 방식을 통해 감각경험에 의한 믿음이 틀렸을 수 있음을 보여주려는 것이다.

데까르뜨는 그 다음으로 우리가 일반적으로 가장 확실하다고 여기는 수학의 명제에 주목하게 된다. 가령 내가 '2+3=5'라고 믿고, 삼각형의 내각의 합이 180°라고 믿는 것은 내가 깨어 있든 꿈을 꾸고 있든 언제나 참이다. 이런 명제는 선험적이기 때문에 감각경험에 호소해서 정당화되는 것이 아니다. 그렇다면 감각경험과는 무관하게 이성에 의해 정당화되는 이런 명제들은 과연 회의의 방법을 무사히 통과할 수 있을까? 데까르뜨는 이것들 역시 통과할 수 없다고 말한다. 우리의 정신이 어떤 전능한 악령에 의해 속임을 당하고 있다면, 그 악령은 우리의 이성으로 하여금 실제로는 거짓인 명제를 참인 명제로 여기도록 만들 수 있기 때문이라는 것이다. 만일 그럴 경우 '2+3=5'가 참이 아님에도 불구하고 그렇게 믿고 있을 수 있는 상황은 얼마든지 가능하다는 것이다.

그런데 데까르뜨가 『제1철학에 대한 성찰』에서 도달한 이런 결과는 결국 우리에게 아무것도 말해주는 바가 없다. 경험적 믿음은 꿈이나 환상의 경우를 생각해본다면 의심할 수밖에 없을 것이고, 선험적 명제도 전능한 악마를 가정해본다면 역시 회의주의적 귀결이 불가피하기 때문이다. 이 두 부류에 속하는 믿음 중 어떤 것도 회의의 방법에 따른 검사를 통과하지 못한다면 과연 어떤 믿음이 지식의 토대가 될 수 있겠는가? 하지만 데까르뜨는 그 검사를 통과하는 명제를 찾아낸다. 그것은 자아가 존재한다는 사실을 언명하는 명제이다. 내가 모든 것이 의심 가능하다고 생각하고 있는 동안에 나는 그러한 생각을 하고 있는 그 무엇이어야 한다는 것이다. 이는 곧 사유의 주체로서 자아의 존재에 대한 확신을 의미하는 것이다. 그래서 데까르뜨는 '나는 생각한다. 고로 존재한다'라는 이 진리가 너무나 견고하고 확고해서 모든 의심가능성을 불식시킬 수 있다고 보고, 또한 제1원리로 결코 손색이 없다고 확신하게 된다.

데까르뜨에 따르면 '나는 존재한다'는 믿음을 의심할 수 없는 것은 비록 이 믿음이 거짓이라 할지라도 내가 믿거나 의심하는 활동 자체는 나의 존재에 대한 증거일 수 있기 때문에, 내가 존재한다는 것을 의심할 수 있는 어떤 상황도 성립할 수 없다는 것이다. 즉 '나는 존재한다'라는 명제를 의심한다는 것은 의심하는 사유행위를 수행하고 있다는 것을 의미하고, 때문에 결국 그 명제가 참임을 입증하는 결과를 가져온다. 그래서 내가 존재한다는 사실은 방법적 회의에 따른 검사를 무사히 통과하게 된다.

여기서 한걸음 더 나아가 데까르뜨는 현재 나에게 감각된 내용에 관한 진술 역시 의심 불가능하다고 주장한다. 가령 '내 앞에 놓여 있는 컵은 희다'라는 객관적 사태에 대한 진술은 거짓일 수 있어도, '내 앞에 놓여 있는 컵이 나에게 흰색으로 보인다'라는 주어진 감각내용에 대한 진술은 거짓일 수 없다는 것이다. 왜냐하면 객관적 사태에 대한 진술은 컵이 희지 않음이 밝혀질 수도 있으므로 의심 가능하지만, 그것이 나에게 보이는 방식에 대한 진술은 실제로는 희지 않더라도 나에게는 희게 보일 수 있고 그런 한에서 참이다. 적어도 나에게 보이는 방식에 대한 믿음만큼은 틀릴 수 없으므로, 내가 그 명제를 참이라고 믿으면 나는 틀릴 수 없는 것이다. 의식영역을 넘어선 객관적 사태에 대한 진술은 오류가능성에 노출될 수 있어도, 경험내용에 대한 일인칭 보고는 오류일 수 없고 의심 불가능하다는 것이다. 이렇게 해서 데까르뜨는 '나는 생각한다, 고로 존재한다'의 의심불가능성과 아울러 어떤 것이 나에게 보이는 방식에 대한 믿음 역시 의심 불가능하다고 보고 이를 지식의 토대로 삼는다.

정당화 전략의 문제점

지금까지 심리적인 일인칭 명제에 관한 믿음은 기초적 믿음의 자격을 갖추고 있음이 밝혀졌다. 이런 명제에 대한 믿음은 의식 외부의 객관적 사태와 무관하게 항상 참이다. 그래서 적어도 기초적 믿음의 자기정당화에 필요한 오류불가능성의 조건은 충족되었다. 기초적 믿음이 갖는 오류불가능성의 속성은 그 믿음의 주체에 대해 그 믿음의 참됨을 보증해준다.

그런데 문제는 그 다음에 있다. 기초적 믿음의 자기정당화와 관련된 부분까지는 상당히 설득력을 갖는 것으로 비쳐질 수 있어도, 여타의 믿음이 정당성을 확보하는 과정은 여전히 미궁으로 남아 있다. 물론 기초적 믿음이 확립되기만 하면 그 토대로부터 여타의 믿음이 연역적으로 도출된다고 손쉽게 답변할 수 있다. 하지만 문제는 그리 간단치만은 않은 것 같다. (B) '나는 지금 내 앞에 있는 것이 컴퓨터라고 믿는다'는 나의 감각경험에 관한 믿음으로부터 (C) '내 앞에 컴퓨터가 있다'는 명제가 연역추론에 의해 도출될 수 있는가? 여기서 (C)가 정당화되어야 할 비기초적 믿음이라고 했을 때, (C)의 정당성은 연역추론을 통해 (B)로부터 주어져야 한다. 이는 (B)라는 전제에서 (C)라는 결론이 연역적으로 도출될 경우에 한해 (C)가 정당화된다는 것을 의미하는데, 이는 물론 타당하지 않다. 앞에서도 지적한 바와 같이 실제로는 내 앞에 컴퓨터가 없음에도 불구하고 컴퓨터가 있는 것 같은 환상이나 환각이 얼마든지 가능하기 때문이다. 그럴 경우 전제는 참인데 결론은 거짓이 된다. 따라서 내 앞에 컴퓨터가 있다는 사실은 내게 그것이 보이는 방식으로부터 도출되지는 않는다. 문제는 (B)라는 전제에서 (C)라는 결론이 연역추론에 의해 따라나오지 않는다는 데 있다. 이 점은 분명 주어진 전제가 충분치 않다는 것을 보여주는 것이기도 하다.

데까르뜨도 이 점을 분명히 의식하고 있었던 것으로 보인다. 나의 확신에 따른 확실한 전제에서 곧장 나의 의식을 넘어선 외부세계에까지 연역추론을 통해 나아간다는 것은 데까르뜨가 생각해도 분명 뭔가 이상했을 것이다. 여기서 우리는 심리적인 일인칭 명제에 대한 믿음과 의식 외부의 세계에 대한 명제 사이의 간극을 메워줄 추가적인 전제가 필요하다는 것을 알 수 있다. 이는 곧 주어진 전제인 (B)에 대한 회의불가능성, 즉 명증성이 보증되지 않는 한 (C)로의 이행이 불가능하기 때문에 (B)의 명증성을 보증함으로써 (C)와의 간극을 메우려는 것이다. 그렇다면 (C)의 정당성은 곧 (B)의 명증성 여하에 달려 있는 셈이다. 여기서 명증하다는 것은 명석하고도 판명한 우리의 정신상태를 일컫는 것으로 이러한 정신상태에 대한 명증성을 확보하지 않는 한 (B)로부터 (C)는 도출되지 않는다. 그런데 이런 문제가 발생하게 되는 본질적인 이유는 어디에 있는 것일까? 그 이유는 사유의 명증성으로부터 (C)라는 명제가 참임을 이끌어내기 때문이다. 다시 말해 여기서 말하는 명증성이란 대상 자체가 갖는 속성이 아닌 그것을 그렇게 인식하는 정신상태인 것이다. 그래서 데까르뜨는 신은 존재하며 동시에 신은 결코 속이는 자가 아니라는 것을 증명해 보임으로써 그러한 신으로부터 부여받은 우리의 명증한, 즉 명석·판명한 정신상태 역시 참일 수밖에 없음을 보여주고 따라서 (B)와 (C)의 간극을 메울 수 있다고 생각한다.

이런 노력을 통해 데까르뜨가 궁극적으로 확립하고자 했던 것은, 신은 인간에게 세계에 대한 참된 믿음에 도달할 수 있는 능력을 부여했다는 점이다. 우리는 신이 우리에게 선물한 정신을 통해 참된 믿음에 이를 수 있다는 것이다. 즉 신은 속이는 자가 아니기 때문에 이 세계에 대해 거짓인 결론에만 빠지고 마는 정신을 주지는 않았을 것이고, 그렇다면 우리로 하여

금 참된 믿음에 도달할 수 있는 정신을 주었음이 분명하다. 따라서 데까르뜨는 정신을 사용하여 주어진 믿음에 대해 명석·판명하다고 확신할 수 있다면 우리는 그것을 참인 것으로 믿을 수 있다고 본다. 신에게서 부여받은 정신을 사용하여 그 믿음을 주의깊게 검토하고 그것들이 명석하고 판명하다고 확신할 수 있다면, 그렇게 해서 도달한 명석·판명한 믿음은 마땅히 참일 수밖에 없다는 것이다.

데까르뜨의 관심은 방법적 회의의 검사를 통해 토대가 될 만한 믿음을 확보하는 데 있고, 심리적인 일인칭 명제에 대한 믿음을 그런 기초 믿음으로 간주한다. 그런데 이것만으로는 의식을 넘어선 외부세계에 대한 참된 지식을 확보하기에 충분치 않으므로, 그 간극을 메워줄 추가적인 전제를 신의 존재에서 찾는다. 의심 불가능한 나의 믿음과 외부세계에 대한 믿음 사이의 간극을 메우려는 데까르뜨의 시도는 다음과 같은 구조를 갖는다.

(B1) 나는 지금 내 앞에 있는 것이 컴퓨터라고 믿는다.
(B2) 현재 나의 믿음은 명석·판명하다.
(B3) 명석·판명한 관념은 참이다.
(C) 그러므로 내 앞에 컴퓨터가 있다.

데까르뜨는 이 논증에서 전제들이 의심 불가능하다고 보고, 그로부터 도출된 결론 역시 의심 불가능하다고 생각한 것 같다. (B1)은 이미 제시한 바와 같이 심리적인 일인칭 믿음으로 데까르뜨는 의심 불가능하다고 생각한다. 그런데 데까르뜨의 주장에 따라 (B3)이 참이라고 할 때, 내 앞에 있는 것이 무엇인가에 대한 나의 믿음이 정말로 명석·판명한지 그리 분명치 않을 수 있다. 나는 그렇다고 생각할 수 있어도 이것이 나에게 보이는 것은 거짓일 수 있기 때문이다. 그렇게 본다면 (B3)이 참이라 해도 (B2)가 반드시 의심 불가능한 것일 수는 없다.

우리가 내성(內省)에 의해 어떤 믿음이 명석·판명한지에 관해 구별할 수 있다면, (B2)가 참이라는 것은 일단 보장되는 셈이다. 그러나 결코 (B3)이 참이라는 보장은 없다. 여기서 문제는 '명석·판명'함을 믿음의 특징으로만 볼 것인가의 여부에 있다. 만일 내가 믿음의 내용을 검사하여 그것이 '명석·판명'한지 말할 수 있다 해도, 명석·판명한 믿음이 진리라는 보장은 없다. 거꾸로 만일 '명석·판명'함이 진리와 필연적으로 연결되는 것이라 해도, 어떤 믿음이 '명석·판명'한지를 내성에만 호소함으로써 알 수 있는 것도 아니다.

평가와 전망

데까르뜨의 토대주의적 전략에 따르면 어떤 믿음이 정당화될 수 있기 위해서는 그 믿음의 주체가 그 믿음의 참됨을 보증할 수 있어야 한다. 물론 기초적 믿음과 비기초적 믿음 모두 참임을 보증받기 위해서는 기초적 믿음의 경우 오류 불가능한 믿음이어야 할 것이고, 비기초적 믿음의 경우 기초적 믿음으로부터 연역적으로 도출되어야 한다는 조건이 충족되어야 할 것이다. 그래서 이에 따른 기초적 믿음은 거짓일 수 없고, 비기초적 믿음은 그 정당성을 연역에 의해 기초적 믿음으로부터 제공받기 때문에 또한 거짓일 수 없게 된다. 말하자면 데까르뜨는 오류 불가능한 확실성에 의거해서 외부세계의 존재를 증명하려 했던 것이다.

이에 대한 이후의 평가에서 대부분의 인식론자들이 동의하고 있는 것도 이러한 데까르뜨식의 계획이 막다른 상황에 봉착할 수밖에 없다는 점이다. 이 점을 현상적 믿음과 물리적 대상에 대한 믿음 간의 구분을 통해 좀 더 분명하게 진단해볼 필요가 있다. 현상적 믿음은 '그것이 나에게 파랗게 보인다'와 같이 대상세계가 나에게 어떻게 보이는가에 관한 믿음이다. 반면 물리적 대상에 대한 믿음은 '그 대상은 파랗다'와 같이 대상세계 그 자체에 관한 믿음이다. 그런데 물리적 대상에 대한 믿음이 안게 되는 본질적인 문제는 언제나 오류 가능하다는 사실에서 비롯된다. 우리가 대상세계에 대한 믿음을 형성할 때는 언제나 오류의 가능성에 노출되어 있음은 자명해 보인다. 이런 사정을 감안한다면 데까르뜨의 입장에서 그런 오류 가능한 믿음을 믿음 일반의 토대로 삼지 않는 것은 당연한 일이다. 왜냐하면 물리적 대상에 대한 믿음의 경우 적어도 토대가 되는 믿음이 갖추어야 할 오류불가능성 요건을 만족시키지 못하기 때문이다. 하지만 나에게 보이는 방식에 대한 믿음인 현상적 믿음의 경우에는 사정이 다르다. 적어도 현상적 믿음은 오류불가능성의 요건을 만족시키고 있기 때문이다.

그런데 문제는 데까르뜨의 정당화 전략이 옳다고 하더라도 이와같이 형성된 오류 불가능한 믿음을 토대로 모든 영역에 걸친 물리적 대상에 대한 믿음들을 어떻게 정당화할 수 있을지가 극히 의심스럽다는 데 있다. 데까르뜨의 생각에 따르면 나에게 어떠한 방식으로 보인다고 내가 믿을 경우 나에게 보이는 방식에 관한 한 오류가 성립할 수 없다. 이런 가정을 전적으로 받아들인다고 해도 여전히 미궁으로 남는 것은 이와같은 방식으로 형성된 믿음이 어떻게 비기초적 믿음으로 전이될 수 있는가 하는 점이다. 왜냐하면 물리적 대상에 대한 믿음이 나에게 보이는 방식에 따른 경험적 믿음으로부터 연역적으로 도출되는 것이 아니기 때문이다. 지각경험을 기술하는 명제와 물리적 대상을 기술하는 명제 사이에는 서로 넘나들 수 없는 논리적 간극이 존재하며, 물리적 대상을 기술하는 명제는 지각경험을 기술하는 명제로부터 연역적으로 도출되지는 않는다.

(A) '나에게 파랗게 보인다'는 믿음으로부터 (B) '내 앞에 파란 물건이 있다'라는 믿음을 추론한다고 했을 때, (B)는 정당화되는 비기초적 믿음이다. 이 경우 (B)는 그 정당성을 연역추론에 따라 (A)로부터 제공받아야 한다. 이 말은 '(A)는 그러므로 (B)이다'라는 논증이 연역적으로 타당한 오직 그 경우에 한해 (B)가 정당화된다는 것을 의미한다. 그런데 이 논증은 타당하지 않다. 그 이유는 내 앞에 실제로 파란 물건이 없음에도 불구하고 파랗게

보이는 환상이 일어날 수 있기 때문이다. 이 경우 전제는 참인데 결론은 거짓이다. 다시 말해서 K인 대상이 없음에도 K로 보이는 일이 가능하고, 때문에 '나에게 K로 보인다. 따라서 내 앞에 K인 대상이 있다'는 형식의 논증은 결코 타당할 수 없다.

이와같이 K로 보임이 내 앞에 K가 있다는 것을 정당화시켜주지 못한다는 사실로부터 결국 데까르뜨식의 토대주의가 궁극적으로 부딪치게 되는 문제가 무엇인지를 좀더 명료하게 알 수 있다. 일반적으로 데까르뜨를 포함하는 토대주의자들에 따르면 '이것은 K이다'와 같은 믿음이 기초적 믿음일 수 있다. 물론 이러한 믿음이 기초적 믿음일 수 있는 것은, 그 믿음이 'K로 보임'이라는 경험에 의해 정당화되기 때문이라는 그들의 주장에서 비롯된다. 그러나 앞에서 살펴본 바와 같이 내 앞에 K가 있다고 믿는 일이 정당화되지 않으면서 나에게 K로 보이는 일은 얼마든지 가능하다. 이는 결국 'K로 보임'이라는 경험에 의해 정당화된다는 주장만으로는 '이것은 K이다'와 같은 기초적 믿음이 어떻게 정당화되는지를 토대주의에서는 결코 설명해내지 못한다는 것을 의미한다. 오히려 '내 앞에 K가 있다'고 믿는 일이 정당화되기 위해서는 'K로 보임'이라는 조건 이외에 또다른 조건이 덧붙여져야 한다. 이 점이 데까르뜨의 유산이자 이후의 또다른 과제로 남게 된다.

3. 흄의 회의와 확신

지식에 대한 회의와 확신 그리고 정당화 문제

모든 시대에 걸쳐 지식에 대한 탐구는 그 안에 진리에 대한 회의와 확신이라는 두가지 요소를 포함하고 있다. 이 두 요소는 서로를 자극하여 일면 상쇄효과를 낳거나 파괴적 결과를 낳는 듯이 보이기도 하지만, 결과적으로는 상보적이고 상승적으로 작용하여 앎에 대한 이해를 넓고 깊게 만들어준다. 다시 말해서 지식에 대한 탐구가 참된 앎이라는 목적지를 향해 나아가는 쌍두마차라고 한다면, 확신과 회의는 이 마차를 끄는 두마리의 말과도 같다.

이런 상황은 철학사를 통해서도 잘 드러난다. 진리에 대한 소크라테스의 확신이 확산되기도 전에 고대그리스의 아테네에는 이미 소피스트들의 회의주의 및 상대주의가 널리 퍼져 있었다. 유럽의 중세 천년을 이끌었던 기독교사상은 확신과 낙관의 인식론 위에 발판을 두고 있었지만, 이런 확신의 배후에는 아테네 전성기 이후 초기 로마제국에 널리 퍼져 있던, 퓌론(Pyrrho of Elis)을 선두로 한 회의주의가 있었다. 근대에 이르러 데까르뜨에서 비롯되고 칸트에서 정점에 도달한 지식에 대한 확신이나 낙관은 중세 말, 근대 초부터 확산된 회의주의의 조류에 대한 인식론적 대응의 결과였다. 이렇게 보면 서구 인식론의 역사는 회의와 확신이 서로 부딪치고 밀치는 과정에서 우리 지식의 봉우리가 조금씩 솟아오르게 되는 과정의 연속이라고 볼 수 있다.

다른 한편 이런 참된 앎에 대한 회의와 확신은 모든 시대에 걸쳐 인식론적 탐구를 구성하는 양대 요소이기도 하지만, 어떤 경우에는 철학자들의 탐구활동 안에서 작용하는 주요 요소들이기도 하다. 예를 들어 데까르뜨는 근대 초기에 수학과 자연과학의 방법을 통해 얻은 지식들이 정말로 믿을 만한 지식이라는 자신의 확신을 뒷받침하기 위해 전력한 확신의 철학자였지만, 또한 고대·중세의 낡고 불량한 지식들에 날카로운 의심의 눈길을 던졌던 회의의 철학자이기도 했다. 이렇게 보면 데까르뜨 한 사람의 철학 안에서도 회의와 확신은 서로 상보적이고 상승적으로 작용하여 그의 철학을 풍성하게 만들고 있음을 알 수 있다.

이제 이런 사상사적 배경을 염두에 두고 탐구의 초점을 좁혀보자. 그리하여 근대철학에서 경험주의를 완성시킨 흄이라는 철학자를 놓고 그의 지식론 안에서 회의와 확신이 서로 어떻게 작용하는지, 그리고 그 결과 흄이 최종적으로 어떤 입장에 도달하는지를 살펴보자.

흄에게서 회의와 확신 그리고 이에 대한 그의 최종 입장은 지식의 정당화 문제와 밀접히 관련된다. 즉 지식을 정당화된 참인 믿음으로 정의할 때, 지식을 구성하는 이 세가지 조건들(정당화·참·믿음) 가운데 하나인 정당화 조건에 관련된 인식론적 문제와 관련이 깊다. 이 문제를 놓고 대립되고 있는 대표적인 입장이 토대주의와 자연주의인데, 이것에 관해 간략히 살펴보자. 토대주의는 전통적 인식론의 주요 특징을 보여준다. 데까르뜨 이래 서구 철학은 인식론에 중심을 두어왔으며, 철학자들은 이런 인식론적 관점으로부터 제1철학 또는 '과학 중의 과학'의 이상을 이룩하고자 했다. 이런 이상은 고대그리스 및 중세철학에서는 형이상학이나 존재론의 관점에서 추구되었던 것이기도 하다. 이런 전반적인 흐름 안에서 토대주의는 인식론의 모범이 되었는데, 이때 토대주의는 확고한 근거를 가진 몇몇 신념들 위에서 지식의 체계를 쌓아올려가고자 하는 인식론의 프로그램을 의미한다.

데까르뜨에 따르면 지식 전체는 몇개의 자명한 진리들에 기초하고 있으며, 이로부터 여타의 진리가 모두 연역적으로 도출될 수 있다. 이런 토대가 없다면 지식의 전체 구조는 회의주의의 공격 앞에서 붕괴되어버릴 것이다. 반면 경험주의자는 지식의 토대가 감각경험의 요소들로 이루어진 것으로 보았다. 로크에 따르면 그것은 우리가 감관을 사용할 때 마음에 새겨지는 '관념'으로부터 이루어진다. 오늘날 카르납(R. Carnap)과 에이어(A. J. Ayer) 같은 경험주의자들은 모든 지식을 발화자의 직접적인 '감각자료'에 근거한 '기초명제들'이나 '분자 문장들'로 분석하고자 했다. 이처럼 전통적 인식론의 주요임무는 회의적 도전에 맞서서 '지식의 토대'를 확립하는 것이었다. 전통적으로 인식론은 '확실성의 추구'로 불리는 것에 개입해왔다. 회의의 가능성, 그리고 회의가 허용된다면 이것이 지식의 토대를 무너뜨릴 것이라는 우려 때문에 철학자들은 흔들리지 않는 지식의 토대를 다지는 길을 모색해왔던 것이다.

토대주의 인식론에 따르면 지식이 정당화되기 위해서는 두가지 조건이 필요하다. 첫째, 기초신념은 자기 스스로 정당화되어야 하지 다른 신념들과의 관계에 의해 정당화되어서는 안된다. 둘째, 모든 정당화된 신념들은 자기 스스로 정당화된 기초신념들에 의해 정당화된다. 이런 모델 위에서 정당화의 이론은 각별한 자질의 기초신념들이 존재한다는 주장이 된다. 기초신념의 자질은 자기 스스로 정당화될 뿐 아니라 모든 비기초신념들을 정당화해준다는 데 있다. 토대주의는 이런 기초신념이 진리의 보증이 된다는 것을 가정한다. 합리주의자들과 경험주의자들은 이런 토대주의의 근본개념을 공유한다. 그들은 정당화를 진리의 보증자로 생각한다. 경험주의자는 경험이 기초신념의 진리를 보증할 수 있다고 생각하며, 합리주의자는 이성이 진리의 보증자라고 생각한다. 기초신념들은 오류일 수 없다는 이유에서 기초적이며, 그것들의 진리는 보증되어 있다는 것이다. 이제 회의와 확신의 과정을 통해 흄이 도달한 최종적인 입장, 특히 지식의 정당화 문제와 관련된 입장에 대해 살펴보자.

흄의 회의

흄은 『인간본성에 관한 논고』에서 기초신념의 정당성을 전통적 인식론의 입장에서 검토한다. 그가 기초신념으로 간주하는 것에는 크게 세가지가 있다. 인과필연성, 외부세계의 존재, 자아의 존재에 대한 신념들이 그것이다. 흄이 집중적으로 탐구한 이 세가지 신념들에 대해 흄 연구가들은 '근본신념' 또는 '자연적 신념'이라는 용어를 주로 사용한다.

이런 신념들의 정당성에 대한 그의 탐구는 먼저 회의주의에서부터 출발한다. 근본신념들은 전통적인 방식으로, 다시 말해서 이성적으로든 경험적으로든 정당화되지 않는다는 입장에서부터 출발한다. 근본신념의 정당성을 문제삼는 흄의 회의주의 논증은 대체로 다음과 같이 진행된다. 기초적인 것들에 대한 우리의 신념에 대해 두가지 정당화의 방법이 가능하다. 하나는 직접관찰에 의한 정당화이고, 다른 하나는 추론적 정당화이다. 여기서 후자는 다시 두가지로 나뉜다. 감각적 증거에 기초한 추론적 정당화(귀납적 정당화)와 증명적인 추론적 정당화(연역적 정당화)이다. 흄은 이런 정당화의 가능성들을 모두 검토한 뒤 회의적인 결론에 도달한다.

먼저 인과추론에 관한 우리의 신념을 살펴보자. 우리는 두개의 사건들 사이의 인과적 고리를 과거에 경험해왔고, 지금 그중 하나의 사건을 관찰한다면, 우리는 즉시 다른 하나도 분명히 발생할 것이라고 믿게 된다. 흄의 용어로 말하면 '우리의 마음'은 하나의 관찰로부터 다른 하나의 관찰되지 않은 신념으로 옮겨가는 것이다. 우리의 귀납적 사고의 밑바닥에서 일어나는 일이 바로 이런 마음의 활동이다. 흄은 이런 추론작용(마음의 전이)의 적법성을 문제삼는다. 이런 작용은 합리적인 방식으로 정당화될 수 있는가? 이에 답하기 위해서는 그 추론을 정당화하는 어떤 이성적 논증이나 경험적 증거를 제시할 수 있어야 한다. 경험적 증거의 제시는 이미 원리적으로 불가능하다. 문제의 신념은 그 자체가 관찰을 넘어선 어떤 것에 대한 신념이기 때문이다. 이성적 논증의 가능성은 자연의 일양성(uniformity)에 대한 신념을 비판하는 흄의 논증에 의해 제거된다. 결국 이런 인과추론은 그 어떤 합리적 방법으로도 정당화될 수 없다는 것이 흄의 결론이다.

다음으로 흄은 외부세계(물리적 대상)의 존재에 대한 신념에 대해서도 합리적 정당성이 없다는 극단적인 회의주의 논증을 제시한다. 흄에 따르면 우리는 감각경험의 '항시성'(constancy)과 '정합성'(coherence)이 주어질 때 물리적 대상의 지속적이고 독립된 존재를 믿게 된다. 이런 신념이 경험적 증거에 의해 정당화될 수 없음은 명백하다. 흄에 의해 제기된 물음 자체가 이미 우리는 지속적이고 독립된 물리적 대상을 관찰하는 것이 아니라 감각자료가 보여주는 항시성과 정합성만을 관찰할 뿐임을 전제하고 있기 때문이다. 따라서 이성적 논증을 제공하는 방법만이 남는다. 이에 대해 흄은 지각표상설에 기초한 철학적 입장을 검토하고, 이런 입장의 난점을 지적하는 가운데 이성적 논증의 가능성을 부정한다. 그러므로 흄의 결론은 인과적 신념의 경우와 마찬가지로 부정적이다. 지속적이고 독립적인 물리적 대상이 존재한다는 신념은 그 어떤 합리적 논증에 의해서도 정당화되지 못한다는 것이다.

마지막으로 자아에 관한 신념에 대해서도 흄은 그 정당화 가능성을 부정한다. 일단 그런 신념은 감각에 근거하지 않는다. 경험적 증거를 통해 정당화될 수 없는 것이다. 우리는 '자아'라는 단일한 인상을 관찰할 수 없으며, 자아가 한 무리의 지각들이라 여겨진다면 이것들 사이에서 성립해야 할 동일성의 관념을 관찰할 수 없다. 또한 그 신념은 이성에 근거하지도 못한다. 이성적 논증으로는 정당화될 수 없다는 것이다. 왜냐하면 '자아'라는 실체를 가정함으로써 그 신념을 정당화하려는 그 어떤 형이상학적 이론도 유지될 수 없기 때문이다.

이런 정당화에 관련된 흄의 회의주의적 탐구에는 다음과 같은 두가지 제약이 따른다. 첫째, 흄이 도달한 이런 종류의 회의주의는 보편적이지 않고 지엽적이다. 앞서 제시된 흄의 회의적 논증은 특정 신념들, 곧 현재의 관찰을 넘어선 사실판단들에만 한정되어 적용되고 있다. 흄에게서 회의 대상이 되는 신념들은 현재의 관찰을 넘어선 기초적인 사실판단들이다. 둘째, 흄에게서 정당화의 개념은 전통적인 의미에 한정되어 있다. 합리적 정당화와 경험적 정당화에 한정되어 있는 것이다. 흄은 다른 방식의 정당화, 가령 프래그머티즘(pragmatism)이 시도하는 실천적 정당화나 칸트와 같은 철학자에게서 보이는 초월론적 정당화는 고려하고 있지 않다.

흄의 회의주의가 지닌 이런 제약들이 함축하는 바는 여럿이다. 먼저 회의주의를 통해서 흄은 합리적 정당화의 전통적인 관념에 반대하고 있다. 정당화에서 이성이 차지했던 전통적인 역할에 반대하는 것이다. 이렇게 지식 일반에 대해 전통적으로 이성이 누리던 지위를 불신하는 것은 흄 철학의 저변에 깔린 근본적인 사고이다. 정당화 문제와 관련된 흄의 회의주의는 바로 이성능력에 대한 회의주의와 밀접히 연계되어 있다. 다음으로 흄의 회의주의는 전통적인 합리주의적 인간 개념에 반대하고 있다. 흄은 회의주의를 통해 인간을 독자적 이성을 가진 행위자로 보는 전통적 인간 이해에 반대한다. 만일 그 어떤 신념도 이성적인 근거 위에서 획득된 것이 아님에도 불구하고 우리가 수많은 신념들을 유지하고 있다면, 합리주의적 인간관은 거절되어야 한다는 것이다.

그러나 정당화와 관련된 흄의 회의주의가 함축하는 가장 중요한 점은 전통적 인식론에 대한 정면공격의 성격을 띤다는 데 있다. 그의 회의주의는 전통적인 토대주의적 인식론에 대한 공격이다. 이렇게 보면 흄은 반토대주의를 향하고 있다. 기초신념에 대한 합리적 정당화의 가능성을 부정하는 흄의 회의주의는 결국 전통철학의 토대주의적 계획을 사전에 무효로 만들기 때문이다. 데까르뜨 이래 근대 인식론의 주요 관심은 지식을 위한 확고한 토대를 확립하는 데 있었다. 이런 토대주의적 프로그램은 크게 두 가지 방식으로 수행되었다. 그 하나가 경험주의적 방식이고, 다른 하나가 합리주의적 방식이다. 이런 정당화의 두가지 방식의 가능성을 모두 부정할 때, 흄은 결국 '토대주의'라 불리는 근대 인식론의 중심 계획을 거부하는 것이 된다.

'흄은 토대주의적 프로그램에 반대한다'라는 논제를 더욱 확고하게 뒷받침하기 위해서는 흄의 인식론을 또다른 중요한 측면에서 살펴봐야 할 것이다. 그것이 바로 흄의 자연주의이다.

흄의 확신

자연주의＿ 흄의 지식에 대한 탐구는 회의주의에서 끝나지 않는다. 한걸음 더 나아가기 위해 흄이 주목한 것은, 앞의 세가지 신념에 상응하는 인상들이 없음에도 불구하고, 어쨌든 사람들은 그 세가지 신념을 확고하게 유지한다는 사실이다. 사람들은 원인과 결과의 필연적 결합을 확고하게 믿는다. 가령 '내일 태양이 떠오를 것이다' 또는 '모든 사람은 반드시 죽는다'라는 사실을 그저 그럴 법한 일이라고 말한다면, 이는 "터무니없는 소리처럼 들릴 것"이라고 흄은 지적한다. 외부의 물리적 세계가 존재한다는 믿음도, 지속적인 통일체로서의 자아가 존재한다는 신념도 역시 사람들의 마음속에 확고하게 자리잡고 있다.

그렇다면 이런 확고한 신념은 어디서 왔는가? 흄은 궁극적으로 마음의 자연적 경향성에서 왔다고 결론짓는다. 이때 자연적 경향성이란 '상상력' '본능'과 바꾸어 쓸 수 있는 개념으로, 흄에게서는 마음의 작용을 설명하는 근본원리에 해당한다. 사물이 인과적으로 움직인다는 신념, 물리적 대상들로 이루어진 외부세계가 존재한다는 신념, 그리고 자기동일성을 지닌 자아가 존재한다는 신념 등도 결국은 인간의 이런 본능적 경향성으로 인해서 생겼다는 것이 근대 인식론의 주요 주제들에 대한 그의 인간학적 탐구의 최종 결론이다. 흄에 따르면 원인과 결과의 '항시적 동반'(constant conjunction, 두 대상이 늘 붙어 다님)——두가지 대상 사이의 지속적인 동반——을 반복적으로 관찰함에 따라 사람들은 필연적 결합을 믿게 되고, 여기서 인과의 신념이 유래한다. 또한 물리적 대상과 관련된 인상들은 '항시성'과 '정합성'의 성질을 보여줄 때가 있다. 이런 성질을 보여주는 일련의 인상들로부터 마음은 '지속판명한 존재'의 관념으로 옮겨간다. 마지막으로 자아의 관념을 일으키는 인상들은 '유사성'과 '인과성'의 성질을 보여준다. 이런 두가지 성질로부터 마음은 자연스럽게 '동일성'의 관념 쪽으로 이전해간다.

이렇게 인과필연성, 외부세계의 존재, 자아에 대한 신념(또는 관념)의 근원을 찾는 흄의 작업은 인간 마음의 특정한 자연적 경향성을 확인하는 가운데 끝난다. 흄에게서는 이것이 우리의 지식에 관해서 말할 수 있는 전부이다. 이런 방식의 탐구는 비단 인식론적 주제들에 한정되지 않는다. 흄은 도덕과 종교에 관해서도 마찬가지 방식으로 탐구한다. 이런 탐구가 바로 흄이 주창한 '인간학'의 내용이며, 이런 점에서 그는 무엇보다 인간본성(human nature)을 탐구한 철학자라고 할 수 있다. 그렇기 때문에 경험주의자나 회의주의자로 널리 알려져 있는 흄에게 오늘날의 흄 연구자들은 '자연주의자'라는 명칭을 추가적으로 부여한다.

상상력의 확신__그렇다면 흄에게서 확실한 것은 무엇인가? 우리의 믿음에 확신을 주는 것은 무엇인가? 바로 상상력이다. 이것이야말로 흄의 자연주의의 특징이며, 또한 흄의 자연주의와 현대적 자연주의의 차이도 여기에 있다. 기초신념들이 지니는 '흔들리지 않는 확신'은 바로 상상력의 작용에 기인한다는 흄의 자연주의의 중심 논제는 '우리의 기초신념들은 궁극적으로 인간본성의 자연적 경향성에 뿌리박고 있다'는 것이다. 이런 신념들은 이성이 아니라 인간본성에 바탕을 두고 있기 때문에 우리에게 확고하게 유지된다는 것이다. 한마디로 그것들은 본능적 반응이다. 이 점이 흄의 자연주의의 핵심이며 나아가 그 신념들의 흔들리지 않는 확신을 설명해주는 원리이다.

본능적 반응에 관한 흄의 논제는 그의 저작 전반에 걸쳐 그 흔적을 찾을 수 있다. 앞에서 살펴보았듯이 흄은 기초 신념들에 대한 우리의 확고한 믿음에 관련된 마음의 작용을 기술하기 위해 다양한 용어를 사용한다. 예를 들어 '상상력' '인간본성' '동물적 본능' '자연적 본능' '습관' '느낌' '감성'(sentiment) '자연적 경향성' '동물적 정신과 정념의 과정' '자연의 맹목적이고 강력한 본능' 등과 같은 표현들이 그것이다. 이런 다양한 표현들은 하나로 묶어 '본능적 반응'이라 할 수 있겠다.

이 본능적 반응을 지칭하는 용어들에 조금 더 주목한다면, 흄은 자주 '습관' '느낌' '감성' 등의 표현을 사용한다. 가령 이런 구절이 있다. "원인과 결과에 관한 우리의 모든 추론은 습관말고는 그 어느 것으로부터도 오지 않는다. 그리고 그 신념은 더 제대로 말하면 우리 본성의 인지적 부분의 작용이라기보다는 감성적 부분의 작용이다."『인간본성에 관한 논고』제3장 8절은 신념의 원인들을 논의하면서(일정 양의 과거 경험이 주어질 때) 현재 인상에서 관찰되지 않은 관념으로 자리를 바꾸는 전이를 습관의 작용으로 설명한다. "이제 과거의 반복으로부터 진행하는 모든 것을 습관이라 부름으로써 우리는 다음을 하나의 확실한 진리로 확립할 수 있다. 즉 현재의 인상에 뒤따르는 그 어떤 신념도 오로지 그러한 근원(즉 습관)으로부터 온다. 우리가 두개의 인상이 서로 연관되는 것을 보는 데 익숙해질 때 관념은 즉시 우리를 다른 하나의 관념으로 움직이게 만든다." 또한 이어지는 글에서 흄은 이렇게 말한다. "대상들 사이에서는 아무런 상호 연결도 발견할 수 없다. 또한 우리가 하나의 출현으로부터 다른 하나의 존재를 추론할 수 있는 것은, 상상력에 작용하는 습관 이외의 그 어떤 다른 원리에 의한 것도 아니다."

신념은 곧 '습관'에 의해 형성된다는 흄의 분명한 생각은 이런 구절들에서 잘 드러난다. 흄에게서 이런 습관이나 습관적 행위는 기본적으로 본능이라는 말로 이해된다. 유사한 맥락에서 흄은 '본능적 반응'이나 '상상력의 작용'을 '느낌' 또는 '감성'이라는 말로 설명하는데, 이는 그것이 비인식적 특성을 지니고 있음을 말해준다. "따라서 모든 개연적 추론은 일종의 감성 이외의 아무것도 아니다. 우리가 취미와 감정에 따라야만 하는 것은 단지 시나 음악에서만이 아니라 철학에서도 마찬가지다. 내가 어떤 원리에 대해 확신을 가질 때, 내게 훨씬 더 강하게 떠오르는 것은 오직 관념이다. 일단의 논증들을 다른 논증들보다 선호할 때, 나는 단지 그 논증들이 지닌 영향력의 우세함에 대한 느낌에 기초해서 결정하고 있을 뿐이다."

흄의 자연주의와 지식의 정당화_ 이렇듯 흄의 회의와 확신을 인식론적 정당화 문제와 관련시켜 살펴보면, 우리는 다음과 같은 결론에 도달하게 된다. 먼저 자연주의자로서 흄은 지식의 문제에 관한 한 토대주의적 기획에 반대한다. 흄의 관점에서는 무엇보다 기초신념들이 정당화되지 않기 때문이다. 나아가서 이런 신념들은 정당화의 문제에 열려 있기보다는 오히려 지식의 조건에 대한 연구를 진행하기 위해 우리가 당연히 받아들여야 할 것들이다. 그래서 흄은 전통적인 인식론의 정당화 프로그램을 거부하면서도 이 궁극적 정당화의 문제에 더이상 집착하지 않고 자신의 '인간학'을 계속 진행한다.

흄의 자연주의가 정당화의 문제를 거부한다는 논제는 그의 근본적인 사상을 재확인해보면 더욱 확실해진다. 인간본성을 탐구한 결과 흄은 몇몇 기초적인 것들을 믿는 우리의 행태가 기본적으로 본능에 속한다는 사실을 깨닫게 된다. 반토대주의 노선과 관련하여 이 점은 이성의 정당화 요구를 거부하고 있음이 틀림없다. 흄의 저술들 도처에는 '이성'이 '자연적 본능'에 대비되고 있다. 이성은 추론을 요구한다. 이성은 일상적 삶의 제약에서 벗어나 우리 신념들을 입증하는 토대를 찾도록 고무하고, 이로써 정당화의 문제를 제기한다. 그러나 이성은 또한 모든 토대주의적 기획을 붕괴시키는 회의주의적 논증을 제공하기도 한다. "만일 이성을 추상적인 관점에서 고찰한다면, 그것은 자기 자신에 대립하는 이기기 힘든 논증들을 제공한다." 이런 상황에서 흄이 택한 대안은, 신념은 상상력이나 본능의 산물임에 틀림이 없다고 주장하는 것이다. 이런 점에서 흄은 정당화에 대한 요구를 거부하고 있는 것으로 간주될 수 있다. 기초신념들의 유래를 본능에 두고 있지만, 이는 정당화의 요구에 답한다기보다는 그 요구를 사전에 틀어막으려는 의도를 보여주는 것이다.

『인간본성에 관한 논고』 제1권 3부를 마무리하는 부분에서 흄은 마음의 작용을 동물적 본능의 작용과 동일시하며, 이런 본능이 인간 사고의 근원이라는 견해를 펼친다. "문제를 제대로 고찰하자면, 이성은 한낱 우리 영혼 안에 있는 놀랍고도 불가지한 본능에 불과하며, 이 본능 때문에 우리는

126

특정한 일련의 관념들을 따라가고 그 관념들의 특수한 상황과 관계에 따라 그것들에 특정한 성질들을 부여한다. 이런 본능적 작용이 과거의 관찰과 경험으로부터 생겨나는 것은 사실이다. 그러나 왜 과거의 경험과 관찰이 이와같은 결과를 낳는지에 대해, 자연이라는 답변 외에 어떤 다른 궁극적인 이유를 제시할 수 있는 사람이 있을까? 자연은 확실히 습관에서 생겨날 수 있는 것은 무엇이든 산출할 수 있다. 아니, 습관이란 그저 자연의 여러 원리들 가운데 하나에 지나지 않으며, 습관의 모든 힘은 바로 그 근원에서 온다." 흄은 정당화에 대한 노력은 어느 지점에선가 끝이 나야 하며, 그 종착점에 자리하는 것은 인간의 사고행태와 관련된 자연적 사실의 기술이라고 말하는 듯하다. 토대주의자들은 정당화가 마지막까지 진행되어야 한다고 생각한다. 이들에 따르면 정당화의 과정은 종결될 수 있으며, 그것은 오직 내적으로 신뢰성을 얻은 신념들 및 원리들에 도달할 때 가능하다. 자연주의자는 기초신념을 정당화하려는 시도를 그것을 인과적으로 기술하는 시도로 대체해야 한다고 보는 반면, 토대주의자들은 아무리 회의주의적 요구가 집요할지라도 정당화는 지속되어야 하며 궁극적으로 그런 정당화가 가능할 것이라고 믿는다.

　간략하게 정리하면 흄은 인식론의 전통적인 정당화 프로그램을 사전에 봉쇄하면서, 기초신념들을 믿는 우리의 행태는 자연적 행태이므로 결국 그런 자연적인 행태를 관찰하는 것으로 만족해야 한다고 제안한다. 기초신념들에 관련된 문제는 합리적 정당화의 문제라기보다는 궁극적으로 우리가 지닌 몇몇 특정 성향들을 기술하는 문제라는 것이다. 그런 사실들을 믿는 것은 자연적 사태의 일부라고 생각하는 흄은 신념이나 확신을 합리적 추론의 문제가 아니라 자연적 반응, 즉 과거 경험이 반복됨으로써 생긴 마음의 습관적인 반응으로 이해한다.

| 양선숙·최희봉·홍병선 |

04

지각

___수동적 감각인가, 마음의 능동적 행위인가

1. 지각은 감각인가, 마음의 행위인가

지각은 무엇일까? 이 물음은 철학에서 매우 오래된 논쟁거리들 가운데 하나이다. 지각은 사람이 외부세계와 접촉하는 가장 기본적인 통로로 여겨졌기 때문이다. 대답은 크게 두 갈래로 나누어졌다. 한 갈래는 지각을 감각과 동일시하는 것이다. 이 노선은 지각을 감각기관이 자극을 받은 결과로 보기 때문에 감각기관에 대한 생리학 지식과 쉽게 손잡을 수 있었다. 또 한 갈래는 지각을 판단과 같은 마음의 행위와 동일시하는 것이다. 이 노선은 앞 노선에 비해 생리학 지식과 거리가 멀었지만 지각이 외부세계에 대한 지식이나 믿음을 낳는다는 사실을 쉽게 설명할 수 있었다.

지각의 본성에 관한 혼선은 이 개념이 매우 넓은 뜻으로 쓰인 데서 비롯했다. 그리스어 '아이스테시스'(aesthesis)는 감각, 감각능력, 감각기관, 지각능력 등 여러가지 의미를 담고 있다. 이 낱말의 라틴 번역어 '쎈쑤스'(sensus)나 '페르켑티오'(perceptio)도 감각과 지각을 포함하거나, 지적이건 감각적이건 인지의 모든 형태를 가리키는 용어이다. 또하나의 혼선 원인은 생리학의 발견이 지각에 대한 철학연구에 계속 영향을 미쳤다는 데서 찾을 수 있다. 지각의 생리조건을 강조할수록 지각이 사물에 의해 야기된다는 믿음과 지각을 감각과 동일시하는 경향도 강해졌다. 17세기 이후 근대철학자들은 고대 철학용어의 유산과 함께 특별히 생리학의 발달에 큰 영향을 받았다.

지각이론의 근대적 전환은 홉스가 주도했다. 아리스토텔레스와 그 추종자들인 소요학파는 물질대상에서 방출된 상(species)이 수동적 지성에 인상을 만들고 능동적 지성이 이 인상을 지각한다고 주장했다. 이 이론은 근대에 이르기까지 경쟁이론이 없었다.

그러나 홉스에 의하면 물질입자가 감각기관을 압박할 때 그 압력이 신경에 의해 심장과 뇌로 전달되고, 거기서 그 압력에 저항하는 노력(conatus)이 발생한다. 감각은 물질입자의 압력과 감각기관·심장·뇌의 노력이 상호작용한 결과로 생긴다. 홉스는 상의 전달을 입자의 전달로 대체함으로써 지각을 감각과 동일시하는 이론을 역학용어로 번역했다. 나아가 그는 지각이 인상뿐 아니라 과거의 경험에서 유래한 개념도 포함한다고 보았다. 이러한 관점은 지각이 판단을 포함한다는 견해의 역학적 변형이라고 할 수 있다.

한편 고대철학에서도 지각에 대한 상세한 분석이 없지는 않았으나 지적 기능이 우월하다는 확신 때문에 지각에 대한 관심은 아무래도 부차적이었다. 특히 플라톤의 전통에서 마음은 능동적인 이성행위에 몰두하기 때문에 수동적인 것처럼 보이는 지각의 문제는 핵심 관심사가 아니었다.

이런 관점은 근대 합리론이 많이 계승했다. 합리론자들은 대체로 외부 사물을 지각할 때 생기는 오류 때문에 지각을 신뢰하지 않고 지적 직관에 의존하는 태도를 보였다. 스피노자(B. de Spinoza)는 지각인식이 이성인식이나 직관인식보다 열등하며, 지각은 능동적 본성을 지닌 마음이 수동적 관념을 갖는 것으로서 오류의 원천이라고 여겼다. 라이프니츠도 모나드가 뚜렷한 지각을 가질 때는 능동적이지만 혼란스러운 지각을 가질 때는 수동적이라고 보았다. 합리론자들은 마음의 능동성이 사유하는 데 있다고 여겼기 때문에 지각능력을 이성행위와 동일시하려는 경향이 있었으며, 지각이 사유의 일종에 불과하다는 것을 보여주려 했다.

지각에 대한 체계적이고 충실한 관찰과 분석은 경험론자들에 의해 이루어졌다. 아마도 사회의 세속화 과정과 더불어 진행되었을 이런 경향은 신학원리와 함께 지성의 선천적 원리에 대한 의심에서 출발했으며, 섬나라 영국인들의 현실감각을 반영하는 사회배경도 한몫했을 것이다.

그럼 지금부터 특별히 외부지각의 기원을 발생론적으로 기술하는 데 관심을 가진 영국 경험론자들과 그 영향을 받은 프랑스 감각주의 철학자들의 지각이론을 살펴보도록 하자.

먼저 지각표상설(representational theory of perception)에서는 데까르뜨와 로크의 지각이론을 다룰 것이다. 주관적 관념론(subjective idealism)에서는 지각표상설의 난점을 지적하는 버클리의 지각이론을 다루고, 현상론(phenomenalism)에서는 버클리의 관념론을 정신세계에도 적용하는 흄의 지각이론을 설명할 것이다. 상식적 실재론(commonsense realism)에서는 이 세 이론을 모두 비판하는 리드(T. Reid)의 지각이론을 다룰 것이다.

지각에 관한 이들의 논의는 두가지 공통견해, '인식의 직접 대상은 관념'이라는 생각과 '제1성질과 제2성질의 구별'을 축으로 진행된다. 이들은 이 두가지 견해를 공유하면서도 그 개념들을 서로 다른 뜻으로 사용하는 가운데 각기 다른 지각이론을 제시한다. 또 이런 변화와 더불어 지각을 감각과 동일시하는 초기의 경향은 지각을 마음의 행위와 동일시하는 경향으로 바뀌어간다.

프랑스 감각주의는 디드로(D. Diderot)를 중심으로 한 계몽철학자들의 유물론적 감각주의(sensualisme matérialiste), 꽁디약(E. B. de Condillac)의 심리학적 감각주의(sensualisme psychologique), 멘 드 비랑(Maine de Biran)의 인간학적 지각이론(la théorie de la perception au point de vue de la science de l'homme)을 차례대로 살펴볼 것이다. 또 프랑스 감각주의자들뿐 아니라 로크와 버클리도 관심을 가진 '몰리누(W. Molyneux) 문제'를 다룰 것이다.

프랑스 감각주의는 지각문제에 관한 한 영국 경험론의 기본입장을 따르고 있으나 다양한 관찰로 내용을 풍부하게 만들고 있다. 그러나 멘 드 비랑은 수동적 감각보다 주체의 능동적 참여가 우세한 지각의 본성에 주목하면서 전혀 다른 입장을 제시한다.

2. 지각표상설

데까르뜨와 로크는 '지각한다'는 것을 '관념을 갖는다'는 것과 동일시하는 지각표상설을 주장한다. 지각표상설이란 우리가 지각하는 것은 대상 자체가 아니라 표상, 곧 대상이 우리 마음에 재현된 것이라는 이론이다. 지각표상설은 대상과 마음처럼 서로 떨어져 있는 두 사물은 직접 작용할 수 없다는 생각과 눈에 보이는 현상세계가 있는 그대로의 실재세계와 같을 수 없다는 생각에서 비롯한다. 지각표상설의 이론적 토대는 근대 철학자들이 공유하는 두가지 생각, '인식의 직접 대상은 관념'이고 '제1성질과 제2성질은 구별된다'는 생각에 있다.

우선 데까르뜨와 로크는 마음이 어떤 활동을 하든 그 대상이 되는 모든 것을 관념이라 부른다. 심지어 그들은 마음의 행위 자체도 관념이라 부른다. 그들은 이 관념이 마음속, 또는 적어도 마음이 속한다고 여겨지는 뇌의 어떤 부분 속에 있다고 생각한다. 마음의 직접 대상인 관념은 사물 자체의 모습과 다르다. 이는 마치 눈으로 관찰한 해의 크기와 과학적으로 측정한 해의 실제 크기가 전혀 다른 것과 같다.

여기서 중요한 문제가 발생한다. 우리가 경험하는 해의 크기가 해의 실제 크기와 다르다면 과학으로 측정한 것을 어떻게 해의 실제 크기라고 인정할 수 있는가? 관념과 사물 자체가 일치하지 않는 것을 어떻게 해결할 것인가? 우리의 인식이 관념이라는 내부세계에 국한된다면 우리는 영원히 외부세계와 접촉할 수 없지 않을까?

제1성질과 제2성질의 구별은 바로 이런 문제를 해결하기 위해서 나왔다. 제1성질과 제2성질이라는 이름은 보일이 처음 사용했고 로크가 대중화했지만, 두 성질을 구별하는 것은 고대그리스의 원자론에서 이미 엿볼 수 있다. 데모크리투스는 연장·모양·무게·딱딱함 같은 양의 차이에 관해서는 감각이 우리에게 알려주는 것이 있는 그대로의 것이지만, 단맛이나 쓴맛, 따뜻함, 색깔은 우리에게 그렇게 느껴질 뿐 객관적인 실재가 아니라고 주장했다.

고대 원자론은 근대 과학혁명 시기에 세계는 미세한 물질입자들의 운동과 배열로 이루어져 있다는 입자설로 부활한다. 입자설에 따르면 성질(quality)은 물질 안에 있으면서 마음속에 관념을 일으키는 원인이다. 연장, 크기, 모양, 운동과 정지, 수, 충전성(solidity) 같은 제1성질에 의해 마음속에 생긴 관념은 그 성질을 닮았지만, 색깔, 소리, 맛, 냄새, 냉기와 온기 같은 제2성질에 의해 생긴 관념은 그 성질을 닮지 않았다. 제1성질은 어떤 상태에서도 물질과 뗄 수 없지만, 제2성질은 물질 안에 있지는 않아도 제1성질을 매개로 마음속에 다양한 감각을 산출하는 힘이다. 또 제2성질은 하나의 감각기관에 고유한 성질인 반면, 제1성질은 둘 이상의 감각기관에 공통으로 지각될 수 있다. 예를 들어 색깔은 시각에만 지각되지만, 크기는 시각과 촉각 양쪽 모두에 지각된다.

데까르뜨와 로크는 물리학이 색깔처럼 수학으로 측정 불가능한 성질을 다룰 수 없다는 사실에 주목하고, 제1성질과 제2성질을 구별하는 17세기의 일반적인 믿음을 그대로 받아들인다. 그 믿음에 따르면 우리의 관념 가운데 주관의 영향을 많이 받는 제2성질의 관념을 제외하면 측정 가능한 제1성질의 관념은 서로 다른 관찰자에게 똑같이 나타난다. 그 이유는 물질 자체가 바로 그런 성질을 갖고 있기 때문이다. 이 두 성질을 구별하는 이론의 핵심은 이런 믿음에 있다. 지각표상설에 따르면 우리는 비록 외부세계와 직접 접촉할 수는 없지만 적어도 내부세계에 갇혀 사는 것은 아니다.

데까르뜨와 로크는 지각이 몸에 의존하므로 수동적이며, 나의 본성을 구성하는 능동적 사유와는 아주 다른 것이라고 본다. 그러나 대상이 몸에 미치는 영향에 의해 지각이 발생하더라도 틀림없이 마음이 주목하는 한 지각은 마음의 행위이기도 하다. 데까르뜨와 로크는 지각이 수동적인지 아니면 능동적인지에 관해서는 일관된 입장을 보이지 않는데, 이는 관념과 지각을 동일시하기 때문이고, 관념이라는 말은 마음의 대상과 마음의 행위 모두에 적용하는 것과 밀접히 관련되어 있다.

데까르뜨와 로크는 관념이라는 말을 거의 같은 뜻으로 쓰고 제1성질과 제2성질의 구별도 똑같이 받아들인다. 하지만 그들의 지각표상설이 똑같은 것은 아니다. 우선 데까르뜨는 방법적 회의를 통해 외부대상 세계의 존재를 의심한다. 아리스토텔레스 이후 고대의 지각이론은 '외부대상의 상이 대상에서 나와 감각기관을 통해 마음에 들어간다'는 견해와 '외부대상 자체는 지각되지 않고 단지 그 상만 지각된다'는 견해로 대별된다. 데까르뜨는 전자를 부정하지만 후자는 의문시하지 않고, 단지 상을 관념으로 이름만 바꿨다.

고대 이론에 따르면 내가 지각하는 것은 마치 밀랍에 도장을 새기듯 대상에서 나와 내 마음에 인상을 새기는 대상의 형상이다. 따라서 내가 형상을 지각하는 대상의 존재는 의심할 수 없다. 데까르뜨는 내가 외부대상 자체를 지각하지 못한다는 점에서는 고대 이론에 동의하지만, 마음속의 관념은 내가 직접 지각한다는 믿음에 따라 그 존재를 확신한다. 그러나 관념이 무엇을 표상하는지는 자명하지 않다. 따라서 데까르뜨는 내가 지각하는 관념의 존재로부터 관념이 표상하는 외부대상의 존재를 추론하려 한다. 고대 이론이 외부대상의 존재를 거의 의심하지 않은 데 비해 데까르뜨가 그 존재를 의심하는 이유가 여기에 있다.

그러나 데까르뜨가 외부대상의 존재를 진정으로 의심한 것은 아니다. 그에 따르면 물체의 본성이 연장이라는 것은 직관을 통해 알 수 있는 사실이다. 하지만 물체에 대한 직관은 마음에 관한 지식과 비교하면 간접적이다. 그래서 데까르뜨는 외부대상 세계의 존재를 증명하면서 마음과 신에 관한 지식에 의존한다. 즉 신이 존재하고 그 신이 우리를 속이지 않기 때문에 우리는 외부대상 세계의 존재를 증명할 수 있다. 뿐만 아니라 제1성질의 관념은 뚜렷하고 구별되는(clear and distinct) 것이어서 대상이 그 관념에 의해 표상되는 것과 동일한 성질을 가지리라는 우리의 생각은 잘못될수 없다.

반면 로크는 데까르뜨처럼 지성을 통해 제1성질의 관념을 얻는다고 주장할 수 없다. 그것은 경험주의를 포기한다는 뜻이기 때문이다. 데까르뜨는 관념이 물질세계의 표상임을 정당화하기 위해 신이 우리를 속이지 않는다고 주장한다. 그러나 로크는 성실한 신에 의존하지 않고, 단순관념은 사물이 불러일으키므로 사물과 대응하며 일치한다고 주장한다. 우리는 단순관념을 수동적으로 받아들이기 때문에 그 관념은 상상의 산물이 아닌 한에서 허구가 아니라 실재라고 인정할 수밖에 없다는 것이다.

로크는 데까르뜨와 같이 정신실체와 물질실체의 존재를 인정하지만, 그 본성에 관해서는 '내가 알지 못하는 어떤 것'이라고 말함으로써 경험론에 충실하고자 한다. 그러나 로크는 우리가 경험하든 하지 않든 지속적으로 존재하는 외부대상 세계가 있다고 가정한다. 외부대상 세계가 있다는 것은 초경험적 신념이며 무의식적 추리이다.

데까르뜨와 로크의 지각표상설은 모두 우리의 관념이 실재적이라는 신념을 정당화하려 한다는 뜻에서 실재론이라 할 수 있다. 그러나 데까르뜨는 외부대상 세계에 대한 표상이 직관과 지성을 통해 얻는 확실한 지식이

될 수 있다고 주장한다. 반면 로크는 감각기관을 통해 얻는 지식을 신뢰할 만한 것으로 인정하고 이 지식의 근거로서 알 수 없는 외부대상 세계의 존재를 가정할 뿐이다. 이런 맥락에서 데까르뜨의 지각표상설은 표상실재론 (representative realism)으로, 로크의 지각표상설은 인과실재론(causal realism)으로 구별할 수도 있다.

그러나 데까르뜨와 로크의 지각표상설은 똑같은 함정을 지니고 있다. 이들은 모두 외부대상 세계의 존재를 관념의 원인으로 인정한다. 따라서 지각표상설은 관념이 표상하는 대상을 알 수 있는 독립적인 수단을 제시하지 못하면 설득력을 잃는다.

3. 주관적 관념론

버클리는 데까르뜨와 로크가 사용한 관념이라는 용어를 그대로 이어받아 '지각한다'는 것을 '관념을 갖는다'는 것과 동일시한다. 그러나 데까르뜨와 로크가 관념을 지각된 대상과 지각하는 행위 모두에 무분별하게 사용한 것과 달리, 그는 관념의 의미를 지각된 대상을 가리키는 데 국한한다. 버클리는 우리가 지각하는 관념을 전적으로 수동적인 것으로 보고 관념을 감각과 동의어로 사용한다. 또 그 본성이 수동적인 것은 절대 원인이 될 수 없다고 본다. 당시의 입자설에 따르면 물질입자가 관념의 원인이지만, 버클리에 의하면 설령 그런 물질이 존재하더라도 결코 원인이 될 수 없다. 본성이 능동적인 정신만이 원인이 될 수 있다는 것이다. 이런 관점을 토대로 버클리는 지각표상설의 난점을 집요하게 물고 늘어진다.

지각표상설의 난점은 지각 불가능한 대상이 우리 감각기관에 영향을 미치는 원인이라는 주장의 근거가 탄탄하지 못하다는 데 있다. 지각 가능한 관념과 지각 불가능한 외부대상을 갈라놓고 관념을 출발점으로 삼으면 어떻게 우리는 관념이 실재적인지 알 수 있을까? 거꾸로 외부대상을 출발점으로 삼으면 우리는 관념이 대상에 상응하는지 상응하지 않는지 알 수 없을 것이고, 이런 관점은 아예 관념과 무관하게 대상을 안다고 전제하는 것이다. 이처럼 원리상 비교할 수 없는 외부대상과 관념을 유사하거나 유사하지 않다고 주장할 수는 없다는 것이 버클리의 지적이다.

　나아가 그는 지각표상설의 이론적 토대인 제1성질과 제2성질의 구별도 여러가지 이유를 들어 비판한다.

　첫째, 제1성질과 제2성질은 분리할 수 없다. 예를 들어 제1성질인 크기와 제2성질인 색깔의 경우, 크기가 없는 색깔이나 색깔이 없는 크기는 상상조차 할 수 없다. 둘째, 가변성은 제2성질만의 특징이 아니다. 색깔·소리·맛·냄새 같은 제2성질만이 주관의 영향을 받아 변하는 것이 아니라, 제1성질인 크기도 멀리서 본 것과 가까이서 본 것, 앞에서 본 것과 옆에서 본 것이 다르며, 보는 각도에 따라 변하기는 마찬가지다. 셋째, 제2성질은 개별 감각기관에 고유한 성질이지만 제1성질은 둘 이상의 감각기관에 공통이라는 데까르뜨와 로크의 주장도 근거가 없다. 버클리에 따르면 서로 다른 감각기관에 공통인 성질은 있을 수 없다. 예를 들어 시각적 크기와 촉각적 크기는 절대 같은 것일 수 없으며, 두 크기가 같은 사물과 연관되는 것은 우연히 경험을 통해서일 뿐이다. 넷째, 버클리는 로크와 달리 성질을 원인으로, 관념을 결과로 설정하지 않는다. 그에게 지각된 성질은 감각적인 것, 곧 관념이다. 감각적 성질을 지각하는 것은 추론 없이 직접 이루어진다. 로크가 제2성질의 관념만을 감각과 동일시한다면 버클리는 모든 성질을 감각과 같은 것으로 여긴다. 따라서 관념과 별도로 외부대상에 대한 독립적인 지식을 갖는다는 것은 처음부터 불가능하다. 다섯째, 모든 관념을 감각적인 것으로 보는 버클리에게 추상관념이란 있을 수 없다. 로크가 말하는 '내가 알지 못하는 어떤 것'의 관념은 아무리 떠올리려 해도 불가능하며, 그것은 결국 '아무것도 아닌 것'이고 무의미한 말에 불과하다. 경험론자를 자처하는 로크가 알지 못하는 어떤 것의 존재를 인정하는 것은 경험론의 경계를 넘어서는 것이다.

버클리는 지각표상설에서 관념의 원인으로 상정된 물질대상의 존재를 부정하고 관념을 유일하게 실재적인 사물로 받아들인다. 그는 우리가 대상을 직접 지각한다는 상식과 철학자들의 관념이론을 결합하여 주관적 관념론을 내세운다. 철학자들에 따르면 우리가 직접 지각하는 것은 관념이고, 상식에 따르면 우리가 직접 지각하는 것은 사물이다. 따라서 버클리는 사물과 관념을 동일시한다. 다만 사물이라는 말은 우리와 무관하게 독립적으로 존재한다는 뜻으로 들리기 쉽기 때문에 관념이라는 말이 더 적절할 뿐이다.

이제 세상은 지각되지 않는 물질을 배후의 원인으로 갖는 그림자가 아니라 그 자체의 모습을 우리에게 보여줄 수 있게 되었다. 사물, 곧 관념은 우리에게 직접 지각되므로 우리는 세계에 관해 실재적인 지식을 가질 수 있다. 우리가 대상을 지각한다는 것은 관념 또는 감각의 다발을 갖는 것이며, 더이상 그 다발의 주체로서 물질 자체를 상정할 필요가 없다. 관념이 존재한다면 지각됨이 틀림없고, 거꾸로 지각된다면 관념이 존재함이 틀림없다. '존재한다는 것은 곧 지각된다는 것이다.'

그러나 우리는 사물이 지각되지 않더라도 계속 존재한다고 생각하며, 우리의 일상생활은 이 상식을 토대로 무리 없이 이루어지고 있다. 버클리의 주장대로라면 사물이 지각되지 않을 경우 그 존재를 인정할 수 없다. 이런 반론에 대해 버클리는 무한정신인 신이 영원히 깨어 있어서 우리가 사물을 지각하지 않을 때도 그 지속성을 보장해준다고 주장한다. 물질의 존재를 인정하는 것이 무신론을 조장한다고 여기는 그는 창조주의 역할만 하고 뒷전으로 밀려나 있던 신을 세상사를 주관하는 섭리의 주체로 복권시킨다. 이는 신이 우리를 속이지 않으므로 우리가 물질의 본성이라고 생각하는 것은 틀릴 리가 없다고 주장하는 데까르뜨의 성실한 신이 버클리

에서는 깨어 있는 신으로 다시 등장한 것이라 할 수 있다. 상식과 조화를
이루는 경험론을 제시하려 한 버클리는 대상의 지속성을 위해 신을 끌어
들이는 결과를 낳았다.

4. 현상론

홈은 버클리와 달리 관념론의 기본전제를 정신에도 적용한다. 버클리는
철학과 종교의 목적을 위해 물질세계가 없어도 우리에게 전혀 손실이 없
고 오히려 무신론의 뿌리를 제거할 수 있어서 유익하다고 생각한다. 그러
나 그는 물질세계에 적용한 관념론을 정신에 대해서는 적용하지 않는다.
우리는 정신에 대한 관념이 없어도 정신에 관해 생각하고 말하고 추리할
수 있다고 보기 때문이다. 그러나 흄은 물질이든 정신이든 우리가 알 수 있
는 것은 지각뿐이라고 주장하면서 지각표상설의 난점을 피할 수 있는 길
을 철저하게 밀고 나간다.

홈은 인상과 관념이라는 말을 사용하는 가운데 지각표상설의 뼈대를 수
용하지만, 인상과 관념이 어떤 것의 표상이라고 믿을 만한 이유가 있다는
지각표상설의 주장은 부인한다. 데까르뜨가 지성의 모든 작용을 마음속에
있는 관념을 지각하는 것으로 환원한 이래, 마음의 대상이나 행위를 무분
별하게 가리키던 관념이라는 용어는 버클리에게서는 마음의 대상만을 가
리키는 것으로 사용되고, 흄에 이르러서는 마음 자체, 마음의 모든 작용,
마음의 모든 대상이 하나임을 뜻하게 된다.

홈도 '지각한다'는 것과 '관념(또는 인상)을 갖는다'는 것을 동일시한다.
나아가 그는 인상이나 관념 대신 감각이나 지각이라는 말을 쓰기도 하며,
지각 이외에 존재하는 것은 없다고 주장한다. 흄에 따르면 우리에게 주어
진 것은 주체 없는 감각의 다발뿐이다. 관념이나 인상의 형성에 마음의 힘

이 작용한다는 관념을 전혀 가질 수 없으므로 마음 역시 관념의 다발일 뿐이라는 것이다.

흄은 관념과 다른 인상의 특성으로 생생함과 강렬함을 들지만, 이런 특성은 인상도 관념과 마찬가지로 수동적으로 주어진 것임을 시사한다. 로크의 지각표상설은 관념을 발생 원천에 따라 구별하여 단순관념이 물질 대상에서 온다고 주장하지만, 주어진 인상이나 관념의 세계만을 인정하는 흄은 인상과 관념의 활발함의 차이와 인상이 관념보다 항상 앞선다는 것만으로 둘을 구별할 수밖에 없다.

제1성질과 제2성질의 구별에 관해 흄은 버클리와 거의 비슷한 견해를 갖고 있다. 로크는 제2성질의 관념만을 고통이나 쾌락의 느낌과 같은 것으로 주관화하고, 버클리는 모든 성질을 주관화한다. 흄은 지각이 우리가 아는 유일한 대상이며 지속적인 존재를 갖는다는 보통사람의 견해에 동의하고, 대상은 영원하지만 지각은 그렇지 않다는 철학자들의 견해에 반대하면서 인상을 세 종류로 구별한다.

세 종류의 인상이란 제1성질의 인상, 제2성질의 인상, 고통이나 쾌락의 인상이다. 그에 따르면 보통사람은 제1성질의 인상과 제2성질의 인상이 독립적이고 지속적인 존재를 갖는다고 생각하는 반면, 철학자는 제1성질의 인상만 그렇다고 생각한다. 고통이나 쾌락의 인상에 대해서는 보통사람과 철학자 모두 그것이 결국 중단되고 마는 지각일 뿐이라고 생각한다.

그러나 흄은 세 종류의 인상이 모두 지각이라는 존재방식에서 동일하다고 주장한다. 또 우리는 이성에 의해서도 이 인상들을 구별할 수 없다. 우리가 지각과 대상을 동일한 것으로 여기는 한 지각의 존재로부터 대상의 존재를 추론할 수 없고, 따라서 인상들을 구별할 기준도 얻을 수 없기 때문이다.

흄은 세 종류의 인상이 지닌 근본적 차이는 상상력에 의존하며 우리를 독립적이고 지속적인 대상의 존재로 인도하는 것은 바로 상상력이라고 주장한다. 또 흄은 지각에 단순히 주어진 것을 넘어서 원인과 결과 사이에 필연적 연관이 있다는 믿음과 구체적인 관념들을 넘어서 그 관념들을 묶어 준다고 여기는 인격이나 자아가 있다는 믿음도 상상력에 의해 형성된다고 주장한다.

그러나 흄의 주장은 역설적으로 지각만으로는 이런 믿음들을 설명할 수 없다는 것을 보여준다. 흄의 설명은 일상생활에서 우리가 공유하는 믿음들에 대한 심리학적 설명일 뿐이다. 상상력의 본성을 그의 대전제인 인상이나 관념으로 해명하지 못하고 신비로운 것으로 남겨놓는 한에서 그의 현상론은 한계를 지닐 수밖에 없다. 아울러 흄은 자연스러운 믿음을 인정함으로써 상식적 실재론의 여지를 남겨놓고 있다.

5. 상식적 실재론

흄은 외부대상, 인과율, 인격 또는 자아에 대한 우리의 자연스러운 믿음이 상상력에 의한 것이라고 설명하지만, 이런 믿음을 지각으로 해명하지 않는다. 리드에 따르면 인상과 관념만 남기고 모든 존재를 파괴한 흄의 현상론은 데까르뜨와 로크에서 시작한 관념이론을 전제로 할 때 필연적으로 나오는 결론이며 흄의 논증에는 전혀 오류가 없다. 따라서 우리가 택할 길은 결론을 받아들이든지 전제를 문제삼든지 둘 중 하나다. 리드는 '철학을 배우지 않은 보통사람의 상식과 정반대되는 역설의 부모'인 관념이론을 비판하는 길을 택한다.

리드에 따르면 우리의 마음속에 있는 것은 마음의 작용뿐이며, 마음의 작용대상이 마음속에 있지 않다는 것은 명백하다. 그러나 '지각의 직접 대상은 마음속에 있는 관념'이라는 철학자들의 주장은 지각대상이 마음 바깥에 있다는 자연스럽고 상식적인 신념과 모순되며, 우리가 일상언어를 쓰는 방식과도 모순된다. '어떤 것의 관념을 갖는다'는 말은 우리에게 '그것을 생각한다'는 것 이상을 뜻하지 않는다. 보통사람은 이 표현이 생각하는 마음, '생각한다'고 부르는 마음의 행위, 우리가 생각하는 대상을 모두 포함한다고 인정하는 데 반해, 철학자들은 마음속에 생각의 직접 대상이 있다는 뜻으로 풀이한다.

리드는 관념이론 철학자들은 감각과 지각이 다르다는 것을 알지 못했다고 비판한다. 리드는 감각을 '행위 자체와 구별되는 대상을 전혀 갖지 않는다는 점에서 그밖의 모든 것과 다른 행위'라고 엄밀하게 정의하고, 지각 또는 물질대상의 인식과 구별한다. 감각하는 행위와 감각되는 대상의 구별이 부당하다는 것은 내가 고통을 느끼는 것과 그때 내가 느끼는 고통이 같다는 데서 확인할 수 있다. 리드는 고통에 적용되는 것은 모든 감각에 적용될 수 있다고 주장한다. 한편 우리는 지각이라고 부르는 마음의 행위에서 지각된 대상의 존재에 대한 불가항력적인 확신을 얻는다. 지각대상이 존재한다는 확신은 추론의 결과가 아니라 즉각적인 것이며 논증이 필요 없는 수학공리와 같은 것이다.

그러나 감각과 지각은 이처럼 본성이 다른데도 동일한 것으로 여겨졌다. 그 이유는 외부대상의 지각에 상응하는 감각이 동시에 산출되기 때문이다. 대부분의 감각은 모든 언어에서 감각에 항상 동반하는 외부대상과 같은 이름으로 불린다. 예를 들어 내가 장미에서 느끼는 감각과 내가 지각하는 장미 안의 성질은 둘 다 '장미 향기'라 불린다. 자연과정에서 항상 결합되어 있으며 모든 언어에서 같은 이름으로 불리는 것들을 분별하기는 쉽지 않다. 또 일상생활에서도 이 분별이 꼭 필요하지는 않다. 철학자들도 감각과 지각이 같은 이름으로 불리기 때문에 감각기관의 모든 작용에 감각이라는 이름을 붙이고 지각이 복합적임을 간과한다.

제1성질과 제2성질의 구별에 대해서 리드는, 제2성질이 감각과 유사하다고 생각할 이유가 없다는 것은 이미 데까르뜨와 로크가 보여주었다고 주장한다. 소리를 내는 물체의 진동이 소리감각과 닮지 않았다는 것은 명백하다. 제2성질에 관해서 철학자와 보통사람, 상식은 모두 한편이다.

그러나 로크가 제1성질의 관념이 그 성질과 닮았다고 말하는 것은 감각의 본성을 모르기 때문이다. 리드에 의하면 제1성질은 감각도 감각의 유사물도 아니다. 이미 버클리가 주장했듯이 감각은 감각적이지 않은 무생물이 가진 어떤 성질과도 유사할 수 없기 때문이다.

리드는 성질 자체의 본성이 아니라 성질을 생각하는 우리의 방식에 의해 제1성질과 제2성질을 구별한다. 리드에 의하면 제1성질은 감각기관에 직접 명백하게 나타나지만 제2성질은 불명료하게 나타난다. 또 그는 제2성질도 제1성질과 마찬가지로 물체의 성질로 여긴다는 점에서 이전 철학자들과 다르다.

리드는 감각과 지각의 구별을 강조함으로써 감각과 성질이 전혀 유사하지 않다는 결론에 이른다. 그렇다면 감각과 성질이 항상 함께 다니며 심지어 같은 이름으로 불리기까지 하는 것은 순전히 우연에 의해서인가? 만일 감각과 성질이 서로 무관하다면 우리는 어떻게 감각기관을 통해 제1성질의 뚜렷하고 구별되는 개념을 가질 수 있는가?

조물주가 인간에게 준 많은 능력 가운데 특별히 이성능력만을 신뢰해야할 이유는 없다. 이성보다는 오히려 지각을 우위에 놓으려 하는 리드는 감각과 성질 사이의 관계가 추론에 의한 것이 아니라고 주장한다. 감각의 본성은 작용일 뿐이므로 감각 안에는 성질과 유사한 것이 전혀 없고 따라서 추론의 여지도 없다. 추론에 의해서는 절대로 감각으로부터 사물의 존재나 성질을 결론으로 얻을 수 없다는 점은 이미 버클리와 흄이 보여주었다.

리드에 의하면 감각을 통해서도 알 수 없고 이성을 통해서도 알 수 없는 성질의 개념과 그 존재에 대한 믿음은 인간본성의 구조에서 생겨난다. 감각과 성질의 관계는 기호와 기호에 의해 지시된 것의 관계로서 '감각은 성질을 시사한다(suggest).' 리드는 누구나 의식하는 하나의 사실, 즉 외부 사물에 대한 개념과 그 존재의 믿음은 우리 본성의 원리를 통해 즉시 감각에 뒤따라온다는 사실을 표현하기 위해 '시사한다'는 말을 사용한다.

'시사한다'는 리드의 용어는 관념이론의 대안으로 볼 수 있다. 리드가 관념이론을 비판하는 근본이유 가운데 하나는 관념이론이 관념을 생리과정의 요소들 가운데 하나로 본다는 데 있다. 그러나 리드에 따르면 우리가 생리과정을 더 정확히 알더라도 어떤 방식으로 생리인상이 대상의 지각을 불러일으키는지는 설명할 수 없다.

리드는 감각기관을 통한 지각과정을 주의깊게 추적한다. 우선 대상과 감각기관의 직접 접촉에 의한 것이든 둘 사이의 매질에 의한 것이든 간에 어떤 인상이 감각기관에 만들어져야 한다. 그 다음으로 뇌에서 감각기관으로 가는 신경이 그 인상을 받아들여 뇌에 다시 어떤 인상을 만든다. 그 다음에야 비로소 감각이 생기고, 마지막으로 대상지각이 뒤따른다.

그러나 이 연속과정 중 어느 단계에도 필연성은 없다. 이 과정에는 어디나 간격이 도사리고 있다. 심적 사건과 감각은 결코 감각기관, 뇌의 인상과 유사하지 않다. 물론 생리과정은 지각의 필요조건이다. 그러나 결과인 감각과 그뒤를 따르는 지각은 생리과정과 전혀 다르다. 몸의 생리과정 전체는 마음에 의해 지각될 수 없으며, 우리는 근본적으로 몸과 마음의 관계에 대해 무지할 수밖에 없다.

따라서 리드는 감각이 기호처럼 성질을 시사한다고 말하는 데 그칠 수밖에 없다. 시사한다는 것은 내가 생각하고 믿게 만든다는 것이며, 그것은 조물주의 의지에 의해 이루어진다. 이처럼 리드에게 시사는 다른 어떤 방식으로도 설명할 수 없는 미지의 메커니즘으로 남아 있다.

리드 이전의 근대 철학자들은 대체로 관념이라는 심적 존재를 가정했기 때문에 외부세계의 존재를 증명하려 했다. 이에 반해 리드는 외부세계의 지각은 마음의 본유적 원리에서 나오며 그 자체로 명백하기 때문에 정당화할 필요가 없다고 주장한다. 리드에 따르면 외부대상에 대한 우리의 감각과 개념, 믿음의 연관은 습관·경험·교육 등에 의해 산출될 수 없으므로 이 연관을 인간의 본성구조가 낳은 산물이자 우리 본성의 원초적 원리로 여길 수밖에 없다.

6. 유물론적 감각주의

데까르뜨의 동물기계론에서부터 라메트리(J. La Mettrie)의 인간기계론, 그리고 백과전서파의 과학주의적 유물론까지는 각각 한걸음밖에 되지 않는다. 그러나 분명한 차이는 백과전서파의 유물론이라는 말이 함축하고 있는 정치적인 의미에서 드러난다. 디드로를 중심으로 한 계몽철학자들 (philosophes des lumières)의 유물론은 정치적으로 교권과 왕권에 반대하는 사상적 기초를 놓으려는 목적을 갖고 있기 때문에, 이런 비합리적 힘을 정당화하는 모든 이데올로기를 형이상학이라 부르고 이에 저항하는 철저한 과학주의를 확립한다. 이런 이유로 그들은 데까르뜨의 기계론적 자연관을 기초로 삼으면서도 정신과 물질이 대립하는 이원론적 형이상학에는 반대하고, 대신 로크의 경험론과 뉴턴의 역학을 전폭적으로 받아들여 인간정신과 자연세계를 기계적 유물론의 원리로 설명하는 체계를 세운다.

이와같이 정신과 신체, 자연과 인간, 이론과 실천이 하나의 기계론 원리로 통합되는 세계관에서 인식론은 순수한 탐구보다는 전체 체계의 일부로서만 취급될 뿐이다. 특히 디드로는 당대의 기계론 의학과 생리학의 발달을 매우 중시하는데, 그 이유는 인간의 인식기능을 물리화학으로 설명할 수 있는 토대가 마련되었다고 보았기 때문이다.

17세기부터 한 세기에 걸쳐 발달한 과학 중 화학의 원자론, 하비의 혈액순환 원리와 의료역학(iatro-mécanisme), 린네(C. Linné)의 생물분류, 할러 (A. Haller)의 생리학, 보네(C. Bonnet)의 신경계 연구는 물질에서부터 생명과 인간에 이르기까지 단순한 분자구조의 변형에 의해 일원적 원리로 설명할 수 있다는 유물론 가설을 뒷받침하는 연구로 간주되었다. 이 연구에 따르면 생명의 특성은 물질처럼 자극에 대한 반응이며, 이 반응은 감각기능과 운동기능의 상호작용으로 이루어진다. 인간의 정신활동도 신경계와 대뇌의 메커니즘에 기반을 둔 자극—반응 체계로 설명된다.

유물론적 인식이론은 로크의 프랑스 후계자로 일컬어지는 꽁디약의 감각주의와 짝을 이룬다. 감각이 물질세계의 작용에 대한 생명의 반응으로서 모든 인식의 기초로 여겨지기 때문에 인식론은 감각주의가 될 수밖에 없다. 그러나 물질과 생명의 근본적인 차이에 주목한 꽁디약과 달리 디드로는 자극에 대한 감수성을 물질과 생명에 공통적인 것으로 본다. 다만 물질의 감수성은 비활성적인(inerte) 방식으로 존재하고, 생명의 감수성은 능동적인 방식으로 활동할 뿐이다.

이와같이 유물론에서 출발하는 인식론은 물질과 생명 그리고 생명과 인간을 공통 토대 위에 놓으면서도 그 차이를 부각시켜야 하는 부담을 갖는다. 디드로와 백과전서파는 그 차이를 생명의 유기적 구조나 인간의 대뇌 메커니즘으로 설명한다. 이 설명은 생명의 감수성과 인간의 정신기능을 정도 차이는 있지만 근본적으로 수동적인 것으로 전제하고 있다.

디드로에 따르면 인간의 정신은 외부의 물체가 새겨넣는 인상을 받아들이고 이 인상을 기억으로 보존하는 이중작용을 거친다. 기억은 약화된 감각의 지속일 뿐이며, 정신활동이란 관념들의 기계적 연합에 불과하다. 따라서 로크가 말한 반성기능과 같은 정신의 내부활동은 없다. 감각의 발생과 정신활동은 단지 감각기관과 신경계의 물리조건을 탐구함으로써 설명될 수 있다. 특히 다양한 감각과 관념을 통일하는 기능은 대뇌가 담당하며 뇌는 '보편감각' 기관이다.

이처럼 계몽철학자들은 정신과정에 대한 로크의 애매함을 비판하고 인식과정을 일원론적 감각주의와 생리학주의의 결합, 즉 생리심리과정에 의해 설명함으로써 오늘날까지 세력을 확장하고 있는 과학주의의 모범을 선보였다. 지각에 관한 계몽철학자들의 일차 관심은 관념론의 색채를 벗기고 가능한 한 과학적으로 타당한 인식체계를 세우는 데 있었다.

7. 심리학적 감각주의

몰리누 문제

꽁디약은 백과전서파라 불리는 좁은 의미의 계몽철학자들 중에서 순수철학 문제를 해결하기 위해 고심한 거의 유일한 사람이다. 꽁디약은 디드로 같은 계몽철학자에게는 이미 해답이 있는 문제를 생리학이나 물리학의 관점 대신 로크처럼 인식론이나 심리학의 관점에서 고찰하기 때문이다. 디드로와 꽁디약의 문제의식에는 분명히 공통의 전제가 있으며 문제를 사유하는 방식도 서로 보완하는 측면을 지닌다. 두 사람 모두 외부세계의 실재성에 대해 의심하지 않은 점에서 로크의 입장과 같다. 그러나 디드로는 유물론적 실재론의 입장을 확고하게 정립하는 것을 목표로 한 반면, 꽁디약은 외부세계의 실재성을 소박하게 인정하기 때문에 감각에 주어진 것이 외부대상을 있는 그대로 표상한다고 본다.

꽁디약은 초기 저작 중 특히 『인간 인식기원론』(*Essai sur l'Origine des Connaissances Humaines*, 1746)에서 로크의 불충분함을 보완하여 인식뿐 아니라 인식기능의 발생도 감각의 차원에서 탐구하고, 이를 통해 로크가 선천적인 것으로 인정한 정신기능의 본성을 경험적으로 해명하려 한다. 그러나 유물론에 충실한 디드로는 꽁디약의 심리학적 감각주의가 지닌 관념론의 성격을 간파한다. 꽁디약보다 앞서 버클리를 접한 그는 로크의 애매함을 피해 모든 것을 감각으로 설명하면 막다른 골목에 빠질 수밖에 없음을 지적한다. 그러나 여기에 이르기까지 매우 복잡한 사건 하나가 전개된다.

문제는 영불해협을 사이에 두고 섬나라와 대륙에서 경험론자들을 매료시킨 한 사건에서 발단했다. 몰리누라는 아일랜드의 광학자는 편지를 통해 로크에게 한가지 문제를 제기했다. "선천적 시각장애인이 공과 정육면체를 촉각으로 구별하다가 만일 시력을 되찾을 경우 촉각의 도움 없이 곧바로 시각으로 구별할 수 있을까?"

이것은 크기와 거리 지각이 선천적인가 경험적인가를 가늠하는 문제였다. 로크는 몰리누와 마찬가지로 부정적인 대답을 제시했으며 뒤이어 버클리도 마찬가지였다. 버클리는 더 나아가 『새로운 시각론에 대한 시론』(*An Essay Towards a New Theory of Vision*, 1709)을 거의 이 문제의 해결에 할당하고, 비장애인에게도 크기와 거리 지각은 시각에 의해 주어지는 것이 아니라고 주장했다.

이들의 입장은 실제로 증명되었다. 1728년 영국의 의사 체즐든(W. Cheselden)은 선천적 시각장애인인 열네살 소년에게 백내장 수술로 시력을 되찾아주고 그 결과를 학계에 보고했다. 그 소년은 처음 물체를 보았을 때 그 물체가 자신의 눈에 '접촉하는' 것으로 느꼈으며 크기와 거리를 지각하지 못했다. 그는 가까이 있는 작은 물체를 멀리 있는 큰 물체보다 더 큰 것으로 지각했다. 영국 경험론을 프랑스에 소개하는 데 앞장선 볼떼르(Voltaire)는 몰리누 문제의 전개과정 전체를 『뉴턴 철학의 원리』(*Eléments de la Philosophie de Newton*, 1738)에서 상세히 소개했다.

디드로와 꽁디약도 한동안 몰리누 문제에 사로잡혔다. 그들은 한편으로 버클리의 견해에 동의하면서도 다른 한편 수정과 보완을 시도했다. 이 문제는 감각에 원초적으로 주어진 것이 그 자체로서 시공간적으로 정돈되어 있는지, 아니면 그 질서가 잡히기 위해 어떤 다른 과정을 상정해야 하는지 하는 '인식과정'의 문제와 관련된다. 또 이 문제는 이렇게 질서가 잡힌 감각소여가 외부대상의 실재성을 있는 그대로 재현하는가 하는 '대상인식'

의 문제도 함축한다.

첫번째 문제에 관해 버클리는 감각의 원초적 소여만으로는 거리나 크기 등을 직접 파악할 수 없다고 주장한다. 그러나 그는 내부 공간성을 인정한 라이프니츠와 달리 경험론자답게 감각소여가 선천적 능력이 아니라 감각들의 연합습관에 의해 질서가 잡힌다고 본다. 지각은 개별적 감각능력일 뿐 아니라 감각들 사이의 관계를 파악하는 능력이기도 한데, 공간지각은 감각들의 관계를 지각하는 데서 나오고, 시각은 본래 공간을 지각할 수 없지만 촉각과 연합한 오랜 습관 덕분에 공간을 지각한다는 것이다. 이와같이 버클리는 공간지각에서 시각보다 촉각의 우월성을 확보한다.

디드로와 꽁디약은 버클리의 주장 가운데 공간지각이 경험적이라는 데는 동의하지만 시각이 공간을 파악할 수 없다는 데는 반대한다. 디드로는 『시각장애인들에 관한 편지』(*Lettre sur les Aveugles*, 1749)에서 시각 자체는 본래 매우 혼란스러운 지각에 불과하기 때문에 시력을 되찾은 시각장애인이 처음에는 시각을 촉각과 비교하기는커녕 시각인상들 사이의 관계조차 파악하기 어려울 것이라고 추측한다. 또 그는 촉각과 연합하는 것이 시각의 향상에 도움을 줄 수 있지만 시각의 섬세한 기능을 볼 때 그 명확성이 촉각에만 의존하는 것은 아니라고 주장한다.

꽁디약은 『인간 인식기원론』에서 시각 자체가 이미 어떤 종류의 연장을 파악하고 있으며 이 지각은 촉각에 의해 확고해진다고 주장한다. 만일 시각이 모호하게나마 연장을 내포하지 않으면 촉각과 연합하더라도 공간지각이 형성되기는 어렵기 때문이다. 꽁디약은 더 나아가 『감각론』(*Traité des Sensations*, 1754)에서 촉각에 운동감각이 결합되어 공간지각이 명확성과 객관성을 얻는다고 주장하는데 이것은 두번째 문제와 관련된다.

외부대상의 인식에 관한 문제는 버클리한테서 만족스런 대답을 찾기 어렵다. 그가 특권을 부여한 촉각이나 촉각과 시각의 연합에 의한 공간지각은 모두 경험적 성격을 지니고, 대상을 있는 그대로 재현한다는 보장이 없

150

기 때문이다. 이 사실은 감각소여가 외부세계를 그대로 드러낸다고 본 꽁디약의 소박한 초기 입장에도 마찬가지로 적용된다. 시각이 파악하건 촉각이 파악하건 연장의 감각 자체가 주관적이라면 거기서 외부대상의 인식은 불가능할 것이다. 디드로는 이 사실을 지적하면서 꽁디약이 이 문제를 해명하지 않으면 버클리의 주관적 관념론과 같은 상황에 빠질 것이라고 경고한다. 꽁디약의 『감각론』은 이런 문제의식에서 나온다. 이 책은 버클리의 경험론을 수용하면서도 주관적 관념론을 피하려는 의도를 가지고 있다.

꽁디약의 감각이론

외부대상의 인식이 감각을 기초로 삼는다는 것을 보여주려고 쓴 『감각론』은 감각기능에 대한 기초적 탐구에서 시작한다. 꽁디약은 로크의 의도를 계승하여 철학의 문제가 인간지성의 탐구에 국한되어야 한다고 주장한다. 즉 의식 또는 정신의 '본성'이 아니라 그 '작용'을 탐구해야 하고, 인식을 그 자체로 주어진 것이 아니라 정신에서 발생하는 과정에 의해 탐구해야 한다는 것이다. 그러나 로크는 내성 또는 반성을 비롯한 영혼의 몇가지 작용을 선천적인 것으로 인정한다. 꽁디약은 로크의 불철저함을 비판하고 인간정신 속에 선천적인 것은 없다고 주장한다. 이 주장을 정당화하는 것이 바로 '생명을 불어넣은 조상'(la statue animée)의 가설이다.

꽁디약이 정신 속에 있는 일종의 신체조직으로 가정한 조상(彫像)은, 감각능력 이외에 영양섭취나 운동기능 등 생물학적으로 존속할 수 있는 최소한의 기능을 지니고 있지만 이성과 같은 고차적 기능은 타고나지 않았다. 상상하고 기억하고 비교하고 추론하는 모든 고차적 정신기능은 경험과 습관을 통해 획득된다. 이처럼 꽁디약의 경험론은 전통적으로 인간에게 고유하다고 여겨진 능력을 배제하고 인간을 순수한 자연주의적 입장에서 탐구하려 한다.

조상이 최초에 가장 열등한 감각인 후각, 예를 들어 장미 향기를 느낀다고 해보자. 수동적 상태에 있던 조상은 장미 향기에 자신의 모든 주의를 기울일 것이다. 이렇게 해서 최초의 정신기능인 '주의'가 발생한다. 또 장미 향기는 조상 안에서 즉시 사라지지 않고 얼마간 지속되는데 이를 꽁디약은 '기억'이라 정의한다. 다음에 조상이 오렌지 향기를 맡는다고 해보자. 조상은 '이것은 처음에 느낀 장미 향기가 아니다'라고 판단한다. 이 판단으로부터 두 감각을 비교하는 활동이 이루어진다. 이렇게 하여 정신의 고차적 기능인 판단과 추리가 가능해진다.

또 이런 비교과정에서 과거의 불쾌한 감각을 피하고 쾌락을 준 감각을 추구하는 욕구가 생긴다. 흥미로운 것은 이런 정념이 정신 발달과정의 원동력이 된다는 것이다. 감각으로부터 자극받는 정신기능의 발생은 단순한 수동적 과정이 아니라 욕구라는 생물학적 원리에 의해 추동력을 얻는다. 정신 또는 의식은 불멸의 실체가 아니라 신체의 상태와 함께 변화한다. 이처럼 꽁디약은 영국 경험론자들과 달리 생물학적 신체의 기능을 중시하고 신체와 동시에 정신이 변화한다는 것을 전제로 정신기능의 발생을 설명한다.

그렇다면 외부대상의 인식은 어떻게 가능한가? 인식의 최초 단위인 감각경험은 마음의 주관적 상태를 반영하므로 객관세계의 인식에 도달할 수 없다는 것은 이미 버클리의 관념론과 흄의 현상론에서 잘 나타났다.

꽁디약은 다섯가지 감각기관 중에서도 촉각의 특수한 기능에 주목한다. 그에 따르면 촉각은 우리를 주관성에서 객관성으로 인도해주는 유일한 감각기관이다. 일반적으로 감각이 정신의 수동성을 전제하고 단지 외부자극을 받아들이는 데 지나지 않는 반면, 촉각은 능동적으로 기관을 움직임으로써 외부대상을 지각한다. 촉각기관이 대상과 능동적으로 접촉하면서 '단단함'의 감각을 느낄 때, 그 기관과 대상은 서로 '배제하는' 가운데 서로에게 가하는 '저항'을 감지한다. 꽁디약은 단단함 또는 저항의 감각은 자아가 마음대로 할 수 없는 대상의 성질이라고 본다. 그 감각은 우리에게 신체와 대상의 저항을 동시에 느끼게 해준다. 예를 들어 우리가 자기 신체에 손을 접촉할 때 우리는 손과 신체에서 감각하는 존재가 동일하다는 것을 느낀다. 반대로 우리가 접촉하는 물체에서 동일하게 감각하는 존재를 느낄 수 없을 때 우리는 외부대상을 인식하고 있다.

게다가 여러 감각은 각기 따로 기능할 뿐 아니라 서로 긴밀히 연합하여 작용하는데, 그중에서도 운동하는 촉각과 연합할 때에만 비로소 외부대상을 인식할 수 있다. 버클리에게서는 촉각과 시각의 연합이 거리지각에 필수적인 것이라면, 꽁디약에게서는 촉각과 다른 모든 감각기관의 연합이 공간지각뿐 아니라 외부대상의 실재성을 인식하는 것에까지 필요하다. 예를 들어 시각은 그 자체로서는 색깔이나 연장의 조각(평면)만을 파악하지만 촉각과 결합함에 따라 입체를 지각할 수 있고, 그후 시각은 사물을 단순히 보는 데 그치지 않고 '주의해서' 바라본다. 주의해서 바라본다는 것은 대상을 포착하고 윤곽에 따라 세밀히 분석하며 전체를 부분들로 분해해서 본다는 것, 한마디로 '대상의 객관적 인식'을 의미한다.

대상의 객관적 인식은 운동하는 촉각의 작용을 전제하기 때문에 의지가 발생하기 이전의 자연적 욕구 차원에서는 성립하지 않는다. 자연적으로는 본능운동이 있을 뿐이므로 의지의 능동적 운동이 대상의 객관적 인식에 중요한 요소가 된다. 이러한 주의주의(主意主義)적 관점은 합리론과 대립하는 동시에 경험론 내부에서도 특이한 입장이다. 꽁디약은 생명체인 인간을 다양한 차원에서 검토하는 가운데 감각경험을 출발점으로 삼으면서도 외부세계에 대한 실재론을 견지한다.

8. 인간학적 지각이론

멘 드 비랑은 꽁디약의 『감각론』을 의식하고 '감각에 관한 소론'(Petit

traité des sens)이라는 부제를 단 『사유에 미치는 습관의 영향』(*Influence de l'Habitude sur la Faculté de Penser*)에서 감각을 체계적으로 관찰한다. 비랑의 감각이론은 까바니스(P. Cabanis)가 발견한 생리본능 감수성과 데스뛰드 트라씨(A. Destutt de Tracy)가 제창한 의지운동노력(effort) 또는 운동감각이라는 두 개념을 중심으로 구성된다. 특히 운동감각 또는 노력의 감각은 감각에서 인식적 요소를 포착하는 핵심기능으로 부각된다.

비랑은 먼저 대부분의 경험론자들이 감각과 지각이라는 말을 구별하지 않고 사용하는 데 주목한다. 일반적으로 감각이란 신체기관을 통해 외부자극을 받아들이고 정념을 야기한다는 점에서 가장 원초적이고 생물학적인 현상이다. 지각은 감각자료를 매개로 외부세계를 인식하는 기능이며 지적 인식을 위한 토대로 작용한다. 외부경험을 중시하면 가장 근본적인 것은 감각일 수밖에 없기 때문에 경험론자들은 감각과 지각이 차이가 없거나 기껏해야 정도 차이만 있다고 생각한다.

그러나 비랑은 감각이 각 기관마다 매우 다른 특성을 가지고 있음을 관찰한다. 오관이 우리에게 전달하는 인상은 너무나 다양해서, 코로 맡는 냄새, 혀로 느끼는 맛, 귀로 듣는 소리, 눈으로 보는 인상, 손으로 만지는 느낌이 같은 것일 수 없다. 여기엔 단순히 다양한 성질들이 있을 뿐 아니라 근본적인 차이가 있는데, 비랑은 그 차이가 주체의 수동성과 능동성의 몫에 달려 있다고 한다. 예를 들어 후각은 주체 쪽에서 아무런 능동적 노력을 하지 않아도 저절로 우리에게 전달된다. 물론 호흡을 하거나 주의를 하는 등 최소한의 생명기능은 유지하고 있어야 한다. 이 경우 우리는 다른 노력을 하지 않으면 감각 자체 속에 매몰되어버린다. 꽁디약의 조상은 이처럼 가장 수동적이고 열등한 감각인 후각에서 출발했다는 점에서 일종의 철학 스캔들이라 할 만하지 않은가?

비랑은 꽁디약과 반대로 가장 견고한 인식적 의미를 가진 촉각의 분석에서 시작한다. 촉각은 기관의 능동성 여부에 따라 다양한 감각을 준다. 예

154

를 들어 손으로 대상을 접촉할 때 거칠거나 부드러운 속성 또는 뜨겁거나 차가운 속성은 별다른 노력 없이도 감각된다. 그러나 대상의 모양이나 크기, 무엇보다 대상의 존재 자체는 촉각기관이 대상을 파악하기 위해 능동적으로 움직일 경우에만 우리에게 드러난다. 더 나아가 대상이 감각기관의 노력에 저항하기 때문에 거꾸로 인식주체인 나 자신의 의식도 한정된다. 이처럼 노력하는 자아와 장애물의 저항이 대립할 때 그 상호관계에 의해 대상인식이 성립한다.

그렇다면 촉각과 후각의 차이는 무엇인가? 비랑에 따르면 꽁디약이 운동하는 촉각이라 부른 것과 드 트라씨가 운동감각 또는 노력의 감각이라 부른 것은 주체의 독특한 능동성을 전제한다. 대상의 인식은 주체의 능동성이 얼마나 작용하느냐에 의존한다. 게다가 감각에서 주체는 전적으로 능동적이거나 전적으로 수동적인 경우는 없다. 가장 미천한 후각조차 주체가 어느정도 능동적으로 작용해야 느낄 수 있다.

모든 감각은 주체의 수동성과 능동성을 동시에 반영하며, 전자가 우세할 경우 감성적 특성을 띠고 후자가 우세할 경우 인식적 특성을 나타낸다. 따라서 비랑은 전자의 경우를 감각, 후자의 경우를 지각이라 부를 것을 제안한다. 감각과 지각은 감각인상의 특성에 따라, 그리고 거기에 주체가 얼마나 능동적으로 참여하는가에 따라 구별된다.

그렇다면 주체의 능동성의 본성은 무엇인가? 비랑은 경험론의 문제점을 피하기 위해 다시 선천주의로 돌아가는 것일까? 대답은 선천주의라는 말의 의미를 어떻게 정하는가에 달려 있다. 경험론의 관점에서 출발하는 비랑에게 선천주의는 본유관념이나 지적 정신능력을 의미하는 것이 아니라 신체와 의지의 운동능력을 의미한다. 일반적으로 경험론자들이 감각을 받아들이는 능력 이외에 신체나 정신의 다른 기능을 인정하지 않거나 그 본성을 밝히는 데 무관심한 반면, 비랑은 인간의 신체와 정신의 구조, 즉 존재조건에 대한 이해 없이는 인식을 해명할 수 없다고 본다. 인간의 존재조건에 대한 이해는 생리학의 성과에 일차적으로 의존하며, 다음으로는 경험적 관찰이 중요하다.

그런데 비랑의 특이성은 경험적 관찰을 외부감각에만 제한하지 않는 데 있다. 더 중요한 것은 내부 관찰인데 여기서 얻어지는 가장 확실한 사실을 비랑은 '내부 감각기관의 원초적 사실'이라 부른다. 내부의식으로 들어간 다는 점에서 데까르뜨와 비교할 수도 있지만, 비랑의 내부의식은 사유하는 자아가 아니라 신체를 가지고 운동하는 자아다. 자아가 단순히 무의식적 생리운동이 아니라 의지적 노력(effort volontaire)을 수반하는 운동을 할 때, 의지적 노력의 감정은 신체적인 동시에 정신적이며 우리 의식의 가장 구체적인 감정이다. 이 감정은 인간의 현실적 존재의 기초가 될 뿐 아니라 대상인식을 가능하게 한다.

어떻게 의지적 노력의 감정이 대상인식의 기초가 되는가? 감각의 분석으로 되돌아가보자. 오관의 작용에는 주체의 수동성과 능동성이 혼합되어 있다. 여기서 수동성은 엄밀한 의미에서 무기력함이 아니라 생명체의 생리본능 활동을 주관하는 감성적 활동성이다. 감성적 활동성은 예를 들어 후각이나 미각에서 대상을 구별하지 않고 냄새나 맛 그 자체에 몰입할 때 작용하는 활동성이며, 모든 감각에서 비율의 차이가 있을 뿐 동일한 방식으로 작용한다. 시각에서 인식적 특성을 갖지 않는 모호한 심상의 떠오름, 청각에서 명확히 구별되지 않는 소리의 덩어리, 촉각에서 쾌와 불쾌의 감정을 야기하는 감성적 특성, 본능운동 등이 감성적 활동성이다. 비랑은 이 활동성을 '정념'(affection)이라 부르고 인간성의 수동적 축으로 놓는다.

다른 한 축은 능동적·운동적 활동성으로서 인간에게 고유한 것이다. 이 활동성은 대상인식에서 감각과 정념의 성질을 제거하고 대상의 질서를 알려준다. 예를 들어 시각의 경우 빛의 감응도를 조절하는 기관의 근육운동의 노력에 의해 점차 시각인상이 정돈되고 대상에 초점이 맞추어지며 좀 더 섬세한 주의의 노력에 의해 대상의 윤곽이 파악된다. 촉각은 능동적으로 운동할 경우 대상인식에 가장 접근할 수 있는 기관이다. 촉각에서 운동하는 주체와 저항하는 대상은 직접 접촉하기 때문에 의지적 노력은 매개 없이 실현되고 확실한 인식이 성립한다. 이런 의지운동이 각 감각기관에서 공통으로 작용함으로써 대상인식이 가능해진다. 여기에 버클리나 꽁디약이 관찰했듯이 지각들의 연합습관이 한층 더 신속성과 정확성을 준다는 것은 말할 필요도 없다.

비랑의 지각이론에서 또하나 지적할 것은 경험론의 전통인 촉각 우위의 사고에서 벗어나는 계기를 마련한다는 점이다. 의지적 노력은 시각과 촉각의 연합에 의해 고차적 지각의 기초가 되지만, 그것은 어디까지나 외부 대상의 인식과 관련된다. 비랑은 외부감각만이 아니라 내부 감각기관도 인정하는 만큼, 지적 사고의 기초가 되는 '반성'이라는 인간 고유의 기능을 주장한다.

여기서도 비랑은 의지적 노력이 작용하는 특수한 감각기관을 상정하는데 그것은 청각과 성대기관의 연합이다. 두 기관의 연합은 자아가 말하는 자인 동시에 듣는 자인 상황을 의미한다. 자아는 자신의 말이기 때문에 완벽하게 이해할 수 있고 또 말하는 내용을 듣고 있기 때문에 정확하게 말할 수 있다. 귀머거리이기 때문에 벙어리가 되는 경우가 많다는 것은 잘 알려진 사실이고 "우리는 말하는 만큼만 듣는다"라는 말도 있다. 비랑은 이런 경우를 반성적 상황의 전형으로 제시한다. 실제로 반성이란 사유하는 주체와 사유되는 대상이 분리된 동시에 일치하는 상황을 필요로 하는데 청각과 성대기관의 연합에서 행위하는(말하는) 자아와 그것을 인식하는(듣는) 자아는 분리된 동시에 일치한다.

비랑은 나아가 더 흥미로운 내적 발화를 상상하는데, 이는 실제로 말하는 것이 아니라 자아가 자신에게 속삭이는 것이다. 비랑은 우리가 사고하는 것은 낮은 목소리로 자신과 대화하는 것과 같다고 한다. 실제로 자신의 생각에 대한 명확한 의식을 갖지 못하면 사고는 진행될 수 없다. 자신의 목소리를 듣는다는 것은 자신의 생각을 이해한다는 것이다.

이와같이 의지적 노력이 외부세계가 아니라 내부세계에서 작동할 때 우리는 반성적 사고를 할 수 있다. 반성은 판단하고 추론하고 기호를 만드는 추상작업의 전제조건이다. 이 작업은 말하고 듣는 언어작용을 전제하기 때문이다. 기호를 사용함으로써 비로소 지적인 기억도 가능해진다. 촉각에 가장 우월한 지위를 부여한 꽁디약이 기호를 '고차적 촉각'이라고 말한 것과 달리, 비랑은 기호를 청각과 발성기관의 연합에 토대를 둔 반성적 작용의 결과로 본다. 이처럼 비랑에서 언어사용과 반성작용은 기원이 같다. 꽁디약에서도 이미 나타나지만 의지를 기초로 한 인식론은 비랑에서 정점에 도달한다.

9. 장미 한 송이

우리 앞에 붉은 장미 한 송이가 있다면 지금까지 살펴본 지각이론들은 이 장미꽃의 지각을 어떻게 설명할까? 지각표상설은 장미꽃 자체는 연장·크기·모양을 지닌 사물인데 우리에게 붉은색과 향기도 함께 갖는 것으로 지각될 뿐이라고 설명한다. 다만 표상실재론자인 데까르뜨는 붉은색과 향기를 제외한 다른 성질을 지적 직관에 의해 확실히 알 수 있다고 주장한다. 반면 인과실재론자인 로크는 장미꽃 자체가 실재한다는 것은 인정하지만 그것이 가진 성질에 대해서는 알 수 없다고 주장한다. 그러나 지각표상설은 장미꽃 자체의 본성을 확실히 알 수 있는 독립적 수단을 제시하지 못하는 난점을 지니고 있다.

주관적 관념론은 우리에게 지각되는 장미꽃이 바로 장미꽃 자체이며, 연장·크기·모양을 원인으로 놓고 우리에게 지각되는 장미꽃을 결과로 보아야 할 이유가 전혀 없다고 설명한다. 그러나 주관적 관념론은 장미꽃이 지각되지 않을 때에도 지속적으로 존재한다는 것을 설명하기 위해 신을 끌어들여야 하는 난점을 지니고 있다.

현상론은 우리가 장미꽃이라고 부르는 특정한 연장·크기·모양·붉고 향기롭다는 인상이 있다는 것만을 인정할 뿐, 원인으로서 장미꽃 자체나 장미꽃의 인상을 갖고 있는 주체를 상정해야 할 이유가 없다고 설명한다. 그러나 현상론은 독립적이고 지속적인 대상의 존재나 그것을 지각하는 주체에 대한 자연스러운 믿음을 인정할 수밖에 없는 난점을 지니고 있다.

상식적 실재론은 장미꽃 자체가 마음속이 아니라 마음 바깥에 존재한다는 확신은 추론의 결과가 아니라 즉각적이고 본능적인 것이라고 설명한다. 장미꽃의 연장·크기·모양은 우리의 감각기관에 명확히 드러나고 붉은색과 향기는 불명료하게 드러난다는 차이가 있을 뿐, 모든 성질이 장미꽃 자체의 성질이라고 주장하는 점에서 상식적 실재론은 지각표상설과 다르다. 그러나 상식적 실재론은 장미꽃에 대한 우리의 지각이 조물주의 의지나 인간본성의 원리에 따라 일어나는 것으로 여김으로써 더이상의 설명을 봉쇄하는 난점을 지니고 있다.

꽁디약의 감각주의는 우리의 감각 중에서 운동과 결합한 촉각인식이 사물의 실재성을 파악하는 것으로 보는데, 다른 감각기관들이 여기에 결합하면 촉각이 현재 작용하지 않아도 습관을 통해 사물의 실재성에 접근하는 것으로 본다. 따라서 장미꽃의 붉은색과 향기는 시각과 후각으로 파악되지만 기존의 촉각인식이 배경으로 작용하기 때문에 실재하는 것으로 간주된다. 물론 로크에서처럼 붉은색과 향기는 촉각성질에 비해 이차적인 실재성만을 갖는다.

멘 드 비랑의 인간주의도 장미꽃의 실재성은 촉각의 의지운동에 의해서만 인식되고 시각과 후각으로 파악된 붉은색과 향기는 촉각과의 연합에 의해서만 실재성을 확보한다고 설명한다. 그러나 비랑은 장미꽃에 대한 지각이 성립하기 위해서는 신체의 능동적인 의지적 노력이 중요하다고 강조한다.

경험론의 지각이론은 후대에 영미를 중심으로 한 경험주의 인식론의 뿌리이다. 20세기 빈(Wien)학파의 논리실증주의는 경험론과 실증주의 사조를 논리주의와 결합한 산물이라 할 수 있다. 꽁뜨(A. Comte)의 실증주의도 가깝게는 프랑스 계몽주의의 영향을 받지만 멀리는 영국 경험론의 변형이라 할 수 있다.

경험론은 훗날 심리학 연구들로 결실을 맺는다. 로크와 꽁디약의 감각이론은 19세기 말 연상주의 심리학의 발달에서 그 영향을 볼 수 있다. 멘드 비랑의 인간학은 프랑스의 내성심리학에 영향을 끼치는데, 내성심리학은 정신분석학이나 경험주의 심리학에 자리를 내주기 전까지 프랑스 심리학계에서 주류를 형성한다. 디드로의 유물론은 프랑스에서는 오늘날까지도 지속되는 과학주의 태도의 근간을 이루고 있다.

| 이재영·황수영 |

실체

___세계는 하나의 실체로 설명되는가,
다수의 실체로 설명되는가

1. 새로운 세계관의 등장

자연의 모든 것을 신의 섭리로 이해하는 중세의 자연관은 목적론적 자연관이다. 중세에는 자연의 모든 대상이 신의 섭리에 의해 자신이 가지고 있는 목적을 성취하는 방향으로 나아간다고 생각했다. 그러나 이성에 의해 진리를 인식할 수 있다고 생각하는 근대 과학자들에게 신의 섭리는 더 이상 설득력이 없게 되었고, 형이상학적 사변에 불과한 것으로 간주되었다. 그들은 인간이성과 모순되는 모든 내용들을 제거하면서 자연에 대해 탐구했다. 그래서 근대과학은 자연의 모든 사물들에서 목적이나 의미 등과 같은 정신적인 요소들을 제거했다. 이제 자연은 더이상 살아있는 유기체적 자연이 아니라 하나의 거대한 기계가 되었다. 물리적 법칙에 따라 작동되는 기계처럼 자연은 인과적으로만 질서지워지고 연결되어 있다. 목적론적 자연관에서 기계론적 자연관으로 변화된 것이다.

근대철학에서는 새로운 과학적 세계관의 형이상학적 토대를 세우기 위해 실체개념을 새롭게 정립할 필요가 있었다. 목적론적 자연관이 폐기되고 기계론적 자연관이 확립됨으로써 새로운 세계관에 맞는 새로운 실체개넘이 필요하게 된 것이다. 실체란 무엇인가 하는 물음은 철학이 시작된 이래 중심적 문제로 다루어졌다. 서양철학의 시작이라 할 수 있는 고대그리스의 철학사상들은 궁극적으로 모두 실체가 무엇인지를 밝히는 것을 목표로 하고 있다 해도 과언이 아닐 정도로, 실체에 대한 문제는 핵심적 주제로 다루어졌다.

근대에도 실체에 대한 문제는 근대사상의 초석을 놓는 것과 같은 의미를 지닌다. 데까르뜨의 철학적 회의는 실체에 대한 탐구와 더불어 시작하고 있다. 그리고 라이프니츠는 실체에 대한 고찰이야말로 철학에서 가장 중요하고도 유익한 것이라고 했다. 실체에 대한 탐구는 자연에 대한 탐구가 소립자의 차원까지 심화된 오늘날에도 과학과 철학의 중심 문제로 되풀이되고 있다. 서양철학의 역사는 바로 실체개념의 변화와 운명을 같이 했다고 할 수 있을 정도로, 실체의 문제는 철학적 사고의 중심 문제로 자리하고 있다.

근대과학은 세계를 좀더 단순한 하나의 원리로 설명하려고 노력했다. 그것은 자연을 양화시켜서 수로 나타낼 수 있기 때문에 가능했다. 이렇게 근대는 이성의 주체를 인간으로 파악함으로써 신의 섭리가 아닌 과학법칙으로 자연을 설명할 수 있게 되었다. 그래서 근대 철학자들은 변치 않는 실재의 진면목을 수에서 찾아내기에 이른다. 정말로 변하지 않는 것은 질이 아니라 양이라는 수학적 사고가 실체개념 속에 자리잡게 된 것이다. 이제 실체개념은 과학과 이성의 시대, 즉 근대라는 시대적 상황과 맞물려 데까르뜨를 필두로 합리론 철학에서 새롭게 정립되면서 활발하게 그 논의가 전개된다.

2. 데까르뜨의 실체관

실체개념의 새로운 정립

실체개념을 새롭게 정립한 철학자는 다름아닌 데까르뜨였다. 그는 신이라는 무한실체와 정신과 물체라는 두개의 유한실체를 내세웠다. 이러한 실체의 구분은 자연이라는 거대한 기계의 법칙들을 발견하기 위해 의도된 것으로 보인다. 그의 신관은 이신론(理神論)적 신관이다. 다시 말해 신이 이 세계를 무로부터 창조해서 법칙을 부여한 다음, 이 세계에서 초월해 있다는 것이다. 따라서 이 세계는 법칙에 의해서만 인과적으로 움직인다. 데까르뜨의 이러한 신관은 신을 자연과 분리된 실체로 인정하게 만들었다. 그 결과 그의 철학에서는 신이라는 무한실체와 이 세계와 관련된 정신과 물체라는 두개의 유한실체들로 분류되었다. 이러한 신관과 실체관은 종교를 인정하면서도 과학을 종교로부터 분리하여 자연에 대한 과학적 탐구를 자유롭게 해줄 수 있는 장점이 있었다. 그러나 신을 세계로부터 분리하는 것만으로 모든 문제가 해결되지 않았다. 그는 신과 분리된 세계를 다시 둘로 나누어야 했다. 왜냐하면 목적이 없는 자연이라는 기계에 정신을 포함시킬 수 없었기 때문이다. 이제 세계는 정신의 세계와 물질의 세계로 분리된다. 신의 세계로부터 분리되고 또한 정신의 세계로부터 분리된 물질의 세계에서는 모든 대상을 수로 나타내는 데 아무런 문제가 없었다. 마음껏 자연법칙들을 탐구할 수 있는 과학의 세계가 만들어진 것이다. 이제 실체 개념은 신이라는 실체 이외에 정신과 물체라는 두개의 실체를 필요로 하게 되었다.

실체에 대한 데까르뜨의 정의는 크게 두가지로 집약될 수 있다. 첫번째로, 실체는 자존적이고 독립적인 존재로 규정된다. 그는 실체란 "존재하기 위해 다른 어떤 것도 필요로 하지 않고 독립적으로 존재하는 것"(『철학의 원리』 *Principia Philosophiae*, 제51절)이라고 정의한다. 이런 실체는 오직 하나밖에 없으며, 그것은 바로 신이다. 신은 무한실체로서 철저하게 자존적이고 필연적으로 현존하며 결코 창조된 존재가 아니다. 그외의 모든 것들은 자신들의 창조와 지속적 현존을 위해 신에 의존한다. 그러나 데까르뜨는 피조물들을 실체개념에서 완전히 배제하지 않는다. 그는 이 첫번째 정의를 완화시켜서 "비록 존재하기 위해서는 신의 협력을 필요로 하지만, 다른 피조물에는 의존하지 않는 것들도 실체로 받아들인다"(『철학의 원리』 제52절). 신에 대한 의존성은 예외로 하고 피조물들간의 관계만을 기준으로 한다면, 독립성과 자존성이라는 실체의 조건을 만족시킬 수 있는 것이 피조물의 경우에도 있다. 데까르뜨는 이러한 실체개념으로 정신과 물체를 내세운다. 그래서 데까르뜨의 실체개념에는 신이라는 무한실체 외에 정신과 물체라는 두개의 유한실체가 있게 된다.

데까르뜨의 계승자이자 비판자임을 자처했던 스피노자는 데까르뜨의 실체에 대한 이 첫번째 정의, 즉 자존성의 조건을 극한으로 밀고 나갔다. 그 결과로 엄밀한 의미에서 오직 신만을 실체로 인정하게 된다. 따라서 그에게 정신과 물체는 단지 양태에 불과하다. 스피노자의 관점에서는 실체에 대한 데까르뜨의 두번째 정의는 실체의 조건인 독립성과 자존성을 스스로 약화시킨 것이기 때문에 받아들일 수 없는 정의이다. 따라서 완전한 실체 이외에 불완전한 실체를 인정하거나 또는 무한한 실체 이외에 유한한 실체를 인정하는 것 등은 독립성과 자존성이라는 실체개념의 정의에서 어느정도 벗어난 것이다. 데까르뜨는 우리가 살고 있는 세계의 실재를 설명하기 위해 실체의 정의를 약화시켜 신 이외의 다른 실체들을 인정할 수밖에 없었다. 그에게 신의 세계와 우리들이 살고 있는 세계가 분리되어 있기 때문에 신만이 실체라고 한다면, 우리가 살고 있는 이 세계의 실재에 대해 설명하기가 힘들어진다. 따라서 이 세계의 실재를 설명하기 위해서는 이 세계 내에서도 실체——비록 유한한 실체(또는 불완전한 실체)라 하더라도——의 존재를 인정해야만 한다. 이런 결과는 신의 세계가 우리 세계를 초월한 것으로 생각하는 데까르뜨의 신관에서 비롯되었다고 할 수 있다. 반면 나중에 구체적으로 보겠지만 스피노자의 신관에서는 이 세계의 실재를 설명하기 위해서 신 이외의 다른 실체들을 필요로 하지 않는다. 스피노자에게 신은 이 세계의 초월적 원인이 아닌 내재적 원인이기 때문에, 그리고 신, 즉 자연으로 표현되듯이 그 신(실체)의 변화상태가 이 세계이기 때문에 정신과 물체 등을 실체로 규정할 필요도 없고 또 규정할 수도 없다. 그래서 스피노자에게 신이라는 실체 이외의 다른 것, 즉 우리가 살고 있는 세계는 양태(실체의 변화상태)로 설명된다.

어쨌든 우리는 지금까지의 논의를 통해 데까르뜨의 존재구조를 다음과 같이 정리할 수 있다. 우선 존재하기 위해 어떤 다른 것에도 의존하지 않는 철저히 자존적인 무한실체인 신을 필두로, 존재하기 위해 신의 통상적인 협력을 필요로 하는 창조된 실체로서의 유한실체, 즉 정신과 물체가 있다. 그리고 그러한 유한실체의 속성들과 양태들이 있다.

정신과 물체

절대적 실체로서의 유일한 신 이외에 상대적 실체로 받아들인 정신과 물체는 완전히 배타적인 실체들이다. 이것들은 결코 화합할 수 없는 사유와 연장을 속성으로 지닌 실체들이다. 물체와 정신을 분리한 그의 이원론은 물질세계에 대한 당대의 자연과학적 탐구를 정당화함과 동시에 철학의 전통인 정신적이고 인간학적인, 특히 윤리적인 탐구 역시 정당화하는 이론이다. 이는 그의 이원론이 자연에 관한 기계론적 탐구의 길을 열어놓은 것과 동시에 인간의 정신에 대한 전래(傳來)의 신뢰 역시 계승하고 있다는 것을 의미한다. 그의 이원론은 사실상 이후 과학과 철학이라는 두 분야의 분리를 촉진시키는 계기가 되었다고 할 수 있다.

한편 이런 정신과 물체의 실체관은 인간에 대한 데까르뜨 철학의 특별한 위상을 형성하는 데 기여하기도 했다. 데까르뜨는 진정한 자아를 신체와는 철저하게 구별되는 순수하게 생각하는 사유로 규정하고 있다. 이런 결론은 오직 두 종류의 실체, 즉 정신과 물체만을 허용하는 이원론적 존재론에서 필연적으로 도출되는 것이다. 그는 정신과 신체 사이의 실재적 구분을 통해 '생각하지만 연장되지 않는 자기 자신'에 대한 명석·판명한 관념과 '연장되지만 생각하지 않는 신체'에 관한 명석·판명한 관념을 갖는다고 함으로써 두 실체들 사이의 교통을 철저하게 차단한다. 따라서 데까르뜨에게 인간은 더이상 전통철학에서 주장하듯이 유기적 통일체가 아니다. 인간은 순수하게 정신적인 부분과 기계적인 신체적 부분의 기이한 이원론적 결합체로 여겨진다.

기계론적 세계관의 물체개념에는 흙이나 돌 같은 것뿐만 아니라 식물이나 동물 같은 것들도 포함되어 있다. 생명의 유무에 따른 구별, 즉 흙이나 돌과 같은 이른바 '생명이 없는 것들'과 식물이나 동물 같은 '생명이 있는 것들' 간의 구별은 더이상 유효하지 않게 된 것이다. 이는 죽어 있는 것으로 여겨지는 것이든 살아 있는 것으로 여겨지는 것이든 크기·모양·운동이라는 동일한 원리에 의하여 설명될 수 있다는 점에서는 구별되지 않음을 의미한다. 이처럼 근대과학의 기계론은 영혼이나 정신과 같은 형상의 원리를 추방함으로써 이 세계를 물질만 존재하는 기계적 세계로 만들었다.

그러나 문제는 인간의 경우다. 인간도 신체를 가진 존재라는 점에서 물체의 범주에 들어간다. 그렇다면 인간을 설명하는 데에도 영혼이나 정신은 더이상 필요가 없다는 말인가? 데까르뜨는 기계론적 세계에서 추방된 영혼이나 정신을 인간에게 귀속시킴으로써 사유하는 실체로서의 인간을 만들었다. 그렇지만 데까르뜨는 연장된 실체인 신체도 인간의 본질을 구성하고 있다는 사실을 부인할 수가 없었다. 그래서 데까르뜨에게 인간은 연장실체인 신체와 사유실체인 정신을 가진 예외적인 존재가 되었다. 그러나 하나의 개별체인 인간이 두개의 실체가 된다는 것은 쉽게 이해할 수 있는 사실이 아니다.

더구나 데까르뜨에게 인간의 신체는 하나의 연장된 실체이기 때문에 물질세계의 기계론적 법칙에 따라 움직여야 하고, 인간의 정신은 사유실체이기 때문에 그러한 법칙에 의해 지배받지 않고 정신의 자유로운 의지와 결정에 따라야 한다. 이 때문에 한 인간은 두개의 다른 법칙, 즉 기계적 세계의 법칙과 정신세계의 법칙을 동시에 따라야 하는 모순된 결과에 직면하게 되었다. 인간은 두개의 법칙 사이에서 딜레마에 빠지게 된 것이다.

기계론적 원리에 의해 움직이는 인간의 신체와 그러한 원리에 의해 지배받지 않는 정신이 서로 아무런 관계도 없이 병존만 한다면 이러한 딜레마를 벗어나기 어렵다. 그래서 데까르뜨는 인간의 신체가 기계적 세계의 법칙에 따르지 않고 마음의 의지와 결정에 따라 행동할 수 있다고 주장함으로써 해결책을 제시한다. 이러한 인과관계를 설명하기 위해 그는 송과선(glande pinéale)이라는 가설을 내세웠다. 이것은 뇌의 뒷부분에 있는 송과선을 통해 정신이 자신의 의지를 몸에 전달하고, 또한 신체가 자신의 활동을 정신에 전달한다는 가설이다. 이러한 심신상호작용설로 말미암아 인간은 자연의 법칙을 따르지 않는 독립된 존재가 될 수 있었고, 또한 자연을 인식대상으로 삼는 주체적 자아가 될 수 있었다. 이로써 데까르뜨는 인간을 신으로부터 독립한 존재일 뿐만 아니라 물리적 세계인 자연으로부터도 독립한 존재로 만들 수 있었다.

데까르뜨 실체개념의 문제점

앞에서 보았듯이 데까르뜨는 신이라는 무한실체와 정신과 물체라는 두개의 유한실체를 내세웠다. 이러한 실체의 구분은 자연이라는 거대한 기계의 법칙과 의지자유의 가능성을 정당화하기 위해 의도된 것으로 보인다. 그의 신관은 이신론(理神論)적이다. 다시 말해 신이 이 세계를 무로부터 창조해서 법칙을 부여한 다음, 이 세계를 초월해 있다는 것이다. 따라서 이 세계는 법칙에 의해서만 인과적으로 움직일 뿐이다. 데까르뜨의 신관은 신을 자연과 분리된 실체로 인정하게 만들었다. 이러한 신관과 실체관은 종교를 인정하면서도 과학을 종교로부터 분리하여 자연에 대한 과학적 탐구를 자유롭게 해줄 수 있다는 장점을 갖는다. 그러나 신을 세계로부터 분리하는 것만으로 모든 문제가 해결되지 않았다. 그는 신과 분리된 세계를 또다시 나누어야 했다. 왜냐하면 목적이 없는 자연이라는 기계에 정신을 포함시킬 수가 없었기 때문이다. 이제 세계는 정신의 세계와 물질의 세계로 분리된다. 신의 세계로부터 분리되고 또한 정신의 세계로부터 분리된 물질의 세계에서는 모든 대상을 수로 나타내는 데 아무런 문제가 없었다. 마음껏 자연법칙들을 탐구할 수 있는 과학의 세계가 만들어진 것이다.

물질적 세계는 자연법칙에 의한 과학적 탐구가 가능한 세계이지만, 다른 두 세계는 자연법칙으로 설명하기 힘든 세계이다. 사실상 세개의 세계가 실재한다는 관점은 합리적 세계관이 될 수 없다. 합리적 세계관에 따르면 이 세계는 존재하는 모든 것들이 하나의 법칙에 의해 인과적으로 연결되어 있다. 그런데 데까르뜨는 신이 창조한 세계를 양분해서 정신세계와 분리된 물질세계를 설명했다. 그 덕분에 우리는 자연을 과학적으로 탐구할 수 있게 되었다. 하지만 데까르뜨는 각각 다른 세 세계(신의 세계, 정신세계, 물질세계)의 관계를 합리적으로 설명하지 못함으로써 존재론적인 문제뿐만 아니라 인식론적 문제와 심신론적 문제 등을 야기했다. 가령 한 인간이 두개의 실체로 구성되어 있다는 그의 주장은 현대에 와서는 '기계 속의 유령'이라는 비판을 받게 되고, 몸 이외의 사유하는 실체의 존재에 대한 주장은 '범주적 오류'라는 지적을 받기도 한다. 또한 두 실체간의 인과적 상호작용을 설명하기 위해 내세운 송과선이라는 가설은 오늘날 전혀 근거 없는 것으로 판명되었다. 이러한 가설에 기반을 둔 데까르뜨의 심신상호작용설은 사람들을 만족시킬 수 없었고, 하나의 문제점으로 남게 되었다.

3. 스피노자의 실체론

일원론적 세계관

데까르뜨가 해결하지 못한 대부분의 문제는 세계를 신으로부터 분리했을 뿐 아니라 다시 세계를 정신과 물체로 분리했기 때문에 발생한 것이다. 스피노자의 과제는 이러한 데까르뜨의 문제들을 해결하는 것이었다. 그 문제들을 근본적으로 해결할 수 있는 방법에는 하나의 세계, 즉 하나의 실체만을 인정하는 방법이 있다. 관념론·유물론·무신론 등이 그러한 방법들이다. 특히 현대철학에서는 주로 유물론적인 방법으로 데까르뜨의 문제들을 해결하려고 한다. 이것은 신과 정신을 부정함으로써 세계를 물질로 단순화하는 방법이다. 그러나 스피노자는 다른 것을 부정함으로써 하나의 세계를 만드는 방법은 임시방편일 뿐 진정한 해결책이 될 수 없다고 생각했다. 그는 정신과 물질, 그리고 신마저도 포함된 하나의 세계를 제시함으로써 데까르뜨의 잘못된 세계관에서 발생하는 문제들을 해결하고자 했다. 따라서 스피노자에게는 하나의 실체, 즉 신만 있고 이 신이 곧 자연이다.

스피노자의 실체개념은 데까르뜨와의 비교를 통해서 좀더 구체적으로 설명할 수 있다. 우리는 데까르뜨가 실체를 무한실체와 유한실체로 구분하는 것을 보았다. 이러한 구분은 자연을 물질로 한정함으로써 자연의 법칙을 발견하는 것을 용이하게 했으며, 근대과학이 발전하게 되는 토대를 마련했다.

그러나 데까르뜨는 자연에서 정신을 떼어내어 사유하는 실체를 추가함으로써 다음과 같은 난관에 봉착한다. 그는 자연에서 분리한 정신을 (자연의 일부인) 인간에게 귀속시켰다. 그래서 인간은 사유하는 실체(정신)와 연장된 실체(육체)의 결합체가 되었다. 하나의 개별체인 인간이 동시에 두 실체의 결합체가 된다는 것은 쉽게 이해할 수 있는 주장이 아니다. 그래서 데까르뜨는 송과선이라는 가설을 내세워 두 실체, 즉 정신과 육체의 관계를 설명했다. 그는 송과선을 통해 정신이 자신의 의지를 육체에 전달하고, 또한 육체가 자신의 활동을 정신에 전달한다는 가설을 세운 것이다. 그러나 이 가설은 사람들을 전혀 만족시킬 수 없었고, 하나의 문제점으로 남게 되었다.

스피노자의 과제는 데까르뜨의 이러한 문제점을 극복하는 것이었는데, 그의 해결방법은 의외로 간단하다. 정신을 다시 자연으로 귀속시켜 데까르뜨의 물질적 자연을 정신과 물질을 포함하는 자연으로 만드는 것이었다. 데까르뜨가 정신을 자연에서 떼어내어 인간에게만 귀속시킨 이유는 인간 정신이 지닌 자유의지가 기계론적 자연관과 모순되기 때문이었다. 스피노자는 자유의지를 인간 정신의 상상이나 착각으로 간주하면서 부정했기 때문에 기계적인 자연에 정신을 포함시키는 데 전혀 문제가 없었다. 그 결과 정신과 물체로 분리되지 않은 하나의 실체를 주장할 수 있었다. 그리고 그 하나의 실체는 다름아닌 신이 된다. 즉 그에게 실체는 유일한 신과 동일시된다. 데까르뜨는 세가지의 실체, 즉 신이라는 무한실체와 정신과 물체라는 유한실체를 주장한다. 반면 스피노자는 여러 실체들을 하나의 실체로 단순화한다. 이러한 단순화를 통해 얻게 되는 것은 신의 문제와 정신의 문제가 기계론적 세계관에 적절히 융화된다는 것이다.

실체, 즉 신

스피노자는 실체를 다음과 같이 정의한다. "실체란 그 자체로 존재하며, 자기 자신에 의해서 이해되는 것을 말한다. 다시 말하면 자신의 개념을 형성하기 위하여 다른 어떤 개념도 필요로 하지 않는 것이다"(『윤리학』*Ethica ordine geometrico demonstrata*, 1부 정의 3). 실체에 대한 스피노자의 정의는 실체의 전통철학적인 의미인 '논리적 독립성'을 포함하고 있을 뿐만 아니라 '인과적 자족성'의 의미도 포함한다. 이 정의에서 "자기 자신에 의해서 이해되는 것"이라는 구절은 '그 개념이 그 이외의 어떤 개념으로부터도 형성된 것이 결코 아닌 것'임을 의미한다. 스피노자는 '그 자체로 존재한다'는 전통적 정의를 더 엄격하게 적용하고, 나아가 "자기 자신에 의해서"라는 인과적 자족성을 자신의 정의에 포함하고 있다. 실체개념을 정의할 때 데까르뜨에서부터 '인과적 자족성'의 의미가 포함되기 시작한 것이다. 데까르뜨는 실체를 '존재하기 위해서 다른 어떤 것도 필요로 하지 않고 존재하는 것'이라고 정의한다. 그러므로 실체란 인과적으로 자존적인 어떤 것이다. 이에 따르면 신만이 실체가 된다.

그러나 데까르뜨는 그 정의를 실제로 적용할 때 의미를 약화시킴으로써 자신의 정의에 충실하게 따르지 않았다. 그는 실체란 '존재하기 위해서 신의 도움만을 필요로 하는 것들'이라고도 정의한다. 이는 실체의 개념을 창조된 피조물까지 확대시킨 것이다. 데까르뜨와는 달리 스피노자는 이 정의를 좀더 엄격하게 적용함으로써 신만이 실체라고 주장한다. 스피노자에 따르면 신 이외의 어떠한 실체도 있을 수 없으며, 생각할 수 없다(『윤리학』 1부 정리 14). 따라서 스피노자에게 실체는 유일하며, 이 유일한 실체가 곧 신이다. 그는 『윤리학』 1부에서 신에 관해 고찰하면서 그의 유일 실체관을 다음과 같이 전개한다.

① 자연 안에는 동일한 본성 또는 속성을 가지는 두개 이상의 실체는 존재할 수 없다. (『윤리학』 1부 정리 5)

② 신은 절대적으로 무한한 존재이며, 즉 각각의 속성들이 실체의 영원하고 무한한 본질들을 표현하는 무한한 속성으로 이루어진 실체이다. (『윤리학』 1부 정의 6)

그는 이 두가지 전제로부터 실체일원론을 다음과 같이 증명한다.

③ 만약 신 이외의 다른 실체가 존재한다면 그 실체는 신이 가지고 있

는 속성들 중 어떤 속성들을 소유할 것이다. 왜냐하면 앞에서 보듯이 신은 무한한 속성을 가지고 있기 때문이다.

④ 그렇다면 같은 속성을 가진 두개의 실체가 존재하게 된다.

⑤ 그러나 이것은 동일한 속성을 가지는 두개 이상의 실체는 존재할 수 없다는 정리 5(앞의 ①번)에 의하여 부당하다.

⑥ 따라서 신 이외에는 다른 어떤 실체도 존재할 수 없고 인식될 수 없다.

이와같은 방식으로 스피노자는 자연 안에는 오직 하나의 실체, 즉 신만이 존재한다는 실체일원론을 주장한다.

스피노자는 『윤리학』 2부를 "사유는 신[실체]의 속성이거나 신은 사유하는 것이다"(『윤리학』 2부 정리 1)라는 명제로 시작한다. 사유를 가지고 신을 개념화하는 작업은 철학사에서 계속되었다. 사유는 아리스토텔레스의 부동의 원동자가 지니는 주요 특성이며, 데까르뜨에 이르기까지 신은 사유하는 비물질적인 것으로 간주되었다. 전통적으로 신은 어떤 물질성도 혼합되지 않았을 뿐 아니라 연장도 없는 오직 사유하는 것이다. 그러나 스피노자는 "연장은 신[실체]의 속성이거나, 신은 연장된 것이다"(『윤리학』 2부 정의 2)라고 진술한다. 이렇게 스피노자에게 실체, 즉 신은 사유라는 속성뿐만 아니라 연장이라는 속성도 가지고 있다. 사실상 실체, 즉 신에게는 무한히 많은 속성이 있으나 그중에서 인간이 인식할 수 있는 속성은 '사유'와 '연장'뿐이다. 그러므로 신은 '사유하는 것'으로서, 그리고 '연장된 것'으로서 우리에게 나타난다. 이처럼 스피노자는 무한히 많은 속성들을 가정하고 주장하면서도, 구체적으로 우리에게 드러나는 사유와 연장의 속성만 가지고서 자연과 인간, 다시 말해 전체와 부분의 관계를 설명한다. 데까르뜨에게서 사유와 연장은 각각 유한실체인 정신과 물체의 속성이다. 따라서 정신은 사유하는 실체이고, 물체는 연장된 실체이다. 스피노자는 데까르뜨의 사유와 연장이라는 두가지 성질을 계승한다. 그러나 정신과 물체를 실체로 인정하고 각각 사유와 연장을 속성으로 본 데까르뜨의 이원론적 견해와는 달리 사유와 연장을 동일한 실체의 두 속성으로 보고 있다. 즉 데까르뜨에게서 유한실체였던 정신과 물체는 스피노자에게서는 그 실체성을 상실한 채 실체의 양태에 불과하게 되었다.

스피노자에게서 '속성'은 실체와 양태를 연결하는 개념이다. 양태란 실체가 변한 모습이다. 다시 말해 양태란 실체가 속성들을 통해서 여러가지 형태로 나타난 것이다. 따라서 양태는 실체 안에 존재하며, 실체에 의해 이해될 뿐이다. 실체가 스스로 존재하며 다른 것을 필요로 하지 않는 반면, 양태란 다른 존재, 즉 실체가 있음으로써 존재가 가능한 것이다. 이처럼 양태는 실체를 떠나서는 존재할 수도 없고, 이해될 수도 없다. 또한 양태는 실체 안에 포함되지만 단순히 실체의 일부분으로 존재하는 것이 아니라 변화된 상태로 존재한다. 세계를 구성하는 모든 개물(個物)은 바로 실체의 양태들이다. 양태가 실체로부터 변화하는 것은 필연적이고, 양태는 무한한 방식으로 무한히 많이 산출된다. 인간도 실체가 아니라 이러한 양태이다. 스피노자는 인간이 자연에서 유일한 공간을 소유하고 있는 것이 아니라 자연의 일부분으로 존재할 뿐이라고 보았다.

또한 그는 양태를 무한양태와 유한양태로 분류하여 설명한다. 다시 무한양태는 직접적 무한양태와 간접적 무한양태로 구분된다. 직접적 무한양태는 실체의 절대적 본성에 의해서 생겨나는 양태로서, 사유의 속성에 따르는 지성(신의 절대무한지성)과 연장의 속성에 따르는 운동과 정지가 있다. 간접적 무한양태란 유한한 개물의 전체를 의미하는 것으로서 전 우주의 얼굴이다. 그리고 유한양태는 특수한 각각의 개별적인 사물들이다. 이렇게 절대적으로 무한한 신으로부터——신의 사유와 연장이라는 속성으로부터——직접적 무한양태가 따라 나오고, 직접적 무한양태로부터 간접적 무한양태가 따라 나온다. 그리고 이 간접적 무한양태로부터 유한양태가 따라 나온다. 그러므로 스피노자에게 존재하는 것은 엄격히 실체(신, 자연)와 신적 본성의 필연성(자연의 법칙)으로부터 도출되는 양태뿐이다. 이러한 스피노자의 설명에 따르면 자연은 하나의 법칙에 의해 체계를 이루고 있다. 이는 자연을 초월한 어떠한 실재도 인정하지 않고자 하는 스피노자의 합리적인 자연관을 나타낸다.

신, 즉 자연

스피노자는 자연의 모든 존재와 사건은 오직 법칙과 질서에 따라 존재하며, 우연이란 존재하지 않는다고 생각한다. 또한 존재하는 모든 것들은 우주 안에서 유기적으로 연결되어 있다고 생각한다. 그에게 우주 전체는 합리적으로 질서를 이루고 인과적으로 상호연결된 하나의 존재이다. 그리고 그것 이외에는 아무것도 존재하지 않는다. 스피노자는 우주를 통일된 하나의 실체로 보는데, 이는 그의 철학에서 가장 기본적이고 중요한 개념이다. 그리고 이 개념은 어떤 사물이나 사건에 대해 그 원인을 철저하게 끝까지 이해하려고 노력함으로써 더 분명하게 이해할 수 있다. 단순한 하나의 사물조차 그것과 관계된 원인들은 멀리 그리고 넓게 확산되면서 체계적으로 잘 조직된 인과적 연쇄를 이루고 있다.

어떤 대상이나 사건 또는 경험은 모두 다른 사물이나 사건 또는 경험들에 의존해 있고, 이들은 또다른 무수히 많은 사물·사건·경험에 의존해 있다. 이처럼 계속되는 의존관계는 다른 어떤 것에도 의존하지 않는 절대적으로 독립적인 존재에 이를 때까지 무한히 계속될 것이다. 따라서 인과적 연쇄가 무한히 계속되지 않기 위해서 독립적인 존재, 다시 말해 자기의존적인 존재가 있어야 한다. 그런데 여기서 문제가 제기되는데, 그것은 "자기의존적인 존재는 무엇인가?" "이 존재는 자기에게 의존하고 있는 대상·사건·경험들의 세계와 어떤 관계에 있는가?" 하는 것이다. 일반적으로 자기의존적인 존재인 절대자가 무로부터 세계를 창조하고, 그 세계가 스스로 유지되도록 법칙을 부여하고, 세계로부터는 이탈해 있다고 대답할 수 있다. 또한 절대자는 자신이 창조한 세계에 때때로 기적적인 방법으로 개입하는 전능하고 초월적인 창조자이다. 이러한 이신론적 생각은 스피노자 당시에 거의 일반적이었다. 데까르뜨 역시 이신론자로 초월적 절대자의 무로부터의 창조를 인정했다.

그러나 외부적 창조자와 무로부터의 창조에 대한 주장들은 스피노자를 만족시키지 못했다. 이것은 그의 철저한 합리적 세계관과 상충된다. 그에게 세계는 합리적으로 질서 잡혀 있고, 인간의 이성으로 이해 가능한 세계이다. 따라서 이 세계를 초월해 있는 다른 존재나 세계를 인정하는 것이나 그 초월적 존재가 이 세계를 창조했다고 생각하는 것 등은 모두 인간의 상상에 불과하다. 또한 무로부터의 창조와 같은 기적을 인정하는 것은 이 세계를 제대로 이해하는 데 방해가 될 뿐만 아니라 세계에 관한 설명을 더 어렵게 만든다. 무로부터의 창조를 합리적이라고 설명하는 것은 거의 불가능하기 때문이다. 따라서 스피노자의 합리적 세계관에서 '초월적 창조자'와 '무로부터의 창조' 개념을 찾아볼 수 없는 것은 당연하다.

그에 따르면 이 세계에 존재하는 모든 것들이 궁극적으로 의존할 수 있는 절대적 존재, 즉 자기의존적인 존재가 있어야 한다. 그러나 우주를 초월한 곳에서 절대적 존재를 찾는 신비적 방법은 문제해결에 도움이 되지 않는다. 그래서 스피노자는 각각의 사물·사건·경험의 절대적인 토대를 우주 안에서 찾으려고 시도했고, 그것을 다름아닌 각각의 사물·사건·경험의 체계적인 통일로 보았다. 스피노자는 '이 세계 내에 존재하는 모든 것들이 체계적으로 통합된 전체'를 자기의존적 존재로 간주한다. 이 '체계적으로 통합된 전체'로서의 존재는 다른 어떤 것에도 의존할 필요가 없는 자기의존적인 존재이고, 세계의 모든 사물·사건·경험들은 이 존재에 의존하고 있다. 이러한 관점은 무로부터의 창조의 문제를 피할 수 있게 한다. 이 세계, 즉 자연은 무로부터 창조된 것이 아니라 자기 자신을 스스로 생성하고 소멸하는 것이다. 따라서 스피노자에게는 세계 스스로의 변화와 생성이 곧 창조가 된다. 그리고 이 상호연결된 씨스템으로 이해되는 존재는 자연이라고 불린다. 스피노자는 무로부터의 창조를 부정하고, 초자연적인 요소들을 제거함으로써 자연 이외의 어떤 실재성도 인정하지 않았다. 자연은 자존적이며, 스스로 자신의 존재를 유지하는 실재하는 모든 것이다. 그리고 이 모든 것은 하나로 통합되어 있는 단일한 자연이다.

스피노자는 우주를 초월한 어떤 존재도 인정하지 않았지만, 그 대신 존재하는 것이라고 불리는 것은 무엇이든지 우주 체계에 포함시키려고 했다. 그래서 그는 물질을 부정하는 관념론, 정신을 부정하는 유물론, 그리고 신의 실재성을* 부인하는 무신론을 거부했다. 스피노자에서는 정신과 물질 또한 신까지도 우주체계 안에서 의미를 가진다. 이런 이유로 스피노자를 범신론적으로 이해하는 사람들은 스피노자에게서 신의 자리는 바로 자연의 전 체계라고 말한다. 왜냐하면 신은 완전한 자존적인 존재로서 이해되는데, 그의 합리적 세계관에서는 우주체계, 즉 자연이 그러한 존재이기 때문이다. 따라서 '하나이면서 모든 것'이 신이고, 신은 '모든 것인 하나'가 된다. 이렇게 스피노자는 신과 자연을 동일시하기 때문에 일부 학자들은 그의 학설을 범신론(pantheism)이라고 규정한다.

스피노자의 신관을 정확하게 이해하기 위해서 우리는 능산적 자연(natura naturans)과 소산적 자연(natura naturata)에 관한 논의를 살펴볼 필요가 있다. 중세 스콜라철학에서 능산적 자연은 창조자로서의 신을 의미했고, 소산적 자연은 창조되는 자로서의 자연을 의미했다. 그런데 사람들은 대부분 스피노자가 이 두 개념을 창조주와 피조물의 관계로 이해하지 않고, 더 밀접하게 연관시켜서 범신론적 의미를 부여한다고 주장한다. 다시 말해 창조자로서의 자연과 피창조자로서의 자연을 동일시해서 범신론적 사상을 제시했다는 것이다. 범신론적 해석의 기본적인 주장은 다음과 같다. 스피노자는 창조자와 피조물로 나누어 세계를 설명하고자 하는 전통 철학적 입장에 따라 자연을 능산적 자연과 소산적 자연으로 구분한다. 그러나 그의 구분은 두 자연을 인정한 것이 아니라 하나의 자연을 보는 두 시각으로 이해해야 한다. 이 경우 스피노자의 능산적 자연과 소산적 자연의 구분은 창조와 피조물의 관계가 아니라 오히려 '자연 전체'와 '그 전체를 구성하는 것들'의 관계로 이해해야 한다는 것이다. 이러한 견해가 옳다면 스피노자에게 신과 자연, 능산적 자연과 소산적 자연은 원칙적으로 분리해서 생각할 수 없고, 그의 신관은 신, 즉 (소산적) 자연이라는 범신론이 된다.

그러나 스피노자의 신관은 이러한 의미의 범신론과는 어느정도 거리를 두고 있다. 스피노자에게 전체로서의 자연과 동일시되는 것은 능산적 자연이 아니라 소산적 자연이다. 그것은 과거에 존재했던 개체들이나 미래에 지속될 모든 개체들의 총화로서 전우주의 얼굴이다. 스피노자는 이것을 무한양태라고 불렀고, 이를 소산적 자연으로 분류하고 있다. 따라서 '자연 전체'와 '그 전체를 구성하는 것들'은 모두 소산적 자연에 속하는 양태들일 뿐이다(전자는 무한양태이고, 후자는 유한양태이다). 이렇게 전체로서의 자연이 신이 아니라면 스피노자에게 신이 존재할 자리는 없다. 왜냐하면 스피노자는 자연 이외의 어떤 초월적 존재도 인정하지 않기 때문이다. 사실상 스피노자의 자연관이 우리에게 약간은 생소한 이유가 있다. 그것은 우리가 자연을 생성·소멸·변화하는 것으로 보고, 이 변화를 일으키는 원인을 초월적인 신으로 생각하는 종교적 방식에 익숙해져 있거나, 아니면 초월적 원인을 부정하고 그 변화하는 자연만을 존재로 인정하는 무신론적 사고방식에 익숙해져 있기 때문이다.

스피노자는 능산적 자연을 소산적 자연의 초월적 원인(causa transiens)이 아니라 내재적 원인(causa immanens)으로 규정하고 있다. "신은 존재하는 모든 것의 내재적 원인이며 초월적 원인이 아니다"(『윤리학』 1부 정리 18). 초월적 원인은 그 결과를 자신의 바깥에 생기게 하는 원인이고, 내재적 원인은 그 결과가 자신의 안에 생기게 하는 원인이다. 그렇다면 스피노자에게 변화하는 소산적 자연은 능산적 자연의 내부에 있게 된다. 즉 능산적 자연은 자신의 결과인 소산적 자연을 자신 안에 가지고 있다. 능산적 자연은 변화가 없는 상태의 자연이고, 소산적 자연은 능산적 자연이 변화하여 생성하고 소멸하는 자연이다. 다시 말해 능산적 자연은 자신의 본성이 지니는 필연적 법칙에 의해서 끊임없이 여러 상태로 변화한다. 이 끊임없는 변화상태가 바로 소산적 자연이다. 우리가 살고 있는 세계는 이 소산적 자연으로서의 세계이지만, 궁극적으로는 능산적 자연으로서의 세계가 된다. 그렇다고 해서 능산적 자연을 소산적 자연과 동일시해서는 안된다. 변화가 없는 상태의 능산적 자연을 끊임없이 변화하는 소산적 자연이라고는 할 수 없기 때문이다.

그러면 능산적 자연과 소산적 자연에 대한 스피노자의 이러한 관점을 범신론으로 해석하는 것은 어느 정도 타당한가? 스피노자에게 신은 '하나이면서 모든 것'이고, 또한 '모든 것인 하나'이다. 스피노자의 내재적 원인으로서의 신관은 범신론보다는 범재신론(panentheism)——만유내재신론으로도 번역이 가능하다——으로 해석하는 것이 더 정확할 것이다. 범재신론은 세계와 신을 동일시하지 않는다. 세계는 신이 아니다. 그것은 신 안에 있다. 범재신론에서 세계에 존재하는 모든 것들은 신을 원인으로 가지면서 신 안에 존재한다. 따라서 그것들은 신 없이는 존재가 이해될 수 없다. 범신론에서는 모든 것(소산적 자연)이 신이라고 주장하는 반면, 범재신론에서는 모든 것이 신 안에 존재한다고 주장한다. 이러한 범재신론은 다음의 스피노자의 진술을 잘 반영하고 있다. "존재하는 모든 것은 신 안에 있으며, 신에 의해서 생각되지 않으면 안된다. 따라서 신은 자기 자신 속에 존재하는 모든 것의 원인이다"(『윤리학』 1부 정리 18에 대한 증명). 우리는 스피노자의 신관이 신과 자연을 동일시하는 일반적인 의미의 범신론과는 다르다는 것을 염두에 두어야 한다.

스피노자 실체개념의 문제점

데까르뜨가 자신의 실체개념을 철저하게 지키지 못하고 신 이외의 다른 실체들을 주장할 수밖에 없었던 것은 그의 이신론적 신관 때문이라고 할 수 있다. 그에게 신은 무로부터 세계를 창조한 신이자 이 세계를 초월한 존재이다. 따라서 신과 세계는 서로 완전히 분리되어 있다. 그렇기 때문에 신만을 유일한 실체로 인정할 경우, 세계에 관한 설명이 난관에 부딪치게 된다. 그래서 데까르뜨는 신이라는 무한실체 이외에 이 세계를 설명해줄 수 있는 실체가 필요했고, 정신과 물체라는 두개의 유한실체를 주장하게 되었다. 이에 반해서 스피노자는 무로부터의 창조와 초월적 존재로서의 신을 부정했다. 또한 모든 것이 신 안에 존재한다는 일원론적 세계관을 정립했기 때문에, 그에게는 신이라는 하나의 실체만이 필요했다. 그리고 그 실체, 즉 신은 다름아닌 자연이 되는 것이다. 또한 스피노자는 데까르뜨와는 달리 정신의 자유의지를 부정했기 때문에 정신을 기계론적 자연에 포함시키는 데 아무런 문제가 없었다. 스피노자의 이러한 사유들은 정신, 물질 그리고 신까지 포함하는 하나의 합리적 세계를 제시할 수 있게 한다.

이렇게 '실체, 즉 신' '신, 즉 자연'으로 표현되는 그의 세계관은 하나의 실체가 신이고, 또한 자연이기 때문에 데까르뜨가 주장하는 다수의 실체에서 비롯된 문제를 해결한 것으로 보인다. 그러나 거기에는 또다른 문제가 발생한다. 그것은 정신과 물체의 본질인 사유속성과 연장속성들이 이제는 하나의 실체에 속하게 되는 '하나의 실체와 다수의 속성'의 문제이다. 하나의 실체가 두개의 본질을 가지게 된 것이다. 더 나아가 스피노자는 사실상 무한한 수의 속성들을 주장하면서 그중에서 인간이 지금까지 발견한 속성은 사유와 연장뿐이라는 점을 강조한다. 그렇다면 하나의 실체가 무한한 수의 본질을 가지게 되는 모순된 결론이 나온다. 따라서 스피노자의 속성개념은 그의 철학 전반을 이해하는 데 상당히 중요한 개념이다. 그의 속성개념의 성공여부에 따라 그는 데까르뜨의 문제점들을 해결할 뿐만 아니라 자신이 제시한 새로운 실체개념과 세계관에 정당성을 부여할 수 있기 때문이다. 더 나아가 속성개념을 어떻게 해석하느냐에 따라 그의 철학 전반에 대한 해석이 (정반대로까지도) 달라지게 된다. 그의 형이상학과 심신론에 대한 관념론, 유물론, 평행론, 부수현상론 등 다양한 해석은 주로 그의 속성개념에 대한 다른 관점에서 비롯된 것이다.

4. 라이프니츠의 실체론

데까르뜨와 스피노자 비판

라이프니츠의 실체론은 데까르뜨와 스피노자의 실체론을 비판적으로 계승하고 발전시킨 것으로 이해할 수 있다. 우선 라이프니츠는 이들과 방법적으로 공통점을 가진다고 할 수 있는데, 그것은 인식과 도덕의 가능성 등 철학적 문제들을 실체개념을 통해 해명하는 존재론적 방법이다. 그러나 그는 세부적인 문제들에 관해서는 이들과 다른 해법을 제시한다. 라이프니츠는 결정론적 입장을 취하고, 인격적 창조주로서의 기독교적 신개념을 수용하여 이를 부정한 스피노자의 생각을 거부하며, 도덕의 가능성 문제와 관련해서는 인간의지의 자유, 특히 필연으로부터의 자유가 가능함을 입증하고자 한다. 더불어 신만이 유일한 실체라는 스피노자의 생각도 거부한다. 이 문제와 관련해서 라이프니츠는 신 외에도 다른 유한실체를 인정한 점에서는 데까르뜨에 더 가깝다고 할 수 있다. 그러나 라이프니츠는 데까르뜨의 이원론적인 실체관도 거부하는데, 그 이유는 데까르뜨의 생각이 의지의 자유를 정당화하는 데 적합하지 않을뿐더러 운동의 원리를 해명하는 데에도 적합하지 않은 것으로 보았기 때문이다. 그래서 라이프니츠는 데까르뜨의 실체개념을 비판하고 고유한 실체개념을 수립한다.

라이프니츠는 실체에 대한 전통적인 개념에 준하여 실체를 신과 그 자신 외에 다른 어떤 것에도 의존하지 않는 존재로 이해한다. 그러나 그는 데까르뜨와는 달리 물질적 실체를 부정한다. 라이프니츠에 의하면 물질, 즉 연장된 것은 실체일 수 없다. 왜냐하면 연장된 것은 분할될 수 있고, 분할된 것 역시 연장된 것이므로 또 분할 가능하고, 이렇게 하여 무한히 분할 가능하게 되기 때문이다. 그런데 실체란 분할이 불가능한 것, 즉 단순한 것이어야 한다. 그렇다면 무한분할이 가능한 것에는 실체성을 가질 수 있는 단위가 확인될 수 없다. 따라서 물질은 실체가 될 수 없다. 라이프니츠는 자신이 모색하는 단순한 실체를 '모나드'(monad)라고 부른다. 모나드란 '하나'를 의미하는 그리스어 '모나스'(monas)에서 온 말이다. 라이프니츠가 연장은 실체일 수 없다고 주장하는 또다른 이유는, 연장성으로는 물리적 현상을 설명할 수 없다고 보는 그의 역학적인 자연관에 있다. 라이프니츠는 연장이 아니라 역학적인 힘(vis)을 물질적 실체의 본성으로 보며, 이 실체적인 힘을 근원적 힘(vis primitiva)이라 칭한다. 이 힘의 특징은 외부로 자신을 행사하려는 경향인데, 라이프니츠는 이를 욕구(appetitus)라 한다. 역동적인 힘과 욕구를 실체적 본성으로 보는 라이프니츠의 생각은 가능적인 능력(potentia)을 실체의 본성으로 규정한 스피노자의 생각과 유사하며, 궁극적으로는 모든 현상을 사물의 실체적인 본질 또는 가능적인 능력(가능태)의 합목적적인 현실화 과정(현실태)으로 설명한 아리스토텔레스적인 사고에 뿌리를 두고 있다.

라이프니츠는 정신적 실체에 관한 데까르뜨의 생각도 문제삼는데, 문제는 데까르뜨가 의식적인 사유만을 정신적 활동으로 간주한 데에 있다. 라이프니츠에 의하면 데까르뜨는 정신적 실체의 존재를 '생각한다'는 의식적인 사유행위에서 확인하는데, 이는 실체의 기본적 조건을 충족하지 못한다. 그 이유는 다음과 같다.

유한한 정신은 항상 의식적으로 사유하는 것이 아니라 의식적일 때도 있고 그렇지 않을 때, 즉 무의식적일 때도 있다. 그런데 만약 의식적인 사유만을 정신적 활동으로 간주한다면 실체는——우리가 갑자기 혼수상태에 빠지는 경우처럼——존재하다가 존재하지 않다가 한다는 문제가 생긴다. 이는 영구불변하는——라이프니츠의 표현으로는—— '창조에 의하지 않고는 생성되지 않고 파괴에 의하지 않고는 소멸하지 않는다'는 실체의 개념에 어긋난다. 이러한 문제점을 해결하기 위해 라이프니츠는 정신의 의식적인 활동만을 지시하는 사유개념을 영혼의 활동 일반을 지시하는 개념인 지각(perception)으로 대체하고, 사유함과 사유하지 않음이라는 극한적인 상태를 지각의 활동성의 정도로 대체한다. 라이프니츠에 의하면 우리가 정상적인 의식상태에서 사물이나 사태를 명료하게 의식하는 상태는 통상적인 지각의 상태이다. 그리고 우리가 자신에 대해서 명료하게, 즉 반성적으로 의식할 수 있는 정신의 상태는 명료성이 높은 지각의 상태이며, 특별히 통각(apperception)이라 칭한다. 그리고 우리가 잠들어 있거나 어떤 충격으로 의식을 잃어버렸을 때와 같이 의식이 없는 것처럼 보이는 경우는 활동이 미미한 낮은 단계의 지각상태이다. 지각활동이 아주 미미하여, 마치 죽어 있는 상태처럼 보인다 할지라도 정신은 활동하고 있으며, 따라서 실체성을 유지하고 있는 것이다. 라이프니츠의 지각개념을 통한 실체의 이해는 정신적 실체의 지속성 문제뿐만 아니라 사유와 연장이라는 이원적인 실체관의 문제에 대해 또다른 해법도 제시한다. 모든 존재는 영혼적 활동을 실체적 본질로 한다고 보면 영혼적이지 않은 것이 없다. 데까르뜨는 물체는 영혼을 가지지 않는다고 보고, 영혼 대신 연장을 갖는 것을 실체로 규정했으며 동물들의 영혼도 부정했지만, 라이프니츠의 해법으로 보면 물체나 동물들은 지각활동이——이를테면 활동성 0에 수렴하는 것처럼——극히 미미하거나 인간에 비해 상대적으로 낮은 단계이다. 라이프니츠에 의하면 인간뿐만 아니라 모든 동식물, 이를테면 아메바까지도 지각이라는 영혼적 실체성을 본질로 하고 있다. 하급동물이나 식물들은 영혼을 가지고 있지 않은 것처럼 보이지만, 사실은 지각이라는 영혼적 원리를 본질로 하며, 단지 그 활동이 미미해서 의식이 없는 것처럼 보일 뿐인 것이다. 이처럼 그 활동이 미미한 의식을 가지는 실체를 라이프니츠는 아리스토텔레스의 용어를 빌려 '엔텔레케이아'(entelecheia)라고 칭한다. 이렇게 본다면 동물이나 식물은 영혼을 결한 물질에 불과하고, 물질을 설명하기 위해 연장이라는 또하나의 실체를 가정할 필요가 없게 되는 것이다.

개체적 존재로서의 실체

라이프니츠의 실체론이 데까르뜨 및 스피노자의 실체론과 구분되는 또 다른 측면은, 데까르뜨와 스피노자가 실체를 연장, 정신 및 양태 등 보편적 특성의 차원에서 해명하는 것으로 끝난 데 반해, 라이프니츠는 우연적 속성에 주목하여 실체를 개체적인 차원으로 전개한다는 것이다. 라이프니츠에 의하면 모든 실체는 자신이 수행하는 지각의 모든 내용, 즉 과거와 현재 그리고 미래에 실현될 모든 내용을 이미 자신 안에 잠재적으로 본유하고 있다. 그리고 이런 잠재적인 내용들은 모나드의 본성인 욕구를 통해 역사적 과정에서 현실화된다. 그런데 각 실체가 본유하는 지각의 내용들은 잠재적이든 현실적이든 다른 실체와 서로 구분되며, 이처럼 각기 구분되는 지각내용에 따라 실체들은 서로 다른 개체로 존재하게 된다. 모든 실체, 모나드는 단순성이라든지 힘이라는 근원적 특성에서 보면 구분하기 힘들지만, 각자가 잠재적으로 가지고 있는 또는 실현하는 지각내용에 의해 서로 구별되며, 지각내용들의 차이가 각 모나드로 하여금 개체적인 존재가 되게 하는 것이다. 라이프니츠는 우주 안에 어떤 실체도 동일하지 않다고 말하는데, 이 비동일성은 다름아닌 각 실체들이 가지는 지각내용의 차이에 근거하는 것이다. 라이프니츠가 말하는 실체인 모나드는 데까르뜨가 말하는 단순한 정신이나 연장성이라는 추상적 존재가 아니라 역사적이고 개별적인 존재인 것이다.

라이프니츠에 의하면 이 세계에는 무한히 많은 개별적 실체들이 존재한다. 그리고 실체는 결코 새로 생성되거나 소멸하지 않으므로 우주 내의 실체 수는 불변한다. 그리고 절대 순수하며 완전한 실체인 신을 제외한 모든 실체는 하나의 우월한 모나드(실체)와 이에 종속된 일군의 열등한 모나드(실체)들의 집합형태로 존재한다. 한 개체에서 영혼과 육체를 구분할 때 영혼은 우월한 모나드에, 육체는 바로 열등한 모나드들의 집합에 해당한다. 라이프니츠에 의하면 인간과 동물뿐만 아니라 식물을 포함한 모든 개별적 사물들도 영혼과 육체의 결합체로서 존재한다. 그러나 영혼과 육체의 관계가 데까르뜨가 생각한 것처럼 인과적인 관계는 아니다. 상호인과적인 관계를 가지는 것처럼 보이는 영혼과 육체의 관계는 사실 신이 애초에 그렇게 보이도록 정한, 즉 예정조화에 의한 것이다. 예정조화론적 설명은 실체들로 이루어진 세계의 설명에도 똑같이 적용된다. 라이프니츠에 의하면 우주는 질서를 이루고 있는 실체들의 총합이다. 그러나 이 관계는 뉴턴이 생각한 것처럼 어떤 인과적인 법칙에 의해 유지되는 것이 아니라 신에 의해 예정된 것이다. 뉴턴이 말하는 존재들간의 상호작용은 불가능하다. 실체들은 자족적인 존재로서 외부로부터의 어떤 영향이나 도움도 필요로 하지 않기 때문이다. 말하자면 "모나드는 창이 없는 것"이다. 실체들에서 발생하는 모든 사건은 실체 자신에 잠재적으로 규정된 내용의 실현에 지나지 않기 때문이다.

실체와 세계의 창조

라이프니츠의 실체론에서 중요한 또다른 부분은 실체의 창조에 관한 이론이다. 데까르뜨도 실체는 신에 의해 창조된 것이라고 말한다. 그러나 그는 실체가 어떻게 창조되는지에 대해서는 구체적으로 언급하지 않는다. 스피노자는 신, 즉 자연을 유일한 실체로 보았기 때문에, 실체는 스스로 존재하는 것이지 창조된 것이 아니다. 이에 반해 라이프니츠는 신이 개별적 모나드와 모나드들로 이루어진 이 세계를 어떻게 창조하는가를 해명하는

데 적지 않은 지면을 할애한다. 그 이유는 창조의 논리에 근거하여 자연과 도덕법칙의 가능성을 해명하고자 하는 그의 의도에 있다. 라이프니츠의 창조론은 세 단계로 나누어 생각할 수 있다. 첫째 단계는 신의 지성 안에서 가능적 존재로서의 개별적 모나드를 구성하는 단계이다. 둘째 단계는 가능적 모나드들의 집합으로서 가능적 세계를 구성하는 단계이다. 마지막 단계는 무수히 많은 가능한 세계들 중에서 하나를 선택하여 현실세계로 가져오는 단계이다.

　라이프니츠는 자신의 지각활동과 더불어 개별적 존재로 성립하는 실체를 논리적 관점에서는 완전개념(notio completa)으로 규정한다. 라이프니츠에 따르면 모나드, 즉 개별적 실체는 무수히 많은 단순개념들이 복합하여 만들어진 완전개념이다. 단순개념이란 내포의 양이 한가지밖에 없고 외연의 양은 무수히 많은 개념이다. 전지한 신의 지성 안에서는 무수히 많은 단순개념이 가능하며, 단순개념들이 논리적으로 결합하여 복합개념을 형성할 수 있다. 단순개념들이 결합하여 형성된 복합개념에서 내포의 양은 증가하는 데 반해, 외연의 양은 감소한다. 만일 중복되지 않고서는 더이상 다른 단순개념을 결합할 수 없을 정도로 무한히 많은 단순개념들이 결합된 복합개념을 생각한다면, 이 개념의 내포는 결합된 단순개념의 수만큼 무수히 많고 외연은 단일한 개체가 된다. 이러한 개념을 완전개념이라고 하는데, 이 완전개념이 가능적 존재로서의 개체적 실체이다. 그런데 전지한 신의 지성에서는 무한히 많은 완전개념이 논리적으로 가능하다. 완전개념은 그것을 구성하는 무한히 많은 단순개념 중에서 단 하나만 달라도 서로 다른 완전개념, 즉 서로 다른 실체가 된다.

　신이 단순개념들을 결합하여 가능적 실체인 모나드를 구성한다는 라이프니츠의 생각은 심각한 문제를 야기하는데, 그것은 도덕철학적 주제인 의지자유에 관련된 것이다. 즉 모든 실체와 관련하여 발생하는 일들은 신에 의해 사전에 결정된 것이 되며, 그렇다면 실체들은 전적으로 피결정된 존재이며 의지의 자유는 불가능하다는 결과가 생긴다. 따라서 라이프니츠는 이후 생각을 다소 변경하여 완전개념의 의미를 재해석하여 문제를 해결하는데, 그 해법은 다음과 같다. 신이 단순개념들의 결합을 통하여 완전개념을 구성하는 것은, 기계와 같은 완제품을 만들듯이 완전히 결정된 방식이 아니라 실체의 자율적인 선택의 가능성을 전제하는 방식으로 이루어진다. 즉 실체들은 자신의 행위를 스스로 선택하되, 각기 자신들에 부여된 지각의 명료성의 정도에 준하여 고유한 선택을 하고 행한다. 그러나 전지한 존재인 신은 실체들의 미래의 선택과 행위를 예견할 수 있으며, 그에 근거하여 각 실체에 상응하는 완전개념들을 형성한다는 것이다.

그러나 단순히 신의 지성에서 구성된 존재로서의 실체는 가능적 존재이지 실질적인 존재는 아니다. 라이프니츠에 의하면 실체는 신에 의하지 않고는 스스로 존재할 수 없다. 가능적 존재는 신에 의해서 현실적인 존재가 될 수 있는 것이다. 라이프니츠는 신이 가능적 존재를 현존으로 가져오는 원칙을 제시하는데, 그 하나는 논리적 무모순성의 원칙이다. 무모순성에 의한 가능세계의 구성이 세계창조의 둘째 단계이다. 라이프니츠에 의하면 신은 가능적인 실체들로부터 가능한 세계를 다양하게 구성할 수 있다. 가능한 세계란 서로 모순되지 않는 단순개념들이 결합하여 개별 실체가 이루는 것처럼 서로 모순되지 않는 실체로 이루어진, 실체들의 집합이다. 라이프니츠에 의하면 신은 모든 가능한 모나드들의 지각들을 예견하고, 내부지각들이 서로 질서있게 상응하는 방식으로 조화된 모나드들의 집합인 세계를 구성한다. 그런데 무한한 신의 지성에서는 논리적으로 모순되지 않는 한 무한히 많은 가능한 세계가 구성될 수 있다. 반면에 세계는 오직 우리가 살고 있는 이 세계가 유일하다. 무수히 많은 가능한 세계들 중 어떻게 하나의 세계가 현실적으로 존재하게 되는가를 라이프니츠는 "최선의 선택"이라는 신의 선택에 근거시킨다. 이 단계가 창조의 셋째 단계에 해당한다.

라이프니츠에 의하면 신은 무한히 많은 가능적 세계들 중에서 가장 완전한 세계를 선택하여 존재를 부여한다. 가장 완전한 세계란, 질서는 되도록 단순하며, 내용적으로 진·선·미가 가장 풍부한 세계를 의미한다. 우리가 사는 이 세계가 바로 그러한 세계이다. 그러나 가장 완전한 세계라고 해서 모든 구성원이나 구성요소가 완전하다는 것을 의미하는 것은 아니다. 라이프니츠는 신의 선택을 탁월한 건축가의 비유를 통해 설명한다. 탁월한 건축가란 최소한의 비용으로 최대한 아름답고 기능이 풍부한 건물을 짓는 자이다. 이는 결합의 오류가 말하는 것처럼 무조건 값비싼 재료로 지어졌다고 해서 가장 아름답고 기능이 풍부한 건물이 되는 것은 아니다. 마찬가지로 현존하는 세계는 가능한 수많은 세계들 중 최선의 선택에 의해 선택된 것이지만, 완전한 구성원들로만 이루어진 세계가 아니다. 불완전한 것이 포함되어 있음에도 불구하고 전체가 진·선·미를 가장 풍요롭게 드러낼 수 있는 세계인 것이다. 이런 라이프니츠의 논의에서 특기할 것은, 라이프니츠가 세계의 창조를 신의 선택이라는 의지적 행위에 근거시키지만, 그 신의 의지는 무모순성과 조화, 최적이라는 전적으로 합리적인 원칙에 의해 이루어진다는 것이다. 이는 신의 의지를 무조건적으로 승인한 데까르뜨의 논의와는 다른, 라이프니츠의 주지주의적인 면모를 보여준다고 할 수 있다.

5. 실체개념의 경험론적 이해

관념의 방법과 실체 문제

근대 영국의 경험론자들은 실체 문제에 관해 대륙 합리론자들과는 전혀 다른 관점에서 접근했다. 대륙 합리론자들은 실체를 존재론적 탐구의 대상으로 규정하고, 실체의 존재론적 위상이 무엇이며 다른 존재론적 요소들, 예를 들어 우연성·힘·속성 등과 어떤 원리적인 관계를 맺고 있는지 규명하는 것을 주된 과제로 하였다. 이에 반해 영국의 경험론자들은 실체 문제를 전혀 다른 인식론적인 맥락에서 비판적으로 다루었다. 결과적으로 경험론적 접근은 실체 문제에 대해 전형적으로 탈전통적인 결론에 도달했다. 경험론자들은 대체로 '실체'라는 개념을 무의미하거나 정당성이 결여된 것으로 생각했다. 우리가 일반적으로 근대 경험론을 반형이상학적이라고 할 때 그 핵심은 바로 실체개념에 대한 회의적이며 비판적 태도에 있다.

어떻게 해서 실체 문제에 대해 경험론자들이 반형이상학적인 입장에 도달하는가를 알기 위해서는 우선 이들의 인식론적 원칙들을 간략하게 살펴볼 필요가 있다. 주지하다시피 경험론자들이 공유했던 기본원칙은 모든 지식은 경험에 그 기원을 두고 있다는 것, 그리고 어떤 것이 지식의 정당한 대상일 수 있는지, 어떤 개념이 우리의 앎을 기술하는 데 적절한 것인지는 경험적인 증거에 의해 판정되어야 한다는 것이다. 물론 이러한 경험에 대한 강조가 서양철학사에서 새삼스러운 것은 아니다. 고대 소피스트나 원자론자 그리고 회의론자들도 모두 경험의 중요성을 강조했고, 지식의 토대나 정당성을 경험적 사실에서 규명하고자 했다.

근대 경험론자들을 과거의 경험론적 상상들과 차별화시키는 요소는, 무엇보다도 경험을 단순관념이나 인상, 감각 등의 심적인 기본단위로 구성되는 사건으로 보았다는 점이다. 경험론자에 의하면 우리가 세상을 아는 가장 우선적인 통로는 마음에 현전하는 단순관념이나 인상 등을 통하는 것이었고, 나머지 앎은 주어진 단순관념과 인상에 마음이 능동적으로 작용하여 얻어진 결과였다. 경험론자들은 이러한 관념의 방법을 정당한 관념/부당한 관념, 유의미한 용어/무의미한 용어의 구분에 사용했는데, 이러한 구분은 경험론자들을 실체에 대한 탈전통적인 이해로 이끄는 열쇠가 된다.

관념의 방법이 어떻게 정당한 관념과 부당한 관념의 구분에 사용되었는지를 살펴보자. 말할 것도 없이 경험론자들에게 정당한 관념이란 경험에 그 기원을 두는 관념이고, 부당한 관념이란 그렇지 못한, 달리 말해 겉보기에는 마치 상응하는 관념을 갖고 있는 듯이 보이지만 사실은 그렇지 않은 관념을 말한다. 그러나 경험에 그 기원을 갖고 있느냐의 여부를 판가름하는 것은 간단한 문제가 아니다. 우리가 어떤 관념 y를 갖고 있다고 할 때 그 관념의 형성에 어떠한 일련의 실제 경험과정도 연관되지 않을 경우 관념 y는 공허하고 부당한 관념이라고 할 수 있다. 그러나 이와는 달리 관념의 방법을 더욱 엄격하게 적용할 수 있는데, 즉 관념 y에 대응하는 대상 y를 우리가 경험을 통해 접할 수 있느냐, 관념 y에 대상 y가 실제로 일대일 상응관계에 서 있느냐를 물을 수 있다. 이처럼 엄격한 방식으로 보면 더 많은 관념들이 부당하다는 평가를 받게 된다. 그러나 경험론자들이 관념의 방법을 이처럼 엄격한 방식으로 적용했다고 일률적으로 말할 수는 없다. 이들은 경험을 통해 우리에게 주어지는 단순관념들 외에도 단순관념들에 마음이 능동적으로 작용하여 그 결과 만들어지는 복합관념이나 추상관념을 인정했기 때문이다. 버클리만을 예외로 치면 말이다. 단순관념들에는 그야말로 그에 대응하는 외부성질들이 일대일 관계로 정립되어 있다. 그러나 엄밀히 말해서 복합관념은 마음의 산물이므로 그것이 경험을 통해 주어진 것이라고 할 수는 없다. 따라서 관념의 방법을 엄격히 적용한다는 것은 그만큼 더 많은 수의 관념들을 부당한 관념들로 소거시키는 결과를 낳는다.

그러나 우리가 다음에서 볼 것처럼 로크 및 버클리, 흄 등의 경험론자들은 적어도 실체문제에 관한 한 종종 두번째 관념의 방식을 적용했다는 느낌을 강하게 준다. 실체에 관한 탐구에서 이들이 반복해서 묻는 질문들은 "실체관념의 형성에 관여하는 경험내용 중에 딱히 실체라고 하는 요소가 개입되어 있다고 할 수 있는가?"라는 것이다. 이들은 실체관념의 형성에 대응하는 일련의 심적 과정이 있다는 사실 자체는 부인하지 않는다. 또한 주술구조의 문장구조를 기본으로 삼는 인도유럽어족 언어사용자들답게 실체관념이 인류 보편적인 사고방식일 수 있다는 것도 인정하는 듯하다. 그러나 이들이 그 다음에 강력하게 반문하는 것은 실체관념에 대응하는 무엇인가가, 즉 '실체'라는 용어가 가리키는 무엇인가가 실제로 우리가 이러저러한 실체관념을 갖게 되는 것인가이다. 물론 이들의 답은 부정적이며 해체적이다.

로크의 실체

로크는 스스로 데까르뜨의 영향을 받아 철학을 시작했노라고 말하지만, 그의 사상은 반합리론을 위한 전위적인 선두를 장식하는 것이었다. 그는 대륙 합리론자들이 의문의 여지 없이 받아들인 전통적인 실체개념을 반박한다. 그러나 로크의 사상을 객관적으로 이해하기 위해 미리 말해둘 것이 있다. 즉 그는 버클리나 흄과는 달리 표상론자이자 실재론자였으며, 그 때문에 전통적인 실체개념을 대체할 다른 존재론적인 대응물을 제시하고자 했다는 점이다. 종종 그의 논의는 불분명하다는 비난을 받기도 하지만, 그의 시도 자체는 매우 중요한 의미를 갖는다. 버클리나 흄에게 실체개념이란 어디까지나 순전히 인식론적 논쟁의 대상일 뿐이었다. 그들은 실체를 대체할 어떤 다른 존재론적인 등가물을 제시할 필요성을 느끼지 않았다. 그러나 우리가 다음에서 살펴볼 것처럼 로크는 실체를 대신할 근대 경험 과학적 틀에 걸맞은 대안을 제시하고자 했다.

먼저 로크가 어떻게 전통적인 실체개념을 반박했는지를 살펴보자. 로크는 합리론자들의 본유원칙과 본유관념이론을 조목조목 공격한 후 경험론적 사고의 원칙을 제시하는데, 이에 따르면 인간의 모든 앎의 재료는 경험으로부터 온다. 그리고 경험에는 감각경험과 반성경험이 있는데, 우리는 감각경험에 의해 색이나 맛, 소리, 형태 등의 관념을 가지며, 반성경험을 통해 우리 자신의 사고작용이나 의지작용에 대한 관념을 갖게 된다. 실체의 관념은 우리의 마음이 이렇게 해서 얻게 된 단순관념들을 재료로 만들어내는 것이며, 이것이 곧 복합관념에 해당한다.

그 과정을 살펴보면 우선 마음은 경험과 동반되어 나타나는 일련의 관념들이나 성질들이 있음을 관찰한다. 이를테면 붉은색, 부드러운 촉감, 이러저러한 형태, 달콤한 향기 등을 경험할 때 이런 성질들 모두가 한꺼번에 관찰되곤 한다는 것이다. 그리하여 어디선가 이 달콤한 향기를 맡으면 이러저러한 형태와 그런 촉감을 지닌 것, 이를테면 장미꽃이라고 불리는 것을 연상하게 된다. 그러나 마음은 단지 이것들이 함께 경험된다는 것에 만족하지 않고 다음 단계로 나아간다. 즉 마음은 이 단순성질들이나 관념들이 어떻게 독립적으로 존재하는지를 설명할 수 없기 때문에, 이것들 모두가 내재하거나 이것들 모두를 총체적으로 지탱해주는 무엇인가를 상정하고 이를 실체라고 부른다. 여기에서 실체 일반에 대한 로크의 유명한 정의가 나오는데, 그것은 '실체란 우리에게 단순관념을 산출해주는 성질들을 지지해주는 그러나 우리가 알지 못하는 그 어떤 것'이라는 것이다.

유의할 점은, 이런 식으로 이해되는 실체개념은 사실 전통적인 실체개념의 일부일 뿐이며, 따라서 실체관념에 대한 로크의 공격은 제한적이라는 점이다. 아리스토텔레스가 정식화시켰고 중세를 거쳐 근대 합리론자들이 수용했던 실체개념은 서너가지로 분류될 수 있다. 개별자를 가리키는 제1실체개념도 있고, 자연적 종의 본질을 가리키는 제2실체개념도 있다. 모든 우유적(偶有的)인 성질들을 지지하는 기체(基體)로서의 실체개념은 아리스토텔레스가 말했던 다양한 실체개념들 중 하나에 불과하다. 더욱 중요한 점은 로크를 위시한 경험론자들의 논의에 등장하는 이런 실체개념에서 실체란 원칙적으로 우리에게 경험을 통해 알 수 없는 것으로 상정된다는 것이다. 우리는 관념을 매개로 대상의 성질들만을 경험한다. 우리 앞의 대상이 되는 성질들이 여기 한다발 있다. 실체는 이런 성질들 모두를 지지하는 것으로 상정되는 것이고, 따라서 원칙적으로 경험의 대상이 아니다. 실체는 우리가 모르는 그 어떤 것으로서 다만 성질들 아래에 놓여 있는 것으로 상정될 뿐이다.

앞서 우리는 경험론자들이 관념의 방법을 적용하는 두가지 방식에 대해 언급했다. 만약 로크의 실체에 대한 논의가 앞에서 언급한 것에만 그쳤다면, 그의 주장은 실체개념은 단지 단순관념이 아닌 복합관념으로 일정한 심적 과정을 거쳐 만들어지는 것이라는 심리기술적(記述的) 종류로 분류될 수 있을 것이다. 그리고 이런 주장은 사실 실체개념에 대해 그다지 해체적이거나 배제적이지 않다. 어찌 되었든간에 실체개념은 일정한 사고절차를 거쳐 형성되는 것이고, 이 절차는 우리가 그것을 전혀 근거 없는 공상적인 것이라고 하기에는 매우 논리적이기 때문이다.

하지만 로크의 주장은 이보다 좀더 비판적이다. 로크의 주장을 직접 들어보자. "그래서 누군가가 자신의 순수한 실체 일반의 개념을 살펴보려 한다면, 그는 자신이 우리 안에 단순관념들을 산출할 수 있는 성질들을 떠받쳐주는 것, 그러나 그것이 무엇인지는 모르는 어떤 것에 대한 단순한 가정 외에는 전혀 아무런 관념도 갖고 있지 않음을 발견하게 될 것이다. 만약 누군가에게 색이나 무게에 내재하는 것이 무엇인지 묻는다면 그는 충전적이고 연장된 부분들이라고 말할 수밖에 없다. 그리고 만약 이 충전성과 연장에 내재하는 것이 무엇인가 하고 묻는다면 그는 이 세계의 토대에 대하여 질문을 받는 인디언보다 더 나은 처지에 있지 않다. 그 인디언은 이 세계가 커다란 코끼리에 의해 떠받쳐진다고 이야기한다. 그에게 이 코끼리는 무엇 위에 있냐고 물으면 커다란 거북이라고 답한다. 그러나 재차 이 등 넓은 거북을 떠받쳐주는 것은 무엇이냐고 물으면 그 인디언은 자신이 모르는 어떤 것이라고 답한다. 이 경우에서처럼 분명하고 판명한 관념을 갖지 않고 말을 할 때 우리는, 자신이 모르는 것이 무엇인가라고 물으면 쉽게 그것은 '어떤 것'(something)이라고 만족스럽게 답하는 어린아이와도 같다. '어떤 것'이란 표현이 이렇게 사용되는 경우, 어른이 썼든 어린아이가 썼든 간에 이는 자신들은 그것이 무엇인지 모른다는 것말고는 아무것도 의미하는 바가 없다. 그들은 자신들이 아는 척하면서 말하는 것에 대해 분명한 어떤 관념도 갖고 있지 않으며, 그에 대해 아무것도 모른다. 우리가 일반명사인 실체에 부여하는바 우리가 갖고 있는 관념은 단지 성질들을 지지하는 그 무엇에 대한 가정 외에 다른 아무것도 아니다. 우리는 우리가 경험하는 성질들이 존재한다는 것을 발견하고는, 이것들은 이들을 지지하는 그 무엇 없이는 홀로 있을 수 없다고 상상한다. 그리고 우리는 이 지지함을 '실체'라고 부른다. 이 말의 진정한 의미는 쉬운 영어로 아래에—서—있음 (standing under) 또는 지탱함(uphoding)이다."

로크는 이런 식으로 실체 일반의 관념에 대해 말한다. 그는 이 실체 일반의 관념은 명석하지도 판명하지도 않으며, 우리는 '실체'라는 말이 의미하는 바를 모르면서 사용한다고 주장한다. 우리는 실체에 대응하는 그 무엇인가가 있다고는 상정하지만, 그것이 무엇인지는 모른다는 것이다. 로크의 이런 주장이 어느 정도까지 실체개념에 대해 부정적인 함축을 가진 것으로 해석되어야 하는지는 논란거리이다. 그러나 확실한 것은 로크는 적어도 '실체'라는 용어 자체의 설명력이나 유의미성에 대해 부정적이었다는 점이다. 그는 말을 사물로 간주하는 오류에서 벗어나야 하며, 우리가 어떤 것에 관해 명백하고 분명한 관념을 갖고 있지 않으면서 갖고 있는 척하는 것은 무지를 해소하는 데에 아무런 도움도 되지 않는다고 말한다. "나는 실체라는 2음절어에 그토록 많은 강조점을 두는 사람들에게 묻고 싶다. 그들이 과연 이 말이 무한하고 파악할 수 없는 신에게, 그리고 유한한 정신에, 사물에 각각 적용될 때 동일한 의미를 갖는다고 생각하는지, 너무나 다른 이 존재들이 실체들이라고 불릴 때 동일한 관념을 나타내는 것인지."

그러나 앞서도 말했듯이 실체에 대한 로크의 견해는 전통적인 이해에 반대하는 것만이 전부는 아니었다. 그의 실체개념 반박의 초점은 모든 속성들과 독립되어 속성들을 지지하는 그 무엇으로서 가정된 기체로의 실체

194

일반의 관념에 있다. 그러나 그는 이런 실체개념이 아닌, 아리스토텔레스가 말했던 제2실체, 즉 개별적인 종의 본질에 대해서는 어느정도 긍정적으로 이해하고 있다. 로크에 따르면 개별 종의 실체관념은 우리가 사물에서 몇몇 성질들이 함께 묶여 있다는 것을 관찰을 통해 발견하는 것으로서 이루어진다. "그래서 우리는 인간·말·금·물 등의 관념들을 갖게 되는데, 이 실체들에 대해서 누구라도 함께 있는 어떤 단순관념들을 넘어서서 다른 분명한 관념을 갖고 있는지에 대해서는 각자의 경험에 호소하겠다." 물론 우리가 이런 성질들의 묶음으로서의 개별 종의 실체관념에 만족하는 것은 아니다. 우리의 개별 종의 실체관념에는 여전히 무엇인가에 대한 가정이 숨어 있다. 어떤 한 종에 대해 이야기할 때 우리는 그것이 이러저러한 성질을 가진 것(a thing having such or such qualities)이라고 말한다. 그러나 개별 종의 실체관념에서 가정되는 그 무엇인가는 실체 일반의 관념에서 가정되는 기체와는 달리 충분히 그 존재론적인 의미를 가질 수 있는데, 그것은 바로 사물이 지닌 내적 구조로서의 실재적 본질(real essence)이다. 이 본질은 명목상의 본질(nominal essence)과 대비된다. 명목상의 본질이란 우리가 사물을 분류하고 명명하는 데에 소용되는 관찰 가능한 성질들의 집합인 데 반해, 실재적 본질이란 바로 이런 성질들이 흘러나오는바 지각되지 않는 입자들이 사물 내부에서 이루는 구조이다. 명목상의 본질을 이루는 성질들은 이 실재적 본질에 의존한다고 할 수 있으며, 그리하여 이 실재적 본질 자체는 우리에게 관찰되지 않으면서 관찰 가능한 모든 성질들을 지탱해주는 어떤 것이라고 말할 수 있다.

버클리의 실체론 반박

버클리 철학에서 실체에 대한 공격은 그의 철학적 기본입장인 반유물론과 함께 맞물려서 그의 철학사상의 핵심을 차지한다. 그에게 사물의 실체를 주장한다는 것은 반상식적인 것이자 유물론적인 주장이고, 궁극적으로는 회의주의에 귀결되는 것이었다. 아마도 오늘날의 우리는 그의 의도와는 전혀 상반되게, 그의 철학적 견해야말로 이해되기 어려운 반상식적인 주장이며 회의주의적이라고 생각할 수 있다. 버클리의 공격에서 면제되는 것은 마음 내지 정신이라는 실체뿐이었으며, 버클리는 그밖의 모든 것은 정신의 지각들로 환원된다고 믿었다. 물질적인 사물들의 성질들, 심지어 사물들의 존재 자체까지도 말이다.

그러면 어떻게 하여 버클리는 정신과 독립되어 있는 물질의 부정이 상식과 부합된다고 보았던 것일까? 버클리와 관련하여 가장 많이 알려진 명제는 "존재함은 지각됨이다"(esse est percipi)라는 것이다. 이 명제가 의미하는 바는 문자 그대로이다. 즉 어떤 것이 존재한다는 것은 그것이 지각됨을 의미한다는 것이다. 매우 단순한 이 명제의 반은 옳은 것 같다. 우리가 무엇인가를 지각한다면 이는 그것이 존재한다는 것을 말한다. 그러나 나머지 반은 언뜻 보아 정말 기이하기 짝이 없는 주장이다. 무엇인가가 존재한다고 해서 그것이 반드시 지각되는 것은 아니다. 상식적으로 봤을 때 무엇인가의 존재 자체의 문제와 그것이 누군가에 의해서 인식되었느냐의 문제는 원칙적으로 다르다. 화성에 생명체가 사는지 우리가 지각하지 않는다고 해서 화성에 생명체가 존재하지 않는다고 할 수는 없는 노릇이다.

아마도 여기서 우리는 버클리의 명제를 "존재함은 지각될 수 있음이다"로 고치고 싶은 유혹을 느낄지도 모르겠다. 존재한다는 것은 시공간에 존재한다는 것을 의미하고, 그렇게 존재하는 사물은 원칙적으로 지각될 수 있을 것이기 때문이다. 우리가 존재의 범주를 시공간에 한정하는 입장에 선다면 이러한 수정이 받아들여졌을 때 버클리의 명제는 처음보다 훨씬 더 그럴듯해 보일 것 같기도 하다. 그러나 버클리는 우리의 이러한 수정을 대체할 만한 한가지 설명을 갖고 있었다. 그에 따르면 탁자가 존재한다는 것은 내가 그 형태를 보고 촉감을 느낀다는 것이고, 내가 그것을 보고 느끼지 않을 때에는 다른 존재에 의해 관찰되고 느껴진다는 것이다. 그리고 이

때 나 대신 사물을 지각하는 존재자는 인간과 신 모두를 포함한다. 우리가 기독교에서 신의 편재(遍在)함을 염두에 둔다면, 결국 모든 존재자는 신에 의해 언제나 늘 지각되는 것이고 따라서 존재함의 범주와 지각됨의 범주는 그 외연이 일치하게 된다. 신의 문제를 빼고 봤을 때 존재와 지각의 이러한 일치는 전형적으로 근대적인 사건, 즉 인식론과 형이상학의 묘한 결합이다. 이 결합에 따르면 무엇인가가 존재한다는 것은 그것이 현상으로 누군가의 인식 안에 등장한다는 것이다. 그 누구도 감각하지 않는 것은 존재한다고 할 수 없다. 다시 말해서 무엇이 존재한다는 것은 그것이 감각대상이 된다는 것이고, 모든 감각가능자를 고려해서 말한다면 그것이 누군가의 감각경험 안에 들어온다는 것이다.

이런 식의 추론으로부터, 우리가 경험하지 못하며 그 때문에 그것이 무엇인지 알 수 없는 것은 존재한다고 말할 수 없다는 판단에 도달하게 된다. 로크가 공격했던 전통적인 실체개념의 대응물도 그렇거니와 로크가 지지했던 개별 종의 실재적 본질 역시 그것이 지각되지 않는 입자들의 구조로서 원칙적으로 지각되지 않는 것이라면 존재한다고 말할 수 없다. 기체관념으로 파악되었든 종의 본질개념으로 파악되었든 간에 실체는 존재하지 않으며 따라서 실체관념은 부당한 관념이다.

버클리는 이외에도 다른 관점에서 여러가지 '실체'를 공격했는데, 그중 세가지를 살펴보자. 첫째, 우리는 '실체'란 말의 쓰임새를 잘 고려해봐야 한다. 이 단어가 물질적인 사물에 쓰일 때 그것은 사실상 무의미하다. 우리가 알고 있는 사물들을 분석해보라. 우리가 사물들에 대해 이러저러하다고 알고 있어서 그것을 기술하는 데에 동원할 수 있는 모든 것들은 현상들로 분석된다. 그러나 우리는 실체에 대응하는 현상을 알지 못한다. 사물은 따뜻하고 유선형 형태를 갖고 흰색을 띨 수는 있어도, 아무런 색도 없고 아무런 형태도 갖지 않는 실체일 수는 없다. 이런 측면에서 '실체'는 부당한 용어이다.

둘째, 앞의 첫번째 반박에 대해 누군가는 실체관념의 존재를 주장하면서 실체는 감각을 통해 얻어지는 현상이 아니라 마음의 작용 결과로 만들어진 추상관념이라고 주장할 수 있다. 실체관념은 분명히 감각을 통해 지각되는 시공상의 대응물은 갖지 않는다. 따라서 실체관념은 마음의 작용에 의해 만들어진 것임에 틀림없으며, 마음의 작용들 중 실체관념을 만드는 것은 추상작용이다. 그러나 버클리는 이러한 추상작용의 결과물로서의 실체관념에 대해 다음과 같은 반론을 편다. 단적으로 말해서 마음의 추상작용은 있을지언정 추상관념 자체는 없다. 예를 들어보자. 우리는 삼각형에 대한 관념을 갖고 있다. 이것이 의미하는 바는 세 변으로 이루어져 있고 내각의 합이 180도인 도형이라는 것이다. 그러나 단지 세 변으로 이루어져 있고 내각의 합이 180도라는 속성만을 가진 삼각형은 존재하지 않는다. 실제로 존재하는 것은 특정한 길이와 특정한 세개의 각을 가진 삼각형들이고, 이것들만이 우리 지각의 대상이다. 또한 마음의 추상작용의 결과 우리가 불특정한 삼각형의 관념을 얻는 것은 절대 아니다. 삼각형이라는 관념을 마음 안에 떠올려보라. 마음 안에 떠오르는 삼각형의 이미지는 어디까지나 특정한 길이와 특정한 세개의 각을 지닌 삼각형일 것이고 삼각형 그 자체의 관념은 아니다. 추상작용은 삼각형의 추상관념을 만들어내는 것을 의미하지 않는다. 추상이란 구체적인 특정 삼각형의 관념을 우리가 다른 삼각형을 대표하는 것으로 사용하는 것을 의미한다. 우리는 특정한 이미지의 삼각형을 매개로 삼각형 일반에 해당하는 무엇인가를 말할 수도 있고 증명해낼 수도 있다. 결국 추상관념으로 쓰일 수 있는 것은 우리의 감각을 통해 얻어지는 특정한 개별적인 관념이며, 추상관념 자체는 존재하지 않는다. 따라서 감각을 통해 얻어지는 특정한 개별적인 관념으로서의 실체관념이 없는 한 추상관념으로서의 실체관념의 존재 역시 부정된다.

셋째, 실체의 존재를 주장하는 사람은 제2성질과 구분되는 제1성질의 존재를 주장한다. 전자는 우리의 주관적인 감각상태로서 오직 우리의 마음 안에만 존재하는 것이지만, 후자는 객관적인 성질로서 우리의 마음과 독립해서 존재하기 때문에 마음과는 전혀 다른 범주의 존재자들이며, 이러한 존재자들을 지지하는 기체로서 실체가 존재한다. 이런 주장에 대한 버클리의 대답은 제1성질과 제2성질의 구분은 불필요하며 오류라는 것이다. 제1성질이나 제2성질이나 상대적인 점에서는 마찬가지며 둘 다 관념에 불과하다. 제2성질을 하나도 갖지 않고서 제1성질만 가진 사물이란 있을 수 없으며, 제2성질이 마음에 의존한다면 제1성질 역시 마찬가지이다. 존재하는 것은 관념들로서의 성질들이 의존하는 마음, 즉 정신이라는 실체뿐이다.

흄의 실체관념

실체에 대한 근대 경험론자들의 반응에 대해 서술할 때 우리는 보통 로크에서 시발된 실체에 대한 공격이 버클리에 가서는 물질적 실체에 대한 부정으로 귀결되고 흄에 가서는 정신적 실체마저 부정되는 결과로 나타난다고 말한다. 이러한 서술은 오해를 유발할 소지가 있지만 나름대로 진실을 요약적으로 담고 있다.

흄의 철학은 버클리에서보다도 인식론적 색체가 더욱 짙다. 버클리가 존재의 문제를 자신만의 몇몇 철학적 전제들을 통해 지각의 문제로 환원시켰다면, 흄은 존재의 문제를 아예 스스로의 관심분야에서 제외시킨다. 윤리학이나 미학의 영역을 제외했을 때 흄에게 고유한 철학적 문제란 오직 인식론적인 탐구, 즉 관념의 기원을 찾는 문제였고 동시에 어떻게 우리의 마음이 감각과는 다른 기원, 즉 상상력으로부터 몇몇 중요한 관념들을 길어내는가를 탐구하는 문제이기도 했다. 그리고 이 몇몇 중요한 관념들 중 하나가 바로 실체관념이다.

흄의 모든 인식론적 논의의 출발점은 다음에서 표명되는 현전원칙이다. "우리가 확신하는 유일한 존재자는 지각이다. 지각은 의식을 통해 우리에게 직접적으로 현전하여 우리의 가장 강한 동의를 요구하며, 우리의 모든 결론의 제1기초이다." 흄은 지각을 두 종류, 즉 인상과 관념으로 나누고, 인상을 다시 감각인상과 반성인상으로 나눈다. 인상과 관념의 관계는 발생적인 관계이다. 마음에 먼저 인상이 등장하고, 그 인상이 기억되어 다시 떠오르는 것이 바로 관념이다. 흄에서 부당한 관념과 정당한 관념의 구분은 그것의 기원이 되는 인상이 있느냐에서 찾을 수 있다. 실체의 경우에도 마찬가지이다.

흄은 실체관념의 기원이 감각인상인지 반성인상인지를 묻는데, 그는 우선 그것은 감각인상일 수 없다고 생각한다. 로크와 버클리에서도 보았던 것처럼 경험론자에게 실체관념의 가장 뻔한 문제점은, 실체는 원칙적으로 감각대상이 아닌 것으로 상정된다는 점이다. 실체는 색도 아니고 형태도 아니며 특정한 향기도 아니다. 실체는 이런 것들을 담지하는 무엇으로 상정되는 것이지, 이런 성질들 자체는 아니다. 그렇다면 실체관념의 기원은 반성인상일까? 반성인상이란 어떤 인상이나 관념을 떠올렸을 때 우리가 반성적으로 갖게 되는 감정이나 정념을 말한다. 하지만 실체관념을 주장하는 그 누구도 실체가 감정이나 정념이라고는 하지 않는다. 그렇다면 결국 우리의 실체관념은 그 유래가 정당화될 수 없는 관념이라는 결론이 나온다.

흄이 그 다음에 주목한 것은, 그럼에도 왜 우리는 실체관념을 가지는가이다. 물론 모든 사람이 실체관념을 갖고 있다고 주장하지는 않는다. 사물의 모든 성질들을 떠받치는 기체로서의 실체개념은 분명히 철학자들만이 사용하고, 그들만이 그 뜻을 분명히 알고 있다고 자부하는 개념이다. 그러나 흄이 보기에 이러한 실체개념이 대단한 어떤 이론적이고 탈일상적인 별도의 출처를 갖고 있는 것은 아니다. 그는 일상인들이 철학자들의 실체개념 대신 갖고 있는 것이 독립적이며 지속적인 외부대상이라는 개념에 주목하여 이 개념과 실체개념의 뿌리가 결국은 같음을 밝혀낸다. 그 뿌리는 바로 그가 '상상력'이라고 부르는 마음의 능력이다.

　일상적으로 우리가 그 존재를 확실히 알 수 있는 것은 오직 마음에 현전하는 지각들뿐이다. 이 지각들은 결코 마음으로부터 독립적이지도 지속적이지도 않음에도 마음은 지각들을 재료로 삼아 상상력을 발휘하여 마음으로부터 독립하여 지속하는 대상이라는 허구를 만들어낸다. 마음이 어떤 일련의 과정을 밟아 이러한 외부대상의 개념을 만들어내는지를 상세하게 고찰하는 일이 이 글의 주제는 아니다. 따라서 그 과정을 간략하게 소개하자면 이러하다. 우선 마음은 일련의 지각들이 반복해서 자기들끼리 정형적인 몇가지 관계를 유지하면서 발생한다는 점에 주목한다. 예를 들어 내가 아침마다 태양빛에 눈을 떠서 내다보는 창밖 멀리에는 언제나 벚꽃나무 언덕이 보이고 더 멀리로는 건물이 보인다. 또한 나는 욕조에 물을 틀어놓은 뒤 잠시 다른 일을 하다 돌아가보면, 어느덧 물은 차서 욕조 밖으로 흘러 넘치고 있다. 이렇게 내가 경험하는 지각들은 유사관계·근접관계·인과관계 등을 유지하면서 등장한다.

　지각들의 이러한 관계 양식을 인식했을 때 마음은 스스로 이러한 정형성을 어떻게 받아들여야 할까를 궁리한다. 과연 이러한 일련의 지각들을 오직 지각하는 순간에만 존재하고 지각하지 않는 동안에는 사라져서 매번 지각의 계기가 주어질 때마다 탄생하는 서로 유사한 여러 지각들이라고 보아야 할 것인가, 아니면 지각하는 순간은 물론이거니와 지각하지 않는 동안에도 마음과 독립해서 존속하여, 다만 마음에 여러개의 지각들로 현상하는 것이라고 보아야 하는 것인가? 마음은 이 둘 가운데 후자를 택한다. 이때의 선택은 어떤 경우는 자기기만적인 상태에서 행해지고, 어떤 경우에는 합리화 형태로 행해진다. 반복해서 나타나는 지각들의 유사성으로 인해 마음은 지각들이 자기동일성을 유지하면서 일정 기간 존속한다고 착각하며, 또한 서로 동반되는 두가지 사건, 우리의 예에서는 수도꼭지를 틀어놓음과 욕조의 물이 차고 넘침이라는 두가지 사건 간의 관계를 스스로에게 납득시키기 위해 마음은 물이 계속해서 지속적으로 증가하여 결국 욕조의 물이 흘러 넘치게 된 것이라고 상정한다. 그리고 이러한 착각과 상정은 우리의 상상력의 작용 결과이다.

그러나 앞서 본 현전원칙에 따르면 우리가 알 수 있는 것은 오직 지각뿐이며, 우리가 무엇인가를 독립적이거나 지속적인 것으로 간주하는 일이 일어난다고 해도 그 무엇인가는 결국 지각일 수밖에 없다. 그런데 지각은 원칙적으로 마음 의존적이며 마음의 지각작용의 순간에만 존속하는 일시적인 존재자이다. 아무리 유사한 지각들이라고 해도 그것들은 동일한 하나가 아니며 일련의 비슷한 지각들의 계열에 불과하다. 따라서 아무리 우리가 다수의 유사한 지각들을 재료로 삼아 지속적이고 객관적인 단일한 대상존재를 만들어낸다고 해도 이는 원칙적으로 부조리한 일이다. 그러나 이 부조리함을 일상인들은 알지 못한다. 이 부조리함은 오직 지각의 본성에 관해 반성해보는 철학자들에게만 알려진다.

철학자들의 실체개념은 바로 이러한 일상적인 대상개념의 부조리함을 해결하기 위해 도입되는 설명장치이다. 이제 철학자들은 마음에 의존적인 지각과, 마음과 독립적인 실체를 정확히 구분한다. 지각은 일시적이고 의존적이지만 실체는 그렇지 않다. 서로 유사한 지각계열들이 있지만 자기동일성을 유지하며 지속적으로 존재하는 실체 또한 존재한다. 그러나 흄이 보기에 철학자들의 이러한 실체개념도 부조리함에서 완전히 벗어나지는 못한다. 철학자들 자신은 느끼지 못하지만 그들의 실체개념 역시 일상적인 대상개념을 만들어내는 것과 같은 뿌리, 즉 상상력의 소산이기 때문이다.

만약 철학자들이 마음의 자연스러운 작용에서 완전히 벗어나 그야말로 철저하게 철학적인 반성을 수행할 수 있었더라면, 일련의 여러 성질들의 집합에 부여되는 단일성이란 우리의 착각에 지나지 않는다는 점을 수긍했을 것이다. 그러나 철학자들은 철저한 철학적 반성에 실패한다. 그들은 '실체'니 '우유성'이니 '능력'(faculty)이니 하는 것을 고안하고, 그런 고안

202

물로부터 만족을 얻는다. "그러나 자연은 언제나 일종의 정의와 보상을 유지하는 듯이 보인다. 자연은 다른 피조물들을 무시하는 것 이상으로 철학자들을 무시하지는 않는다. 자연은 실망과 역경 가운데서도 그들에게 한 가지 위안을 마련해주었다. 이 위안은 주로 이들의 창안, 즉 능력 및 비밀스러운 성질이라는 단어들의 창안에서 성립한다." 실체개념과 그에 동반되는 일련의 형이상학적인 개념들은 일상적인 대상개념의 오류를 지적하면서 도입되는 것이지만 그것 역시 진상을 보여주기보다는 진상을 은폐한다. 이때 진상이란, 우리가 확실히 알 수 있는 것은 마음에 의존적이고 일시적인 지각존재뿐이라는 사실이다. 결국 우리가 인식할 수 있는 한에서 사물이란 마음에 의존적인 지각들의 더미에 불과하다.

이상의 내용은 흄의 정신적인 실체에 관한 고찰에도 그대로 적용된다. 우리가 우리의 내부에서 마주치는 것은 지각들뿐이다. 나는 항상 이런저런 지각을 만나며 지각 없이는 나 자신을 파악할 수 없다. 아마도 깊은 잠에 빠져 지각들이 다 제거된다면 나 자신을 느끼지 못하고 존재하지 않는다고 할 수도 있을 것이다. 또한 죽음에 의해 모든 지각이 제거되어 더이상 생각하거나 느끼거나 보거나 사랑하거나 증오할 수 없다면 나는 완전히 절멸한 것이라고 말할 수 있을 것이다. 마음이란 지각의 다발이거나 집합에 지나지 않는다.

더 나아가서 흄은 마음을 일종의 극장에 비유한다. 이 극장에선 지각들이 연속해서 등장했다가 지나가고 반복해서 지나가고 미끄러져 사라지면서 무수히 다양한 방식으로 혼합된다. 이 극장에서 평생을 두고 상연되는 동일한 지각은 없다. 우리는 평생을 두고 자기동일성을 유지하는 나 자신이 있다고 생각하지만 그런 존재는 없다. 그럼에도 '정신'이니 '마음'이니 하는 단어를 사용하여 지각들의 더미 외에 다른 어떤 것을 가리키고자 하거나 이러한 지각들이 깃들어 있는 정신적인 실체를 상정하려 한다면, 이는 우리가 사물의 지각에서 일련의 서로 다른 지각들의 유사성에 근거하

여 그것들을 동일한 것으로 취급하고자 하는 경우와 같은 방식으로 설명
될 수 있다. 우리가 우리 내부에서 만나는 지각들은 사물에 대한 지각들과
마찬가지로 서로 유사하거나 인과관계를 맺고 있거나 시간의 앞뒤를 두고
나타나는 것들이다. 이것들은 엄격히 말해서 서로 분리되어 있는, 상호독
립적인 것들이다. 그러나 마음은 지각들간의 유사관계·인과관계·근접관
계 등에 현혹되어 이것들을 한데 묶는 무엇인가가 있다고 상정하게 되는
데, 이것이 바로 우리가 정신·마음·영혼이라 부르는 것의 실체이다. 그러
나 우리가 확언할 수 있는 것은 이는 지각들의 더미일 뿐이며 고정불변하
는 실체로서의 정신이란 확인될 수 없는, 우리의 능력을 넘어서는 존재라
는 것이다.

| 김국태·박삼열·양선숙·윤선구·이경희 |

06

자아

___무엇으로 자아존재의 확실성을 증명할 것인가

1. 자아개념의 역사적 기원

'자아(自我)'는 '실체'만큼 철학사에 자주 등장해온 개념 가운데 하나로, 일찍부터 지적 탐구의 대상이 되어왔다. 동서양을 막론하고 "나는 무엇인가?"라는 물음은 어느 철학적 물음 못지않게 의미심장한 내용을 가진 것으로 여겨져왔으며 인간의 지적 호기심을 끊임없이 자극해왔다.

인간의 눈길은 구조적으로 자신을 둘러싼 '외부'환경으로 향하도록 되어 있다. 그러나 때로 그 시선은 방향을 바꿔 자신의 내부로 향하기도 한다. 물론 이때 시선의 방향만 바뀌는 것이 아니다. 시선의 질도 물리적인 것에서 정신적인 것으로 바뀌는 것이다. 자신을 되돌아볼 수 있다는 것은 인간의 마음이 가진 한 특성이자 특권이라 할 수 있을 것이다. 자아와 관련된 여러 철학적 물음도 모두 이러한 내적 반성에서 비롯되었다고 할 수 있다. 생각하는 주체로서 자아존재의 확실성을 앞세웠던 데까르뜨도 내적 반성에서 출발하였고, 자아를 개체적 실체(individual substance)로 파악한 라이프니츠도 내적 반성을 자아의 실체성에 대한 유일한 인식론적 근거로 삼았다.

자아에 대한 철학적 반성과 문제제기는 철학의 시작과 함께 있어왔지만 특히 근대에 와서 그 논의가 두드러지게 많아졌다. 근대의 거의 모든 철학적 문제가 이 문제를 출발점으로 삼았으며 그 논의들도 이 문제를 중심으로 전개되었다고 해도 과언이 아닐 정도다. 특히 근대에 들어서 자아의 문제가 거의 모든 지적 논의의 중심을 차지하게 된 데에는 이른바 '자아의 발견'이라는 말로 요약될 수 있는 여러 요인들——사회적·경제적·문화적 요인 등——이 있었을 것이다. '자아의 발견'으로 대변되는 이 시대의 특성은 그 전 시대, 즉 '중세'라는 역사적 배경이 있었기 때문에 성립되었을 것이고 따라서 중세의 시대적 특성과 따로 떼어서는 생각할 수 없다.

　중세사회는 한마디로 신(神) 중심 사회였고 중세적 사유의 기본방식도 신 중심적인 것이었다. 이 세계는 신이 만든 신의 세계이고 각각의 개인도 신의 의도에 따라 만들어진 여러 피조물들 가운데 하나에 지나지 않는 것이었다. 따라서 인간에 대한 관심도 그의 삶이 신의 원래의 의도에 따르는지 그렇지 않은지, 즉 구원의 길로 가는지 아니면 타락의 길로 가는지 하는 종교적인 데로만 모아졌을 뿐, 인간이 그 자체로서 어떤 존재인지에 대한 철학적 호기심이나 반성적 회의 등은 취약했다. 그같은 상황에서는 당연히 인간의 지성이나 감성 또는 의지 등에 대한 지적·이론적 탐구는 취약할 수밖에 없었을 것이다. 고대그리스의 사상에서부터 인간의 고유한 특성으로 여겨져온 '이성'이라는 것도 고대인들이 생각했듯이 그렇게 대수로운 것은 아니라고 생각되었다. 그것은 의지와 함께 신이 지닌 속성의 불완전한 모방에 지나지 않는 것으로서 인간만의 고유한 것인 양 뽐내고 자랑할 일은 아니라고 여겨졌다. 인간의 지성이나 이성은 불완전하기 때문에 신의 가르침이나 도움 없이 그 자체의 힘만으로는 어떠한 진리에도 도달할 수 없으며 인간의 의지도 불완전하고 나약하기 때문에 하느님의 지도 없이는 어떠한 일도 올바르게 이루어낼 수 없다는 것이 중세 학자들의 일반적인 생각이었다.

이런 생각이 지배적이었던 상황에서 개인의 자유, 인격, 자율성, 자발성 등에 대한 새로운 자각이 일어났다는 사실은 분명 하나의 '역사적' 사건이 아닐 수 없었다. 그것은 경직된 스콜라철학으로부터의 개인의 정신적 독립을 의미했으며 교조화된 기독교 교리로부터의 탈출, 낡은 정치제도로부터의 정치적 해방을 의미하기도 했다. 특히 뉴턴 과학과 명예혁명을 성취한 근대 영국은 그러한 자각이 그 어느 곳보다도 강했으며 그 자각을 관념적인 차원에만 머물게 하지 않고 여러가지 형태로 현실화하는 작업도 다른 곳보다 앞서 수행했다. 그리고 그러한 자각과 수행의 중심부 역할을 한 것이 바로 영국의 철학, 즉 경험론이었다.

자아에 관한 근대 합리론자들과 경험론자들의 생각을 알아보기 전에 우선 자아를 구성하는 핵심으로 여겨졌던 마음이나 영혼의 개념에 대한 논의가 근대철학에서 어떻게 전개되었는지 간략히 살펴볼 필요가 있겠다. 그 전 시대에서와 마찬가지로 근대에서도 자아의 개념은 마음 또는 영혼이라는 개념을 떠나서는 성립될 수 없었다. 그러나 아리스토텔레스의 철학을 단일 정통이론으로 삼았던 중세철학에서와는 달리 근대철학에서는 마음이나 영혼개념이 매우 복잡한 양상을 띠고 전개되었다. 아리스토텔레스와 아퀴나스의 전통적 이론을 고수하려는 입장도 없지는 않았으나 그보다는 그 이론에 대한 여러 대안을 찾으려는 노력이 훨씬 더 강하고 많았던 때가 근대였다.

16세기 많은 지식인들이 가졌던 주요 관심사 가운데 하나는 생명현상에 대한 설명이었다. 동물이나 식물 그리고 인간처럼 살아 있는 것들과 생명이 없는 것들을 구별시켜주는 기준이 무엇인지가 그들 대부분이 가진 의문이었다. 그리고 그 의문에 대한 대답을 아리스토텔레스의 영혼개념에서 찾을 수 있다는 데에도 대부분 동의하였다. 아리스토텔레스의 이론에 의하면 모든 물체는 형상과 질료로 구성되어 있다. 질료는 어떤 물체에도 있는 공통적인 것인 반면 형상은 어떤 물체가 바로 그러한 성질을 가진 물체인지를 설명해주는 원리이다. 생명체와 같은 특수한 경우에 그러한 원리로 작용하는 것이 바로 영혼이다. 영혼에는 영양과 성장의 기능밖에 없는 식물과 같은 아주 낮은 단계의 영혼이 있는가 하면 의지와 지성 같은 고급의 기능을 가진 이성적 영혼도 있다. 이 이성적 영혼은 인간에게만 있는 것으로서 '마음'(mens)이란 엄밀하게 말해 바로 이 이성적 영혼을 가리키는 다른 말이었다.

영혼과 마음에 대한 이같은 16세기적 사고는 17세기에도 그대로 존속되었다. 생명이란 도대체 무엇이며 그중에서도 특히 인간 생명의 특수성에 관한 기본물음은 17세기 학자들의 문제의식에서도 중심적인 자리를 차지하였다. 그러나 그 물음도 17세기 새로운 자연과학의 기계론적 우주관이 초래한 지적 상황의 형성에 따라 점차적인 변화를 겪게 된다. 새로운 자연과학이 그린 기계적 세계는 한마디로 형상의 원리를 필요로 하는 것이 아니었다. 그러한 세계에서 모든 물체의 성질들은 기본적으로는 크기·모양·운동 등의 양적(quantitative) 개념들에 의하여 설명되었다. 실체적 형상(substantive form)과 같은 질적 개념은 물체를 설명하는 데 더이상 필요가 없는 것으로 여겨졌다. 이러한 물체개념에는 흙이나 돌 같은 것은 물론 동식물 등도 포함되었다. 생명의 유무에 따라 흙이나 돌처럼 이른바 '죽어 있는' 것들과 동물이나 식물처럼 '살아 있는' 것들 간의 구별은 더이상 유효하지 않게 되었다. 죽어 있는 것으로 여겨지는 것이든 살아 있는 것으로 여겨지는 것이든 간에 크기·모양·운동이라는 동일한 원리에 의해 설명될 수 있다는 점에서는 서로 구별되지 않는 것이다.

그러나 문제는 인간의 경우이다. 인간도 신체를 가진 존재라는 점에서 물체의 범주에 들어간다면 인간을 설명하는 데에도 형상, 즉 영혼이나 마음이 더이상 필요없다는 말인가? 바로 기계론적 철학의 주요 대변자 가운데 한 사람이었던 데까르뜨는 이 물음에 대해 전형적인 17세기형 대답을 마련해놓았다.

2. 합리주의에서의 자아문제

데까르뜨의 자아개념

17세기에 영혼의 문제는 비물질적 실체의 문제였다. 생명과 물리적 세계의 여러 측면들을 설명할 때 비물질적 실체의 개념을 사용하는 것이 정당한지에 관한 논쟁이 관념론과 유물론의 대결로서 17세기 철학의 주된 부분을 구성했던 것이다. 아리스토텔레스 철학에 대한 대안으로 제시된 세계관은 기계론이었다.

데까르뜨 철학에서 기계론적 설명은 물질현상뿐만 아니라 생명현상에도 적용된다. 데까르뜨는 생명현상도 미세입자들의 운동이라는 점에서 기본적으로는 물질현상과 다를 바가 없다고 보았다. 따라서 어떠한 생명현상에 대해서도 크기·모양·운동에 의한 환원적 설명이 가능하다고 보았다. 이는 생명을 설명하기 위해서는 생명체를 이루고 있는 질료적 바탕으로서의 신체 외에 다른 어떤 것으로도 환원될 수 없는 영혼이라는 또하나의 원리가 필요하다고 본 아리스토텔레스의 입장에 정면으로 대립하는 것이었다. 그러나 데까르뜨 철학에서도 인간의 존재는 역시 예외적인 특수경우였다. 데까르뜨가 본 인간의 특수성은 아리스토텔레스가 본 그것보다 훨씬 더 특수한 것이었다. 앞에서도 언급한 것처럼 아리스토텔레스의 철학에서 인간의 특수성은 영혼의 기능과 관련된 것이었다. 그것은 영혼을 가진 존재는 인간 외에도 많은데 다만 인간의 영혼이 다른 생명체의 영혼보다는 기능적인 측면에서 우월하다는 의미에서의 특수성이다.

이에 반해 데까르뜨가 말하는 인간의 특수성은 바로 영혼 자체에서 찾을 수 있다. 즉 인간만이 영혼을 가지고 있기에 특수하다는 것이다. 그것은 영혼개념 자체가 데까르뜨 철학에 오면 상당히 변색되었기 때문이다. 생명의 원리로서의 영혼이라는 아리스토텔레스적 개념은 데까르뜨의 영혼에서는 더이상 찾아볼 수 없다. 신체에 대한 실체적 형상으로서의 영혼이라는 스콜라철학적 개념도 찾아볼 수 없다. 또 아리스토텔레스의 영혼개념에서 핵심적인 여러 기능들도 모두 사라지고 없다. 오로지 인간에게만 해당되는 부분만 남은 것이 데까르뜨의 영혼이었다. 그 부분이란 다름아닌 생각하는 마음이다. 따라서 데까르뜨 철학에서 영혼이란 바로 생각하는 마음에 다름아니다. 그것은 신체에서 독립된, 신체와는 무관한 순수지성일 따름이다.

사유의 경험('나는 생각한다')으로부터 데까르뜨는 즉각적으로 그 사유를 소유한 존재, 생각하는 것(res cogitans)의 존재를 주장했다. 우리 마음의 존재는 바깥의 대상세계를 알기 전에 알 수 있으며 대상에 대한 우리의 지식과도 독립적으로 알 수 있다고 보았다. 데까르뜨에 따르면 내가 생각한다는 사실은 그 무엇에 의해서도 부정될 수 없는 것으로서 나는 그것에 대한 즉각적인 자각을 갖고 있다. 이러한 자기각성에 기반해서 누구나 사유하는 존재로서의 자신의 본성 혹은 본질을 추론해낼 수 있는 것이다. 이처럼 사유(thoughts)로서의 영혼은 이렇게 대상세계로부터 독립적이며 개체적이고 비물질적인(물질적 대상과는 본질적으로 다른) 완전한 실체이다. 이것은 아리스토텔레스의 지성이나 이성으로서의 영혼과도 다르고 세 부분의 합성으로서의 영혼과도 다르다. 아리스토텔레스에게서 제1실체는 소크라테스와 같은 개체로서 형상(영혼)과 질료가 결합되어 있는 것이지만, 데까르뜨에게서 실체는 연장적 실체와 사유하는 실체 두 종류가 있으며 영혼은 사유하는 실체이다.

내가 생각한다는 사실에 대한 즉각적 각성이 사유하는 것의 존재를 확립하는 것일 수는 있지만 이 경우에도 엄밀히 말하면 나의 개체성에 관한 의식이 아무리 확실하다고 해도 이 인식론적 확실성이 개체적 자아를 존재론적으로 확립하는 것은 아니다. 자아에 대한 의식은 자아의 개체성을 발견하기 위한 근거는 될 수 있지만, 그 자체로 경험적 의식에 앞서 있는 개체적 자아나 영혼의 존재를 확립시키지는 못한다. 이 사유하는 존재가 물질이 아니라는 것은 확립되지 않는 것이다. 영혼이 참으로 물질적 대상과 구분되는 실체임을 보여줄 경우에만 그것의 비물질성을 단언할 수 있을 것이다. 이런 구별은 지각과 의지를 포함하는 사유가 비물질적 실체의 주된 속성으로 설정됨으로써 이루어진다.

영혼이 개체적이고 비물질적인 순수실체라면, 그것의 속성들인 나의 사유들이 변화하더라도 나는 언제나 자기동일적 실체로 남게 되며 영혼의 불멸성 또한 큰 문제 없이 보장될 수 있을 것이다. 데까르뜨는 사실 그렇게 생각했다. 그런데 이 변화하지 않고 남아 있는 순수실체로서의 나는 과연 어떤 의미에서 나인가? 내가 나로서 파악되는 것은 나의 몸을 기반으로 한 여러 경험이 있기 때문이라 한다면, 몸과 분리된 순수실체로서의 영혼은 나의 개체성을 보장하지 못한다. 개체성을 설명하지 못한다면 영혼의 다수성, 즉 상호구분되는 여러 영혼들 또한 설명할 수 없는 난점을 지닌다고 볼 수 있다.

스피노자의 자아개념

스피노자는 데까르뜨의 신, 영혼, 물질이라는 세 실체를 거부하고 유일실체를 주장한다. 스피노자에 따르면 실체는 그 자체로 존재하고 그 자신을 통해서 생각되는 것이고, 그래서 자신이 자신의 원인인 존재(causa sui)이다. 이런 존재는 단 하나만 있을 수 있다. 즉 동일한 본성을 지닌 둘 이상의 실체는 있을 수 없다는 것이다. 이런 존재가 다수 존재한다면 서로 구별될 수 없기 때문이다.

스피노자 철학에서 존재하는 모든 것은 실체이거나 양태이다. 신만이 오직 실체인 그의 체계에서는 데까르뜨와는 달리 모든 개체들이 실체(신)의 유한한 양태이며 인간도 역시 이 양태에 지나지 않는다. 따라서 개체들은 신적 속성의 양태들로, 신적 속성의 제한 또는 부정에 의해 구성된다. 스피노자는 데까르뜨의 심신이원론을 실체—속성—양태의 개념들을 통해 일원화하였다. 여기서 인간은 하나의 양태인바, 사유와 연장의 두 속성 아래 각각 정신과 신체로 이해된다. 인간의 자아는 정신과 신체로 구성된 하나의 개체인 것이다. 정신과 신체는 때로는 사유라는 속성 아래에서, 때로는 연장의 속성 아래에서 이해되는 하나의 동일한 개체이다. 인간의 마음이나 인격의 개체성은 다른 개체들과의 관계에 의존하는 동시에 그 구성부분들 사이의 관계에 의존한다. 즉 개체성은 부분을 이루는 전체성에 대해 개체들이 갖는 관계에 의해 설명될 수 있다. 이와같이 스피노자는 데까르뜨와 마찬가지로 이른바 자아의 정체성의 기준이라고 말해지는 개체화의 문제를 그 자체로 문제삼지는 않았다고 볼 수 있다.

　스피노자는 자아의 문제를 직접적으로 다루지는 않지만 인간의 모든 활동의 근거를 자기보존의 노력인 코나투스로 설명한다. 스피노자 철학에서는 양태로서의 인간이 가지는 지식과 존재 그리고 가치는 '적합한'(adequate)이라는 말의 의미를 통하여 규정된다. '적합한'이라는 의미는 궁극적으로는 '신적 본성에 일치하는' 것을 의미하며 또한 현실적으로는 인간본성에 포함된 신적 본성을 의미하는데, 이는 곧 코나투스의 활동이다. 코나투스는 양태의 자기보존의 힘이자 이성의 근원이며 이는 덕으로 현실화된다. 인간에 대한 이러한 스피노자의 주장은 모든 개체적 사물들에 적용된다. 따라서 코나투스의 의미에 따르면 개체적인 모든 존재들과 마찬가지로 모든 인간 속에서 자기보존이라는 자기 위주의 이기적 본성을 찾아볼 수 있다. 왜냐하면 지속과 변화의 일반적 원리 속에 개체의 자기보존이라는 독자성을 고수하는 개체의 의미가 함축되어 있기 때문이다. 궁극적으로는 대자연의 원리에 따르는 것이라 할지라도 그것의 양태인 인간은 세계에 대한 모든 관계를 자기보존과 관련지으려고 한다는 점에서 개체적이다. 개체뿐만 아니라 인간 속에는 자기중심적인 성향이 있는 것이고, 그렇기 때문에 거기서 이기적 모습을 그려볼 수 있다.

　한편 스피노자는 『윤리학』 5부에서 정신의 영원성에 대해 논의하지만,

그것이 영혼의 불멸을 의미하는지는 분명하지 않다. 그는 정신의 일부가 영원하다고 주장하며, 그것은 신체가 파괴된 후에도 남는다고 본다. 그러나 그것이 개체적 양태의 불사나 불멸을 의미하는 것은 아니라는 점에서 애매한 측면이 있다. 또 스피노자는 인간이 가진 능력 중에서 지성과 일치하는 질서에 따라 신체의 변용에 질서를 주고 그것을 연결하는 힘이 있다고 주장한다. 그에 따르면 인간의 정신은 비록 세계에 대한 표상에 의해 구성되긴 하지만 개별적 경험에 의한 표상을 인식할 뿐만 아니라 또한 총체적인 자연의 질서도 인식할 수 있다. 이러한 논의는 스피노자를 주지주의자로 해석하는 근거가 되기도 하며 그의 체계가 비일관적이라고 해석할 수 있는 측면이기도 하다.

앞에서 보았듯이 데까르뜨는 '순수지성으로서의 사유', 다시 말해 '생각하는 나'를 실체로 받아들였기 때문에 경험론자들이 직면하게 되는 자기동일성의 문제로 나갈 필요가 없었다. 데까르뜨 철학에서 사유로서의 실체는 경험론에서 말하는 것처럼 경험의 내용으로 구성되는 것이 아니라 경험의 주체로서 전제된 것이다. 이에 반해 스피노자는 데까르뜨와는 달리 인간을 실체가 아닌 유한양태로 이해했다. 하지만 정신의 존재는 대상과 그것에 대한 인식이 경험적으로 관계되기 이전에 이미 실재한다고 생각한다는 점에서 그 역시 데까르뜨와 일치하는 면을 가지고 있다고 볼 수 있다. 따라서 정신을 대상에 관한 경험적 인식 이전에 이미 존재하는 것이라고 본 데까르뜨나 스피노자는 경험론자들처럼 '우리 안에 변하는 가운데서도 불변하는 어떤 실재적인 것이 있는가' 하는 문제, 즉 자기동일성의 문제는 제기하지 않았다고 할 수 있다. 이런 점은 같은 합리론자인 라이프니츠도 마찬가지다.

라이프니츠의 자아개념

라이프니츠는 데까르뜨의 이원론과 스피노자의 일원론을 모나드론을 통해 재구성한다. 즉 사유와 연장이라는 두 종류의 실체 혹은 속성의 문제를 단일 종류의 실체인 모나드와 그것들의 관계로 대치했다. 그러나 그 관계는 예정조화라는 방법을 통해서 실체의 내부 프로그램으로 변형된다. 그리하여 실재의 세계는 모나드들 각각의 내부세계에 대한 지각에 의해서 주어진다.

라이프니츠에 따르면 인간은 모나드 또는 모나드들로 구성된 존재이다. 인간의 영혼은 모나드로 개체화된다. 세계를 구성하는 모나드들은 그 본성상 개체이다. 모나드는 창조된 순간부터 소멸될 때까지 자신의 내적 프로그램에 따른다. 모나드는 단순한 것이고, 또한 정신이며, 우주를 전부 담을 수 있다. 이런 모나드들 사이에는 인식의 층위에 따라 차이가 있다. 모나드들은 각기 자신의 내적 본성에 따라 존재하며 인간 역시 모나드이거나 그것들로 구성된 존재이므로 자신의 존재 안에서 모든 것을 지각할 수 있다. 따라서 라이프니츠에게서 인간의 동일성은 이와같은 지각, 즉 자기의식에 의해 확보된다고 볼 수 있다. 자기동일성은 개체가 자신을 자신으로 의식할 때만 확보된다. 이는 모나드의 비물질성·단순성·불가분성이 인간의 동일성을 보장해주는 것이 아님을 의미하며 또한 영혼의 비파괴성, 불멸성이 인간의 동일성을 보장해주는 것도 아님을 의미한다. 이러한 생각은 이후 칸트 철학에서 발전된 형태로 나타난다.

근대 합리론자들은 새롭게 제기된 기계론적 자연관을 수용하는 한편 그에 합당한 능력을 지닌 인간의 모습을 그려내려고 했다. 그들은 자연과 인간을 새롭게 정의해야만 했고 그에 따라 실체론을 중심으로 이론을 전개하게 되었다. 합리주의 철학자들은 자아의 문제와 관련하여 영혼의 본성과 그 존재론적 차원에 많은 관심을 기울였다. 그러나 자아의 개체성이나 개체화의 원리와 관련해서는 논의가 불충분하며 여러 난점들을 노정하고 있다. 라이프니츠의 '식별 불가능한 것들의 동일성 원리'는 18세기 형이상학에 상당한 영향을 미쳤다. 로크와 흄과 같은 경험론자들에게서 이 문제는 시간의 지속을 통해 유지되는 동일성의 문제로 논의되고 있다.

3. 경험론에서의 자아문제

앞서 살펴본 바와 같이 자아개념과 관련하여 데까르뜨는 중대한 문제를 남겨놓았다. 데까르뜨의 인간은 신체를 가진 존재이면서도 순수지성적 존재이기 때문에 인간 존재에 관해서만 일어나는 특수한 문제가 발생하지 않을 수 없다. 달리 말하면 기계론적 원리에 의해 움직이고 따라서 기계론적으로 설명이 되는 인간의 신체와 그러한 원리에 의해 지배받지 않는 정신, 이 두 이질적인 요소가 서로 아무런 상호작용도 없이 병존만 하는 것인지, 아니면 모종의 연관성을 갖고 상호작용하는지, 그리고 한다면 어떻게 가능한지의 문제가 제기된다. 데까르뜨는 신체와 마음이 상호작용한다는 것은 부인할 수 없는 엄연한 사실이라고 보았다. 신체가 우리의 의지에 따라 움직인다는 일상의 경험만으로도 그러한 사실이 입증되기에 충분하다는 것이다. 따라서 데까르뜨가 설명할 필요를 느꼈던 것은 후자의 문제, 즉 양자가 어떻게 상호작용하는가 하는 문제였다. 그러나 그것은 지금까지도 '심신인과' 또는 '정신인과'(mental causation)라는 이름으로 현대 심리철학의 한 난제로 남아 있다.

데까르뜨의 이원론이 처한 딜레마적 상황은 기계론과 이원론의 갈등에서 비롯된다. 기계론을 보편적 원리로 삼는다면 이원론이 성립할 수 없고, 반대로 이원론을 고수한다면 기계론 철학의 부분적 파기를 감수해야 하는 것이다. 이런 상황에서 손쉽게 벗어날 수 있는 길은 물론 이원론을 포기하는 것이다. 기계론 철학을 받아들이면서 이원론을 포기한다는 것은 곧 유물론으로 향하는 길이다. 이 길을 택한 대표적 인물이 바로 홉스였다.

홉스와 버클리의 '마음'과 '자아'

홉스는 데까르뜨와는 달리 인간에게 감각과 상상 외에 순수지성이라는 별도의 능력이 있다는 점을 부인한다. 상상작용과 지성작용은 서로 다른 것이라는 데까르뜨의 주장을 받아들이지 않는 것이다. 그리고 감각과 상상은 물질의 다양한 운동에 불과하기 때문에 신체라는 물질 외에 어떠한 비물질적인 것도 요청할 필요가 없다는 것이 홉스의 생각이다. 따라서 순수지성 작용의 주체에 해당하는 데까르뜨적인 마음은 부인된다. 홉스에 따르면 마음은 물질운동의 일종인 감각작용과 상상작용 외에 다른 것이 아니므로 신체의 어떤 부분에서 일어나는 운동에 지나지 않는다. 따라서 마음을 소위 '비물질적 실체'라 부르면서 물질과 근본적으로 다른 것으로 규정하려는 일체의 이원론적 철학은 거부되어야 한다. 이런 관점에서는 '비물질적 실체'라는 개념 자체부터 자기모순적인 것으로 받아들여진다. 실체란 여러 우연적 속성들의 주체이다. 그런데 속성들의 주체가 되려면 거기에는 기본적으로 그 속성들이 있을 자리가 있어야 한다. 그렇다면 그것은 물체 이외의 다른 것이 될 수 없다. 왜냐하면 물체는 정신과는 달리 기본적으로 일정한 공간을 갖는 것이기 때문이다. 따라서 '비물질적 실체'라는 말부터가 모순적이다. 그것은 서로 결합될 수 없는 말들이 잘못 결합된 것이다. 이는 철학자들에 의한 언어오용의 대표적 사례에 해당된다는 것이 홉스의 지적이다.

물론 이원론을 거부하면서도 다른 한편으로는 홉스와 달리 유물론적 입장을 택하지 않은 철학자도 있었다. 대표적으로 영국에선 버클리가, 그리고 대륙에선 라이프니츠가 여기에 속한다.

버클리의 글에서 자아는 '마음'(mind), '정신'(spirit), '영혼'(soul) 등의 말로 지칭된다. 버클리의 철학에서 능동성을 가진 것이라고는 신을 빼고 나면 인간의 정신활동뿐이다. 의지·기억·상상·지각작용은 물론 심지어 사랑하고 미워하는 감정까지 모두 능동적인 활동으로서 정신활동의 범주에 속한다. 따라서 자아는 의지와 동일시되기도 하고 또는 능동적인 활동을 하는 어떤 것과 동일시되기도 한다. 바로 그런 점에서 자아나 마음은 관념과 구별된다. 버클리에 의하면 관념에는 어떤 능동적 활동도 없다. 마음에 어떤 것이 있다면 그것은 어떤 양태(mode)나 속성(attribute) 같은 것으로 있는 것이 아니라 오직 지각됨으로써만, 즉 관념으로만 있다.

마음과 관념 간의 이런 구별은 흄의 철학에 오면 사라지고 만다. 마음을 실체로 보아온 서양철학의 큰 줄기는 버클리의 철학까지 이어져오다가 결국 흄의 철학에 와서 끊겨버린다. 그러면 자아가 실체라는 전통적인 생각을 거부하는 흄의 이론을 살펴보기 전에 그와는 약간 다른 전통에 서 있는 로크의 입장을 먼저 살펴보자.

로크의 인격 동일성 이론

인격과 인격 동일성 _ 자아에 대한 로크의 관심은 데까르뜨와는 다르다. 데까르뜨의 관심이 자아존재에 관한 '순수'철학적인 문제에 있다면, 로크는 현실적이고 실천적인 문제에 관심이 더 많다. 자아존재의 확실성 여부는 로크에게는 특별한 고민거리가 아니다. 자아가 존재하고 또 그것이 생각하는 존재라는 사실은 로크에게는 더이상 물을 필요가 없는 원초적으로 주어진 대전제 같은 것이다. 자아와 관련된 그의 관심은 오히려 영혼불멸이나 사후존재, 윤회 같은 종교적인 문제, 인격분열과 기억상실 같은 심리적인 문제, 그리고 형벌·책임·의무·권리 같은 법적인 문제로 향했다. 이와같은 실천적인 문제들이 공유하고 있는 것은 바로 인격적 동일성(personal identity)의 문제이다. 따라서 로크는 이러한 실천적인 문제들을 해결하려면 그것들에 공통적으로 들어 있는 인격적 동일성의 문제부터 이론적인 차원에서 해결해야 하고, 철학이 할 수 있는 일이 바로 이 후자의 작업이라고 한다. 자아문제와 관련해 로크가 특히 인격적 동일성의 문제를 집중적으로 다룬 것은 이런 실천적인 요청 때문이라 할 수 있다.

'인격적 동일성'의 문제는 '인격의 동일성의 근거가 무엇인가'라는 문제이다. 이 문제의 해결을 위해서는 우선 '인격'이 무엇인지부터 분명히 할 필요가 있다. 로크의 규정에 따르면 '인격'이란 "이성과 반성을 갖고 자기 자신을 자신으로 여길 수 있는 사유하는 지적 존재"이다. 이러한 규정은 문자 그대로는 자아에 대한 데까르뜨의 규정과 다를 바 없어 보인다. 데까르뜨의 생각하는 자아도 이성과 반성의 능력이 있는 존재이다. 따라서 로크가 말하는 인격도 데까르뜨가 규정한 '근대적 자아'라는 큰 범주에서 벗어나는 것은 아니다.

그럼에도 불구하고 양자간에는 간과할 수 없는 차이점이 있다. 우선 데까르뜨의 자아가 순전히 사유의 측면에서만 파악된 정신적 존재, 다시 말해 신체와 관련된 부분은 전혀 고려하지 않은 추상적 존재인 반면, 로크의 인격은 두뇌에 이상이 생겨 기억이 상실될 수도 있고 지은 죄에 대해 신체적 형벌을 받을 수도 있는 구체적 존재이다. 물론 데까르뜨의 자아도 감각과 욕망 등을 가진 존재로 그려지고 있지만 그것들은 모두 생각에 포섭되는 것들이고, 정확하게 말한다면 자신이 감각하거나 욕구한다는 데 대한 반성적 사유를 뜻하는 것이지 신체와 관련된 구체적인 감각, 구체적인 욕망을 뜻하는 것은 아니다.

물론 로크의 인격은 그가 규정한 대로 일차적으로 이성적으로 생각하고 반성할 줄 아는 존재인 한에서 데까르뜨의 자아와 구별되지 않을 것이다. 이는 '인격의 동일성을 어디에서 찾을 수 있는가'라는 질문에 대한 그의 대답에서 더 분명해진다. 그 질문에 대한 로크의 대답은 한마디로 '의식'(consciousness)이라는 것이다. 시간이 흐르고 장소가 바뀜에도 불구하고 나의 동일성 또는 어떤 인격의 동일성이 유지될 수 있는 것은 나 혹은 그 인격이 의식을 갖고 있기 때문이라는 것이다. 여기서 '의식'은 내가 생각하거나 지각할 때 또는 내가 무엇인가를 하고자 할 때 그렇게 함을 아는 것을 말한다. 말하자면 그것은 반성적 의식을 뜻한다. 이 반성적 의식이 있기 때문에 나는 상이한 지각, 상이한 생각, 상이한 욕망을 거의 비슷한 순간에 갖더라도 동일한 인격일 수 있고, 다른 시간, 즉 과거의 지각·생각·욕망도 동일한 인격에 속한 것으로 간주할 수 있다.

하나의 인격을 바로 그 인격이게끔 해주는 속성, 즉 그 인격의 인격성이 반성적 의식에 있다면, 그런 인격은 데까르뜨의 생각하는 자아와 다를 바 없다. 이 점은 로크가 '동일한 인격'과 '동일한 인간'(the same man)을 구별한다는 사실에서도 분명해진다. 인격과 인간의 구별은 상식에서 벗어난 부자연스러운 구별처럼 보이지만 로크의 이론에서는 특별한 의미를 지닌다. 인격의 동일성이 인간의 동일성으로 간주될 수 없다는 것이 로크의 첫째 지적이다. 로크의 주장에 의하면 동일한 인간이란 동물적 삶을 지속하는 살아 있는 인간의 신체를 뜻한다. 따라서 동일한 인간이라 해서 반드시 동일한 인격인 것은 아니다. 신체적 지속이 있다고 해서 그것만으로는 인격이 동일하다는 결론이 나오지 않는다. 인격의 동일성이 신체의 동일성, 즉 인간의 동일성에 있는 것이 아니다.

인격의 동일성과 관련하여 로크가 부인하는 또다른 전통적 견해가 있다. 그것은 인격의 동일성을 하나로 지속하는 비물질적·정신적 실체, 즉 영혼에서 찾아야 한다는 주장이다. 물론 로크가 정신적 실체의 존재를 부인하는 것은 아니다. 다만 그러한 실체의 존재를 인정한다 해도 그것이 인격적 동일성의 문제와는 상관없다는 것이다. 로크는 정신적 실체로서의 영혼의 존재와 함께 그것의 재육화(reincarnation) 가능성까지 인정한다. 예컨대 퀸스보로시(市)의 현재 시장은 소크라테스의 영혼이 재육화한 것일 수 있다(물론 사실이 그런지 아닌지 알 수 없지만). 하지만 소크라테스의 영혼이 재육화되었다는 점만으로는 그 시장의 인격과 소크라테스의 인격이 동일하다는 결론은 나오지 않는다. 이런 의미에서 인격의 동일성은 영혼의 동일성과는 별개의 문제이다. 동일한 인격인지 아닌지 하는 문제는 동일한 영혼인지 아닌지 하는 문제가 아니라 동일한 의식을 갖고 있는지 아닌지 하는 문제이다. 퀸스보로시의 시장은 소크라테스의 영혼이 재육화된 것이라 하더라도 소크라테스가 행동하거나 생각했을 때 가졌던 바로 그 의식을 갖고 있지 못하다면, 다시 말해 소크라테스가 겪었던 경험들을 바로 자신의 경험으로 의식하지 못한다면 그의 인격이 소크라테스의 인격과 같은 것이라고 할 수 없다.

로크가 생각한 인격의 동일성은 한마디로 신체의 동일성도 영혼의 동일성도 아니다. 이 점을 설득하기 위해 그는 몇가지 또다른(극히 비현실적인) 가능성들을 제시한다. 가령 몸은 같은 몸이지만 의식은 둘로 나누어진 경우, 그래서 낮에는 신사임당의 의식으로 밤에는 황진이의 의식으로 갈라질 가능성을 생각해볼 수 있다. 물론 이 경우 의식의 갈림은 정신병리학에서 말하는 의식의 분열과는 다른 것으로 이해해야 한다. 의식의 분열은 겉으로 드러난 의식의 분열일 따름으로, 이른바 '무의식'의 차원까지 소급되는 분열은 아닐 것이다. 이에 반해 앞의 예에서 언급된 의식의 갈림은 신사임당의 경험과 황진이의 경험이 서로 전혀 다르듯이 완전 별개의 두 의식으로 나뉜다는 것을 의미한다. 따라서 '갈림'이나 '나뉨'이라는 용어는 사실 적절치 않다. 이 용어들은 원래가 하나였다는 뜻을 내포하기 때문이다. 그런데도 이런 용어를 사용한 것은 신체가 하나이기 때문인데, 더 정확하게 말하면 '의식의 갈림'이 아니라 '한 신체에 두 의식이 병존하는 상태'라 해야 할 것이다. 여하튼 이러한 경우 그럼에도 하나의 인격으로 보아야 할 것인지, 아니면 한 신체에 두 인격이 깃든 것으로(이것이 무엇을 의미하는지는 전혀 분명치 않지만) 보아야 할 것인지에 대한 로크의 대답은 간단명료하다. 의식이 다르면 인격도 다르다는 것이다.

신체의 경우와 마찬가지로 영혼의 경우에도 그런 가능성을 생각해볼 수 있다. 가령 영혼이 과거에 가졌던 의식을 잃어버렸다가 후에 되찾는 경우를 생각해볼 수 있다. 기억이 일시적으로 완전히 상실되어버리는 경우가 바로 여기에 해당할 것이다. 더 극단적으로 낮에는 모든 것이 기억되다가 밤에는 완전히 잊혀지는 경우도 생각해볼 수 있다. 이 경우 역시 잃어버린 의식과 되찾은 의식, 상실된 의식과 기억해낸 의식이 다르다면 같은 영혼 내에서이기는 하지만 인격은 다르다고 볼 수밖에 없다는 것이 로크의 대답이다. 거꾸로 만일 두개의 다른 신체가 동일한 의식을 갖는다면 신체는 다르지만 같은 인격이라고 할 수 있다. 마찬가지로 두개의 서로 다른 영혼이 같은 의식을 갖는다면 이 역시 같은 인격일 수밖에 없다. 식물이나 동물의 생명은 그 유기체의 물질적 구성요소들을 끊임없이 대체하는 신진대사상의 변화에도 불구하고 동일한 생명으로 유지된다. 이런 사실에 착안하여 로크는 신체가 바뀌어도 의식은 동일한 의식으로 남아 있을 수 있고, 또 일종의 정신적 신진대사에 의해 영혼이 다른 영혼으로 바뀌어도 의식은 동일할 수 있다고 본다. 그래서 예컨대 왕자가 독사의 몸으로 변하더라도 왕자로서 보냈던 과거의 삶에 대한 의식을 그대로 간직하고 있다면 누가 보더라도 그 독사는 그 왕자와 같은 인격을 소유하고 있는 셈이 된다.

이상과 같이 신체·영혼·의식 사이에 가능한 조합의 여러가지 경우들을 통해 로크가 말하고자 하는 바는 그 세가지가 인격적 동일성의 문제와 관련하여 각자 다르게 작동한다는 점, 신체의 동일성이나 영혼의 동일성은 동일한 인격의 필요조건도 충분조건도 아니라는 점, 그리고 동일한 의식이 확보될 때, 즉 의식의 통일이 확보될 때만 동일한 인격이라 할 수 있다는 점 등이다. 그리고 인격의 동일성을 의식의 통일성에서 찾을 때 그가 궁극적으로 노리는 바는 바로 인격은 법적·도덕적 책임의 주체라는 점이다. 인격이란 법을 알고 행복과 불행을 가릴 줄 아는 지적 주체에만 속한다. 로크는 인간이라면 누구나 자신의 미래의 행불행에 대해 지대한 관심을 갖는다는 점에 특별히 주목한다. 사람에게 타인에 대한 이타심이나 동정심이 없는 것은 아니지만, 그것은 자신에 대한 관심의 정도에는 훨씬 미치지 못한다는 것이다.

　로크는 이러한 미래에 대한 관심이 자신의 과거행위에 대한 반성과 밀접히 연관된다는 점을 강조한다. 현재 나의 지대한 관심사인 미래의 나는 바로 내가 지금 경험하는 것들을 기억하고 지금 하는 행위들을 반성하는 나이다. 현재의 나를 과거의 나, 그리고 미래의 나와 묶어주는 것이 바로 의식의 통일성이다. 법적 책임과 도덕적 책임이 의미있게 이야기될 수 있는 것은 우리의 의식이 이와같이 두 방향으로 통일되어 있기 때문이다. 법적으로나 도덕적으로 책임을 물을 수 있는 것은 그 책임의 담지자가 동일한 인격, 즉 과거 자신의 행위를 기억하고 미래의 자신에 대한 관심에 따라 현재의 행위를 선택할 줄 아는 통일된 의식의 주체라는 점이 전제되어 있기에 가능한 것이다.

　의식과 기억＿ 로크의 이러한 인격이론이 이론적·실천적으로 시사하는 바는 적지 않다. 그것은 무엇보다 인격적 동일성의 문제를 처음으로 철학적 논의의 장으로 끌어들였고, 이를 통해 그 문제가 어떤 점에서 왜 중요한지를 말해주고 있다. 이 이론에 따르면 인격적 동일성의 문제가 중요한 까닭은 형법상의 공정성과 상벌귀속의 정당성 문제, 그리고 도덕적 책임의 귀속문제 등이 모두 거기에 근거한다는 데 있다. 그리고 정신적 실체이든 영혼이든 또는 인격이든 간에 그 무엇이 신체가 생기기 전이나 신체가 사라지고 난 뒤에도 어떤 형태로든 존재할 수 있는지가 철학적인 물음의 지평에 들어올 수 있는 가능성도 로크의 이론이 시사하고 있는 점들 가운데 하나이다.

　로크의 이론이 남긴 또하나의 공적은 자아의 문제와 관련하여 정신적 실체나 영혼보다는 의식의 중요성을 더 강조하고 의식을 철학적 논의의 전면에 부각시켰다는 데 있다. 실체나 영혼으로서의 자아와 의식적 존재로서의 자아가 다 같은 자아라는 점에서는 큰 차이가 없어 보인다. 그러나

'실체'나 '영혼'이 자아의 존재론적인 성격과 연관되는 개념들인 데 반해 '의식'은 자아의 인식활동과 밀접히 연관되는 개념이고, 이 점에서 양자는 서로 다르다고 볼 수 있다. 실체나 영혼으로서의 자아에 대해서는 그것이 다른 어떤 것에 의존하지 않는, 또는 다른 어떤 것으로 환원되지 않는 궁극적인 존재인가 혹은 자신의 신체가 없어진 뒤에도 남을 수 있는 존재인가 등과 같은 물음이 제기되겠지만, 의식적 존재로서의 자아에 대해서는 기억·감각·반성 등과 같은 인지적 능력에 관한 물음들이 제기된다. 물론 두 물음이 서로 아무런 상관도 없는 별개의 물음들인 것은 아니다. 특히 자아의 문제와 관련해서 양자의 관계는 더욱 밀접하다. 감각하고 기억하고 반성하는(즉 의식하는) 데에는 그렇게 하는 주체가 있을 터이고, 그 주체는 바로 정신 또는 정신적 실체라는 것이 로크를 비롯한 당시 많은 사람들의 생각이었다. 그런 점에서 로크도 존재론적인 물음들을 완전히 도외시한 것은 아니고, 다만 인식론적인 물음에 더 큰 비중을 두었을 따름이다. 바로 이 점에서도 로크의 이론은 또한 데까르뜨의 의식철학과 구별된다.

그런데 의식은 로크의 생각처럼 그렇게 간단하게 이해하고 넘어갈 성질의 것은 아니다. 의식에 얽혀 있는 철학적 문제는 매우 복잡하고 다양하다. 그렇기 때문에 이른바 '의식의 문제'(the problem of consciousness)라는 말이 고유명사가 되었을 정도로 현대철학에서도 의식은 커다란 철학적 주제로 자리잡고 있다. 이 문제에 대한 로크의 이해는 비교적 단순한 것이었다. 인격적 동일성의 문제에 대한 그의 해결책이 성공적이지 못하다는 평을 받게 된 주된 이유도 바로 그런 단순한 이해에 있다. 우선 로크는 '의식'이라는 말 자체의 의미가 그렇게 분명하게 정립된 것은 아니라는 점을 간과한 듯하다. 따라서 그 말에 대한 사용도 정리된 것은 아니었다.

로크에게서 '의식'이라는 말은 몇가지 다른 의미로 사용된다. 첫째, 바위나 흙덩이같이 의식을 갖지 않는 비의식적(nonconscious) 존재와 인간과 같이 의식을 갖는 존재를 대비할 때 '의식'은 사고하고 감각하고 느낄 수 있는 능력을 뜻한다. 둘째, 의식을 갖는 존재인 인간에 국한하여 의식이 있을 때와 의식이 없을 때, 즉 의식적일 때와 무의식(unconscious)일 때를 구별할 수 있다. 이때의 '의식'은 '깨어 있음'(awake)과 같은 뜻으로, 예컨대 고통과 같은 어떤 심적 상태를 가지는 경우를 말한다. 또 '의식'은 어떤 것을 인지한다(being aware of)는 뜻을 가지기도 한다. 이러한 의미의 의식은 다시 두가지로 구분된다. 사물이나 외적인 사건 또는 다른 사람의 행위나 경험 등을 '의식한다'라고 할 경우와 자신의 행위나 자신 내부의 어떤 심적 사건을 '의식한다'라고 할 경우는 서로 구분될 수 있다. 또 이 후자의 경우도 과거의 행위나 경험을 의식하는 경우와 현재의 행위나 경험을 의식하는 경우로 세분화할 수 있다. 전자의 의식은 기억(memory)과 같고 후자의 의식은 반성적(retrospective) 능력과 연관된다. 이른바 '자의식'(self-consciousness)이라는 것도 이런 반성적 의식의 일종으로 볼 수 있다.

인격적 동일성에 관한 로크의 이론이 드러내는 문제점 가운데 하나는 그가 말하는 '의식'이 무엇을 뜻하는지, 앞에서 세분한 여러가지 뜻 가운데 어떤 것을 의미하는지가 분명치 않다는 점이다. '의식'이라는 말의 사용법에 서로 다른 의미들이 혼재되어 있다는 사실 자체가 큰 문제인 것은 아니다. 맥락이 다르면 의미가 다를 수 있음은 어떻게 보면 당연하다. 그러나 맥락이 같은데도 의미가 다르다면 문제가 된다. 로크의 '의식'은 인격적 동일성의 문제라는 같은 맥락에서 사용되면서도 일관된 의미로 사용되고 있다고 보기는 어렵다. 어떤 때는 '자기 자신을 자신으로 여길 줄 안다'는 자의식의 의미로 사용되다가 또 어떤 때는 '기쁨과 고통을 느끼고 행복과 불행을 의식할 줄 안다'는 뜻에서 무감각(anaesthesia)과 반대되는 것을 의미하기도 한다. 그런가 하면 과거에 있었던 행위나 경험을 의식한다고 할 때의 '의식'은 기억과 같은 뜻으로 이해된다.

기억의 문제와 관련된 또하나의 문제는, 기억의 대상이나 내용이 워낙 다양하기 때문에 그것들이 모여서 어떤 집합체를 이룬다고 해도 그 집합체는 잡동사니 같은 단순한 모임에 불과할 것이라는 점이다. 어떤 통일적 원리가 있어서 그 집합체의 구성요소들을 하나로 묶는 것도 아니고, 때문에 그것들을 하나의 단위로 다른 집합체와 구별시켜줄 어떤 기준적 특성이 있는 것도 아니다. 오로지 기억되었다는 연관성 하나만으로 묶인 것에 불과한 것이다. 따라서 이런 단순한 모임이나 묶음이 어떻게 통일된 의식을 구성할 수 있을 것이며 또 그럼으로써 인격이라는 통일체를 구성할 수 있을 것인지는 극히 의심스럽다.

기억은 동일한 인격이 이미 주어져 있을 때 그 동일성에 대한 인지적 증거의 역할은 할 수 있을지 모른다. 그러나 기억이 바로 인격의 동일성을 구성해준다고 말하기는 어려울 것이다. 기억한다는 이유만으로 인격이 동일하다고 말할 수는 없는 것이다. 로크는 결과적으로 인격이 동일함을 어떻게 확인하느냐를 묻는 인식론적 물음과 인격이 정말 동일한가, 인격적 동일성의 근거는 무엇인가를 묻는 존재론적 물음을 구분하지 못했다는 비판을 면하기 어렵다. 논의의 시작은 존재론적 물음으로 출발했으나 논의의 과정에서 인식론적 물음으로 넘어가버렸다고 할 수 있는데, 그러한 논의의 전환은 바로 의식과 기억이 논의의 중심으로 들어오면서부터 시작되었다. 이는 로크가 인격의 문제를 다루게 된 것이 자아에 관한 존재론적 관심 때문이 아니라 현실적이고 실천적인 관심 때문이었다는 점을 상기한다면 충분히 이해될 수도 있다. 그러나 두 문제를 처음부터 분명하게 의식하거나 구분하여 다루지 못함으로써 논의를 필요 이상으로 복잡하게 전개시켰다는 비판은 여전히 유효할 것이다.

흄의 자아와 인격의 동일성 문제

앞에서 언급했듯이 자아에 관한 로크의 관심은 다분히 현실적이고 실천적인 것이라 할 수 있다. 이에 반해 자아에 관한 흄의 관심은 순수이론적이고 형이상학적인 것이라고 할 수 있다. 물론 그렇다고 해서 흄이 자아 또는 영혼이 실체라는 형이상학적 주장에 동의했다는 것은 아니다. 오히려 흄은 그러한 주장에 대해 정면으로 도전하면서 자신의 이론을 전개해나간다. 자아의 문제는 그의 『인간본성에 관한 논고』 제1권에서 상세히 논의되고 있다. 여기서 주목할 만한 점은 그가 다른 철학적 문제, 예컨대 외부세계 존재의 문제, 인과의 문제 등과 달리 자아의 문제에 관해서는 『인간본성에 관한 논고』의 '부록'에서 자신의 이론이 만족스럽지 못함을 밝히고 이에 대해 불평을 토로하고 있다는 것이다. 그런 탓인지 이후에 이 책의 난해한 부분을 쉽게 풀이했다는 『인간지성에 관한 탐구』(*An Enquiry Concerning Human Understanding*, 1748)에서는 아예 자아의 문제를 삭제해버렸다. 이처럼 철저한 경험주의 원리에 입각해서 자아의 문제를 해명하는 것은 그리 쉬운 일이 아닐 것이다. 이 점을 염두에 두고 자아에 관한 그의 설명에 접근해보기로 하자.

『인간본성에 관한 논고』에 나타난 자아의 동일성 ＿ ① 자아의 관념: '자아의 동일성'과 관련해 흄의 회의주의적 특성을 찾아볼 수 있는 곳은 『인간본성에 관한 논고』 제1권 4부 5장 '고대철학에 대하여' '근대철학에 대하여' '영혼의 비물질성에 대하여'라는 절에서이다. '고대철학에 대하여'와 '근대철학에 대하여'에서 흄은 실체나 제1성질 등과 같은 개념은 철학자들이 고안해낸 것에 불과하고 이성을 통해서도 감각을 통해서도 정당화될 수 없음을 논증한다. 여기서 그는 먼저 실체이론에 대해 의심을 제기한 후, 우리가 실체에 대한 인상(impression)을 가질 수 없으므로 그에 상응하는 관념(idea)도 가질 수 없다는 결론에 이른다. 하지만 우리는 실체의 관념은 가질 수 없지만 그것에 관한 믿음(belief)은 가질 수 있다. 따라서 흄은 실체에 대한 믿음을 경험주의의 원리에 입각해서 설명하는 것이 가능하다면 그것은 마음에 관한 이론을 통해서 설명되어야 한다는 정도에서 논의를 끝내고 있다. 그러나 '영혼의 비물질성에 대하여'라는 장에서는 상황이 달라진다. 여기

에서 흄은 "영혼이 실체라는 것은 완전히 이해 불가능하다"(unintelligible)
는 회의주의의 입장을 표명하고 있다.

흄이 영혼이 실체라는 주장을 거부하는 이유는 다음과 같다. 실체라는
것은 우리가 경험 중에서 친숙해질 수 있는 것이 아니다. X에 대한 관념을
감각으로부터 직접 얻으려면 먼저 X에 대한 인상을 가져야만 한다. 우리
들 각자는 자신의 인생 전반에 걸쳐 동일한 것으로 남아 있는 하나의 것으
로서 자기 자신에 관한 관념을 갖는다. 그렇다면 그러한 관념을 야기할 수
있는 어떤 인상은 그 자체로 인생 전반을 통해 항상적이고 불변적으로 남
아 있어야 한다. 그러나 인상들은 잇따라 급속히 바뀌고, 한순간 이상의 항
상성을 유지함이 없이 서로를 뒤따른다. 비록 그와같은 인상들 가운데 어
떤 것은 다른 시간에도 존재한다고 해도, 단절됨 없이 인생 전반에 걸쳐 지
속적인 어떤 것으로 남아 있는 자아의 관념에 대응하는 인상은 존재하지
않는다. 따라서 자아의 관념은 감각들로부터 직접 유래할 수 없다.

우리에게는 동일성(identity)의 관념이나 같음(sameness)의 관념이 있다.
그런데 이런 관념을 지닌다는 것은 어떤 대상이 시간 속에서 불변적이고
비단절적이라고 생각하는 것과 같다. 또한 우리는 다양성(diversity)의 관
념도 지니고 있다. 이것은 동시적으로 존재하거나 연속적으로 존재하는
각각의 서로 다른 대상에 대한 관념이다. 관련된 대상의 계속적인 연속을
생각하는 경우와 불변적이고 비단절적인 대상을 생각하는 경우는 너무 유
사하여 우리는 그 둘을 혼동하는 경향이 있는데, 이는 아주 자연스러운 경
향이다.

우리는 유사한 지각의 연속을 지속적으로 존재하는 어떤 것으로 간주하
는데, 이는 우리의 자연적 본성이다. 그러나 만일 우리가 그러한 연속을 분
리된 두 시점에서 고려한다면 서로 다른 것들, 즉 다양성의 경우를 경험하
게 될 것이다. 그러나 유사한 지각들의 연속을(다양성의 경우를) 불변하고
비단절적인 것으로 보려는 경향이 너무 강해서 우리는 불가피하게 그 경

228

향성에 굴복한다. 과거의 철학자들은 이러한 상황에서 항상적이고 불변적으로 남아 있는 어떤 것을 고안해냈다. 이것을 그들은 실체라 불렀고, 사람의 경우에는 자아 혹은 영혼이라 불렀다. 그리하여 마침내 동일성과 다양성 사이의 갈등은 해소된다고 보았다. 또한 실체(substance) 속에 '내재하는'(inhere) '우연적인 것들'(properties)은 변하는 반면, 실체는 하나이고 동일하다고 생각했다.

② 동일성 관념: 동일성에 관한 논의는 『인간본성에 관한 논고』 제1권 4부 '감각에 관한 회의주의' 장에 잘 나타나 있다. 내가 지금 지각하고 있는 것이 지속적 현존(continued existence)에 의해 앞서 지각했던 것과 연결되어 있다는 가정은, 지금 지각하고 있는 것과 앞서 지각한 것이 동일하다는 거짓된 믿음에서 비롯된다. 흄은 동일성 관념을 단일성(unity)이나 다수성(multiplicity)의 관념으로 설명한다. 우리는 어떤 한 대상이 존재한다고 생각한 다음에 다른 것이 존재한다고 생각할 수 있다. 이 경우 우리는 수(數)의 관념, 즉 다수성의 관념을 갖게 된다. 그런데 우리는 어떤 한 대상이 존재한다고 생각하면서 다른 어떤 것이 존재하지 않는다고 생각할 수 있다. 이 경우 우리는 단일성의 관념을 갖게 된다. 그러나 흄에 따르면 존재와 비존재 사이에 어떤 중간이 없는 것처럼 단일성과 수 사이에도 어떤 중간이 있을 수 없으며, 따라서 단일성과 다수성의 관념 그 자체만으로는 동일성의 관념이 성립하지 못한다. 이런 이유에서 그는 동일성이라는 관념의 본성과 기원을 시간 혹은 지속의 관념에 의존해서 설명한다. 그리고 시간의 흐름 속에 대상이 불변적으로 존재한다고 생각하는 것은 오직 상상이 만들어낸 허구라고 주장한다. 이와 관련하여 지속적 현존과, 나와 독립적인 현존(distinct existence)에 대한 관념은 감각에 의해서도 이성에 의해서도 제공되지 않으며, 따라서 이 둘에 의해서 정당화될 수 없다고 주장한다. 지속적 현존이 감각에 의해 정당화되지 않는 이유는, 지속적 현존의 관념을 가진다는 것은 곧 내가 감각하지 않는 순간에 존재하는 대상에 대해서도

감각할 수 있음을 함축하기 때문이다. 그리고 나와 독립적인 현존이 감각에 의해서 정당화될 수 없는 이유는, 우리는 오직 일종의 오류와 착각에 의해서만 그것에 대한 인상을 가질 수 있는데, 감각은 우리를 속이지 않기 때문에 감각을 통해서 이와같은 것을 갖는다는 것은 불가능하기 때문이다. 다른 한편 지속적 현존과 나와 독립적인 현존의 관념이 이성에 의해 정당화되지 않는 이유는 설령 외적 현존에 대한 믿음을 확립할 수 있는 확고한 이성적 논변이 있다 해도 그것은 극히 소수에게만 이해 가능하며, 어린이·농민·인류의 대다수는 그러한 이성적 논변을 통해서 외적 현존에 대한 믿음을 갖지 않기 때문이다. 하지만 동일성의 관념이 이성에 의해서도 감각에 의해서도 정당화될 수 없음을 밝히면서도, 흄은 이 관념에 새로운 근거를 찾아준다. 그 새로운 근거는 상상력에 있다. 그러면 상상력이 어떻게 작용하여 동일성에 대한 믿음을 낳는지 살펴보기로 하자.

③ 동일성에 대한 믿음: 흄에 따르면 상상력이 동일성에 대한 믿음을 낳기 위해서는 두가지 단계가 필요하다. 첫번째 단계에서 마음은 두개의 서로 다르면서도 유사한 감각인상들을 동일화한다. 감각인상들은 서로간에 시간적 단절이 있기 때문에 실제로는 수적으로(numerically), 즉 질적으로 다르다. 그럼에도 불구하고 그것들은 서로 매우 유사하기 때문에 동일한 것으로 간주되곤 한다. 결국 이는 유사성(similarity)을 동일성(identity)으로 혼동하는 것이다. 흄은 이와같이 유사성에 근거하여 동일성을 귀속시키는 것을 종적 동일성(specific identity)이라고 간주한다. 이런 종적 동일성은 달리 말하면 불완전한 동일성이라 할 수 있다. 두번째 단계는 상상력이 완전한 동일성을 가진 물체의 지속적 현존을 가정할 뿐 아니라 그것을 실제로 믿도록 만드는 과정이다. 흄에 따르면 유사한 지각들을 따라 진행되는 상상력의 평탄한 흐름 때문에 우리는 그런 유사한 지각들에 완전한 동일성을 귀속시키게 된다. 그러나 유사한 지각들이 나타날 때 그러한 지각들이 보여주는 단절현상 때문에 우리는 그것들이 매우 유사하기는 하지만

단절 후에는 서로 구분되는 존재들로 나타난다고 생각하게 된다. 이러한 모순된 현상은 우리를 불안하게 만들어 갈등으로 몰아간다. 그리하여 우리는 이런 모순에서 벗어나기 위해 상상력을 통해 지속적 존재를 가정하게 되는 것이다. 우리는 단절 이전의 지각을 기억하면서 앞뒤의 지각들을 연결시키려는 경향성을 가진다. 이러한 경향성은 기억이라는 생생한 인상들에서부터 나온다. 결국 동일성에 대한 믿음의 원천은 기억인상들의 지향적 특성에 상상력이 작용한 결과라고 볼 수 있다.

이상에서 우리는 동일성에 대한 믿음이 어떻게 생기게 되는지를 검토해 보았다. 이제 이러한 검토를 바탕으로 흄이 자아의 동일성에 관한 믿음을 어떻게 설명하는지를 살펴보기로 하자.

④ 자아의 동일성에 대한 믿음: 일반적으로 자아의 동일성에 관한 문제는 시간의 흐름 속에서 사람이 동일한 사람임을 재확인하기 위한 기준을 제시하는 문제이다. 어떤 한 싯점에 존재하는 사람이 지각들의 집합이라는 흄의 견해를 받아들인다면, 그 집합이 절대적으로 변하지 않고 지속할 때만 그 사람은 동일하게 남아 있는 사람으로 간주될 수 있다. 그러나 사람은 끊임없이 변한다. 우리는 망각을 통해서 관념들을 잃기도 하고, 경험을 통해 새로운 인상들을 가지기도 하며, 옛날 관념을 근거로 새로운 관념들을 꾸며내기도 한다. 그러므로 흄에 따르면 시간을 통한 사람의 지속성은 동일성의 관계에 의해 설명될 수 없다. 동일성은 복합적인 존재들(동물과 식물 그리고 시간을 통해 성장하는 것)에 우리가 실수로 귀속시킨 것에 불과하다. 우리가 어떤 사물들에 대해 시간적으로 연장되어 있다고 말할 때, 이는 그것들 사이에 유지되는 유사성이나 인과관계에 의해 우리 마음속에 어떤 불변하는 대상에 대한 느낌이 생기기 때문이다. 그러면 이제 『인간본성에 관한 논고』의 '자아의 동일성에 대하여'란 장을 중심으로 흄이 자아의 동일성에 대한 믿음이 생기게 되는 경위를 어떻게 설명하는지 살펴보기로 하자.

우리는 완전히 동일하고 단순한 자아에 대한 관념을 가질 수 없다. 왜냐하면 이러한 관념을 야기한 인상이 존재하지 않기 때문이다. 모든 관념은 그 관념을 유발한 어떤 하나의 인상에서 유래한다. 그러나 자아는 어떤 인상이라기보다는 여러 인상들과 관념들이 공통적으로 지시하는 어떤 것이다. 만일 어떤 인상이 있어서 자아라는 관념을 야기한 것이라면, 그 인상은 우리 인생의 모든 시간에 걸쳐 변하지 않으며 동일한 것으로 지속되어야 한다. 그러나 그처럼 지속적이고 변하지 않는 인상이란 존재하지 않는다. 고통과 즐거움, 슬픔과 기쁨, 정념들과 감각들은 연속해서 서로를 뒤따를 뿐이며, 결코 동시에 존재하는 것은 아니다. 그렇다면 자아의 관념은 이러한 인상들로부터 유래한 것이 아니다. 따라서 그러한 자아에 대응하는 실제적인 관념은 없다.

흄은 이렇게 자아가 모든 시간에 걸쳐서 동일하며 단순하다는 사실을 알 수 없다고 논박한 뒤 자아에 관한 믿음이 어떻게 생기는지를 지각들에 의존해서 설명한다. 자아에 귀속되는 모든 지각들은 서로 다른 것이고 서로 구별 가능하며 서로 분리 가능한 것으로 생각될 수 있다. 따라서 분리되어 존재할 수 있고 그 지각들의 존재를 유지시켜주는 어떤 것도 필요로 하지 않는다. 그렇다면 그 지각들은 어떻게 자아에 속하게(inhere) 되었는가? 그리고 그 지각들은 어떻게 자아와 연결되는가? 나는 나 자신에 대해 생각할 때마다 항상 어떤 특정 지각, 즉 열과 냉기, 빛과 그림자, 사랑과 미움, 고통과 즐거움 등이 떠오른다. 그래서 나는 어떤 지각 없이는 나 자신을 파악할 수 없다.

흄은 자아에 동일성을 부여할 만한 경험적 근거가 없다고 말한 뒤, 자아를 지각들과 구별되는 것으로 생각하게 해주는 다른 근거를 받아들인다. 이 다른 근거란 경향성(propensity)이라는 것이다. 이것이 바로 정신적 실체에 대해 우리가 믿게 되는 근거가 된다. 이렇게 정신적 실체에 대한 일상적 믿음의 근거를 제시하고, 흄은 마음을 극장에 비유한다. 마음은 단지 다양한 지각들의 다발이나 집합에 불과하며, 그 지각들은 매우 빠른 속도로 서로를 뒤따르고 있고 영원한 흐름과 운동 속에 있다는 것이다. 거기에는 한순간에서의 단순성이나 다른 순간에서의 동일성도 존재하지 않는다는 것이다. 하지만 그러한 상이한 지각들은 그것들을 숙고하는 마음에 영향을 미치기 때문에 우리는 마음에 동일성을 부가한다. 따라서 흄의 물음은 이러하다. "우리가 숙고하는 지각들의 어떤 특징 때문에 우리는 그것들이 단일한 마음을 구성한다고 가정하게 되는가? 그리고 지각들은 어떻게 마음에 영향을 미치는가?"

이를 위해 흄은 동일성과 다양성을 다시 정의한다. 그 정의에 따르면 동일성은 시간의 변화를 통해서도 불변적이고 단절되지 않는 대상에 대한 관념이고, 다양성은 연속적으로 존재하면서도 서로 구별되는 대상들에 대한 관념이다. 이런 정의에 의존하여 흄은 마음이 완전히 동일하다는 믿음을 설명하는 쪽으로 방향을 돌린다.

⑤ 관념연합원리: 자아가 완전히 동일하다는 데 대한 우리의 믿음을 설명하기 위해 흄은 불완전한 동일성(지각들의 내용적 유사성을 근거로 부여된 종적 동일성)과 완전한 동일성(수적 동일성)을 혼동하게 된 원인을 살펴본다. 그러한 원인들은 유사성·근접·인과관계 이 세가지 관계들에 있다. 우리는 이 세가지 관계에 의존하여 불완전한 동일성, 즉 종적 동일성을 부여하게 된다. 이러한 세가지 관계 중에서 유사성과 인과관계만이 시간적으로 단절된 지각들 사이의 이행(transition)을 용이하게 해주며, 그런 지각들에 동일성을 부여하는 역할을 한다. 즉 기억 속의 유사성과 무수한 정신적 현상들 속의 인과관계를 통해서 시간적으로 단절된 지각들 사이에 이행이 일어나는 것이다. 유사성의 경우는 일단 우리가 과거의 상당부분을 기억하고 있을 때 가능하다. 그때 기억은 과거의 이미지를 떠올리게 되고, 그 이미지는 과거의 대상과 닮은 것이므로 서로 닮은 지각들을 빈번히 떠올리게 되면 상상력이 하나의 연관에서 다른 연관으로 용이하게 이행하

게 되어, 그 전체적인 흐름을 하나의 동일한 것으로 여기게 한다. 그러므로 기억은 인격의 동일성을 발견할 뿐만 아니라 지각들 사이의 유사성 관계를 산출하고 이를 통해 인격의 동일성을 산출하는 데 기여하게 된다. 그리고 인과관계를 통해서는 인간의 마음은 서로 연관되고 서로 다른 다양한 지각들의 체계를 이루게 된다. 이런 인과관계에 힘입어 인상은 관념을 낳고, 그 관념은 또다른 인상(반성인상)을 낳는다. 지각들간의 인과관계를 논의하면서 흄은 마음에 (완전한) 동일성을 부여하는 우리의 성향을 설명하기 위해 마음을 연합체에 비유한다. 즉 인간의 마음은 국가에 비유될 수 있다. 국가의 구성원들은 끊임없이 변하고 법률이나 제도도 끊임없이 변한다. 그러나 구성원들은 통치와 복종이라는 끈으로 서로 연결되어 있기 때문에 그 국가는 동일한 국가로 여겨진다. 사람의 경우도 이와 유사해서, 어떤 사람이 아무리 많은 변화를 겪는다 할지라도 그의 여러 부분들은 여전히 인과관계에 의해 연관되어 있으므로 동일한 사람으로 여겨진다.

이렇게 인과관계를 통해 지각들 사이의 규칙성(regularity)을 발견함에 따라 국가나 마음은 변화 가운데 있으면서도 불완전하나마 동일성을 확보하게 된다. 그러나 이러한 비유는 만족스럽지 못한 점이 있다. 왜냐하면 마음은 국가에 비유될 수 없는 두가지 측면을 가지고 있기 때문이다. 먼저 국가는—프랑스 제3공화국(1870~1940)의 경우처럼—단절없이 존재하는 데 반해 마음은 그렇지가 못하다. 왜냐하면 흄의 이론에 따르면 마음은 오직 우리가 의식을 갖는 동안에만 또는 기억하는 동안에만 존재한다고 할 수 있기 때문이다. 예를 들어 잠잘 때나 무엇인가를 망각한 경우는 존재한다고 볼 수 없다. 다른 한편 양자에 관하여 변화의 속도가 문제이다. 국가를 구성하는 개인들의 모임은 여러 해를 걸쳐 조금씩 변하는 반면, 마음을 구성하는 지각들은 "인식할 수 없을 정도로 계속해서 급속히 변하며, 영원한 변화의 상태"에 있다. 의식하지 못하거나 망각이 일어나는 경우 마음에 동일성을 부여하는 것은 단절적인 소리에 동일성을 부여하는 것과 유사하다. 지각들이 끊임없이 변하는 경우 동일성을 부여하는 것은 흐르는 강에 수적 동일성을 부여하는 것과 같다. 단절적인 소리나 흐르는 강물에 이와 같은 동일성을 부여하는 것은 유사성에 근거한 종적 동일성을 질적으로 동일함을 의미하는 수적 동일성과 혼동하는 것이고, 마음에 동일성을 부여하는 것도 동일한 뿌리에서 비롯된다.

자아의 동일성을 믿을 때 우리는 완전한 수적 동일성을 잘못 귀속시키는 셈이다. 이 점을 설명하고 나서 흄은 자아의 동일성에 대한 믿음의 토대를 찾아간다. 그는 그러한 토대를 기억에 둔다. 기억이 바로 자아의 동일성의 토대라는 것이다. 사실 기억이 없다면 우리는 인과관계에 대한 어떠한 생각도 가질 수 없으며, 따라서 자아를 구성하는 지각들의 인과적 흐름을 파악할 수도 없다. 일단 기억을 통해서 인과관계가 확인되고 나면, 이 인과관계의 사슬은 상상력을 통해 기억하고 있는 사실들은 물론 현재 기억하고 있지 못한 사실들로까지 확장된다.

만일 우리가 우리 자신에 대해 더이상 기억할 수 없는 간격 동안에도 존재한다고 생각한다면, 우리는 원인과 결과의 고리를 통해 그런 간격을 메울 수 있을 것이다. 그러나 시간을 통해 지속하는 우리 자신에 대한 관념이 있기 위해서는 인과관계에 유사성이 더 있어야 한다. 마음은 단일한 인과적 고리를 형성하는 지각들의 연속물을 따라 쉽게 이동하고, 때문에 우리는 더이상 기억하지 못하는 그런 간격 사이에도 어떤 지각들이 존재했다고 가정하게 된다. 그리하여 우리는 우리 자신이 시간의 흐름을 통해서도 단일하고 지속적이며 연장된 존재라고 생각하게 된다.

흄의 자아관에 대한 비판__ 자아의 문제에 관한 이상과 같은 흄의 입장은 그 과격성으로 인해 많은 비판과 논란을 불러일으켰다. 흄은 어떤 지속적인 실체로서의 자아관념은 허구에 불과하다는 점을 밝히고, 이를 전제로 우리가 그러한 허구관념을 갖게 되는 경위를 자세히 설명한다. 그러나 당시 리드는 이러한 생각은 우리의 상식에 정면으로 위배된다고 비판하였을 뿐만 아니라 현대의 많은 비판가들도 흄의 설명보다는 그 설명의 출발점이었던 전제를 더 크게 문제삼는다. 이는 전제가 거짓으로 밝혀지면 그 전제에 의존하는 설명이 자연히 무력화된다는 전략상의 고려 때문이라기보다는 그 전제 자체가 너무나도 상식적인 이해와 맞지 않는다고 보기 때문이다.

흄과 달리 많은 철학자들은 자아의 확실성을 간접적인 방식으로 증명하고자 한다. 다시 말해서 자아가 없다고 가정했을 때 어떤 모순이 발생하는지를 보여줌으로써 그 가정이 틀렸음을 증명하는 방식(귀류법, Reductio Ad Absurdum)을 따르는 것이다. 자아존재의 자명성을 강조한 데까르뜨나 '선험적 자아'를 주장한 칸트의 입론도 그러한 방식에서 크게 벗어난 것은 아니다.

흄의 다발이론에 대한 많은 비판들 가운데 가장 결정적인 것이라고 많은 사람들이 믿는 것은 바로 선험적 자아의 개념에 근거한 비판이다. 그리고 그 비판의 무기는 바로 귀류법이다. 즉 흄이 주장하는 대로 자아가 정말 지각들의 다발에 불과하다면 피할 수 없는 논리적 모순에 봉착하게 된다는 것이다. 그 논리적 모순은 자가당착의 모습을 띤 모순이다. 다시 말해 흄은 자아를 부정함으로써 자기모순에 빠졌다는 것이다. 그러한 모순은 『인간본성에 관한 논고』의 여러 곳에서 발견할 수 있다. 예컨대 인과관계의 문제를 논하면서 흄은 마음은 어떤 종류의 지각들이 항상 또다른 종류의 지각들의 발생에 따라 일어난다는 사실을 기억한다고 하였지만, 마음이 지각의 다발에 불과하다면 지각의 다발이 기억할 리는 만무하고, 그렇다면 도대체 기억한다는 그 마음이란 무엇인가? 또 흄은 인격의 동일성을 논하는 자리에서 자아의 인상을 찾겠다고 '내부를 들여다보니', 즉 내성적 관찰을 해보니 일련의 지각들밖에 발견할 수 없었다고 했는데, 그때 '내부를 들여다본다'는 것은 도대체 무엇이란 말인가? 또 사실은 인격의 동일성

이 없는데도 불구하고 마치 하나의 인격이 지속되는 양 동일성을 부여한
다고 하였는데, 이때 그 동일성을 부여하는 것은 도대체 무엇이란 말인가?
더 나아가 모든 자아가 지각의 다발에 불과하다면 흄도 예외는 아닐 것이
다. 따라서 그가 집필한 『인간본성에 관한 논고』도 정확히 말하면 지각의
어떤 다발이 집필하였다고 할 수밖에 없을 텐데, 지각의 다발이 도대체 어
떻게 집필했다는 말인가?

　이러한 질문들은 모두 자아를 부정하는 흄의 주장이 자기모순에 빠질
수밖에 없다는 점을 지적하기 위해 던져본 것이다. 더 나아가 이 질문들이
궁극적으로 노리는 바는 그러한 모순을 피하기 위해서는 어쩔 수 없이 기
억하는 주체, 내성적 관찰을 하는 주체, 동일성을 부여하는 주체, 『인간본
성에 관한 논고』를 집필한 주체를 상정하지 않을 수 없으며 그 주체가 바
로 자아가 아니고 무엇이겠는가 하는 점이다.

4. 칸트와 자기의식으로서의 자아

인식된 자아와 의식된 자아

　자아문제에서 영혼과 마음의 실체성을 문제삼았던 합리주의 철학자들
과 달리 칸트는 자아를 실체론적 맥락 밖에서 사유했다. 칸트에게 자아의
문제는 인식기능의 총체에 해당하는 자기의식의 문제였는데, 이 점은 로
크와 매우 강한 유사성을 지닌다. 앞서 살펴본 바와 같이 로크는 자아를 영
혼으로서가 아니라 인격(person)으로 간주한다. 이것은 의식하는 모든 사
유와 행동의 관점에서 자아를 생각하는 것인데, 로크에 의하면 의식은 사
유로부터 분리될 수 없으며 사유에 본질적이다. 모든 사유행위 안에 의식
이 존재하므로 의식은 사유와 행동의 통합자로 기능한다. 즉 사유와 행동
은 자기의식에 의해 나의 것이 된다. 자아존재의 핵심을 의식에 놓고 있는

점에서 칸트는 영혼의 본질을 사유로 보았던 데까르뜨나 로크의 입장과 유사하지만, 경험적 자아와 선험적 자아를 구분하여 자아의식의 차원을 둘로 나눔으로써 독특한 입지를 구성하고 있다.

경험적 자아

칸트에 따르면 대상에 관한 지식은 직관적 감성과 추론적 개념활동에 의해 성립한다. 감성을 통해 우리는 대상을 시공간적인 잡다(雜多)로서 즉각적으로 경험한다. 이 경험은 맹목적인 것으로서 아직 대상에 관한 인식을 산출하지는 못한다. 감성적 조건에 따라 잡다로서 주어진 경험적 자료들은 범주적 개념들에 의해 종합과 분석의 과정을 거쳐 판단을 산출하게 되고, 이때 비로소 우리는 대상에 관한 명제적 지식을 가질 수 있게 된다. 그런데 자아의 존재는 비록 다른 대상들처럼 자연세계 안에 물리적이고 공간적 대상으로 존재하지만, 다른 대상들과는 달리 바로 자신이 모든 대상에 대한 앎을 가능하게 하는 존재이다. 즉 나의 존재는 나에게 물리적 대상으로 파악되기도 하지만 그렇게 파악하는 주체가 스스로 파악하고자 하는 바로 그 대상이라는 점에서 심각한 문제가 발생한다. 왜냐하면 나에 관한 한 주관과 객관의 분리는 매우 불분명해지기 때문이다.

모든 대상이 나에게 경험되기 위해서는 시간과 공간이라는 감성의 형식을 통해 주어져야 한다. 나의 존재 또한 시간적이고 공간적 존재로 주어져야 비로소 나에게 경험될 수 있다. 이것이 모든 대상인식의 필요조건이므로, 나의 존재에 대한 대상적 앎을 갖고자 한다면 나의 존재는 인식의 감성적 조건을 통해 주어져야 한다. 공간적 존재로 주어진 나는 신체로 파악되고 시간적 존재로서 주어진 나는 경험적 의식(지각)의 총체로 파악된다. 모든 대상경험은 내감 안에서 경험적 지각의 형태로 발생한다. 내가 나 자신에게 일어나는 모든 일을 의식하는 한에서 모든 대상경험은 실상 나 자신에 대한 의식을 포함하며 대상인식과 자아인식은 동일한 차원에서 주어진다. 예를 들어 생각해보자. 나는 지금 컴퓨터 모니터를 보면서 글을 쓰고 있다. 이런 일이 가능하려면, 나는 우선 지금 내 앞에 놓여 있는 모니터와 글자들에 대한 지각경험과 이에 대한 자각을 가져야 하며, 내가 무엇을 하고 있는지를 알고 있어야 한다. 즉 자기인식이 있어야 한다. 이러한 경험적 의식은 나의 내적 감각 안에 주어지는 다양한 직관적 자료들을 통해서만 가능한 것으로, 내 앞에 놓인 대상에 대한 구체적이고 경험적인 인식을 가능하게 하는 것이면서 또한 내가 조금 전에 무엇을 했으며 지금 무엇을 하고 있는지를 알게 해준다. 나에 대한 앎이 가능하려면 대상에 대한 앎의 경우에서와 마찬가지로 감각의 조건이 필요하며, 내감으로 주어지는 나 자신은 무엇인가를 구체적으로 의식하고 있는 존재로서의 나이다. 이렇게 나에게 경험적으로 파악되는 나 자신의 존재를 경험적 자아라 할 수 있을 것이다.

"경험적 자아는 내적 지각에 관해 우리의 상태가 규정됨에 의해서 생기는 자기의식으로서, 경험적일 뿐이고 항상 변화한다. 내적 현상들의 이러한 흐름에 비추어보면 항존적 자아는 있을 수 없다. 이와같은 항존적 자아란 자기의식을 말하며 이는 보통 내감 혹은 경험적 통각이라고 한다." 칸트의 경험적 자아는 흄이 말하는 지각의 다발로서의 자아에 가깝다. 이 자아는 나에게 현상으로 주어지는 자아로서, 나에게 나타나는 바대로의 자아이다. 이 자아는 다른 현상들과 마찬가지로 감성의 조건에 의해 규정된 존재이고, 그런 한에서 있는 그 자체로 존재하는 자아는 아니다. 칸트는 인간의 인식조건에 의해 규정된 존재를 현상이라 부르는 반면, 인식의 조건에 의해 규정되지 않은 존재 혹은 규정될 수 없는 존재를 물자체(Ding an sich)라 부른다. 이 물자체는 인식조건을 넘어서 있는 대상 일반을 가리키는 말이다. 경험적 자아가 현상적 자아라면, 현상적 자아를 넘어서는 물자체로서의 자아도 있는가? 있다면 이 물자체로서의 자아는 좀더 근원적 자아를 의미하는 것인가? 칸트는 이 물음을 선험적 자아의 문제로 제기하고 있다.

선험적 자아

흄의 '지각의 다발로서의 자아'에서 칸트가 포착한 철학적 논점은 그것을 하나의 다발로 묶는 끈이 있어야 한다는 것이다. 다발이 하나로 묶이지 않는다면 다른 사람의 다발과 구별되지 않으므로 그것은 나의 지각이 될수가 없을 것이다. 지각다발을 묶는 끈이 그 다발에 통일성과 고유성을 부여하는 것인데, 흄은 그 끈을 관념연합원리에 작용하는 상상력에서 찾았고, 이를 인간의 자연적 성향의 결과라고 보았다. 이에 반해 칸트는 그 끈을 종합적 통일의 원리로 부르면서 필연적이고 선험적인 것으로 보았다. 이제 이와같은 종합적 통일의 원리에 해당하는 끈이 흄과 달리 필연적이고 선험적인 까닭을 우리의 인식과 관련하여 살펴보자. 칸트에게서 대상에 관한 앎은 두가지 인식조건을 필요로 한다. 하나는 자발성을 특성으로하는 개념의 활동, 곧 오성능력이다. 다른 하나는 그 추상적 개념들에 질료를 제공하는 직관적 감성능력이다. "내용[직관]이 없는 사고는 공허하고, 개념이 없는 직관은 맹목적이다." 사고의 자발성은 감성을 통해 받아들여진 감각적 다양이 어떤 식으로든 통괄되고 결합될 것을 요구하는데, 이러한 결합작용을 종합(Synthesis)이라고 한다. 칸트는 실질적이고 경험적인 차원에서 일어나는 경험적 종합의 근저에는 이러한 종합을 가능하게 하는 선천적인(a priori) 종합적 통일——때로 칸트가 순수한 종합, 종합일반이라고 부르는 통일——이 있어야 한다고 생각했고, 또 이러한 종합적 통일은 "나는 생각한다"라는 표현 속에서 드러난다고 보았다. 즉 "우리의 모든 직관들의 다양을 종합할 즈음에, 그리고 '객관들 일반'의 개념들을 종합할 즈음에도, 또한 경험의 대상들을 모두 종합할 즈음에도 의식의 통일이라는 선험적 근저가 있어야 한다. 이런 선험적인 근저가 없고서는 우리의 직관들에 대해서 우리는 아무런 대상도 사고할 수가 없다."

모든 대상인식은 종합의 결과이다. 이 종합작용은 잡다한 감각들을 개념들에 의해 결합하고 질서짓는 과정이며, 이 개념들을 활동기관으로 삼는 총괄적 능력(faculty)이 "나는 생각한다"로 표현되는 자기의식이다. 이 자기의식은 앞에서 언급한 내감에 의존하는 가변적인 경험적 자아의식과는 달리 근원적인 의식이며, 자기 외의 것에서 끌어낼 수 없는 자기의식이다. 이와같은 자기의식은 근원적·필연적 의식인 동시에, 개념들(규칙들)에 따른 모든 현상들의 종합을 필연적으로 통일하는 의식이기도 하다. 선험적 자기의식은 감성에 주어진 다양한 표상을 하나로 통일하여 '나의' 표상이라는 하나의 의식 안에 공존할 수 있게 하는 일종의 기능, 원리 혹은 형식이다. 이런 자기의식은 "그것이 다른 모든 표상에 수반할 수 있고 또 만인의 의식에 있어서 유일하고 동일하기에, 내가 생각한다는 표상을 산출하는 것이기도 하다. 이런 통각의 통일을 나는 자기의식의 선험적 통일이라고도 말한다. '다양한 표상'들은 그것들의 전부가 만약 하나의 자기의식에 속하지 않는다면, 그것들 모두가 나의 표상들이 되지는 않을 것"이다. 이런 자기의식은 형식적인 절대적 자기동일성을 의미하며, 모든 표상을 그것을 경험하는 동일한 주체의 경험으로 만드는 동일화능력을 의미한다. 따라서 그것은 경험적 자기의식과는 달리 자기 외의 다른 근원을 지니지 않는다.

그러나 근원적 의식으로서의 선험적 자아 혹은 자기의식은 현상적 자기의식의 근저에 변치 않고 남아 있는 지속적 실체가 아니라는 점에 주목할 필요가 있다. 그것은 표상을 가능케 하는 순수한 형식, 종합적 통일의 원리, 순수한 사유의 자발성 혹은 활동성을 의미할 뿐 경험을 통해 변화를 겪는 가운데서도 수적으로 동일한 어떤 대상적 실체가 아니다. 선험적 자아는 사유의 참된 주체라고 할 수 있겠지만, 이 자아에 관해서 나는 아무런 인식이나 지식을 가질 수가 없다. 이에 대한 인식이 가능하려면 그것은 나의 감성적 조건에 주어져야 하지만, 나의 내감 안에 주어지는 자아는 지각 경험 안에서 규정되는 현상적 자아일 뿐이다. 대상에 관해 사유하는 순간 나는 이 사유하고 있는 참된 주체를 포착하려고 해보지만, 이 주체는 번번

이 뒤로 물러서서 대상화되기를 거부한다. 모든 대상에 관한 사유를 가능하게는 하지만 자신은 사유의 대상이 되지 않는 것, 이것이 바로 모든 사유의 근원에 해당하는 자아, 즉 지성적 존재로서의 자아이다. 선험적 자기의식은 자기인식이 아니고, 그런 한에서 선험적 자아는 우리 인식의 한계선상에 위치하고 있다. 나는 지성적 존재로서의 선험적 자아를 그것이 행하는 결합작용을 통해 의식할 수 있을 뿐, 그 자체로는 인식할 수 없다.

칸트에게 "나는 생각한다"로 표현되는 자기의식은 나의 실존(existence)을 규정하는 작용을 의미하고, 그런 한에서 나의 실존은 내가 생각함과 동시에 이미 주어져 있다. 따라서 "나는 생각한다, 고로 존재한다"는 데까르뜨의 명제는 칸트에게서 성립하지 않는다. 나의 존재는 나의 사유로부터 추론되는 것이 아니다. 나의 존재가 추론되기 위해서는 "생각하는 존재는 모두 실존한다"는 매개명제를 필요로 하는데, 이 매개명제에 따르면 사유의 속성을 지니는 모든 것들은 필히 존재하게 되므로 이를 받아들이면 우리는 존재론적 오류에 빠지게 될 것이다. 나의 실존은 추론되는 것이 아니라 "나는 생각한다"에 이미 포함되어 있는 것으로서 그와 동시적으로 주어진다.

자아동일성
칸트의 근원적 자아는 실상 그 자체로는 아무런 내용이 없는 표상이고, "모든 개념들에 수반하는 한갓 의식"이다. 이 자아는 구체적 대상인식 안에서 의식되며, 이런 현실적 사고작용을 떠나서는 그것에 관한 최소한의 이해도 가질 수 없다. 따라서 "우리는 선험적 주관의 주위를 늘 헛되게 빙빙 돌고" 있다. 이러한 자아는 합리주의 철학자들이 생각한 것처럼 항상적이고 실체적인 존재가 아니라 순수 사유형식이고, 나의 경험을 나에게로 귀속시키는 통일의 원리로 기능한다.

그렇다면 이런 근원적 자아의 자기동일성은 어떻게 확보될 수 있을 것인가? 칸트는 『순수이성비판』 초판에서 이와같은 근원적 자아의 자기동일성이 각각의 개체화된 존재로서의 자아를 통해 확보될 수 있다고 했다. 하지만 재판에서는 자아동일성을 수적으로 개체화된 존재의 동일성이 아니라 그 모든 존재가 공유하는 본질의 관점에서(질적 동일성의 관점에서) 말하고 있다. 이러한 자아는 연극에 비유될 수 있다. 질적 동일성이라 함은 연극에서 일관되게 흐르는 주제와 같은 것을 의미한다. 선험적 자아는 변화하는 경험적 자아의 근저에 있으면서 경험적 자아에 통일성을 부여한다는 점에서 연극에서의 주제와 같은 역할을 한다고 할 수 있다. 연극의 주제가 연극과 독립해 있는 자기동일적인 존재라고 할 수 없는 것과 같이 칸트의 근원적 자아는 그것에 의해 가능해지는 모든 대상(현상으로서의 자아를 포함하는 대상)인식을 초월해 있는 자기동일적 존재라고 할 수 없는 것이다.

칸트의 자아에 관한 논의는 복잡한 양상을 지니고 있다. 이 논의에 들어오는 철학적 문제들은 경험적 자아, 선험적 자아의 문제 (그리고 이 둘 사이의 관계문제)로 국한되는 것이 아니라 '오류추리론'에서 다루고 있는 영혼과 마음, 인격, 심신 문제 등 다양한 방식으로 발전될 여지를 지니고 있다. 이 문제들에 관한 논의들이 항상 명료하게 진행되는 것은 아니며, 자아동일성과 인격의 문제와 관련한 논의들도 마찬가지이다. 칸트는 로크가 자아동일성의 기준을 심리적인 경험이나 의식에 놓고 있는 것을 비판하면서 자아동일성에 관한 앎에 대해 회의적인 입장을 보인다.

도덕적 행위의 주체로서의 자아

선험적 자아는 대상인식을 가능하게 하는 사유주체이지만, 그 자신은 대상으로 파악되지 않고 이론적 차원에서 그것의 실재성을 증명할 수도 없다. 그러나 이성의 실천적 사용(이 경우도 순수하면서 선천적인 사용)을 통해, 즉 실천이성의 법칙이나 도덕법칙을 통해 우리의 실존을 선천적으로 규범화할 수 있고, 여기서 그 실존을 규정할 가능성을 엿볼 수 있다. 이 경우 우리는 경험적 직관들과 상관없이 작용하는 자발성을 통해 우리의 실재성을 증명할 수 있을 것이다.

실천이성은 인간을 행위하게 하는 능력이고 사려깊음이나 도덕법칙 준수의 차원에서 작동하는 능력이며, 또한 자발성(도덕행위의 맥락에서는 자율성)을 지니는 이성능력이다. 칸트는 근원적 자아가 우리에게 처음으로 자신의 실재를 드러내는 것은 도덕적 법칙에 대한 의식을 통해서라고 본다. 이론이성의 차원에서 자아는 의식되어질 뿐 그것의 실재성이 구체화되는 맥락을 갖지는 못한다. 그러나 도덕적 주체로서의 자아는 법칙의 표상에 따라 자신의 의지를 구성할 수 있는 이성적 존재자 혹은 지성적 존재자이며, 이에 반해 감성적 충동에 의해 규정되는 의지는 한갓 동물적 의지에 불과하다. 인간은 오직 이성이 지시하는 것에 의해서만 자신의 의지를 규정할 수 있는 정신적 존재이며, 그런 한에서 자유의지를 갖는다. 인간의 도덕적 행위는 이 실천적 자유를 경험적으로 증명해준다. 따라서 자유의지로서의 자아는 구체적 존재로서 실재하게 된다.

그러나 철저하게 자신의 의지를 도덕법칙에 일치시킨 존재는 자신의 근원적 자아의 실재성을 도덕적 행위 속에서 드러낼 수는 있지만, 이때의 자아는 실상 보편적 자아이다. 그렇다면 자아의 개체성은 보편적인 선의지 속에서 드러나는 것이 아니라 개별적인 선호 및 충동 등에서 드러나는 것이라 할 수 있다. 칸트에게서 자아의 실재성은 실천적 차원에서는 확보될 수 있는 것처럼 보이지만, 이때 자아가 어떤 의미의 자아인지는 또다른 논쟁점을 구성한다. 이론적 맥락에서도 선험적 자아는 그 자체로는 너와 나의 구분이 없는 선천적이고 보편적인 표상 형식으로서의 자아이기 때문에 이것이 어떤 의미의 자아인지는 생각해볼 문제이다.

| 김규선·김혜숙·김효명·양선이 |

244

정념

___원초적인 것인가, 파생적인 것인가

1. 합리론에서 정념의 문제

데까르뜨 정념론의 구조

근대철학의 여러 다른 분야에서도 그렇지만 합리론적 관점에서 정념의 문제에 대한 논의의 기반을 마련한 사람도 데까르뜨이다. 그는 최후의 저작인 『정념론』(Les Passions de l'Ame, 1649)에서 스콜라철학의 정념론과 상이한 이론적 기초 위에서 정념의 문제를 체계적으로 다룸으로써 이후 합리론에서 논의되는 정념론의 이론적 모체를 제공해주고 있다. 데까르뜨 정념론의 핵심 문제는 크게 네가지 측면에서 고찰할 수 있다.

정념론의 철학적 기초: 원초적 관념들__ 먼저 정념론의 철학적 기초에 관한 문제가 있다. 데까르뜨는 형이상학과 자연학에서 영혼과 물체, 사유와 연장의 엄격한 이원론에 기초하여 논의를 전개하고 있다. 이에 따르면 영혼과 물체는 사유와 연장이라는 전혀 상이한 속성에 의해 규정되기 때문에, 양자 사이에는 일체의 인과관계 및 상호작용이 존재할 수 없다. 그런데 데까르뜨는 사랑과 미움, 기쁨과 슬픔, 욕망과 같은 정념들은 외부물체의 운동이 우리 신체에 미친 영향에 따라 생겨난 정기들(esprits animaux)의 운동이 뇌 안의 송과선에 전달되어 영혼 안에서 일어난 결과라고 파악한다. 이것은 중대한 문제가 아닐 수 없다. 왜냐하면 이 경우 정념론은 형이상학과 자연학에서 배제된 영혼과 신체의 상호작용을 전제하고 있는 것으로 보이기 때문이다. 데까르뜨는 정념이라는 현상에 직면하여 이론적 모순에 빠진 것일까? 그렇지 않다면 어떻게 이원론적 틀에서 정념이라는 현상을 설명할 수 있을까?

데까르뜨는 원초적 관념(notions primitives)에 관한 논의를 통해 이 질문에 답변한다(엘리자베스에게 보내는 1643년 5월 21일, 6월 28일 편지). 이에 따르면 원초적 관념들은 우리의 모든 인식의 근거를 이루는 원천으로 모든 학문은 이 관념들을 잘 구별하고 각각의 영역에 잘 적용하는 데서 성립한다. 데까르뜨는 세가지 원초적 관념을 제시한다. 먼저 사유가 있다. 사유는 영혼과 신에게 적용되는 것으로 형이상학이 확실한 토대를 갖는 학문으로 성립할 수 있게 해주는 것이다. 그 다음은 연장인데, 연장은 모든 물체들에 적용되는 것으로 자연학의 토대가 되는 관념이다. 데까르뜨가 제시하는 마지막 원초적 관념은 인간, 즉 '영혼과 신체의 연합'(union)으로서의 인간이라는 관념이다. 사유라는 첫번째 원초적 관념이 감각과 상상에서 분리된 순수지성의 활동을 필요로 하고, 연장이라는 두번째 원초적 관념은 상상의 도움을 받는 지성의 활동을 요구한다. 반면 세번째 원초적 관념은 감각으로부터 자신의 명석함을 도출한다. 이 세번째 원초적 관념은 우리에게 유용한 것과 해로운 것을 식별할 수 있게 하고 우리 자신의 존재를 보존하게 해주는 실천적 지혜를 추구하는 역할을 한다.

이상과 같은 원초적 관념을 전제한다면, 데까르뜨의 형이상학과 자연학에 함축된 이원론적 관점은 정념에 관한 연구에서는 더이상 타당하지 않다. 그리고 이원론적 관점에서 정념의 문제를 사고할 때 제기되는 내적 모순의 문제 역시 제기되지 않는다. 즉 정념의 문제에서 상호작용은 영혼과 신체라는 상이한 존재론적 질서에 속하는 실체들 사이에서 이루어지는 것이 아니다(만약 그렇다면 데까르뜨의 철학체계는 내적 모순에 빠지게 된다). 그 상호작용은 영혼과 신체의 연합으로 여겨지는 인간과 외부의 대상들 사이에서 이루어진다. 이는 곧 데까르뜨에게서 정념의 문제는 실천적 유용성의 관점에서 탐구된다는 것을 의미한다.

정념의 정의_ 데까르뜨의 정념론은 실천적 유용성을 목표로 한다. 그러나 그렇다고 해서 그가 정념에 대한 탐구에서 학문적 엄밀성을 포기했다는 것은 아니다. 정념론의 실천적 유용성의 조건은 전통적인 정념론을 새로운 학문적 토대 위에서 개혁하는 것이며, 이는 정념에 대한 데까르뜨의 정의에서부터 잘 나타난다.

데까르뜨는 먼저 영혼의 분할이론에 기초하고 있는 정념에 대한 전통적인 이해방식을 비판한다. 그에 따르면 영혼은 열등한 부분과 우월한 부분, 감각적인 부분과 이성적인 부분 사이의 싸움터가 아니라, 나눌 수 없는 하나의 실체이다. 이는 불가분적인 영혼과 가분적인 물체를 엄격히 구별하고, 인식능력(faculté)의 구별 이외에 일체의 영혼의 분할을 인정하지 않는 데까르뜨의 형이상학적 관점에서 필연적으로 비롯되는 결과이다. 따라서 그는 영혼 내의 갈등이라는 전통적인 문제도 영혼과 신체 사이의 갈등 문제, 또는 신체의 운동을 표현하는 정념과 영혼의 활동을 나타내는 의지 사이의 갈등 문제로 파악한다.

데까르뜨에서 표상이란 사물을 정신에 현전시켜주는 것을 의미한다. 하지만 표상의 하나인 정념의 종별성은 사물, 대상에 대한 인지적 정보를 제공하는 데 있지 않고, 영혼에 영향을 미치는 힘을 지니고 있다는 데 있다. 좀더 구체적으로 말하면 데까르뜨는 정념을 "지각(perceptions)이나 감각내용(sentiments) 또는 영혼의 동요(émotions)"로 정의하고 있다(『정념론』 27절). 여기서 정념이 지각이라는 것은 영혼의 활동인 의지와는 다르게 정넘이 영혼에 수동적으로 발생한다는 것을 의미한다. 그리고 정념이 감각 내용이라는 것은 지성의 지각과 달리 혼잡하고 애매한 지각이라는 점을 나타낸다. 마지막으로 영혼의 동요라는 것은 인지적인 표상과 달리 정념 은 영혼의 상태를 변화시킬 수 있는 힘을 갖는다는 점을 의미한다.

이처럼 정념은 표상, 즉 사유의 일종이라는 점에서 영혼 안에 존재하지 만, 정념을 발생시키는 원인은 영혼이나 정신적인 것이 아니라 외부대상 과 정기들의 운동이다. 좀더 정확히 말하면 정념이 발생하는 최초의 원인 은 외부대상이 우리의 감각기관을 자극하는 것이다. 그 다음 이 자극에 따 라 신경기관 안의 정기들이 운동하게 되고, 이 정기들의 운동은 다시 뇌 안 의 송과선을 자극한다. 이 송과선을 통해 영혼 안에서 정념이 발생하기 때 문에, 정기들의 운동은 정념 발생의 마지막 원인이라 할 수 있다. 이처럼 자 신과는 상이한 본성을 지닌 것에 의해 수동적으로 발생하는 사유의 양태 라는 점에서, 수동적이라는 의미를 내포하는 '정념'(passion)이라는 이름 이 유래한다. 따라서 데까르뜨에게서 정념은 외부대상 혹은 신체의 운동 을 원인으로 갖고 있지만, 영혼에 속하는 사유양태라고 정의할 수 있다.

이러한 정념의 발생과정에 대한 설명에서 중요한 것은 데까르뜨가 정념 발생의 원인을 신체에서 찾는다는 점이다. 데까르뜨는 전통적인 정념론의 문제점을 정념의 성격과 원인의 혼동에서 찾는다. 곧 아리스토텔레스에서 스콜라철학에 이르는 정념론은 정념의 원인을 영혼에서 찾고 이에 따라 정념을 의지의 표현으로 간주하고 있다. 하지만 데까르뜨에 따르면 이는 정념의 본성을 정확히 이해하고 정념의 유용성을 올바르게 활용하는 데 장애가 될 뿐이다.

정념의 분류와 열거_데까르뜨의 방법의 이념에 비추어볼 때 정념의 분 류와 열거는 정념론을 하나의 학문으로 확립하는 데 매우 중요하다. 데까 르뜨의 보편수리학(mathesis universalis) 이념은 모든 학문의 대상이 동질적이라는 것을 의미하는 것이 아니라, 각 학문영역에서 확실성을 수립하는 절차가 올바른 순서에 따라 이루어져야 함을 의미한다. 따라서 형이상학과 자연학에서처럼 정념론에서도 이 보편적인 방법론이 적용될 수 있어야 하며, 이는 곧 정념의 분류 혹은 정념의 열거라고 표현된다.

데까르뜨의 방법은 우선 가장 단순한 것, 가장 기초적인 것을 찾고 이로부터 복잡한 것, 파생적인 것을 연역할 것을 권장한다. 정념론에서 가장 기초적인 것은 여섯가지 기초정념들, 즉 놀람·사랑·미움·욕망·기쁨·슬픔이다. 이 정념들은 말 그대로 기초적인 것들이기 때문에, 다른 기초정념들로 환원되거나 포섭되지 않는 자율성을 지니고 있으며, 각각 자신의 하위 정념들을 포함하고 있다.

하지만 이 여섯가지 정념들 사이에는 위계관계가 존재하지 않는다 해도, 이것들을 분류하고 제시하는 순서는 존재한다. 데까르뜨에 따르면 가장 먼저 오는 정념은 놀람이고, 그 다음 사랑과 미움이 뒤따르며, 마지막으로 욕망과 기쁨, 슬픔이 온다. 이러한 순서는 세가지 기준에 의거하고 있다. 정념을 열거하는 첫째 기준은 새로움 또는 단순성이다. 여기서 새로움이란 이제까지 우리에게 알려지지 않은 어떤 것이 우리에게 처음으로 나타나는 것을 의미하며, 이는 항상 영혼을 놀라게 만든다. 영혼의 변화가 모든 정념의 공통적인 특성이라는 점을 고려한다면, 이런 의미의 놀람은 정념의 가장 절대적인 기준으로 간주될 수 있다. 그리고 이 새로운 것은 아직 우리에게 이로운 것인지 해로운 것인지 알려져 있지 않고, 자신의 반대항을 갖지 않는다는 의미에서 가장 단순한 것이기도 하다. 이 첫째 기준에 따르면 최초의 기초정념은 놀람(admiration)이다.

둘째 기준은 어떤 것이 우리에게 이로운 것인가 해로운 것인가 하는 것이다. 여기서 이로움과 해로움은 대상 자체의 객관적인 성질에 따라서가 아니라, 대상이 우리에게 부합하는지 아닌지에 따라서 판별된다. 우리에게 부합하는 것으로 표상된 대상은 우리가 그것을 사랑하게 만들고 해로운 것은 미워하게 만든다. 따라서 이 기준에 따른 기초정념은 사랑과 미움이다. 사랑과 미움이라는 정념은 놀람에 비해서는 복잡하지만, 시간과 관련을 맺지 않는다는 점에서 욕망·기쁨·슬픔에 비해서는 단순하며, 따라서 두번째에 위치하게 된다.

마지막 셋째 기준은 시간이다. 욕망·기쁨·슬픔이라는 세가지 기초정념은 이 기준에 따라 분류된다. 데까르뜨는 과거와 현재보다는 미래가 정념에 고유한 시간성이라고 간주하기 때문에, 이 세가지 정념 가운데 미래와 관계하고 있는 욕망을 맨 앞에 위치시키고 있다. 욕망 다음에는 현재와 관련을 맺고 있는 기쁨과 슬픔이 따라나온다. 데까르뜨는 이 여섯가지의 기초정념들을 기반으로 다른 여러 정념들을 설명하고 있다(69절 이하).

당대의 정념분류법에서 표준이 되었던 토마스 아퀴나스의 분류기준은 정념을 욕구하게 하는 것(concupiscibilis)과 성마르게 하는 것(irascibilis)의 두가지 종으로 분류하고, 이 두가지 종에 각각 6개와 5개의 하위 정념을 귀속시켜 총 11개의 정념을 기본정념으로 제시하고 있다. 이 분류법과 비교해본다면 데까르뜨의 정념론은 두가지 독창성을 지니고 있다. 첫째, 그의 정념론은 욕구와 성마름이라는 영혼의 분할이론에 기초한 전통적인 종적 구별에서 벗어나 있다. 둘째, 토마스 아퀴나스와 달리 정념들 사이에 일체의 파생관계를 허락하지 않고 있다.

정념의 기능 __ 데까르뜨 정념론의 또다른 독창성은 정념의 긍정성을 강조하는 데서 찾을 수 있다. 전통적으로 정념은 배제되어야 하거나 될 수 있는 한 억제되어야 할 것으로 간주되었다. 하지만 데까르뜨는 정념을 영혼과 신체의 연합체인 인간의 고유성에서 비롯하는 자연적 조건으로 간주했을 뿐만 아니라, 인간의 존재의 보존을 위해 꼭 필요한 것으로 이해하고 있다.

데까르뜨가 제시하는 정념의 기능을 이해하기 위해서는 데까르뜨 정념론의 두가지 중요한 구별을 잘 이해해둘 필요가 있다. 먼저 정념과 의지의 구별이다. 데까르뜨에 따르면 정념과 의지는 각각 영혼의 수동성과 능동성을 나타낸다. 즉 정념이 자신과 상이한 존재론적 질서에 속하는 신체의 운동이 영혼에 산출한 결과이고 신체의 운동에 대한 영혼의 수동성을 나타낸다면, 의지는 영혼의 고유한 힘, 능동성을 나타낸다. 이 두가지 구별이 갖는 첫번째 의미는 영혼에는 정념을 발생시키거나 제거할 수 있는 힘이 없다는 데 있다. 어떤 외부대상이 우리를 위협할 때 영혼에는 정기들의 운동에 따라 두려움의 정념이 생겨날 수밖에 없으며, 우리에게 해로운 대상이 표상될 때 미움의 정념이 생겨날 수밖에 없다. 이는 신체가 영혼에 직접 작용할 수 없듯이, 영혼 역시 신체에 직접 작용할 수 없기 때문이다.

하지만 두번째로 이는 영혼의 활동이 신체에 속하는 정기들의 운동에 의해 결정되거나 구속된다는 것을 의미하지 않는다. 영혼은 신체와 결합되어 있다는 자연적 조건 때문에 필연적으로 정념을 가질 수밖에 없다. 반면 영혼은 신체의 운동과 정념의 발생 사이의 습관적 인과관계를 변화시킬 수 있는 힘을 지니고 있다. 영혼이 지니고 있는 이 힘이 곧 의지의 능동성이다. 데까르뜨에게서 의지의 능동성은 영혼이 신체의 직접적 요구를 표현하는 정념들의 힘에 좌우되지 않고, 삶을 잘 보존하기 위해 진정으로 필요한 행위들을 수행할 수 있게 해주는 능력을 가리킨다. 그리고 이 능력의 요체는 신체의 직접적 요구와 정념 사이의 자연적 인과관계를 변화시켜 정념이 의지의 명령에 따르게 만드는 데 있다.

또다른 중요한 구별은 정념과 내적 동요(émotions intérieures) 사이의 구별이다. 데까르뜨는 전통적인 영혼분할론을 비판하기는 하지만, 그 역시 영혼이 겪는 두가지 동요를 구별하고 있다. 하나는 외부물체의 작용에 의해 야기된 외적 동요, 즉 정념이며, 다른 하나는 영혼체의 힘에 의해 생겨난 내적 동요이다(『정념론』 147~48항). 내적 동요는 정념과 마찬가지로 영혼을 움직일 수 있는 힘을 지닌 감정의 하나이면서 동시에 외부대상이 아니라 영혼 자신을 원인으로 지닌다. 그리고 바로 이 때문에 내적 동요는 영혼이 자율성을 유지할 수 있게 해주는 중요한 개념적 장치가 된다.

데까르뜨에 따르면 영혼이 자신의 정념들을 제어할 수 있게 해주는 것은 자신의 정념들에 대한 영혼의 반성이다. 자신의 정념들에 대한 이런 반성은 정념에 해당하는 기쁨, 즉 슬픔을 맞짝으로 갖고 있는 기쁨이 아니라, 정념들의 성격에 따라 좌우되지 않고 내적 평정을 유지하는 데서 오는 기쁨, 즉 지적 기쁨을 낳는다. 그리고 이런 지적 기쁨은 영혼이 정념들에 좌우되지 않고 정념들을 잘 사용할 수 있는 힘을 제공해준다. 데까르뜨가 "다른 모든 미덕의 열쇠"(『정념론』 161항)로 간주한 관대함(générosité)이 미덕이면서 동시에 감정으로서의 힘을 가질 수 있는 것은 바로 이 내적 동요 덕분이다.

기회원인론과 정념의 일반화: 말브랑슈의 정념론

말브랑슈(N. de Malebranche)의 정념론은 『진리탐구』(*De la Recherche de la Vérité*, 1675)에서 체계적으로 전개되고 있다. 그의 정념론은 데까르뜨의 이원론적 관점을 좀더 철저하고 일관되게 밀고 나가면서 이를 기독교의 관점과 화해시키려고 한 점이 특징이다. 말브랑슈는 데까르뜨가 영혼과 신체의 연합이라는 세번째 원초적 관념을 통해 정념의 문제를 해결하려고 한 것을 비판하면서 기회원인론(occasionalisme)의 관점에서 정념을 일반화하고 원죄론의 관점에서 정념의 유용성의 한계를 설정한다.

기회원인론과 영혼과 신체의 연합의 부정 _ 말브랑슈 정념론의 이론적 기초는 기회원인론에 있다. 앞에서 본 것처럼 데까르뜨는 사유와 연장이라는 두가지 원초적 관념 이외에 영혼과 신체의 연합이라는 세번째 원초적 관념 위에서 자신의 정념론을 전개하고 있다. 그런데 바로 이 세번째 원초적 관념이야말로 말브랑슈의 기회원인론의 주요한 비판대상이며, 이 비판이 그의 정념론의 기초를 이룬다. 말브랑슈가 세번째 원초적 관념에서 문제삼고 있는 것은 존재론적으로 이질적인 두 실체인 영혼과 신체의 상호작용, 따라서 정신과 물체 사이의 인과관계라는 점이다. 데까르뜨의 형이상학적 원리를 충실히 따르려는 말브랑슈에게 이는 도저히 용납할 수 없는 이론적 후퇴였기 때문이다. 하지만 다른 한편으로 정념이라는 현상이 어떤 식으로든 영혼과 신체의 연관성을 상정하고 있기 때문에, 말브랑슈는 이원론의 틀을 유지하면서 이 연관성을 해명해야 하는 어려운 과제를 안게 된다.

말브랑슈의 해결책의 요체는 두가지로 구별될 수 있다. 먼저 말브랑슈는 기회원인론을 통해 신체만이 아니라 영혼을 비롯한 모든 피조물들을 과감하게 탈실재화하는 길을 제시한다. 기회원인론에 따르면 인과적 힘은 신에게만 존재할 뿐이며, 일체의 유한한 존재자에게는 독자적으로 운동을 일으킬 만한 힘이 결여되어 있다. 따라서 외부물체의 인과작용에 의해 우리의 신체가 변용되고 이것이 다시 정기들의 운동을 통해 송과선에 전달되어, 그 결과 영혼 안에 어떤 정념이 발생되는 것처럼 보이는 것은 외양에 불과하다. 말브랑슈에 따르면 이는 사실상 각각의 경우마다 작용하고 있지만 우리에게는 비가시적일 뿐 아니라 불가지적인 것으로 남아 있는 신의 의지의 연속적인 활동의 표현일 뿐이다(『형이상학과 종교에 관한 대화』 *Les Entretiens sur la Métaphysique et sur la Religion* 제7권 13장).

둘째, 말브랑슈는 신과 정신의 연합, 신체와 정신의 연합으로 연합개념을 이중화한다. 이 두가지 연합 가운데 사유라는 속성을 공유하는 신과 정신 사이의 연합만이 실재적 연합이며, 이 연합은 수동적인 정신에 대한 능동적인 신의 활동을 사고하기 위한 범형적인 틀을 제공해준다. 신에 대한 정신의 원초적인 수동성은 말브랑슈에게서 정념개념이 일반화되는 존재론적 근거가 된다. 이처럼 신과 정신 사이에는 무매개적인 연합관계 또는 오히려 의존관계가 존재한다. 반면 데까르뜨가 정신과 신체의 연합이라고 부른 것은 항상 이미 신과 정신의 연합에 의해 매개되어 있다. 더 나아가 정신과 신체/물체가 전혀 상이한 이질적 실체인데다가 정신에 비해 신체/물체의 존재론적 위상이 훨씬 낮기 때문에, 엄밀한 의미에서 연합이라고 부를 수 없는 것이다. 따라서 정신과 신체의 연합이라 불리는 것은 사실은 합리적 설명이 불가능하다는 의미에서 우연한 것에 불과하다. 그리고 이것이 우연한 것이 되는만큼 전능한 신의 의지의 작용력은 더욱더 강화된다.

이 두가지 논변의 결과 영혼과 신체의 연합이라는 데까르뜨의 세번째 원초적 관념은 실재성과 합리성을 상실하게 되며, 정념의 본성에 대한 이해 역시 광범위하게 변모된다.

정념의 재분류와 일반화＿ 기회원인론이 낳은 주요 결과 가운데 하나는 정념의 재분류다. 말브랑슈는 형식적으로는 데까르뜨의 정념의 분류와 열거를 거의 그대로 받아들인다. 즉 그는 데까르뜨와 마찬가지로 놀람을 첫번째 정념으로, 사랑과 혐오(aversion)를 그 다음에 오는 정념의 쌍으로 제시하고, 마지막에 기쁨과 슬픔, 욕망의 정념들을 위치시킨다. 하지만 이런 외양과는 달리 데까르뜨와 말브랑슈의 정념 이해와 분류에는 커다란 차이점이 존재한다.

말브랑슈에서 정념은 신체의 운동의 결과이고, 영혼이 겪게 되는 표상이라는 데까르뜨의 정의와는 달리 "정기들의 외재적 운동의 기회에 영혼이 자연적으로 느끼게 되는 모든 동요들"(『진리탐구』 제5권 1장)로 규정된다. 즉 기회라는 표현에서 알 수 있듯이 기회원인론은 유한자들에게서 일체의 인과적 작용력을 박탈하기 때문에, 여기서 정념은 외부물체에 의해 신체가 변형되는 순간 신에 의해 영혼 안에 생산된 심리현상으로 규정된다. 이 정념에 대한 새로운 규정은 데까르뜨의 정념론에 대한 세가지의 변형을 함축한다.

먼저 말브랑슈는 정념을 신의 원초적 사랑의 양상으로 파악한다. 외부 대상이 우리의 지성이나 감각에 나타나고 이것이 정념을 촉발할 때, 우리의 의지는 이것이 우리에게 좋은 것으로 보이면 이를 추구하고, 나쁜 것으로 보이면 이를 회피한다. 그런데 말브랑슈에 따르면 의지에 의한 이런 추구와 회피는 실은 자기 자신에 대한 신의 사랑의 표현에 불과하다. 즉 신이 자기 자신을 사랑하기 때문에 우리가 어떤 것을 의지하게 되며, 따라서 우리가 좋은 것을 추구하고 나쁜 것을 회피하는 것은 신이 설정한 선 일반에 대한 우리의 자연적 이끌림의 표현이다. 바로 이 때문에 말브랑슈는 의지를 "우리를 비규정적이고 일반적인 선으로 향하게 하는 자연적 운동 또는 인상"(『진리탐구』 제1권 1장)으로 정의한다.

더 나아가 이런 정념 이해는 사랑을 모든 정념의 원형으로 제시하게 된다. 즉 놀람은 데까르뜨와 마찬가지로 첫번째 순서에 놓이지만, 말브랑슈에게 놀람은 '불완전한' 정념으로 간주된다. 놀람은 선에 대한 관념이나 감각에 의해 촉발되는 것이 아니라 다만 어떤 새로운 것에 대한 놀람만을 표현하기 때문이다(『진리탐구』 제5권 7장). 그리고 데까르뜨에서 사랑과 미움에 해당하는 정념인 사랑과 혐오는 사실은 사랑의 두가지 표현에 불과하다. 혐오는 "사랑의 부정적 표현에 불과하기" 때문이다. 아울러 욕망·기쁨·슬픔이라는 나머지 정념들 역시 말브랑슈에 따르면 각각 "욕망의 사랑, 기쁨의 사랑, 슬픔의 사랑"으로 나타난다. 슬픔은 우리가 추구하는 선이 우리에게 금지된 상태를 표현하며, 따라서 슬픔은 이런 금지를 벗어나 선을 추구하려는 우리의 의지, 즉 사랑을 가리키기 때문이다.

또한 기회원인론은 데까르뜨가 능동적인 것으로 간주했던 의지를 근원적으로 수동적인 것으로 만드는데, 이는 곧 정념의 일반화를 가리킨다. 데까르뜨는 영혼의 상이한 능력을 구별하면서 의지에 능동성을 부여하고 지성에게는 수동성을 부여했다. 반면 말브랑슈에게는 기회원인론의 결과로 인간의 의지는 능동성을 결여하게 된다. 이에 따라 인식과 의지는 모두 인간 영혼 안에서 각자가 맡고 있는 기능에 따라 분화되기 이전에 신의 능동적인 작용의 수용이라는 공통적인 특성에 따라 규정된다. 따라서 말브랑슈에게서 정념은 매우 일반적인 의미를 갖게 된다. 이것은 아르노(A. Arnauld)와의 논쟁을 통해 잘 드러나듯이 말브랑슈가 관념을 자체적인 인과적 작용성을 보유한 신의 본질의 일부로 간주하는 데서 비롯하는 결과이기도 하다.

정념의 기능_ 말브랑슈에게 정념의 기능, 정념의 유용성 문제는 그의 종교철학, 특히 원죄론의 문제와 관련이 깊다. 데까르뜨와 마찬가지로 말브랑슈도 정념의 자연적 유용성을 긍정한다. 즉 인간이 영혼으로만 이루어진 존재자가 아니라 신체와 결합되어 있는 존재자인 한에서 정념은 불가피하게 생겨날 수밖에 없다. 더 나아가 정념은 우리의 신체를 보존하는 데 유용한 기능을 수행할 수 있다. 하지만 정념이 유용한 기능을 수행하기 위한 조건은 우리의 영혼이 우리의 신체에 대한 통제력을 지니고 이를 신이 설정한 질서를 추구하는 데 잘 활용하는 것이다. 그런데 아담 이후의 인간들은 원죄 때문에 신체에 대한 이런 통제력을 상실하고, 오히려 신체의 감각적 욕구에 좌우되어 선 일반에서 벗어나려는 경향을 지니게 된다.

이를 잘 보여주는 것이 바로 욕구(concupiscence)이다. 말브랑슈에 따르면 욕구는 "원죄에 의해 생겨난 자연의 무질서"(『진리탐구』, 8번째 해명)로서, 모든 인간은 원죄 때문에 처음부터 죄인으로 태어나고 이에 따라 욕구의 운동에 좌우된다. 아담도 그의 후손들과 마찬가지로 영혼과 신체가 결합된 존재자였으나, 원죄를 범하기 전에는 감각적 자극의 유혹에 굴복하지 않고 영혼이 원하는 방향대로, 즉 신이 설정한 질서에 따라 신체를 잘 통제할 수 있었다. 따라서 말브랑슈에 따르면 모든 악덕은 원죄 이후에 생겨난 신체의 반역에서 비롯하며, 반대로 미덕은 오직 신이 설정한 질서를 잘 따르는 데 있다. 또는 좀더 정확히 말하면 미덕은 그때그때의 상황에서 질서

가 요구하는 행동을 그대로 수행하는 것(이는 의무를 이행하는 것이다)이
아니라, "질서를 잘 따르려고 의지하는" 것이다. 즉 의지적 노력이야말로
미덕을 특징짓는 핵심적 요소다.

하지만 원죄에 의해 사람들이 욕구를 따르게 되었다면, 어떻게 미덕을
지닌다는 것이 가능한가? 이는 말브랑슈가 답변하기 쉽지 않은 질문이다.
원죄 이후의 인간에게 습관개념과 욕구개념이 일종의 악순환을 이루고 있
다는 점을 고려하면 더욱 그렇다. 신체와 정신 모두가 행동을 용이하게 해
주는 습관에 따라 작용하고, 원죄 이후 이 습관은 욕구를 강화하는 쪽으로
형성되어왔다면, 어떻게 이 악덕의 순환에서 벗어날 수 있는가? 말브랑슈
는 그리 낙관적이지는 않지만, 원죄를 지니고 있는 모든 인간들은 항상 자
신 안에 또한 질서에 대한 사랑을 지니고 있다고 말한다. 따라서 우리 모두
가 지니고 있는 이 유덕한 활동의 능력을 교육을 통해 잘 길러낸다면 욕구
의 악순환에서 벗어나 질서에 대한 사랑의 습관을 기를 수 있으리라는 것
이 그의 희망어린 답변이다.

정념에서 정서로: 스피노자의 정서론

우리가 살펴본 것처럼 데까르뜨와 말브랑슈는 심신이원론에 기초하여
자신들의 정념론을 전개하고 있다. 하지만 스피노자는 한편으로 정신과
신체가 자율적인 질서에 따라 존재하며, 따라서 양자 사이에는 아무런 인
과관계도 존재하지 않다는 점을 긍정하면서도, 다른 한편으로 코나투스
이론을 통해 이를 일원론적으로 통합하고 있다. 따라서 스피노자의 정서
론은 두가지 특징을 지닌다. 첫째, 그는 정서의 문제를 코나투스라는 존재
론적 기초 위에서 다루고 있으며, 둘째, 정서의 문제를 역량의 증대와 감소
및 수동성과 능동성의 문제와 결부시켜 논의하고 있다.

정서론의 존재론적 기초: 코나투스＿스피노자의 정서론은 코나투스 이론

에서 출발한다. 이때 코나투스는 사물이 자신의 역량에 따라 자신의 존재 안에서 존속하려는 노력을 가리킨다. 스피노자에 따르면 모든 유한한 존재자는 이런 코나투스를 자신의 현행적 본질로 갖는다. 인간의 경우 이는 충동(appetitus), 또는 충동에 의식이 결합된 욕망으로 표현된다. 이처럼 코나투스를 유한양태의 현행적 본질로, 그리고 욕망을 인간의 본질로 정의하는 것은 정서론과 관련하여 세가지 중요한 의미를 갖는다.

먼저 코나투스론은 데까르뜨나 말브랑슈의 이론과 달리 일원론적 관점에서 정념이나 정서의 문제를 다룰 수 있는 존재론적 기반을 제시해준다. 데까르뜨는 정념의 문제를 다루기 위해 형이상학과 자연학의 이원론적 관점 대신 영혼과 신체의 연합이라는 세번째 원초적 관념을 도입했다. 하지만 그는 신체의 작용과 영혼의 작용을 매개해주는 송과선이라는 신비스러운 가설을 도입하여 후배 철학자들로부터 많은 비판을 받았다. 말브랑슈는 기회원인론을 도입하여 이 문제를 해결하려 했다. 하지만 스피노자는 정신과 신체의 존재론적 통일성을 함축하는 코나투스개념에 근거하여 데까르뜨의 문제설정에 변화를 가져온다. 즉 코나투스는 정신과 신체 중 어느 한쪽의 존재나 활동역량이 아니라 이 양자를 통해 동시에 두가지 형태로 표현되는 동일한 역량이다. 그리고 이처럼 유한자가 지니고 있는 존재나 활동역량의 증대와 감소를 표현하는 것이 바로 정서들이다.

둘째, 스피노자에게는 데까르뜨와 기회원인론자들을 포함한 당대의 데까르뜨주의자들의 정념론의 근본문제였던 영혼과 신체의 상호작용이라는 문제가 더이상 제기되지 않는다. 그 대신 그에게는 정서의 능동성과 수동성의 문제가 근본문제로 제기된다. 데까르뜨에게서 정념의 문제는 영혼에 신체가 작용한 결과의 표현, 곧 '영혼의 수동' 문제로 제시되었다. 이는 곧 영혼과 신체, 정념과 의지의 반비례관계를 나타낸다. 반면 "관념의 질서와 연관은 사물의 질서와 연관과 같다"(『윤리학』 제2부 정리 7)는 스피노자의 평행론에 따르면 사유와 연장 사이에는 일체의 인과적 상호관계가 존재하지 않지만, 양자는 동일한 존재론적 통일성을 표현한다. 따라서 스피노자에게서는 데까르뜨와 달리 정신의 능동과 수동은 신체의 능동과 수동에 비례한다. 이에 따라 스피노자 정서론에서는 영혼에 대한 신체의 작용, 즉 정념의 영향력을 최소화하는 것은 더이상 문제가 되지 않는다. 오히려 정신과 신체를 통해 동시에 표현되는 존재 및 활동역량을 증대하고 능동적으로 만드는 것이 중요한 문제가 된다.

셋째, 정서는 수동성만을 함축하지 않으며 능동성도 함축하고 있다. 이는 스피노자가 역량(potentia)의 표현에 해당하는 코나투스를 유한한 존재자들의 본질로 규정하고, 이를 통해 유한자들에게 능동성의 존재론적 근거를 마련해주고 있기 때문이다. 즉 유한자들은 신의 본질의 표현이며, 코나투스를 자신의 본질로 보유하고 있다. 따라서 유한자들은 실체와 같이 본질과 실존이 일치하지 못하더라도, 항상 수동적이고 예속적인 상태에 머물러 있는 것이 아니라 원초적으로 능동화의 경향을 지니게 된다. 그런데 정념들의 능동화는 적합한 인식, 즉 이성의 활동을 요구한다. 거꾸로 적합한 인식의 두가지 유형에 해당하는 제2종의 인식과 제3종의 인식은 정서들의 능동화를 필요로 한다. 따라서 스피노자 정서론의 또다른 특징은 정서와 이성의 지속적인 결합을 추구한다는 데 있다.

정서의 정의와 분류__ 스피노자에게 정서(affectus)는 신체의 활동역량을 증진하거나 감소시키는 신체의 변용들(affectio)인 동시에 이 변용들에 대한 관념으로 정의된다(『윤리학』 제3부 정의 3). 이 정의의 의미를 좀더 정확하게 이해하기 위해서는 이 정의에서 동원되는 스피노자 철학의 다른 두가지 주요 개념, 즉 관념 및 변용과 정서의 차이점을 밝히는 것이 필요하다.

먼저 정서는 관념의 한 종류이지만, 인지적 기능에 따라 정의되는 일반적 관념과 달리 신체와 정신의 역량이 증가하거나 감소하는 상태를 나타낸다. 그리고 변용은 외부물체가 우리의 신체에 작용을 미쳐 생겨난 신체적 상태를 가리키는 반면, 정서는 변용되는 사물의 존재역량의 증대나 감소, 더 나아가 수동성에서 능동성으로의 이행과 결부되어 있는 개념이다. 따라서 스피노자의 정서개념의 특징은 무엇보다 역량의 증감과 수동성에서 능동성으로의 이행이라는 문제와 긴밀하게 결부된다는 데 있다. 이는 데까르뜨나 말브랑슈가 정념으로 간주한 것, 즉 놀람·사랑·미움·욕망·기쁨·슬픔 등이 스피노자에게서는 정서의 한 부분, 즉 수동적인 정서로 한정됨을 의미한다. 또는 이 각각의 정서들이 수동성과 능동성의 분화과정 속에서 사고됨을 의미한다. 그리고 말브랑슈가 기회원인론을 통해 유한자들의 역량을 최소화한 데 비해, 스피노자는 처음부터 정서를 역량의 변화의 관점에서 파악하고 있다는 것도 중요한 차이점 가운데 하나다. 그 결과 스피노자 철학에서 정서는 윤리적·정치적 실천을 사고하기 위한 필수적인 범주로 제시된다.

스피노자는 정서분류에서도 데까르뜨나 말브랑슈와 큰 차이를 보여준다. 데까르뜨가 여섯가지의 기초정념을 제시한 데 비해(이는 말브랑슈의 경우도 마찬가지다), 스피노자는 세가지 기초정서를 제시한다. 이 가운데 첫번째는 욕망이며, 그 다음은 좀더 작은 완전성에서 좀더 큰 완전성으로의 이행을 가리키는 기쁨의 정서와 좀더 큰 완전성에서 좀더 작은 완전성으로의 이행을 가리키는 슬픔의 정서가 있다. 이 세가지 가운데 욕망이 첫번째 순서를 차지하는 것은 이것이 인간의 코나투스, 인간의 현행적 본질을 구성하기 때문이다.

스피노자의 정서분류에서 가장 주목할 만한 점은 데까르뜨에게서는 최초의 기초정념으로 제시된 놀람이 아예 정서의 영역에서 배제되고 있다는 것이다. 이는 그가 보기에 놀람은 어떤 적극적인 원인에서 비롯되는 것이 아니라, 전혀 알려지지 않은 어떤 것에서 생겨난 것이며, 따라서 우리의 역량의 증대나 감소와 관계가 없기 때문이다(하지만 놀람은 우리를 놀라게 한 외부대상에 우리의 주의를 고착시키는 경향이 있고, 이에 따라 사물에 대한 부적합한 인식을 낳는다는 점에서 수동성의 한 요인이 된다). 그리고 스피노자는 데까르뜨가 두번째로 위치시킨 사랑과 미움을 주요정서들에서 제외시키고 있다. 이는 사랑과 미움이 각각 외부원인의 관념을 동반하는 기쁨과 슬픔이며, 따라서 기쁨과 슬픔의 변형태에 불과하기 때문이다. 더 나아가 사랑(적어도 그 일부)과 미움은 기쁨과 슬픔을 제공해주는 원인이 직접적으로 작용하지 않는 상황에서도 기억이나 유사성 등의 표상을 통해 간접적으로 기쁨과 슬픔의 효과를 산출하기 때문에 가상적인 성격을 지니고 있기도 하다.

수동성과 능동성__ 스피노자 정서론의 독창성 가운데 하나는 능동적 정서의 존재와 역할 그리고 그 메커니즘을 설명한다는 데 있다. 스피노자의 정서론은, 어떤 정서는 그와 대립적이면서 그보다 더 강력한 정서에 의해서만 억제되거나 제거될 수 있다는 자연주의적 관점을 취하고 있다(『윤리학』 제4부 정리 7). 따라서 『윤리학』의 목표인 윤리적 해방(이는 제4부의 제목이 '인간의 예속에 관하여'이며, 제5부의 제목이 '인간의 자유에 관하여'인데서 잘 드러난다)을 달성하기 위해서는 수동적 정서에서 생겨나는 예속에서 벗어날 수 있는 방법을 보여주어야 하는데, 스피노자 정서론에서는 이를 능동적 정서의 작용으로 설명한다.

스피노자에 따르면 정서는 "우리가 그것의 적합한 원인인 어떤 것이 우리 안이나 바깥에서 일어날 때, 즉 우리의 본성에 의해서만 명석·판명하게 인식될 수 있는 어떤 것이 우리의 본성으로부터 우리 안이나 바깥에서 따라 나올 때 능동적"(『윤리학』 제3부 정의 2)이라 정의된다. 반대로 "우리가 단지 부분적 원인에 불과한 어떤 것이 우리 안에서 일어날 때 또는 우리의 본성에서부터 따라 나올 때"(같은 곳) 그 정서는 수동적이라 정의된다. 이 정의에 따르면 우리가 능동적인가 수동적인가 하는 것은 우리가 어떤 사건의 적합한 원인인지 아니면 부적합하거나 부분적인 원인인지에 달려 있다.

그리고 이는 다시 우리가 사물에 대한 참된 인식을 획득할 수 있는지의 여부에 의존한다.

따라서 스피노자 철학에서 수동성에서 능동성으로 이행하는 문제는 부적합한 인식에서 적합한 인식으로 이행하는 문제와 긴밀하게 결부되어 있다. 그리고 부적합한 제1종의 인식에서 적합한 인식으로 이행하기 위해서는 공통개념의 형성에 의존해야 한다. "부분과 전체에 공통적인", 따라서 항상 참된 공통개념은 보편적 인식을 형성하고, 이를 기반으로 독특한 사물에 대한 인식을 가능하게 해준다. 마찬가지로 정서의 문제에서도 수동성에서 능동성으로 이행하기 위해서는 내재적인 전환을 가능하게 해줄 일종의 보편적 매개가 필요하다. 이런 매개의 역할을 담당하는 것이 바로 신을 향한 사랑(amor erga Deum)이다. 앞에서 살펴본 것처럼 사랑 자체는 외부원인에 의해 촉발된다는 점에서 수동적인 정서다. 더 나아가 보통의 사랑은 쉽게 반대의 것, 즉 미움으로 전환될 수 있다는 점에서 가상과 예속의 원인이 되기도 한다. 하지만 신을 향한 사랑은 가장 보편적이고 가장 지속적인 정서일 뿐 아니라, 이것의 반대항이 존재하지 않기 때문에 존재 역량의 증대라는 장점을 극대화할 수 있는 정서다. 따라서 신을 향한 사랑은 수동적인 정서에 해당하는 보통의 사랑이 능동적인 사랑, 즉 신의 지적 사랑(amor intellectualis Dei)으로 전환될 수 있게 해주는 매개로 간주될 수 있다.

신의 지적 사랑＿ 사람들은 보통 신의 지적 사랑이라는 개념을 "인간이 신을 지적으로 사랑하는 것"을 의미한다고 생각하고, 따라서 이를 "신에 대한 지적 사랑"으로 옮기곤 한다. 하지만 이는 세가지 이유 때문에 잘못된 생각이다. 첫째, 신의 지적 사랑은 보통의 사랑처럼 주체—객체 관계에 있는 외부대상에 대한 사랑을 의미하지 않는다. "외부원인의 관념을 동반하는 기쁨"(『윤리학』 제3부 정리 13의 주석)이라는 사랑에 대한 스피노자의 정의에서 알 수 있듯이 이런 사랑은 상상적이며, 따라서 지적 사랑과는 질적으로 차이가 있다. 아울러 바로 이 점에서 신의 지적 사랑은 신을 향한 사랑과도 구별된다. 곧 신을 향한 사랑은 여전히 상상의 형태로 이루어지는 사랑이지만, 신을 대상으로 하고 있기 때문에 자신과 대립하는 정서로 전도될 수 없으며, 따라서 최대의 기쁨을 가져다준다. 이에 비해 신의 지적 사랑은 영원한 사랑이며, 이 때문에 항상 능동적이다.

둘째, 신의 지적 사랑은 신을 향한 인간의 사랑만이 아니라, 인간을 향한 신의 사랑을 뜻한다. 그리고 이는 좀더 근원적인 자기 자신에 대한 신의 사랑의 두 측면을 이룬다. "자기 자신을 사랑하는 한에서 신은 인간들을 사랑하며, 따라서 인간들을 향한 신의 사랑과 신을 향한 정신의 지적 사랑은 하나의 동일한 것이다"(『윤리학』 제5부 정리 36의 주석). 이는 자기원인으로 정의되는 신의 관념(『윤리학』 제1부 정의 1, 정리 11)에서 나오는 필연적인 결과다.

하지만 가장 중요한 잘못은 세번째 측면에 있다. 스피노자에게서 신의 지적 사랑은 제3종의 인식, 곧 독특한 사물들의 본질에 대한 인식의 구체적인 형태를 보여준다. 스피노자가 말하듯이 "신을 향한 정신의 지적 사랑"은 "인간정신의 본질에 따라 설명될/펼쳐질 수 있는 한에서의" 자기 자신에 대한 신의 사랑이다. 곧이어 스피노자가 덧붙이듯이 이는 "곧 신을 향한 정신의 지적 사랑은 신이 자기 자신을 사랑하는 무한한 사랑의 일부"임을 의미한다. 따라서 신을 향한 각각의 개별 정신의 사랑은 자기 자신에 대한 신의 사랑으로 나아가는 일종의 보편화의 운동이며, 거꾸로 자기 자신에 대한 신의 사랑은 개별적인 영혼의 지적 사랑으로 표현되는 개별화의 운동이기도 하다. 그리고 이처럼 각각의 영혼의 지적 사랑이 가장 보편적인 신의 사랑, 곧 능동화의 계기를 포함하고 있다는 의미에서, 신의 지적 사랑은 보편적인 인식을 목표로 하는 두번째 종류의 인식을 넘어서 합리적 인식과 능동적 정서가 결합되는 세번째 종류의 인식을 구체적으로 보여준다.

2. 경험론에서 정념의 문제

어떤 전환: 수동-능동에서 원인-결과로

경험론자들에게 정념의 문제는 인간의 행위를 설명하는 문제와 밀접한 관련을 맺고 있다. 근대 초기 철학자들은 '능동성'과 '수동성'이라는 개념 쌍을 통해 욕망과 행위를 논의했다. 욕망의 상위 범주인 정념(passion)은 수동적 힘을 의미하는 반면, 행위(action)는 능동적 힘에서 비롯된다고 보았기 때문이다. 그들은 욕망을 정념들 가운데 한 항목으로 간주했고, 정념은 행위를 위한 의도(endeavour)에 해당한다고 생각했다. 그러면 의도는 반드시 행위로 이어지는 것인가? 실제로 행위가 일어나기 위해서는 의도 이외의 다른 요소들도 있어야 하는 것이 아닐까? 정념과 관련하여 경험론과 합리론의 입장이 결정적으로 달라지는 것도 바로 이 지점에서일 것이다. 합리론자들은 의도가 실제 행위로 이어지기 위해서는 어떤 능동적 힘, 예컨대 의지와 같은 제3의 힘(능력)이 필요하다고 생각하는 반면, 경험론자들은 그러한 생각을 거부한다.

데까르뜨주의에 따르면 의지는 스스로 야기된 것이고, 그런 의미에서 능동적이다. 그러나 홉스에 의하면 모든 행위는 물질적 운동에 의해 설명될 수 있고, 따라서 자기원인적 운동은 존재할 필요가 없으며, 마찬가지로 '능동적 운동'에 해당하는 의지도 존재하지 않는다. 우리 속에 실제로 있는 것은 오직 물질적 운동뿐이고, 이 운동은 외부대상의 작용에 의해 야기된다. 인간의 행위는 전적으로 욕구와 반감이라는 물질적 운동과 의도를 통해 설명될 수 있다. 홉스는 행위의 영역에서 능동-수동의 대립을 없애고, 보통 능동적인 것으로 간주되어온 의지를 수동적 정념의 한 종류인 욕구로, 그것도 욕구들 가운데 마지막 형태의 욕구로 환원하여 설명한다. 이런 시각에서는 사고와 행위의 배후에는 욕망과 혐오가 있을 뿐이다.

의지가 능동적인 힘을 갖는 독립적인 사태임을 부정하는 홉스의 견해는 혁신적이라 할 수 있다. 그는 욕망과 의지의 직관적 유사성에 착안하여 이둘을 동일시했다. 그러나 "의지의 폐기는 인간의 자유의지에 대한 근거 없는 공격"이라고 간주했던 당시의 사람들에게 이런 생각은 너무 과격한 것이었다. 인간의 도덕적 우월성이 자유의지에 근거한다고 생각하는 사람들은 홉스의 이론을 대단히 위험한 이론으로 평가했다. 의지를 제거하고 의지의 역할을 정념들에게 떠맡기면 기독교 교리에서 벗어날 뿐 아니라 자발적 행위로 간주할 수 있는 것들을 제거해버리는 결과를 가져온다는 것이다. 그래서 몇몇 철학자들은 홉스의 견해와 전통적 의미의 의지를 조화시킬 수 있는 방법을 모색하게 되었다. 로크의 욕망개념은 그런 모색의 귀결이다.

로크는 수용성(passion)을 한 대상이 피동적으로 움직일 수 있기 위해 필요한 힘과 동일시하고, 능동적 작용(action)은 그 자체로 움직이기 위한 힘과 동일시한다. 가령 당구공이 큐의 타격에 따라 움직일 때, 이 움직임은 그 공의 능동적 작용이 아니라 단순한 수동적 작용에 지나지 않는다. 이때 수동적 힘은 어떤 특별한 방식으로 영향을 받을 수 있는 성향(disposition to act)이라 할 수 있다. 그렇다면 능동적 작용은 무엇인가? 그것은 물체가 스스로 움직일 수 있는 능동적 힘에서 온다. 그것은 우리가 어떤 행위를 하거나 삼가는 능력, 또는 계속하거나 중지하는 정신적 능력이다. 수용성과 작용은 물질의 세계만이 아니라 인간행위의 세계에도 적용될 수 있는 개념이다. 이때 수용성은 정념, 작용은 행위에 해당한다. 따라서 정념과 행위 간의 차이는 움직여질 수 있는 힘(수동성)과 그 자체로 움직일 수 있는 힘(능동성)의 차이와 같다. 여기서 그 자체로 움직일 수 있는 힘은 자기 스스로 야기하는 원인을 의미하며, 이를 인간에게 적용하면 곧 의지(the will, volition)라 할 수 있다. 행위가 능동성과 같게 되는 이유는 그것이 능동적인 어떤 것에 의해 촉발된다는 점에 있다. 하지만 이때 행위를 촉발하는 능동적인 어떤 것이 과연 '의지'일까? 이 문제를 두고 경험론과 이성론은 서로 대립한다.

경험론자들은 의지가 독립적인 사태이고 자기발생적인 사고의 일종이란 점을 거부한다. 이는 인간정신 속에 있다고 간주되어온 창조적인 힘이나 독립적인 능력에 대해 회의를 가져온 것이라 할 수 있지만, 능동성과 수동성의 범주 대신 원인과 결과의 개념을 통해 인간의 마음과 행위를 설명한다는 점에서 주목을 끈다.

경험론자들은 우리 마음속에는 작용할 수 있거나 작용당할 수 있는 어떤 것이 있다는 생각에 근거하여 의지와 정념을 구별한다. 의지는 전자에 해당하고 정념은 후자에 해당한다. 우리가 의지할 때는 우리 자신이 사고와 행위를 촉발한다. 반면 정념은 수동적인 것으로, 우리 자신이 일으키는 것이 아니라 다른 것들에 의해, 즉 쾌와 불쾌에 대한 경험에 의해 우리가 갖게 되는 어떤 결과이다. 예컨대 우리는 쾌락을 제공하는 대상에서 사랑의 정념을 느끼게 된다. 욕망은 행위에 대한 이유(reason for action)를 구성하는 필수적 항목인데, 정념은 그런 욕망의 실현에 수반되는 만족이나 불만족의 상태라 할 수 있다. 즉 정념은 우리가 욕망하는 것이 만족되었을 때 갖게 되는 기쁨·사랑·자부심 등의 심리적 상태, 또는 불쾌를 회피하고자 욕망했을 때 갖게 되는 혐오·증오·분노 등의 심리적 상태를 의미한다.

17세기 행위이론에서 욕망에 관한 새로운 생각이 싹트고 있다면, 이는 수동성과 능동성이라는 기본적 범주에 대한 불신을 배경으로 하고 있다. 행위는 일련의 정념들에 의해 야기되고 정념들 가운데 한 항목인 욕망에 의해 추동된다는 생각이 더욱 발전하여 욕망이 행위의 주된 인과적 선행요건이라는 견해로 바뀐다. 이런 변화는 현대 행위이론에서 흄주의적(Humean)이라 불리는 전통의 출발점이 된다. 이와같은 과정을 홉스, 로크, 흄의 정념론을 통해 구체적으로 살펴보기로 하자.

홉스의 정념론

홉스는 『리바이어선』(*Leviathan*, 1651)에서 자연, 인간, 사회라는 철학적 주제들을 하나의 방법론을 통해 다루고자 한다. 이 책의 제6장에서는 인간이 마음속에 품게 되는 정념들의 유래와 형성과정을 자연과학적으로 다룰 수 있는 가능성이 탐구되는데, 특히 주목할 만한 것은 의도(endeavour)와 물질적 운동에 의해 발생하는 기본정념들로부터 다양하고 구체적인 정념들이 도출되는 과정이다.

운동과 의도_ 홉스에 따르면 인간의 운동은 생명적 운동(비자발적 운동)과 동물적 운동(자발적 운동)으로 나누어진다. 생명적 운동은 호흡·맥박·소화 등과 같은 생리적 운동을 가리키고, 동물적 운동은 의지에 따라 미리 상상한 대로 걷고 말하고 움직이는 운동을 가리킨다.

동물적 운동은 감각을 통해 얻어진 상상(imagination)에 의존한다. 상상이란 감각 뒤에 남은 운동의 잔상이고, 이와같은 상상이 모든 의지에 의한 운동의 내적 동기가 된다. 신체의 운동 이전에는 신체 내부의 작은 운동이 나타나는데, 그 운동의 시작이 코나투스, 즉 의도이다(코나투스는 원래 물리학의 용어인데 인간의 행위를 설명하기 위해 도입되었다). 따라서 인간의 행위가 발생하게 되는 과정을 기술해보면 다음과 같다. 우리 몸은 외부의 자극을 받아들이는 감각에 의해 상상(잔상)을 만들어내고, 이에 대한 반응으로 최초의 운동인 의도가 일어난다. 이런 자극과 지금까지의 경험을 바탕으로 욕구, 혐오 등의 정념이 일어나기도 하고 숙고의 상태가 일어나기도 한다. 이런 숙고를 거친 후에 최후의 정념이자 마지막의 욕구인 의지가 나타나며, 이 마지막의 욕구에 의해 신체적 운동이 발생한다.

욕구, 혐오 그리고 단순 정념들_ 의도가 대상을 지향할 때는 욕구(appetite) 또는 의지(volition)라 하고, 대상을 회피하고자 할 때는 혐오

(aversion)라 한다. 또 대상을 의지하면 이를 사랑이라 하고 혐오하면 미움이라 한다. 이런 정념들은 배설욕이나 수면욕과 같은 일부를 제외하고는 개개 사물에 대한 욕구이며, 모두 경험을 통해 형성된다.

욕구는 보통 배고픔이나 목마름에 맞는 말이고, 이에 비해 욕망은 좀더 일반적인 용어지만, 이 둘은 종종 상호교환 가능한 말로 사용된다. 따라서 한편으로는 욕망이나 욕구가 있고 다른 한편으로는 반감이나 혐오가 있는데, 이것들이 홉스의 정념론을 구성하는 핵심적인 범주들이다. 그러면 욕망은 정념들과 어떻게 연결될 수 있는가? 여기서 홉스는 어떤 일을 욕망하거나 획득하려고 하는 과정에서 여덟가지 기본적인 정념들의 집합을 발견할 수 있다고 말한다. 우선 우리 내부의 물질적 운동인 욕망과 혐오(반감)로부터 출발해서 이와같은 운동이 밖으로 나타난 즐거움(delight), 쾌락(pleasure), 번뇌(trouble)와 고통(pain) 등을 덧붙일 수 있다. 그밖에 우리가 욕망하는 것은 사랑하는 것이며, 혐오하는 것은 증오하는 것이다. 사랑과 욕망은 동일한 것이며, 증오와 혐오도 마찬가지이다. 마지막으로 우리가 욕망하는 것을 획득하게 될 것에 대한 기대가 기쁨을, 그것을 획득하지 못한 것에 대한 실망이 슬픔을 일으킨다. 홉스는 이와같은 여덟가지의 정념들을 단순정념들이라고 칭하고, 이 정념들은 욕망이나 혐오 주변에서 구성된다고 본다.

따라서 욕망과 혐오는 시작에 있는 정념이며, 나머지 단순정념들은 이 욕망과 혐오를 통해 이해되어야 한다. 나아가 그밖의 구체적인 정념들은 단순정념들의 변형들이다. 예를 들어 어떤 대상을 획득하고자 하는 것에 대한 욕구는 희망이고, 어떤 대상으로부터 해를 입는 것에 대한 혐오는 공포이며, 관직이나 서열에 대한 욕망은 야망이다. 이런 분류는 데까르뜨의 정념 분류와 대조적이다. 데까르뜨는 여섯가지의 원초적 정념들을 구별하고, 그것들 각각은 많은 변형들을 갖는다고 보는 반면, 홉스의 정념들은 대부분이 욕망 아니면 혐오의 변형들이다.

홉스에게서 욕망은 기본적 정념들의 집합에 속하는 것이 아니다. 그것은 여타의 정념들을 특징지을 수 있는 자연적 성향이며, 동기부여의 효력을 갖는다. 나아가 욕망(desire)과 의지는 서로 대립하는 것이 아니라 오히려 동일시된다. 의지는 욕구 가운데 우리가 행위로 나아가도록 결정하는 최종적인 욕구이다. 따라서 행위를 설명할 때 정념과 의지라는 두 종류의 힘이 상호작용하는 방식에 관한 문제, 가령 의지가 정념을 통제함으로써 행위로 나아가게 되는지 아니면 의지가 정념에 종속되어 행위하게 되는지 등을 고려할 필요가 없게 된다. 의지는 최후의 욕망이고 행위는 최후의 욕망인 그 의지에 의해 동기가 부여된다. 이런 홉스의 입장은 이후 흄의 동기 이론에서 "이성은 정념의 노예이고 노예이어야만 한다"라는 명제의 핵심을 이루게 된다. 우리는 흄의 욕망이론을 다룰 때 이 점을 구체적으로 살펴보게 될 것이다. 이에 앞서 먼저 로크는 이와같은 홉스의 견해를 어떻게 수용하고 발전시키고 변형했는지 살펴보자.

로크의 정념론

불편함의 변형으로서의 다양한 정념들_ 우리는 욕망과 상충하는 행위를 자의적으로 수행할 수 있다. 이는 곧 욕망과 의지가 서로 구별되는 정신작용임을 말해준다. 이 점에 근거하여 로크는 욕망과 의지를 동일시한 홉스를 비판한다. 우리가 욕망과 구별되는 능력으로 의지할 수 있는 힘을 가지고 있다고 전제할 때만 마음의 갈등, 예컨대 저것을 하기를 원하지만 이것을 하는 경우를 설명할 수 있다는 것이다. 그러나 로크는 의지가 자기결정적이라는 전통적 견해에 대한 홉스의 비판에 동의하고, 행위와 관련하여 의지가 결정하는 것은 무엇인가라는 물음에 대해 두 단계로 대답한다. 첫째, 의지는 불편함(uneasiness)이라 할 수 있는 마음의 상태에 의해 어떤 결심에 이른다. '육체의 모든 고통과 마음의 불안'을 의미하는 '불편함'은 제일 처음 『인간 오성론』에서 고통의 동의어로 등장한다. 즉 감각은 우리에게 쾌락이나 기쁨, 고통이나 불편함에 대한 단순관념을 제공한다. 이후 로크는 이와같은 고통이나 불편함을 통해 정념들을 규정한다. 예를 들면 욕망은 현재 누리는 즐거움이 기쁨의 관념을 전달하지 못하는 것에 대해 느끼는 불편한 감정이다. 혐오감은 불편함을 제공하기 쉬운 것들에 대한 느낌이고, 비애는 좋은 것을 잃었다는 생각에서 마음이 갖는 불편한 감정이다. 불편함이라는 마음의 상태가 의지로 하여금 결심을 내리게 한다는 주장으로 다시 돌아가면, 이는 불편함의 변형인 다양한 정념들에 의해 의지가 결정을 내리게 된다는 것을 의미한다고 볼 수 있다.

욕망과 의지_ 하지만 이것이 로크의 원래 의도는 아니다. 의지와 행위를 설명하고자 했을 때 로크가 강조하고자 했던 것은 행위의 동기가 오직 욕망에 있을 뿐이라는 점이다. 가령 선의 결핍, 즉 악한 것을 욕망함으로써 느끼게 되는 불편함 때문에 의지는 즉시 자발적으로 어떤 행위를 하게끔 결정된다는 것이다. 그렇다면 의지는 직접적으로 동기를 유발하는 것이 아니라 불편함을 통해 조건지어져 있다고 볼 수 있다. 또 불편함은 종종 정념의 형태를 취하므로 의지는 결국 어떤 정념에 의해 조건지어져 있다고 할 수 있다. 하지만 모든 정념이 똑같은 동기부여 능력을 갖는 것은 아니다. 의지의 결정을 유도하는 핵심적인 정념은 욕망, 즉 "현재 그것을 누리는 것이 기쁨의 관념을 전달하지 못하는 데서 느끼는 불안함(불편함)"이다. 로크에 의하면 의지는 그에 동반되는 욕망 없이는 어떤 행위를 명령할 수 없으며, 어떤 자발적 행위도 수행하지 않는다. 또 의지가 마치 혐오, 공포 또는 수치심과 같은 정념들에 의해 결정된다면, 이는 그러한 정념들이 욕망과 결부되어 있기 때문이며, 또 의지를 움직이는 불편함의 요소를 포함하기 때문이다. 따라서 어떤 불편함을 경험하지 않는다면 우리는 결코 행위하지 않을 것이다.

이러한 견해는 다음과 같은 결과를 낳게 된다. 첫째, 행위를 야기하는 데

의지와 욕망은 반대되는 힘이 아니라 함께 작용하는 힘이다. 이는 의지가 감각이나 상상과 반대되는 전통적 의미의 지성 쪽에 있는 것이 아님을 암시한다. 욕망과 의지가 대립되는 힘이 아니라 함께 작용한다면, 이 둘은 어떻게 연결되는가? 먼저 욕망이 갖는 불편함의 요소가 있고, 이로 인하여 의지는 어떤 행위를 결정하게 된다. 둘째, 의지를 이렇게 보게 되면 정념은 수동적이고 의지는 능동적이라는 전통적 견해를 그대로 수용할 수 없을 것이다.

그렇다면 어떤 의미에서 의지는 능동적인가? 데까르뜨는 의지가 정념들과 달리 어떤 독립적이고 능동적인 힘을 소유한다는 전통적 견해를 따랐지만, 로크에게서는 의지의 역할이 감소된다. 행위가 있기 위해서 의지는 먼저 불편함이라는 욕망에 의해 조건지어져야만 하기 때문이다. 의지가 소유하고 있는 유일한 독립적인 힘은 행위를 보류하거나 연기하는 능력에 있다. 정념들이 어떤 행위를 촉구하더라도, 우리는 그 행위를 보류하도록 의지할 수 있다. 가령 아이를 때리려던 어머니가 손을 멈칫할 수 있다. 의지에 의해 '멈춤'이 야기되는 것이다. 의지는 우리가 욕망에 따라 행하게 되는 어떤 행위를 변경할 수 있는 힘이다. 그리고 우리가 욕망을 변경할 이와같은 힘을 소유하고 있지 않다면(예를 들어 아이를 찰싹 때리려던 엄마가 그 순간 어떤 불편함을 경험하지 않는다면), 우리는 달리 행위할 어떤 다른 이유를 갖지 않을 것이다.

로크는 홉스가 의지와 동일시한 욕구 가운데 최종적인 것을 욕망으로 간주한 것 같다. 이것은 행위를 초래하는 인과적 선행요건들 중에서 최종적인 항목이다. 이런 점에서 두 철학자의 입장은 유사하다고 볼 수 있다. 그러나 로크는 여기에 전통적인 관점에서 볼 때 변형된 의지개념을 추가하여 홉스의 이론에 변형을 가한다. 그에 따르면 심지어 우리가 어떤 것을 욕망할 때도 항상 우리 자신을 욕망에 따라 행위하지 않도록 보류할 수 있다. 이는 바로 욕망과 마찬가지로 행위의 인과적 선행요건 가운데 최종항목인 의지 때문이며, 의지는 문제가 되는 행위를 보류하도록 하는 특별한 힘을 갖는다. 그렇다면 의지 그 자체에 관한 로크의 해석은 홉스의 해석과 결별하는 어떤 요소를 갖고 있다고 할 수 있다. 즉 의지와 욕망을 동일시한 홉스와는 달리 로크는 의지를 욕망과 다른 어떤 것으로 본다. 행위를 보류할 수 있는 의지의 능력 그 자체는 이미 더이상 욕망이 아니라 그와 구별되는 종류의 사고이다. 다른 한편 우리를 자유롭게 하는 것은 욕망의 실행을 보류할 수 있는 능력으로서의 의지에 있다. 의지가 모든 자유의 근원인 것이다. 홉스는 자유가 숙고에서 비롯되는 마지막 욕구에 따라 행위할 수 있는 능력에 있다고 보았다. 그렇다면 자유는 의지에서 비롯되는 것이 아니다. 반면 로크는 그러한 자유는 우리의 욕망에 따라 행위하거나 행위하지 않을 수 있는 능력인 의지 때문에 가능하다고 생각했다. 따라서 홉스 이론의 한계를 보완하려는 노력에도 불구하고 로크는 의지를 최후의 욕구와 동일시한 홉스와 암묵적으로 반대되는 결과를 초래했다. 결국 의지를 욕구와 독립적인 것으로 만들어버린 것이다.

이와같은 로크의 견해는 데까르뜨와 홉스의 서로 다른 견해를 혼합한 결과로 볼 수 있다. 행위의 직접적인 원인은 욕망에 의해 야기된 의지라고 주장할 때 로크는 우리의 행위가 정념에 따른다는 홉스의 견해를 받아들였다. 정념의 일종인 불편함(욕망)에 의해 의지가 결정을 내려 행위가 이루어지게 된다는 것이다. 그러나 의지와 욕망을 동일시하는 대신 서로 구별하고, 불편함의 형태인 욕망이 의지를 결정하거나 의지가 욕망에 반해서 행위를 보류하는 힘을 갖는다고 볼 때, 로크는 홉스의 생각에서 멀어진 것이지만 또한 욕망과 의지 사이에 갈등의 소지를 남겨놓았다.

흄의 정념론

흄은 정념과 의지가 구별된다는 생각에 반대하고 이 둘을 동일시한 홉스의 견해를 따른다. 또 정념과 의지는 반성인상이란 점에서 동일하다고 본다. 즉 정념은 감각인상에서 비롯된 단순인상이나 관념이 아니라 반성인상이다. 감각인상은 인과적 믿음과 외부세계에 대한 믿음을 형성하는 원천이 되는 반면, 반성인상은 우리 내부에서 일어나는 정념·느낌·정서 등에 해당한다. 정념이 반성인상이라는 것은, 그것이 쾌와 불쾌의 원천에 대한 반성에서 비롯되는 감정임을 뜻한다. 예컨대 어떤 친구와 함께 있으면서 쾌락을 느낄 때, 나는 그 친구가 갖고 있는 성격의 어떤 측면을 반성한 결과 그가 좋은 친구임을 알고 사랑의 감정을 갖게 된다. 또한 동료가 성공하는 것에 대해 불쾌감을 느끼면서 그의 성취에 대해 반성해보게 될 때 나는 질투심이나 적개심을 느끼게 된다. 인간은 보통 쾌락을 추구하고 불쾌를 회피하고자 하며, 쾌와 불쾌의 감정은 행위를 유발하는 근간이 된다. 정념에 관한 흄의 논의는 행위의 동기에 대한 성찰과 밀접한 관련을 맺고 있다.

이 점을 살펴보기 전에 우선 앞에서 논의해왔던 의지와 정념과의 관계에 다시 초점을 맞추어보자. 의지가 반성인상이라는 것은 첫째, 그것이 감각인상처럼 외부로부터 감각을 통해 얻게 된 것이 아니라 본시 우리 내부에서 일어나는 것임을 의미한다. 둘째, 의지가 모든 다른 인상들과 마찬가지로 독립적인 힘을 갖거나 능동적인 제3의 능력을 갖지 않는다는 것을 의미한다. 감각인상에는 외부대상으로부터 감각에 주어진 모든 인상들은 물론 육체적 쾌락과 고통들이 포함될 수 있고, 반성인상에는 근원적 실존(original existence)에서 비롯된 정념과 감정들이 포함될 수 있다. 그리고 이 반성인상은 아래와 같이 세부적으로 구별될 수 있다.

정념의 분류__ 반성인상들은 보통 차분하거나(calm) 격렬한(violent) 형태로 나타난다. 차분한 정념들은 일단 '부드럽게' 느껴지고 통제 가능한 방식으로 발생하며, 마음에 감정적 동요를 일으키지 않는다. 따라서 이 정념은 종종 이성적인 것으로 착각된다. 예를 들면 미적 감각, 도덕감, 자비심,

삶에 대한 애착, 아이들에 대한 사랑 등으로, 이런 정념들은 선에 대한 일반적인 욕구와 악에 대한 혐오에 의해서 생긴다. 격렬한 정념들은 분노와 증오같이 대단한 힘과 강도를 가지고 우리를 엄습하면서 감정적 동요(emotion)나 불안을 야기한다. 가령 연쇄살인범의 잔악함에 대해 생각하게 될 때 우리가 느끼게 되는 분노나 증오심 같은 것이 여기에 속한다고 할 수 있다.

다음으로 정념들은 직접적이거나 간접적인 것으로 구별된다. 직접적 정념들은 나머지 정념들을 떠올릴 필요 없이 선, 악, 쾌락 또는 고통에 대한 반성에서 직접 일어난다. 예를 들어 욕망·혐오·슬픔·기쁨·희망·공포·절망·안심 등이 여기에 속한다. 여기서 주목할 만한 점은 흄이 욕망을 직접적 정념으로 분류했다는 것이다. 흄의 공식적 정의에 따르면 욕망은 완전히 설명될 수 없는 자연적 충동이나 본능에서 비롯되는 직접적 정념이다. 그러나 다시 지적하겠지만, 흄에게서 욕망은 이런 정의로 포괄할 수 없는 넓은 의미를 지닌다.

간접정념과 자아_간접정념과 자아의 관계는 흄이 많은 지면을 할애하여 논하고 있으므로 좀더 자세히 살펴보기로 하자. 간접적 정념의 예로 지칭되는 것은 자부심과 수치심 그리고 사랑과 증오 등이다. 이런 정념들은 사람들에 대한 평가와 관련된다. 즉 자부심과 수치심은 자기 자신의 자아에 대한 평가와 관련되고 사랑과 증오는 다른 사람의 자아에 대한 평가와 관련된다.

흄에 따르면 자부심과 수치심은 전적으로 반대되는 정념들임에도 불구하고 동일한 대상을 갖는다. 자부심과 수치심의 대상은 모두 자아에 있다. 각각의 간접적 정념은 대상과 원인이라는 시간적으로 병행하는 두가지 요소를 지닌다. 원인은 그 정념에 선행하면서 그 정념을 야기하는 관념이고, 대상은 그 정념이 일어났을 때 우리의 관심이 향하는 관념이다. 예를 들어 내가 멋있는 집의 소유자로서 나 자신에 대해 자부심을 느낄 경우를 가정해보자. 이 경우 원인(기체)은 나와 관련된 멋있는 집이고, 반면 대상은 그 집과 관련된 나이다. 달리 말하면 자부심의 원인은 어떤 기체, 즉 기쁨을 주는 성질을 갖는 소유물이고, 자부심의 대상은 기쁜 것을 소유하는 자, 즉 우리 자신에 대한 관념이다. 나 자신이 자부심의 대상이라 할 때 흄이 의미하는 것은, 자부심은 언제 어디서나 나 자신의 관념을 수반한다는 것이다. 즉 자부심을 느낄 때 우리는 항상 우리 자신에 대해 의식하고 있다. 이때 이 정념들의 원인과 대상 간의 차이는 그 정념들을 촉발하는 관념과, 그것들이 촉발되었을 때 그들의 관심이 향하는 관념 사이의 차이다.

흄은 자부심과 수치심의 원인과 대상을 구별한 뒤에 이런 정념들의 원인인 기체(subject)와 성질(quality)에 대해 기술한다. 자부심을 일으키는 원인들은 많고 다양하다. 하지만 첫째, 일어나는 정념 그 자체를 좋게 만드는 것은 항상 어떤 성질이나 특성이다. 둘째, 그 성질은 언제나 사람, 또는 어떤 의미에서 우리와 관련된 사물('기체') 속에 내재한다. 아름다움이 우리와 관련된 어떤 것에 있지 않고 그 자체로 고려될 때는 결코 자부심도 허영심도 산출하지 못한다. 또 그 기체 속에 있는 것, 즉 아름다움이라는 성질이 없다면, 아무리 그 성질이 기체와 강하게 결합되어 있더라도 결코 정념에 영향을 미치지 못한다. 기체와 성질의 공존이 자부심이라는 정념을 일으키기 위한 필수조건인 것이다. 자부심을 일으키는 성질들은 쾌락을 제공한다. 또 나와 관련된 기체(원인), 예컨대 아름다운 집의 성질도 자부심이 갖고 있는 것과 유사한 '유쾌한' 성질을 갖는다. 따라서 자부심이 갖는 '유쾌한' 성질과 나와 결부된 기체가 갖는 성질은 서로간의 유사성에 의해 연합된다. 자부심을 야기하는 성질들이 들어 있는 기체, 예컨대 아름다운 집은 나의 부분이거나 나와 밀접히 연관된 어떤 것이고, 그래서 자부심의 대상인 자아의 관념과도 관련되어 있다. 그 두 관념은 서로 연합하게 되는 것이다. 흄은 인상들은 물론 관념들 사이에서도 성립하는 이런 두가지

연합을 이중의 연합(double relation)이라 부르며, 이 이중의 연합을 자아의 관념이 성립하는 절차로 간주한다.

우리는 배고픔을 느낄 때 음식을 떠올리듯, 자부심과 수치심을 느끼면 자아를 떠올린다. 흄에 따르면 이는 자연이 인간정신을 그렇게 만든 결과이다. 하지만 자부심이 다른 정념들과는 다르게 일어나는 이유는, 자신을 불러일으킬 수 있는 어떤 원인들을 요구하기 때문이고, 성격과 신체적 수양 그리고 재산 따위에서 어떤 탁월함이 뒷받침되어야 하기 때문이다. 자부심은 배고픔이나 목마름과는 달리 자연에서 직접적으로 발생하는 것이 아니며, 또 그 대상이 언제나 동일하기 때문에 영속적이라 할 수 있다. 그렇다면 자부심을 최초로 불러일으키는 것은 무엇인가? 그것은 유쾌한 성질(감각)을 제공하되 자아와 관련된 어떤 것이고, 그런 사물이 자아를 대상으로 하는 자부심의 정념을 일으킨다. 자부심과 수치심은 감각에서 직접적으로 상반됨에도 불구하고 동일한 대상을 갖는다. 따라서 관념들 사이에 어떤 변화를 일으킬 필요없이 인상들 사이의 관계만 변해도 두 정념은 뒤바뀌게 된다. 예를 들어 내가 소유한 아름다운 집이 자부심을 산출하다가도 집이 흉해지면 나는 창피함을 느끼게 되고, 그로 인해 자부심에 상응하는 쾌락의 감각이 수치심과 관련된 고통의 감각으로 변하게 된다.

이제 또다른 간접적 정념인 사랑과 증오에 대해 살펴보자. 자부심이나 수치심과는 달리 사랑과 증오는 그 대상이 다른 사람들에 있다. 우리는 다른 사람들의 생각과 감각에 대해 직접적으로 의식하지 못하지만, 그들이 지닌 재치·유머·유덕함·지식·미모·재산·유산 등에 대해 어떤 느낌, 즉 사랑의 감정을 느끼곤 한다. 거꾸로 둔함·천박함·흉함·가난함 등에 대해서는 혐오감을 느끼기도 한다. 흄에 따르면 이런 사랑과 혐오는 존경이나 멸시의 감정으로 확장될 수 있다.

앞에서 언급한 것처럼 자부심과 수치심은 이중의 연합을 통해 설명될 수 있다. 이를 사랑과 미움에 적용해보면 다음과 같다. 내가 친구의 친절하고 착한 성격에 대해 사랑의 감정을 느끼게 될 때, 그런 사랑의 감정은 그 친구와 관련된 기질과 그 기질이 나에게 준 쾌락을 통해 일어난다. 사랑이란 정념은 이러한 기질과 그 기질이 제공한 쾌락을 원인으로 하고, 그 친구를 대상으로 한다. 미움의 경우는 반대로 생각하면 된다. 그러나 여기서 주목해야 할 것은 사랑과 미움은 또다른 정념을 동반한다는 점이다. 사랑의 정념은 사랑하는 사람의 행복에 대한 욕망과 그의 불행에 대한 혐오를 동반하며, 이런 정념은 자비심으로 발전한다. 이에 반해 미움의 정념은 싫어하는 사람의 불행에 대한 욕망과 그의 행복에 대한 혐오를 동반하며, 이런 정념은 분노의 감정으로 발전한다. 자부심과 수치심 그리고 사랑과 미움이라는 간접정념 그 자체는 행위를 위한 동기가 될 수 없다. 하지만 이것들이 욕망과 혐오를 동반함에 따라 발전된 자비심과 분노는 행위를 촉발하는 동기가 될 수 있다.

사랑과 미움은 간접정념들 가운데 특별한 정념들이다. 자비심과 분노라는 행위동기들과 함께 자연적으로 일어나기 때문이다. 그렇다면 사랑이 자비심과 공존하고 미움이 분노와 공존한다는 증거는 어디에 있는가? 왜 사랑은 다른 사람의 선이나 행복을 욕망하는 자비심으로 발전하고, 미움은 다른 사람의 불행이나 불운을 욕망하는 분노로 발전할 수 있는 것인가? 흄에 따르면 우리는 자비심 없이는 사랑을 생각할 수 없고, 분노가 없이는 미움을 생각할 수 없다. 만일 사고 속에서 서로 분리된다면 이것들은 서로 다른 정신적 상태로 전락한다. 하지만 흄은 사랑이 자비심을, 미움이 분노를 동반하는 이유는 설명할 수 없는 우연한 사실임을 강조한다.

욕망 _ 지금까지 흄의 정념분류와 그 세부내용을 살펴보았다. 이제 흄에게서 특이한 형태의 정념으로 꼽히는 욕망에 주목해보자. 앞에서 언급한 바와 같이 홉스와 로크에게서 욕망은 행위를 설명하는 주요요소이다. 그렇다면 흄에게서는 욕망과 행위는 어떤 관계에 있는가?

현대 행위이론에서 믿음과 욕망은 행위의 원인과 이유에 해당한다. 그리고 실천적 이성이나 합리성은 주로 믿음과 욕구를 조합하는 문제로 귀착된다. 현대의 흄주의에 따르면 믿음과 욕망 가운데 주가 되는 것은 욕망이며, 이런 관점은 흄의 동기부여이론(theory of motivation)에서 아주 분명하게 드러나고 있다. 욕망이 행위의 주된 인과적 선행요건이라는 것인데, 이를 위해 흄은 다음과 같은 네가지 논증을 전개한다.

첫번째, 이성은 홀로 행위의 동기가 될 수 없다. 이성은 왜 홀로 행위의 동기가 될 수 없는가? 이런 물음에 답하기 위해 흄은 먼저 이성의 역할과 정념의 역할이 구별된다는 사실을 강조한다. 즉 이성은 증명, 연역 또는 인과추론에 관계한다. 연역추론은 관념들의 관계를 통한 추론이며, 예컨대 '4+5=9'라든가 '사각형은 원이 아니다'와 같은 관념들이 어떻게 연계되는지를 문제삼는다. 하지만 행위는 의도에 의해 촉발되고, 의도는 세계가 어떤 식으로 존재하든 내가 원하는 바대로 행위하고자 한다. 때문에 관념들의 관계를 따지는 문제와는 무관하다. 그러나 관념들의 관계에 관여하면서도 행위와 연계되는 경우도 있다. 가령 관념들의 관계를 따지는 수학이 때로 현실적 활동에 적용되는 경우가 있다. 기술자나 상인은 자신들이 직면한 문제를 풀기 위해 수학을 적용한다. 그러나 이때 그들은 자신에 고유한 어떤 목적이나 목표를 지니고, 이 목적이나 목표가 없다면 행위가 일어나지 않을 것이다. 결코 수학적 진리를 아는 것만으로는 행위를 위한 어떤 동기를 유발할 수 있는 것이 아니다. 그렇다면 목적이나 목표는 어디서 유래하는가? 흄에 따르면 그 유래는 욕망에 있다.

연역추론이 행위를 위한 어떤 동기도 유발할 수 없다면 귀납추론, 즉 인과추론은 행위를 종용하거나 촉구할 수 있는가? 흄에 따르면 인과추론은 사실의 문제(matter of fact)에만 관여하고, 세계 속에 있다고 여겨지는 원인과 결과의 연계성을 문제삼는다. 세계가 존재하는 방식에 대한 우리의 믿음은 이런 인과추론에서 형성된다. 여기서 이성은 인과관계에 관한 정보를 제공하며, 그런 한에서 행위를 위한 수단의 역할을 떠맡는다. 하지만 이성 그 자체가 실천적 영향력을 행사할 수는 없다. 가령 이성을 통해 얻게 된 정보, '오늘 오후에 비가 올 것이다'에 대한 믿음은 비를 맞고 싶지 않은 욕망을 만족시키기 위해 필요한 수단이다. 그 믿음은 우산을 가지고 나가 는 것이 비를 맞지 않고자 하는 욕망을 만족시킬 수 있는 한가지 방법이라 는 정보를 제공하는 수단이지, 그 자체가 목적이 될 수는 없다. 그런 정보 에도 불구하고 나는 비를 맞지 않기 위한 나의 욕망을 채우기 위해 다른 수 단, 가령 오늘 오후의 약속을 취소하고 집에 머무는 방법을 택할 수도 있 다. 또 런던과 서울 간에 8시간의 시차가 있다는 인과적 믿음을 이성을 통 해 갖는다고 해도, 런던에 갈 일이 없다든지 런던과 관련된 활동을 할 일이 없을 경우, 다시 말해 런던이 나의 이해관계와 무관할 경우 그러한 정보는 나의 실천적 삶에 아무런 영향을 미치지 못한다.

두번째, 이성과 정념은 행위로 나아가는 데 서로 대립하지 않는다. 전통 적인 견해에 따르면 이성과 정념은 서로 대립하는 능력이고, 합리적 행위 를 위해서는 이성이 정념을 통제하거나 다스려야 한다. 하지만 흄에게서 이런 견해는 수정되어야 한다. 동기를 유발하는 것은 정념, 곧 욕망이지만 이성은 결코 동기를 유발할 수 없다는 생각 때문이다. 따라서 이성은 정념 과 대립하는 기능이 될 수 없다. 만일 그렇다면 이성은 정념과 반대방향으 로 동기를 유발해야 할 것이다.

여기서 흄은 정념이 이성과 대립할 수 있는 방식에 대해 묻는다. 이성은 인지적 내용을 갖는 정신적 상태를 가져온다. 세계가 존재하는 방식을 표 상하고 그에 관한 정보를 제공하여 그에 대한 믿음이 형성되는 기반을 마 련해주는 것이다. 따라서 정념이 이성과 대립하는 기능을 수행하기 위해 서는 그것 또한 이성과 같이 인지적인 내용을 가져야 할 것이다. 그러나 정 념은 표상에 관계하지 않으며, 그 자신은 우리 속에서 일어나는 근원적 실 존이지만 인지적인 내용을 갖는 것은 아니다. 예컨대 내가 배고픔이나 갈

중 그리고 분노 등을 느낄 때 아무리 애써도 그에 관한 표상을 떠올릴 수 없다. 이성이 제공한 표상에 대해서는 참과 거짓을 따질 수 있지만, 표상을 갖지 않는 정념에 대해서는 참과 거짓을 따질 수 없다. 따라서 이 둘은 서로 대립하는 능력이 아니다. 게다가 우리의 믿음에 대해서는 합리적이라든가 비합리적이라는 말을 붙일 수 있다. 하지만 정념은 합리적이거나 비합리적일 수 없다. 어떤 정념이 비합리적으로 보인다면, 이는 그 정념이 잘못된 믿음을 동반하기 때문이다. 예컨대 어린이가 동화책에서 유니콘을 보고 그것을 실제로 보기를 원할 때, 어린이가 갖는 희망의 정념은 결코 비합리적인 것이 아니다. 비합리적인 것은 존재에 대한 그 어린이의 잘못된 믿음이고, 그런 믿음을 동반한 정념이다.

이런 흄의 주장에 대해 다음과 같은 반론이 있을 수 있다. 많은 행위들은 이성에 근거한 믿음이 정념을 조종함에 따라 이루어지는 것이 아닌가? 가령 나는 새우 샌드위치가 먹고 싶어 빵집에 갔는데, 빵집 주인이 "오늘은 새우가 없어 샌드위치를 만들 수 없다"고 해서 별수없이 치즈 샌드위치를 샀다고 해보자. 이 경우 반(反)흄주의의 노선에 있는 사람들은 나의 대안적 선택은 빵집 주인으로부터 정보를 입수한 나의 이성이 내린 명령에 근거한다고 말할 것이다. 그러나 흄에 따르면 그 대안적 선택도 나의 또다른 욕망에 근거한다. 치즈 샌드위치에 대한 대안적 선택은 음식에 대한 나의 일반적 욕구, 즉 배고픔 때문이라는 것이다. 이렇게 본다면 행위의 추진력은 항상 정념에서 비롯된다고 할 수 있다.

따라서 흄에 따르면 행위에 관한 한 이성은 정념의 노예이고 또 노예이어야만 한다. 이것이 세번째 논증이다. 행위의 동기유발과 관련하여 결국 이성은 욕구의 성취방법을 알 수 있도록 사실적 믿음만을 제공하는 도구적 수단에 불과하다. 반흄주의자들은 이런 흄의 행위이론은 장기적 타산과 관련된 합리적 행위를 설명할 수 없다고 비판한다. 장기적 타산을 고려하는 것은 미래에 대한 심사숙고가 포함된 것이고, 여기서는 이성의 역할이 중요하기 때문이다. 그러나 흄은 이러한 맥락에서 다음과 같이 말한다.

네번째, 내 손가락에 생채기가 나는 것보다 전세계의 멸망을 선호하는 것은 이성에 대립되는 것이 아니다. 이 말은 내 손가락의 생채기보다 세계의 멸망을 선호하는 것이 나쁘지 않다는 의미가 아니다. 다만 이러한 행위는 이성에 의해 평가될 수 없다는 것이다. 다시 말해서 행위의 이유, 행위의 합리성이나 합리화 등은 실천이성을 통해 설명될 수 있는 문제가 아니며, 다만 선호(選好)의 문제일 뿐이다. 그리고 이와같은 선호는 욕망이나 의지에 의해 발생한다.

경험주의 정념론의 영향 ＿ 정념론에서 제기된 욕망의 문제는 현대 행위이론에서는 흄주의 노선으로 이어져 행위의 동기와 이유를 설명하는 문제로 탈바꿈되었고, 현재까지도 활발하게 논의되고 있다. 또 한가지 주목할 만한 점은 다른 경험론자들과 달리 흄의 정념론은 도덕철학에 지대한 영향을 미쳤다는 사실이다.

흄이 정념을 연구하는 한가지 중요한 이유는 행위와 도덕의 무대를 설정한다는 데 있다. '우리는 무엇을 알고 있는가'라는 인식론적 문제에서 '어떻게 느끼는가'라는 감정의 문제로 논의의 방향을 바꾸면서 흄은 실천철학의 영역으로 서서히 옮겨간다. 정념이론은 실천적 함축을 갖는다는 점에서, 행위에 대한 어떠한 함축도 가지지 않는 관념이론이나 믿음에 대한 분석과 대조를 이룬다. 정념들은 우리의 느낌들이며, 이러한 느낌들 가운데 어떤 것은 행위를 산출하는 데 필수적이다. 우리는 어떤 느낌들에는 심정적으로 끌리고 어떤 다른 느낌들은 회피하게 되는데, 이런 끌림과 회피가 행위의 궁극적 원인이다. 다시 말해서 어떤 것에 대한 좋고 싫음이 행위를 즉각적으로 유발하는 요인이다. 우리 안에는 쾌락을 야기하는 것들을 선호하고 고통을 야기하는 것들을 회피하려는 자연적 성향이 있고, 쾌와 불쾌에 대한 직접적인 반응에서 일어나는 직접적 정념들 때문에 우리는 그 대상으로 향하거나 그 대상을 회피하는 동기를 갖게 된다. 즉 행위의 동기는 직접적 정념들에 있다. 동기는 행위의 원인을 가리키며, 행위의 규범을 다루는 영역인 도덕은 그런 행위의 원인과 동기를 설명하는 정념론의 형태를 띠게 된다. 만일 모든 행위가 어떤 동기들에서 시작되고 그 동기들이 정념들에 있다면, 게다가 도덕적 규범들이 행위를 규제하는 것이라면, 그와같은 규범들은 모두 정념의 영향 아래 놓여 있다고 할 수 있다.

특히 자부심과 수치심, 사랑과 증오라는 간접정념들은 자아 자신과 다른 사람들에 대한 평가를 함축하기 때문에 흄의 도덕철학에서 아주 중요한 위치를 차지한다. 이 정념들은 무엇보다 성격 귀속과 관련되어 있다. 앞에서 지적한 바와 같이 이 정념들의 원인은 유쾌하거나 불쾌한 성질을 갖는 사태에 있다. 우리는 어떤 사람에게 어떤 성품을 귀속시키기 전에 그 사람의 성품의 예화라 할 수 있는 어떤 행위와 대면하여 기뻐하거나 불쾌해진다. 우리가 그 행위를 우리의 특수한 이해관계와 무관하게 일반적으로 고려하는 한에서, 이런 쾌와 불쾌는 해당 성품에 대한 도덕적 승인이거나 비승인이라 할 수 있다. 승인하거나 승인할 수 없는 성품은 다시 유덕하거나 악덕하다고 간주된다. 우리는 다른 사람의 유덕한 성품에 대해서는 사랑의 감정을 느끼게 되고, 우리 자신의 유덕함에 대해서는 자부심을 느끼게 된다. 이에 반해 다른 사람의 악덕한 성품에 대해서는 증오감을 느끼게 되고, 우리 자신의 부덕함에 대해서는 수치심을 느끼게 된다. 간접정념인 자부심과 수치심, 사랑과 증오 등은 이와같이 우리 자신과 다른 사람들에 대한 평가에 기초하고 있다. 이렇게 본다면 흄에게서 도덕적 평가는 행위에 대한 평가가 아니라 행위자의 성품에 대한 평가이며, 이런 평가는 승인과 비승인이라는 도덕감(moral sense)은 물론 간접정념들과도 결부되어 있다. 도덕적 평가를 하기 위해서는 먼저 간접정념들이 있어야만 하는 것이다.

| 양선이 · 진태원 |

08

여 덟 번 째 쟁 점

도덕과 자유의지

___도덕의 기초는 감정인가 이성인가,
그리고 자유의지는 도덕의 필수조건인가

1. 근대윤리학의 등장과 발전

　새로운 철학사상은 새로운 상황에 대한 해법을 제공하고 자기정체성을 확립하기 위한 노력을 통하여 등장한다. 르네쌍스와 종교개혁 그리고 과학혁명을 거치면서 인간과 사회에 대한 새로운 관념들이 형성되기 시작했는데 그중 하나는 인간의 능력, 즉 자율적이며 합리적으로 생각하고 도덕적으로 행위할 수 있는 능력에 대한 신뢰였다. 이러한 관념을 통해 새로운 사회건설에 대한 욕구가 분출되었다. 특히 절대왕정체제에서 여러 차례 사회적인 변혁을 겪는 과정에서 새로운 사회적 규범을 토대로 합리적인 사회체제를 구성하는 작업이 다각도로 진행되었다. 근대철학은 이처럼 역사적으로 변화하는 상황에서 그에 타당한 해법을 제공하고자 하는 지적 노력으로 등장했다. 특히 합리적인 시민사회를 추구하는 논의에서 도덕적 선의 근거와 의미 그리고 그 토대가 되는 자유의지의 문제는 도덕철학적 사고의 핵심문제로 주어졌다. 근대의 도덕철학적 사상들은 과거의 도덕적 규범들과 철학적 이해를 비판적으로 검토했으며, 도덕적 선의 의미와 가치를 새로운 차원에서 정립했다.

서양의 철학적 사유는 전통적으로 최고선(最高善)이라는 도덕적 목표 아래서 삶의 가치와 이상을 추구해왔으며, 최고선에 도달할 수 있는 다양한 방책을 제시해주었다. 최고선을 인생의 궁극목적으로 이해하고 이에 대한 탐구와 해명에서 출발했던 그리스 윤리학을 특징짓는 핵심개념은 행복(eudaimonia)과 덕(arete)이다. 소크라테스는 인간이 진정으로 행복하려면 어떻게 살아야 하는지에 대해서 탐구했다. 소크라테스와 많은 그리스인들은 행복한 삶 혹은 좋은 삶이란 이성능력을 성공적으로 발휘하는 데서 얻어진다고 생각했다. 그들은 행복이란 인간의 본성에 주어져 있는 이성능력을 유감 없이 발휘하는 데서 얻어지며, 그것이 곧 인간이 실현해야 할 목적이라고 생각했다. 다시 말해서 행복이란 이러한 능력을 잘 발휘한 결과로서 갖추게 되는 덕이며, 덕을 지님으로써 행복에 이를 수 있다고 보았다.

반면에 기독교 전통은 신의 명령에 대한 복종과 구원을 통한 최고선의 실현을 가르쳤다. 중세 신학자들은 도덕법칙은 신이 인간에게 명령한 것으로 인간의 영혼 속에 새겨져 있으며, 인간은 그 법칙을 알 수 있는 능력을 선천적으로 소유하고 있다고 생각했다. 그들은 그러한 능력이 양심이며, 도덕이란 그런 법칙에 따라 선을 추구하고 악을 피하는 것이라고 생각했다. 신학자이며 철학자인 아우구스티누스(Augustinus)에 따르면 인간은 도덕법칙을 인식할 수 있도록 신으로부터 양심을 부여받았다. 그러나 중세 기독교 윤리학의 실질적인 난점은, 이러한 양심 혹은 도덕적 인식가능성이 최고선을 실현하기 위한 충분조건이 되지 못한다는 데 있었다. 도덕적 선의 실현은 우선적으로 인간을 선으로 인도하는 신의 말씀에 따르려는 의지 자체의 정화를 요구했다. 물론 양심 자체가 도덕법칙 자체의 담지자인지 아니면 도덕적 사실이나 가치와 그렇지 않은 것들을 식별할 수 있는 수단적인 것인지에 대한 해석에 따른 논란은 있었다. 그러나 토미즘(Thomism)적 자연법사상에서 인간의 마음속에 새겨진 신의 말씀으로서의 양심 및 이로부터 추론된 도덕원리들은 직관적으로 자명한 것이었고, 직접적이든 간접적이든 도덕적 행위를 평가하는 근본척도로 옹호되었다.

고대와 중세의 도덕적 사상들이 지닌 공통점은 모두가 당시의 사회문화적 전통이나 역사적 상황과 관련된 세계관과 인간관, 중세에는 특히 기독교적인 사상을 전제하고 있었다는 점이다. 선이나 도덕적 규범은 특정한 자연의 목적이나 신의 의지와 같은 전제에 기초하여 인간에 주어지거나 부과되어 있는 것으로 파악되었으며, 그러한 관념에 근거하여 도덕적 지침과 덕목들이 만들어졌다. 그러나 근대는 과학혁명과 지리상의 발견, 절대왕정의 쇠퇴와 시민계급의 등장 등 숱한 변화를 겪으면서 도덕적 선에 대해 과거와는 다른 이해와 규범을 필요로 하게 되었다. 근대의 철학자들은 신적 의지나 자연적 본성이나 목적에 근거하여 선과 도덕을 이해했던 과거의 사고방식과 규범들이 더이상 실천적 지침으로서 적절치 못함을 지적했다. 그들 중 적잖은 학자들은 더이상 모든 사람이 공감하고 따라야 하는 인간의 길이란 존재하지 않는다고까지 주장했다.

근대의 윤리학적 사고는 크게 두가지로 대별되는데, 그것은 합리론자들의 이성주의적 윤리론과 경험론자들의 감정주의적 윤리론이다. 이 글에서는 우선 데까르뜨, 스피노자, 라이프니츠에서 칸트로 이어지는 합리론적 윤리론들을 살펴보고, 이어서 도덕의 기초를 감정에서 찾은 영국 경험론의 입장을, 그리고 마지막으로 도덕의 가능성의 핵심적 주제가 되는 의지의 자유에 대한 합리론자들의 주장을 살펴보는 순으로 근대 도덕철학을 개진하고자 한다.

2. 합리론의 도덕철학

근대 도덕철학의 핵심적 관심은 도덕적 사고의 규범과 기준을 새로이 정초하는 것이었다. 이는 도덕적 규범을 신의 의지에 근거시킨 중세의 사고로부터의 단절을 의미한다. 종교가 인간의 삶을 규정하고 지배한 중세에는 인간보다 신을, 개인보다 사회를, 육체보다는 영혼을 강조했다. 신앙을 모든 인간적인 사고에 선행시키는 신앙 우선적인 정신에 준해 중세는 최고선과 참된 행복은 신의 의지에 대한 직관이나 복종을 통해 가능하다는 입장을 취했다. 이에 반해 근대 철학자들은 인간의 이성이나 의지 또는 개인의 자연스러운 감정에서 도덕적 사고의 근거와 기준을 찾고자 했다. 근대 철학자들은 또 단순히 도덕적 덕목을 탐구한 고대와 달리 도덕적 사고의 가능성과 근거 그리고 규범의 당위성을 탐구하는 데 주된 관심을 기울였다. 따라서 근대 도덕철학은 덕윤리가 아니라 규범윤리의 특징을 지닌다. 특히 근대 합리론자들은 도덕적 사고의 가능성과 근거를 인간과 자연을 비롯한 존재 일반을 탐구하는 형이상학적 체계 내에서 전개한다.

데까르뜨의 잠정적 도덕규칙

인간과 자연에 대해 새로운 합리적인 설명을 제시하고자 하는 데까르뜨의 사고는 두가지 지적 태도를 배경으로 하고 있다. 그것은 코페르니쿠스와 케플러 그리고 갈릴레오 등에 의해 마련된 과학의 실증적 사고에 대한 신뢰와 아리스토텔레스의 형이상학적 사고체계와 그에 기반을 둔 스콜라철학사상으로부터의 탈피이다. 이러한 태도를 근거로 데까르뜨는 진리인식을 위한 두가지 핵심적인 기준을 제시하는데, 그것은 회의라는 방법과 명석·판명이라는 진리 검증기준이다. 데까르뜨는 모든 전통적으로 주어진 지식은 이성적인 관점에서 철저히 검토되어야 하며, 더이상 의심할 수 없는 명석·판명한 것만을 진리로 승인할 것을 주장한다. 이러한 방법을 통해 데까르뜨는 인간과 자연 그리고 신이라는 전통 형이상학적 문제로부터 인간의 삶에 실질적으로 관계되는 응용과학적 문제에 이르기까지 하나의 통일된 지식체계, 즉 근대적 차원의 새로운 형이상학을 마련하려고 했다.

데까르뜨는 장차 만들어져야 할 이성적으로 숙고된 학문체계를 하나의 나무에 비유한다. 그에 따르면 나무의 뿌리에는 형이상학이, 줄기에는 자연학(물리학), 그리고 가지에는 역학·해부학·생리학·심리학 등의 개별과학이 해당하고, 실천적인 분야인 기계학·의학·윤리학은 나무의 열매에 해당한다. 데까르뜨가 제시하는 이 체계의 특징은 학문의 의미를 응용 가능성에서 찾는다는 것이다. 기계학은 역학의 응용으로, 의학은 생리학과 해부학의 응용으로, 그리고 윤리학은 심리학의 응용으로 그 유용성을 가진다. 이러한 데까르뜨의 형이상학적 관심은 지식과 실천을 포함한 모든 것을 합리적으로 해명하고 제어할 수 있다는 그리고 제어되어야 한다는 이성주의적인 신념에 근거한다. 새로운 학문적 이상을 실현하기 위한 데까르뜨의 태도와 방법적 지침은 그의 윤리학적 사고에서도 그대로 나타난다. 윤리적인 규범의 탐구에서 그는 더이상 의심의 여지가 없는 그리고 명석·판명한 것만을 규범으로 받아들일 것을 제안한다. 그리고 윤리학을 심리학의 합리적인 응용으로 보고, 그 목적을 비이성적인 인간의 정서를 이성적으로 제한하는 것으로 규정한다.

데까르뜨는 도덕적으로 선한 행위는 정확한 인식으로부터 나온다고 말하는데, 이는 우리가 어떤 문제에 직면하여 사태를 합리적으로 이해할 수 있다면 악행을 피하고 선행을 할 수 있다는 의미이다. 그리고 데까르뜨에 의하면 덕은 관대함인데, 관대함은 인간의 기본정서로 이성을 통하여 충동에 따르는 인간의 욕망을 제어하는 능력이다. 데까르뜨의 이러한 생각은 지식을 선의 토대로 규정했던 소크라테스와 견해를 같이하는 것으로, 인간은 이성적인 통찰로부터 악을 피하고 선을 실현할 수 있다는 이성주의적인 확신을 나타낸다. 이러한 데까르뜨의 윤리적 사고는 윤리학을 단순한 규범의 체계가 아니라 인간의 욕망과 충동을 합리적으로 제어할 수 있는 응용과학, 즉 응용심리학으로 정초하기 위한 그의 이상을 드러내는 것이다.

합리적으로 논증된 체계로서의 윤리학이 완성되기까지의 대안으로 데까르뜨는 임시도덕을 제시한다. 임시도덕은 사회적으로 통용되는 관습과 법을 말하며, 합리적 행위를 통해 악을 피하는 것을 주목적으로 하는 도덕률을 말한다. 데까르뜨는 임시도덕은 비록 학문적으로 정립된 것은 아니지만 엄격히 시행되어야 하며, 그것은 비록 의심스러운 것이라 할지라도 그것을 따르기로 결심했으면 충실히 따라야 한다고 말한다. 임시도덕이 구체적으로 무엇인지는 말하지 않지만, 데까르뜨는 임시도덕을 통해 세계의 질서를 바꾸기보다는 자신을 극기하고 욕구를 변화시키며, 자신의 삶 전체를 통해 이성을 개발하고 발전시키기에 힘쓸 것을 요청한다. 이를 미루어보면 임시도덕이란, '임시'라는 표현에도 함축되어 있기도 하지만, 개인들의 도덕성 고양을 주된 목적으로 하는 도덕적 덕목이나 도덕률 같은 것이라고 추측할 수 있다. 그렇다면 임시도덕은 한 사회를 체계적으로 통제하는 보편적 사회규범으로 기능하는 데에는 한계가 있는 것이라고 말할 수 있다. 이런 한계 때문에 그는 임시도덕이라 칭한 것이다. 데까르뜨가 궁극적으로 추구한 인간의 욕망과 충동을 합리적으로 제어할 수 있는 응용과학으로서 또는 한 사회를 체계적으로 통제할 수 있는 보편적 사회규범으로서의 윤리학은 그가 앞으로 언젠가는 완성해야 할 과제로 남겨두었다고 할 수 있다.

스피노자의 자연주의적 윤리설

스피노자는 덕을 자기보존의 힘이라는 존재 일반의 특성을 통해 규정한다. 그에 따르면 신은 전지전능한 존재로서 자기보존력을 가지고 있는데, 이는 스스로를 실현하고 자신의 능력을 현실화하는 능력이다. 신과 마찬가지로 모든 존재는 자기보존을 위한 능력을 가지며, 인간 역시 스스로를 실현하고 자신의 능력을 현실화하는 능력을 가진다. 인간의 선과 악은 자기보존력의 증감 여부에 의해 결정되는데, 선이란 자기보존의 힘이 증가

함을, 그리고 악이란 자기보존의 힘이 감소함을 의미한다. 선과 악에 대한 스피노자의 정의는 이기적인 개인주의를 조장하는 것 같은 느낌을 준다. 그 이유는 선악이 어떤 합목적적인 자연의 섭리와 같은 보편적인 원칙에 의해서가 아니라 개체의 보존이라는 생물학적인 원리에 따라 규정되기 때문이다. 그러나 스피노자가 주장하는 바에 따르면 개인의 자기보존이란 단순히 이기적인 자기보존이 아니라 이성적 자기실현을 의미한다.

스피노자에 의하면 모든 존재에게 자기보존은 자신의 현실화이며, 자신의 능력을 현실화하는 정도에 따라 자신의 위상을 가지고 존재하게 된다. 인간에게 자기보존이란 이성적 존재로서 자신을 실현하는 것이다. 그렇다면 우리를 이성적 사고와 행위로 이끄는 것은 선이며, 이성에서 멀어지게 하는 것은 악으로 정의할 수 있다. 또한 자기보존의 힘이 증가하는 것은 곧 이성이 한층 더 완전해짐을 의미한다. 스피노자에게 개별 인간은 실체의 속성의 변용이다. 육체는 연장의 속성을 가지는 실체의 존재형식이며, 정신은 사유의 속성을 가지는 실체의 존재형식이다. 그리고 이 두개의 존재형식 사이에는 이에 상응하는 의식 또는 정신적인 관념이 제휴한다. 따라서 도덕의 목표로서 이해되는 자기실현은 이성의 완성에 있으며 동시에 정념에 사로잡히지 않음을 의미한다.

스피노자는 정념을 육체의 변용에 대해 어떤 적절한 관념이나 명료한 의식을 가지지 못하는 정신의 상태로 이해한다. 이 경우에 정신은 감정에 대해 수동적이다. 스피노자에 의하면 우리가 명료한 의식과 감정에 대해 적절한 관념을 가질 수 있을 때 우리의 정신은 수동성으로부터 해방될 수 있다. 정념은 감동의 불충분한 인식에 기인하기 때문이다. 그리고 우리는 정념을 극복함으로써 자유에 도달할 수 있으며, 정념으로부터 해방되어 자유로워진 이성은 신에 대한 인식을 통해 더 완전해진다. 신을 인식함으로써 인간은 신과의 동일성을 인식하게 되고, 이런 과정을 통해 인간은 덕의 경지에 도달한다.

라이프니츠의 존재론적 윤리설

라이프니츠는 그의 존재론적 사고에서 선과 악 그리고 윤리의 의미를 도출한다. 라이프니츠에 따르면 우리가 살고 있는 이 세계는 전지전능한 신에 의해 논리적으로 가능한 세계 가운데 선택받은 최선의 세계이다. 신은 전지하며 지선이며 완전한 존재이다. 그렇기 때문에 신은 가능한 선택지 중 가장 온전한 것을 선택한다. 여기서 최선의 선택이란 지적·도덕적 의미를 포함하며, 도덕적 무결점을 의미하는 것은 아니다. 그것이 도덕적 무결점을 말한다면 악은 세상에 존재하지 않아야 한다는 결론이 나온다. 하지만 세상에는 악이 존재한다. 라이프니츠가 말하는 최선이란 가장 합리적이라는 것이다. 라이프니츠의 논의에서 특기할 것은, 신이 세계를 구상하고 선택하는 기준을 '의지'에 둔 데까르뜨와는 달리 논리적·도덕적 '합리성'에 둔다는 것이다. 라이프니츠는 신은 언제나 합리적 원칙에 따라 행동하며, 그 역시 자신이 창조한 세계의 지배를 받는다고 말한다. 이는 어떤 예외도 두지 않는 라이프니츠의 이성적 보편주의 또는 합리주의적 태도를 드러내는 것이다. 데까르뜨에게 신은 전능한 존재로서 의지에 따라 세계를 좌지우지할 수 있는 것으로 나타난다. 그러나 라이프니츠는 합리적인 신의 지성에 의해 창조된 세계에서는 그러한 임의성은 어떤 경우에도 배제되어야 하는데, 그 이유는 신이 주관하는 세계에서 임의성이란 전지전능한 신적 지성개념에 모순되기 때문이라고 말한다. 따라서 라이프니츠는 창조주인 신조차도 자신이 창조한 세계의 법칙을 어길 수 없다고 말한다.

이어 라이프니츠는 이성적인 인간에 대한 신뢰로부터 도덕적 판단의 근거를 도출한다. 라이프니츠에 의하면 세계에 대한 신의 선의지는 이성적 숙고를 통해 알 수 있다. 그리고 신의 의지에 대한 복종이 선이며, 그에 역행하는 행위는 악이다. 선의지에 대한 복종과 역행은 존재론적으로는 다음과 같이 해명된다. 선과 악은 개별 실체, 즉 개인의 경향성에 근거한다.

도덕적 선은 이성적 경향에서, 악은 육체적 경향에서 유래한다. 인간은 영혼과 육신으로 이루어져 있다. 영혼은 의식활동(지각)이 명료한 이성적인 실체이며, 육신은 의식이 명료하지 못한, 즉 이성적이지 못한 낮은 단계의 실체들의 집합이다. 이성적인 실체의 상태는 능동적, 그렇지 못한 실체의 상태는 수동적이라고 칭해진다. 어떤 개인에게 육신적인 경향이 강하고 정신이 이에 종속된다면 이것은 악이다. 그러나 이성적인 숙고가 강하여 육신적인 경향을 극복하면 선에 해당한다. 의식의 명료성과 불명료성, 정신적인 능동성과 육체적인 수동성 개념에 의한 라이프니츠의 설명을 풀이하면 다음과 같이 이해할 수 있다. 우리가 어떤 선택을 해야 하는 상황에 직면한 경우 맑은 정신상태에서 신의 의지와 상황에 관련된 모든 사태를 제대로 파악한다면 올바른 선택을 할 수 있다. 하지만 그렇지 못한 경우에는 옳지 못한 선택, 이를테면 순간적인 이익이나 육체적인 경향성에 종속된 선택을 하게 될 것이다. 이러한 선택이 악에 해당한다고 할 수 있다. 그런데 라이프니츠에 의하면 인간은 악에서 완전히 벗어날 수는 없는데, 그 이유는 인간의 존재론적인 제약성에 있다. 인간은 육신을 가진 존재인 까닭에 의지와 행위가 육체적 경향성에 의해 영향받을 가능성이 있으며, 결과적으로 도덕적 악의 가능성을 잠재적으로 수반한다는 것이다.

앞에서 언급했듯이 라이프니츠의 이러한 논의에서 지나칠 수 없는 문제가 하나 제기되는데, 그것은 최선으로 선택된 세계에 어떻게 악이 존재하는가 하는 것이다. 이 문제는 라이프니츠가 악은 필수적이라고 말하기 때문에 상당히 심각하지 않을 수 없으며, 신적 창조의 정당성과도 관련된다. 그러나 라이프니츠에 의하면 최선이란 완전성이 아니라 조화로움과 온전함을 의미하며, 조화를 위해서 악의 존재는 필수적이다. 조화는 완전성이 아니라 불완전성, 즉 미완의 부분이 있는 데서 의미를 가지기 때문이다. 따라서 악은 신이 의도한 완전한 세계를 구현하는 데 필수적인 요소, 즉 필요악으로 존재한다. 이를테면 도덕적 악은 원죄에 대한 처벌과 신적 선의지

294

로 정신을 계도하는 역할을 하며, 아픔과 고통 같은 신체적 악은 개체와 종의 보존에 긍정적인 기능을 하는 것이다. 라이프니츠에게 세계의 완전성을 위한 조건은 악의 부재가 아니라 오히려 악의 존재가 되는 셈이다.

칸트의 의무론적 윤리설

칸트의 윤리학적 입장은 비판 전기와 비판기의 두 시기로 구별되며, 각 시기에 따라 서로 다른 특징을 보여준다. 비판 전기의 칸트는 윤리학의 기초를 확립하는 데 합리주의적인 입장과 거리를 두면서 경험주의에 기초한 도덕적 감정에 관심을 기울인다. 칸트의 이러한 태도는 공감에 바탕을 둔 흄의 윤리학과 비교될 수 있다. 또한 루쏘의 견해와도 상통하는 면이 있는데, 루쏘에 따르면 도덕의 기초는 학문이나 종교로부터 독립되어 존재하며 독립적 양심이 도덕적 신념을 이끌어낸다. 이처럼 비판 전기의 칸트는 인간에 대한 심리학적 이해에 근거한 감정중심의 경험주의 윤리학에 우호적인 태도를 취했다. 이에 반해 자신의 윤리학적 입장을 좀더 분명히 확립하고 있는 비판기의 칸트는 윤리학으로부터 모든 경험적이고 심리적인 요소를 제거한다.

칸트는 『도덕형이상학의 정초』(Grundlegung zur Metaphysik der Sitten, 1785)에서 도덕의 근거를 감정이 아니라 실천적 이성에서 찾는다. 칸트는 공감과 상식에 기초한 행복은 윤리학의 토대가 될 수 없다고 본다. 왜냐하면 만약 윤리학이 공감이나 상식과 같은 경험적인 요소에 의지한다면 보편적인 법칙으로 성립할 수 없다고 보기 때문이다. 칸트에 의하면 도덕은 실천법칙, 즉 보편규칙에 근거를 두고 있으며 이성으로부터 유래한다. 따라서 행위의 모든 경험적인 목적은 제거되어야 한다는 것이 그의 입장이다. 이로부터 실천법칙은 선험적인(a priori) 이성법칙이 되고 이것은 순수이성 속에서 모든 경험적 조건으로부터 독립되어 존재한다. 칸트는 이성을 실천이성과 이론이성으로 분리하는데, 이론이성은 존재의 문제와 연관이 있고, 실천이성은 당위의 문제와 관련이 있으며, 이론이성으로부터 연역될 수 없다.

칸트의 윤리학적 입장이 갖는 근본성격은 단적으로 선의지와 의무개념에 대한 그의 독특한 이해와 규정에 잘 드러나 있다. 칸트는 선의지를 이 세상에서 유일하게 조건 없이, 그 자체로 선한 것으로 규정한다. 그리고 다른 어떤 것의 선함은 이 선의지를 통해서 평가된다. 즉 선의지는 그 자체로 도덕적 선이면서 동시에 욕구든 행위든 재능이든 자기 이외의 다른 모든 것이 선한 것이 되기 위한 조건이다. 때문에 칸트에게 도덕적 선은 도덕적 자격을 가진 주체의 의지와 결부되며, 무엇보다도 이러한 선은 의지의 대상이 아니라 의지 그 자체를 통해서 비로소 규정된다. 이로써 칸트는 서양 윤리학사에서 선(善)을 특정 대상으로 파악하려는 전통과는 근본적으로 구별되는 새로운 길을 열어놓는다.

또한 이러한 인간의 선의지는 신과는 달리 천성적으로 항상 선하지 않으며 언제나 의무의식을 수반한다. 그리하여 의무의 도덕적 형식은 계율이나 명법(命法)의 형태로 나타난다. 따라서 도덕성이나 의지의 도덕적 선은 어떤 다른 것을 위한 수단으로서 의무를 다하는 곳에 있는 것이 아니라 선의지에 토대를 둔 의무 자체로부터 나올 때 주어진다. 이러한 의무는 모든 인간에게 부과되어 있는 도덕적 명령이다. 그런 점에서 의무는 계율과 명법의 형식을 가지는 도덕성이며, 이처럼 의무에 따른 행위의 도덕성을 판정할 수 있는 명령의 일반적 형식을 칸트는 정언명법이라 부른다. 정언명법은 도덕적 명법인데, 그것은 도덕법칙의 명령형이다.

칸트는 도덕적 명법으로서의 정언명법은 기분에 의해 규정되는 모든 주관적인 의도로부터 벗어나 있으면서 무조건적이고 필연적이고 일반적이어야 하며, 이것은 유한한 이성존재에게 도덕법칙의 적당한 형식을 제공하고, 특정 행위에 얽매이지 않는 한에서 순수형식이다. 정언명법은 "언제나 너의 행위의 준칙이 동시에 보편입법의 원리가 되도록 행위하라"와 같은 일반적인 행위규칙을 표현한다. 반면에 임의의 의도를 실현하려는 수단이나 행복에 도달할 수 있는 수단으로서의 명법은 가언명법이다. 이것은 오직 특정한 주관적 의도를 전제해야 타당하며, 조건부의 당위를 의미한다.

더욱이 칸트에서 행위의 도덕적 가치는 결과에 의해서가 아니라 동기에 의해 결정된다. 또한 도덕규범은 무조건적인 행위를 요구하며, 어떠한 경우도 목적을 위한 수단으로서의 행위를 인정하지 않는다. 이렇게 칸트의 정언명법은 인간의 도덕적 행위의 척도를 제공한다.

3. 경험론과 감정윤리

영국 경험론의 도전──도덕의 기초로서의 감정윤리

시대의 변화와 함께 직면하게 된 다양한 윤리문제에도 불구하고, 근대 철학에서 윤리학의 중심과제는 도덕의 기초를 전과는 전혀 다른 토양 위에서 새롭게 근거짓는 일이었다. 무엇보다도 근대를 상징하는 표어라 할 수 있는 개인의 권리와 자유 그리고 계몽된 자기이익과 같은 새로운 가치들이 근대인들의 사고를 지배했다. 이러한 사고의 연장선상에서 도덕의 문제에서도 인간본성 자체가 아닌 다른 외적 권위와 원천으로부터 유래한 원리에 입각해 해결하려는 전통적인 태도를 일체 배격했으며, 무엇보다도 인간이라면 누구나 보편적으로 갖고 있다고 생각한 이성능력을 사용하여 도덕의 문제에 접근하려고 했다. 이러한 태도는 멀리는 몽떼뉴로부터 시작되어 칸트에서 절정을 이루었고, 벤섬(J. Bentham) 이후에도 계속되었다.

몽떼뉴는 과거의 전통적인 도덕관념들은 사람들이 더이상 준수할 수 없는 실패한 가르침이 되었다는 것을 보여주고자 했다. 몽떼뉴는 가톨릭 신자였는데도 불구하고, 사람들이 기독교적 기준에 따라 사는 것은 어렵다고 생각했다. 그는 우리의 본성에 알맞고 또한 우리가 필요로 하는 삶의 방식을 각자가 스스로 발견할 수 있다고 주장했다. 무엇보다도 전통적인 도덕관념에 도전했던 몽떼뉴의 견해는 당시 증가일로에 있던 유럽 일반대중의 생각을 대변하는 것이기도 했다.

이 당시까지만 해도 인간행위를 지배하던 규범들의 원천에 대해 가장 널리 알려져 있던 전통은, 특별히 계시나 기독교적 신앙에 의존하지 않더라도 일반인은 물론 가톨릭 신자나 일부 개신교도에 의해서도 수용되었던 토미즘적인 자연법 전통이었다. 물론 다른 한편으로 루터를 비롯한 다수의 개신교 신학자들은 인간의 도덕적 지위의 근거가 되는 자연법을 신의 은총과 독립해 있는 것으로 보지 않았다. 그리고 만약 자연법이 신의 은총과 독립해 있다면 신의 은총을 통한 인간의 구원이라는 신념이 훼손되는 것으로 생각했다. 17세기의 도덕적 사유 역시 이러한 전통과 환경에서 출발했으나 그럼에도 불구하고 더이상 그것은 예전과 동일한 것일 수는 없었다. 고전적 자연법은 인간을 신의 영광을 구현하도록 만들어진 신성한 사회에서 중심적 역할을 수행하는 존재로 보았으나, 근대의 자연법은 개인을 자신의 삶과 인생의 진로를 스스로 결정할 수 있는 권리를 지닌 존재이며 도덕 역시 이를 달성하도록 의도된 타협의 산물이라는 생각을 토대로 했다. 이러한 생각은 권리를 개인의 타고난 특성으로 본 그로티우스(H. Grotius)에서 출발하여 홉스를 거치면서 근대의 도덕적 사유의 한 주류를 형성했다. 그리고 이를 주도한 흐름은 서양철학의 주류였다고 할 수 있는 합리론적 전통을 계승하는 이성주의적 윤리론이다.

그런데 이성중심의 합리론적인 사고의 흐름에도 구체적인 변화가 일어나기 시작했는데, 17세기 이래 정서나 감정, 욕망, 상상력, 정념과 같은 측면에 대한 탐구가 주요 학문영역에서 어느정도 영향을 미치고 있었다. 18세기 들어 이러한 변화는 무엇보다도 윤리학의 영역에서 더욱 뚜렷하게 나타났는데, 도덕의 문제는 사물의 본성에 대한 고찰만으로는 해결할 수

298

없는 그 자체의 고유하고 적절한 방식으로 연구되어야 한다는 생각이 강력하게 대두되기 시작했다. 이러한 변화의 흐름을 주도한 사람들은 바로 도덕감학파(the moral sense school)로 불린 학자들로, 영국의 경험론적 도덕론자들(the British moralists)과 프랑스의 루쏘가 그들이다.

도덕감학파에 의해 시작된 사상은 루쏘를 포함하여 버틀러(J. Butler), 샤프츠버리(Earl of Shaftesbury), 허치슨(F. Hutcheson), 꽁디약, 엘베씨위스(C.-A. Helvétius), 디드로, 흄 등이 활발하게 연구활동을 펼쳤으며 근대 윤리학의 또다른 주류를 형성했다. 이를 이성주의적 윤리론과 대비하여 감정주의적 윤리론이라 부른다.

여기서 우리는 근대 윤리학을 양분한 합리론의 이성주의적 윤리론과 경험론의 감정주의적 윤리론이 서로 다른 길을 고집하는 결정적인 이유는 무엇인지, 이성주의적 윤리론에 반해 감정주의적 윤리론이 도덕적 문제의 중심에 감정을 끌어들인 이유가 무엇인지를 물을 수 있다. 인식론과 마찬가지로 윤리학의 영역에서도 영국 경험론자들은 물론 스피노자, 라이프니츠 등의 합리론자들도 이미 17세기에 감각이나 감정의 중요성을 인식하고 있었다. 그런데 영국 경험론을 중심으로 한 감정윤리론자들은 당시의 경험과학적 지식의 성과, 특히 심리학 분야의 괄목할 만한 성과에 주목하면서 인간행위에서 이성보다 감정이 좀더 근본적인 역할을 한다는 확신을 가졌다.

반면 근대의 이성주의적 윤리론자들은 감정을 인간본성의 본질적인 요소라기보다는 주변적인 요소로 그리고 이성적 영혼을 현혹하고, 도덕과 진리인식을 방해하는 부정적 요소로 보았다. 그런 까닭에 감정은 이성적으로 통제되거나 조절되어야 하는 것으로 생각했다. 또한 도덕적 가치도 인간의 마음을 혼란케 하여 영혼의 적극적인 활동을 방해하는 감정의 개입을 통제하고 극복하는 데서 획득될 수 있는 것으로 생각했다.

그러나 감정윤리론자들은 도덕심리학적 탐구에 근거하여 현실에서의 인간행위는 합리론자들이 말하듯이 이성에 의해 좌우되는 것이 아니라 감정이나 욕망이 그 원동력이 되고 있음을 역설하고, 도덕의 토대를 새롭게 정초하는 작업을 다양한 방식으로 시도했다. 이들의 작업을 추적하기 위해 우선 이들이 인간의 본성과 행위에서 감정의 지위와 역할을 어떻게 이해했는지를 살펴보자.

도덕행위의 원천으로서의 감정

윤리학의 핵심문제는 좋고 나쁨, 옳고 그름 등의 도덕판단 또는 도덕적 구별의 객관적 기초와 근거를 밝히는 일이다. 이러한 작업은 다양한 윤리적 문제들에 대한 규범을 설정하는 기틀이 된다. 이와 관련하여 첫번째로 거론될 수 있는 주제는 '도덕적 행위와 판단을 구별할 수 있는 객관적 근거는 이성에 기초하는가 아니면 감정에 기초하는가'의 문제이다.

영국 경험론을 중심으로 전개된 감정윤리는 도덕의 기초를 근거짓는 출발점으로 감정을 전면에 내세운다. 유물론적인 철학자 홉스는 도덕을 운동의 일종인 정념(passion)의 문제로 이해한다. 홉스는 인간 및 인간의 정신을 포함한 만물을 운동과 물질의 기계적 원리에 의해 설명할 수 있다고 보았으며, 욕구(desire)와 혐오(aversion)라는 두 정념을 인간행위를 설명할 수 있는 열쇠라고 생각했다. 욕구는 어떤 것을 소유하거나 가까이하려는 태도를 말한다. 반대로 혐오는 어떤 것을 기피하거나 멀리하려는 태도를 말한다. 우리가 사랑하거나 미워한다고 말하는 것도 따지고 보면 욕구하거나 혐오하는 정념운동의 한 표현이다. 그리고 그러한 욕구나 혐오를 동반하는 행위의 동기는 전적으로 이기적인 것이다. 홉스의 주장에 따르면 욕구와 혐오, 사랑과 증오의 유일한 차이는 구체적 대상이 우리 마음에 어떤 자극을 주느냐의 차이밖에 없다. 홉스의 생각에 따르면 선이란 다름 아닌 행위자에 의해 욕구되는 대상이며, 악이란 기피하고 혐오하는 대상이다. 즉 인간의 욕구나 욕망의 대상이면 무엇이든지 선이 되며, 증오와 혐오의 대상은 악이 된다. 그리고 무엇이 선이고 악인가는 욕구하고 혐오하는 사람과의 관계에 따라 다르게 사용될 수 있다. 그렇다면 절대적인 선과 악이란 존재하지 않으며, 당연히 선과 악의 일반적인 기준 또한 없게 된다. 따라서 홉스의 선과 악에 대한 도덕적 평가는 대상 자체의 성질에서 나오는 것이 아니라 욕구하고 혐오하는 행위주체인 인간으로부터 나온다.

이러한 생각의 연장선상에서 홉스는 훗날 공리주의자의 주장과 유사하게, 인간은 나쁜 결과보다 좋은 결과를 가져다주리라 예상되는 것을 욕구하고 그 반대의 것은 기피하게 된다고 말하기도 했다. 즉 인간은 감정에 따라 행동할 뿐만 아니라 그에 따른 결과를 고려하면서 행동하기도 한다는 것이다. 홉스의 이러한 생각은 홉스 이후 1백년 이상 지속된 철학적 논쟁에서 계속 거론되었으며, 특히 흄의 윤리학에서 절정을 맞이한다. 그리고 현대의 도덕철학적 논의에서도 홉스는 다시 중요한 자리를 차지하는 인물로 부상한다.

윤리학을 논증적 학문으로 본 로크도 일단 홉스와 마찬가지로 선과 악을 쾌락과 고통에 기초하여 정의한다. 로크는 비록 도덕적 선과 악의 기준을 신과 신법으로 규정했지만, 쾌락을 증가시키고 고통을 감소시키는 것이면 무엇이든 선이라고 주장했다. 그러나 선과 악에 대한 로크의 이같은 태도는 다음과 같은 점에서 홉스와 중요한 차이가 있다. 로크는 홉스와 달리 도덕적 선과 악을 감정 자체의 만족과 관계하는 쾌락 및 고통으로부터 직접적으로 정의하지 않고, 도덕규칙이나 도덕법칙과의 일치 및 불일치와 관계시킨다. 그는 자명한 도덕적 원리와 법칙이 있다고 생각하며, 이는 자연의 빛인 이성에 의해 알려진다고 생각한다. 이런 점에서 로크의 윤리학은 감정을 중시하는 여타의 경험론적 윤리론자들과는 달리 상당 부분 합리론적인 윤리관과 공통점을 가진다고 할 수 있다.

그러나 로크의 제자 샤프츠버리는 도덕판단이란 이성보다는 감정, 즉 도덕감에 근거하여 이루어진다고 주장하며, 인간이 객관적인 도덕법칙을 이성적으로 또는 직관적으로 인식할 수 있다는 것을 부인한다. 샤프츠버리는 윤리학의 기초를 '도덕감'(moral sense)에다 둔 최초의 인물로 소개되기도 하는데, 그에게서 덕있는 사람이란 다른 사람의 감정과 조화를 이루도록 자신의 감정을 조절하고 통제할 줄 아는 사람이다.

근대 경험론의 감정윤리는 샤프츠버리가 말한 도덕감이라는 개념을 통해 그 성격을 분명하게 드러낸다. 감정윤리론자들은 대체로 도덕적 행위의 기초를 일차적으로 감정으로 보았으며, 이성에게는 이차적인 지위와 역할만을 인정했다. 이제 감정윤리론자들이 해결해야 하는 과제는 감정이 과연 이성과 어떻게 관계하는지를 해명하는 일이었다. 감정윤리론자의 관점에서 보면 인간의 행동을 결정하는 원동력은 감정이다. 이성의 역할이란 감정의 결정을 좇아 무엇을 어떻게 해야 할지를 판단하는 후속적인 숙고일 뿐이다. 도덕감학파를 대표하는 샤프츠버리의 경우에도 덕 있는 인간의 쾌락이란 곧 인간이 선천적으로 갖고 태어난 자연적 이타심의 발로라고 생각했다. 따라서 감정이 도덕적 행위 규정의 원천이라고 생각하는 감정윤리에서 중요한 것은 감정을 평가하는 방법상의 차이다. 가령 홉스의 감정은 천성적으로 이기적인 데 반해, 샤프츠버리에서 도덕감과 같은 감정은 천성적으로 이타적인 것이다. 샤프츠버리는 인간은 사회와 전인류의 선, 그리고 개인 각자의 선을 도모하려는 공적 감정과 사적 감정을 타고난다고 주장했다.

공리주의의 기초가 되는 사상을 개진한 인물인 허치슨은 도덕감이론을 계승하여 인간에게는 이타심과 같은 타고난 감정이 존재하며, 모든 사람은 근본적으로 다른 사람의 안녕을 소망한다고 주장했다. 즉 허치슨은 자비심을 이기적인 자기애의 결과로 보려는 것을 거부하고 인간의 타고난 보편적 성향으로 보았다. 특히 허치슨은 도덕적 선이란 행복을 욕구하는 행위자의 행위에서 감지되는 모종의 성질에 대한 관념이며, 도덕적 악이란 그에 반대되는 성질에 대한 관념이라고 정의한다. 또한 허치슨은 선에 대한 관념을 우리에게 시인의 감정을 불러일으키는 어떤 성질에 대한 관념이라 말했다. 그러나 도대체 그 성질이 무엇인지에 대해서는 명료한 설명을 제시하지 않았다. 허치슨의 주된 관심사는 도덕적 선을 자연적 선과 구별하는 일이었다. 그에게 자연적 선은 직접적이든 간접적이든 쾌락을 산출하는 데 관여하는 힘이다. 그리고 그는 도덕을 이러한 자연적 선으로 환원하려는 시도, 이를테면 홉스나 신학적 도덕론자들처럼 도덕판단을 이기적 동기의 간접적 표현으로 해석하려는 이론에 반대하는 입장을 취한다. 이러한 허치슨의 태도는 다음과 같은 세가지 원칙에 근거한다. 첫째, 사람은 타인의 행복을 자신의 행복의 수단이 아닌 목적으로서 욕구하는, 진심에서 우러나는 자비심의 동기를 갖고 있다. 둘째, 사람은 어떤 행위를 즉각적으로 시인하거나 비난하는 경향인 도덕감을 갖고 있다. 셋째, 이 도덕감의 대상은 다름아닌 자비심이다. 허치슨은 도덕감을 우리의 의지와 독립하여 우리에게 나타나는 대상의 현존으로부터 생긴 관념을 받아들이는 정신의 한 성향이며, 이 도덕감의 전형적인 대상을 자비심이라고 본다. 이에 근거해서 허치슨은 절제·용기·사려·정의와 같은 덕들은 그것이 반드시 공공선의 증진이나 자비심의 동기와 결합된 것일 경우에만 도덕적인 것이라고 주장한다.

한편 버틀러는 자기애와 양심(혹은 반성)을 인간의 본성으로, 그리고 그중에서도 양심을 행위의 최고 원리이자 최고 권위를 갖는 것으로 보았으며, 인간이란 바로 이 양심을 통해 의무와 행복의 조화와 균형을 도모하게 된다고 주장한다. 그는 인간본성의 여러 계층을 인정하여 인간행위를 이끄는 본성이란 한편으로는 자기애와 이타심, 다른 한편으로는 양심과 같은 두가지 일반적인 원리로 이루어져 있으며, 그중에서도 이상적인 것은 인간본성의 최고원리인 양심에 의해서 통제되는 것이라고 말한다.

샤프츠버리와 허치슨의 뒤를 이은 흄은 감정과 이성의 관계를 좀더 분명히하였다. 흄의 도덕감이론은 허치슨의 영향을 많이 받은 것으로 판단되지만, 그는 칸트가 그랬던 것처럼 이전의 선행자들과 많은 점에서 문제의식을 공유하면서도 그들에 대한 비판적 분석을 통해 자신의 고유한 이론을 구축해나갔다. 흄은 행위의 원천, 즉 행위의 근본적인 동기는 감정이나 정서와 같은 정념이며, 이성은 정념의 시중을 드는 하인에 불과하다고 생각했다. 흄에 의하면 도덕감은 선천적인 원초적 감정이 아니라 쾌와 불쾌의 감정에 기초하여 생기는 경험적이며 파생적인 종합 감정이며, 이 도덕감이 선과 악의 근원이 된다.

영국 경험론자들이 등장하기 이전까지만 해도 사람들이 감정과 이성의 갈등을 운운하는 것은 자연스러운 일이었다. 더구나 덕이란 이성의 요구에 따르는 것이었으며, 감정에 대한 이성의 승리와 지배 또한 당연시되었다. 그러나 흄은 동시대의 선행자들과는 달리 분명한 목소리로 이런 식의 사고방식을 오류로 판단한다. 흄에 따르면 이성은 결코 의지에 따른 행위의 동기가 될 수 없을 뿐 아니라 이성과 감정은 서로 다투지도 않으며, 따라서 이성은 결코 감정을 정복할 수도 없다. 더 나아가 이성은 혼자서는 행위를 산출할 수도 막을 수도 없으며, 스스로 어떤 의지에 대립할 수도 없다. 어떤 의지에 대립하려면 이에 반대되는 의지를 대립시켜야 가능한데, 그것은 가능하지 않다. 왜냐하면 이성은 정념의 노예이므로 정념에 봉사하거나 복종하는 것 외에 다른 어떤 역할도 할 수 없기 때문이다.

흄은 '당위'는 '존재'로부터 추론될 수 없다는 점도 지적한다. 다시 말해 사실의 문제에 기초를 둔 어떤 논증으로부터 도덕법칙을 추론하거나 증명하는 것은 옳지 않다는 것이다. 그 이유는 이성의 추론은 관념들의 비교나 관계의 추론을 통해 사실의 진위에 관계하며, 이는 행위의 옳고 그름 또는 선악에 대한 판단과는 무관하기 때문이다. 흄은 도덕적 판단이란 정념으로부터 직접 주어지거나 가치판단이 개입함으로써 이루어지는 것이지, 이성적 추론만으로는 주어질 수 없다고 주장한다.

영국의 경험론적 전통에 서 있지는 않지만 감정윤리론을 제시한 인물로 프랑스의 루쏘가 있다. 루쏘 역시 이성이 아니라 감정을 인간의 자연적 본성으로 규정한다. 루쏘는 인간은 특정한 감정을 선천적으로 타고난다고 생각하며, 그러한 인간을 자연인이라 칭한다. 루쏘에 의하면 인간의 타고난 본성은 자기애(amour de soi)와 연민(pitié)이라는 감정이다. '자기애'는 자기보존의 본능이자 욕구이며, '연민'은——또는 동정심이라 칭하기도 하는데——타인에 대한 사랑이다. 그런데 루쏘에 의하면 연민은 자기애의 자기보존 욕구가 상상력을 통해 타인의 존재 또는 종의 보존으로 확대된 감정이다. 말하자면 동료의 괴로움을 보고 싶어하지 않는 연민은 선천적인 자기보존의 욕구가 인간이라는 종 전체의 보존욕구로 확대된 것이다. 자연상태는 바로 자기애와 자기애에 근거한 동정심 혹은 연민이라는 자연적 감정이 상호협력하는 가운데, 개인의 자유와 상호간의 도덕적 평등을 유지한다. 루쏘의 이러한 생각은 자연적으로 타고난 자기애는 소극적이며 이타적이라는 것을 전제로 하는데, 이는 자기보존을 도모하는 인간의 이기심은 공격적인 형태를 띤다고 주장한 홉스와 대비된다. 그러나 루쏘는 마치 자기애 자체가 악하거나 선한 것이 아니듯이 자연적 감정만이 지배하는 자연인의 자연성은 어디까지나 가치중립적인 것이라고 주장한다. 루쏘에 의하면 도덕적 타락은 자연적인 본성인 자기애가 사회적 관계에서 이기적으로 발전한 결과이며, 이는 문명인의 특징이기도 하다. 순수한 감정인 자기애는 사회적인 상태에서 나타나는 욕망주체들간의 경쟁이나 투쟁으로 인해 자존심과 이기심으로 발전하며, 이기심은 급기야 인간의 도덕적 타락을 초래하게 된다.

감정윤리는 도덕적 문제를 어떻게 해결하는가

감정윤리론자들은 감정을 중심으로 한 인간본성론의 토대에서 도덕적 문제와 갈등을 해결할 수 있는 방안을 제시하고 있다. 이기심과 자기보존의 감정을 인간본성으로 본 홉스는 도덕적 평가의 기준은 주관적이고 상대적이며, 절대적이고 보편적인 선악기준은 존재하지 않는다고 본다. 홉스에 의하면 도덕적 갈등이나 윤리적 문제란 비슷한 욕구를 가진 감정 주체들간에 야기되는 다툼이며, 이런 다툼이 있기 전에 도덕이란 존재하지 않는다. 그러나 홉스는 개인을 문제를 합리적으로 해결하는 능력을 가진 존재로 본다. 따라서 그는 도덕의 문제를 타산적이며 도구적인 이성의 중재를 통해 해결해나가는 방도를 취한다. 홉스에 의하면 "선과 악의 일반적 기준은 국가가 없는 곳에서는 개인에게서 또 국가 안에서는 그것을 대표하는 사람으로부터 나온다. 또는 서로 다투는 인간이 동의하여 설정하고, 그의 판정을 그 일에 대한 기준으로 하는 중재자나 재판관에게서 나온다." 홉스는 도덕적 갈등을 해결하는 기준을 개인들간의 합의에 의한 계약에서 찾는데, 이것이 바로 홉스의 사회계약론이다.

로크도 윤리적 문제를 국가의 권위를 정당화하는 사회계약의 논리를 동원하여 풀어냈다. 그에게 사회계약이란 곧 도덕적 문제의 해결과 사회적 결합을 가능케 하는 토대를 의미한다. 그러나 자연상태를 전쟁중에 있는 일종의 무정부상태로 보는 홉스와 달리, 로크는 자연상태에서 이성에 의해 발견되는 자연법이 존재하는 까닭에 인간은 지배자 없이도 누구나 그러한 도덕적 자연법의 구속을 받는다고 본다. 또한 로크는 행위주체들간에 발생하는 도덕적 갈등의 해결은 각자에게 정당한 몫이 돌아갈 수 있도록 조정하는 공적인 권위체와 불편부당한 중재자를 통해 이루어지도록 해야 한다고 주장했다. 때문에 로크의 경우는 법 위에 군림하는 통치자를 허용하는 홉스와 달리 공적 권위를 갖는 통치자도 법의 지배를 받으며, 자연적 도덕법칙을 위배해서도 안된다.

홉스나 로크와 달리 인간본성의 사회적·역사적 측면을 강조하는 루쏘는 인간의 삶의 양식을 각각 자연인(l'homme naturel)의 순수자연상태, 초기 원시사회, 문명인(l'homme artificiel)의 시민사회상태라는 세가지 단계로 구분한다. 세번째 단계는 내적으로 도덕적 정당성을 갖느냐에 따라 타락한 상태이거나 미래에 실현될 이상적인 상태로 다시 구분된다. 그리고 자연인에는 자연적 자유가, 문명인에는 사회적—시민적 자유와 도덕적 자유가 대응한다. 이 중에서 그의 사상을 이해하는 결정적 단서가 되는 것이 자연상태와 자연인의 개념이다. 루쏘는 자연상태를 로크보다 더욱 긍정적으로 판단한다. 자연인의 선천적 감정인 자기애와 연민이 단적인 증거다. 루쏘는 당시의 시민사회를 타락한 사회, 도덕적 불평등이 지배하는 사회로 보았다. 물론 자연인의 자연상태라 하여 도덕적 갈등이 전혀 없는 것은 아니다. 루쏘의 사회발전론에 따르면 인간은 자연상태에만 머무를 수가 없다. 인간은 자연상태의 자족적인 삶에서 점차 벗어나 타인과의 적극적인 교류를 거치면서 다양한 도덕적 갈등을 경험하게 된다. 그리고 이러한 갈등을 해결할 방도를 찾는 출구가 사회계약이다. 그러나 문제는 어떤 종류의 사회계약인가이다. 루쏘는 인간이 겪는 고통과 불평등은 인간의 타고난 선한 본성을 잘못 인도한 사회적 제도와 원리 때문이라고 생각했다. 그러나 자연법과 도덕법을 공히 인간본성을 토대로 접근하는 루쏘에게 잘못된 사회제도로 인한 인간의 타락과 불평등을 치유하는 길은, 단순히 원시자연상태로 돌아가는 것이 아니라 선천적인 도덕감정을 보존하면서 모두가 동의할 수 있는 새로운 도덕질서를 창조하는 데 있었다. 소위 일반의지가 바로 그것이다. 루쏘의 일반의지는 기본적으로 개인의 이익과 사회 전체의 이익의 일치와 조화를 의미한다. 이를 통해 인간의 자연적인 도덕적 감정이 방해받지 않고 발휘될 수 있도록 해주는 것이 바로 루쏘가 말하는 정의롭고 도덕적인 사회의 참모습이다. 따라서 루쏘에게 이러한 사회를 도모하는 계약이란 기본적으로 도덕적인 계약이지 않으면 안된다.

반면 도덕을 도덕감이라는 감정에 기초하는 것으로 본 흄에게는 원칙적으로 도덕판단의 시비를 가릴 객관적 척도란 존재하지 않는다. 때문에 동일한 문제에 대해 상호갈등이 빚어질 때, 이를 어떻게 해결할 수 있으며 어떻게 모두가 만족할 수 있는 해결책을 마련할 수 있을까 하는 문제가 발생한다. 그럼에도 불구하고 흄은 현실적으로 어느정도는, 특히 특정 시기에 국한했을 경우, 행위들에 대한 사람들의 도덕적 평가가 유사할 수 있다고 본다. 이러한 관점에 입각하여 흄은 도덕적 갈등과 대립의 문제를 도덕적 시인과 유용성, 나아가 공감(sympathy)이라는 개념을 통해 해명하고자 한다.

흄은 쾌와 불쾌의 감정을 선악의 시비를 가리는 기준으로 보고, 이를 각각 도덕적 시인(approval)과 도덕적 비난(disapproval)의 감정이라 부른다. 도덕적 시인의 감정은 해당 대상이 갖는 인격적 특질에서 유래하는 행동들이 대체로 유용하기 때문이다. 흄이 말하는 도덕감이란 이처럼 어떤 유용한 인격이나 행위에 대한 관념 또는 생각에 의해 유발되는 감정이다. 흄은 이렇게 각자의 쾌, 불쾌와 관련하여 생기는 유용한 감정으로서의 도덕적 시인이 자신뿐만 아니라 타인에게서도 유사하게 일어나는 것은, 이러한 감정이 마음에서 일어나는 느낌이나 작용이 유사하기 때문이라고 주장한다. 그리고 이것을 가능하게 해주는 원리가 바로 공감이다. 비록 동일한 반응이 처음부터 대부분의 사람들에게 야기되지는 않는다고 해도 사회적 과정 속에서 점차적으로 공감을 통해 도덕적 감정을 공유하게 됨으로써 일반적인 도덕적 시인이 이루어진다. 나에게 유용한 것이 아니더라도 그것을 따르는 이유는 그것이 인류 전체에게 유용하거나 한때 그런 가치가 있었기 때문이다. 그리고 이러한 과정을 통해 도덕적 갈등을 해결할 수 있는 일반적인 기준이 마련되고, 나아가 동일한 과정을 거치면서 이전의 것을 대신하는 새로운 사회적 가치기준이 등장하게 된다. 그러나 심리적 연상이나 반응에 의거하여 이루어진 도덕적 시인은 근본적으로 모든 사람들이 동의하는 보편타당한 가치를 만족시킨다고 보기 어렵다. 이 때문에 흄은 『도덕원리들에 관한 탐구』(*An Enquiry concerning the Principles of Morals*, 1751)에서 공감의 보편성을 별도의 증명 없이 허용하는 태도를 취하기도 했다.

4. 의지자유의 문제

라이프니츠는 자유와 필연의 조화 문제를 인간의 이성을 괴롭히는 양대 미로 중의 하나라고 불렀고, 이를 해결하는 것을 가장 중요한 철학적 과제의 하나로 삼았다. 또한 칸트는 자유를 순수사변이성의 체계라는 건물 전체의 마감돌(Schluβstein)이라고 불렀다. 그만큼 의지자유의 문제는 근대 철학, 특히 근대 합리주의 철학에서 매우 중요한 위치를 차지한다. 왜냐하면 합리주의 철학은 한편에서는 신의 예정에 의한 것이든 또는 코페르니쿠스, 케플러, 갈릴레오 이후에 발전하기 시작한 자연과학적 세계관에 의한 것이든 간에 필연성을 전제하지 않을 수 없고, 다른 한편에서는 인간의 주체성에 토대를 둔 도덕관을 견지하고자 하기 때문이다. 만일 자연세계가 예외 없이 필연성에 의해 지배된다면 자유의지에 근거하는 도덕은 설 자리가 없게 될 뿐만 아니라, 인간은 운명의 필연성 앞에서 허무주의를 극복할 수 없을 것이다. 그러나 필연성과 자유를 일관된 체계 안에서 조화롭게 수용한다는 것은 매우 어려운 일이다. 따라서 여러 철학자들은 양자를 조화시키고자 다양한 시도를 하였고 이에 따라 다양한 자유의 개념이 등장하게 되었다.

의지자유의 개념은 대개의 경우 자유와 필연을 조화시키려는 과정을 통해 규정되지만, 우리는 자유의 개념이 어떻게 규정되느냐 하는 문제와 그렇게 규정된 자유가 어떻게 가능한가를 해명하는 문제를 분리해서 생각해 볼 수 있다. 왜냐하면 비록 어떤 철학자의 경우에 자유와 필연을 조화시키려는 시도가 실패한 것처럼 보인다 해도, 그가 필연과 조화시키려 했던 자유의 개념은 여전히 의미를 가지고 있으며, 특히 그의 도덕개념과 관련해서 중요성을 가지기 때문이다.

의지자유개념

의지자유개념의 여러 요소 __ 자유의 문제는 실제로 자유가 가능한가 불가능한가 하는 문제를 떠나서 자유의 개념을 어떻게 정의하느냐 하는 문제이다. 자유의 개념은 매우 복잡하고 다양하다. 자유는 그 자체로 완전히 규정된 개념이 아니라 무엇의, 무엇으로부터의 자유라고 하는 두가지 보완적 요소를 통해서만 완전히 규정되고 또한 이러한 보완적 요소가 다양하기 때문이다. 자유는 우선 주체의 종류에 따라 행위의 자유와 의지의 자유로 나누어볼 수 있다. 행위는 외부의 직접적 제한(물리적 강제)이나 간접적 제한(정치적 또는 법적 강제)이 없을 때 자유롭다고 할 수 있으므로, 정치철학에서는 주로 행위의 자유문제를 다룬다. 그러나 진정한 의미에서 행위의 자유는 행위의 원인이 되는 의지의 자유가 전제될 때만 가능하므로 윤리학에서는 의지의 자유가 자유개념에서 핵심적인 문제가 된다. 또한 자유는 무엇으로부터의 자유로 규정된다. 여기서 무엇에 해당하는 것은 일반적으로 강제와 필연성이다. 따라서 자유는 강제로부터의 자유와 필연성으로부터의 자유로 나뉜다. 강제 또는 속박의 반대는 자유이기 때문에 강제로부터의 자유개념은 매우 자연스런 개념이다. 그러나 필연의 반대는 우연이지 자유가 아니므로 필연성으로부터의 자유개념은 그리 자연스럽게 규정되는 개념이 아니다.

의지자유를 규정하는 1차적 개념인 강제로부터의 자유나 필연으로부터의 자유는 자유의 소극적 개념들로 그 자체로서는 자유의 의미가 명확히 드러나지 않으며, 이 소극적 개념들로부터 적극적 개념을 도출함으로써 자유의 의미는 더욱 명확하게 드러난다. 외적 강제, 즉 물리적 강제는 신체 또는 행위를 제한할 수는 있어도 의지를 제한하지는 못하므로 의지의 자유에서 강제는 외적 강제가 아니라 내적 강제, 즉 정념 또는 욕구를 의미한다. 따라서 의지가 정념이나 욕구의 강제로부터 벗어날 때 자유롭다고 하는데, 정념이나 욕구의 지배로부터 벗어나는 것은 의지가 순수한 이성의 판단에 따를 때이므로 결국 강제로부터의 자유는 순수이성의 판단에 따르는 의지의 자유를 의미한다. 필연으로부터의 자유는 신의 예정에 의한 필연성 또는 자연필연성으로부터의 자유인데, 의지가 선택할 가능성이 있을 때 의지는 필연으로부터 자유이므로 필연성으로부터의 자유에 대한 적극적 개념은 선택의 자유가 된다. 즉 필연의 반대개념은 우연이고, 여러 선택 대상들 중에서 자유롭게 선택된 것은 필연적으로 선택된 것이 아니라 우연적으로 선택된 것이므로 필연으로부터의 자유는 선택의 자유와 동일하게 되는 것이다. 많은 스콜라 철학자들은 절대적으로 동일한 두 대상 중에서 임의로 하나를 선택하는 것, 즉 무차별성의 자유(libertas indifferentiae)를 선택의 자유라고 불렀다.

그런데 14세기 프랑스의 신학자 뷔리당(J. Buridan)은 인간의 의지에 무차별적인 대상들 중에서 하나를 선택할 수 있는 능력이 있음을 부정했다. 그의 유명한 당나귀 비유에 의하면 모든 면에서 똑같은 두개의 건초더미 앞에 서 있는 당나귀는 어떤 선택도 할 수 없어서 결국 굶어죽게 된다. 그러나 실제로 당나귀는 굶어죽는 일이 없는데, 그 이유는 당나귀가 모든 면에서 똑같은 것들 중에서 하나를 선택할 수 있는 능력을 갖고 있기 때문이 아니라 세상에 모든 면에서 똑같은 두 대상은 존재하지 않기 때문이다. 이러한 이유에서 뷔리당은 결정론적 입장을 취했다. 데까르뜨나 라이프니츠, 칸트 등 근대의 합리론자도 무차별적인 자유의 가능성은 부정한다. 즉 그들에게 선택의 자유란 정확하게 똑같은 정도의 경향성을 갖는 어떤 두 대상 중에서 하나를 선택하는 자유를 의미하지 않는다. 그러나 그 이유는, 인간의 의지가 모든 면에서 똑같은 두 대상 중에서 하나를 선택할 수 있는 능력이 없다고 보기 때문이 아니라 세상에는 모든 면에서 똑같은 두 대상이 존재하지 않는다고 보기 때문이다. 인간의 의지는 항상 어떤 특정 대상에 더욱 강하게 끌린다. 그러나 인간은 이런 경향성에 따라서만 욕구하는 것이 아니라 좀 덜 끌리는 대상을 이성의 판단을 통해 선택할 수도 있다.

이것이 선택의 자유의 의미이다. 칸트는 의지의 자유를 자율(Autonomie)로 규정한다. 그런데 이것은 선택의 자유가 전제되어 있을 때 의지가 순수이성의 판단, 즉 도덕법칙에 따르는 것을 의미한다. 선택의 자유가 없어 모든 것이 필연적인 상황에서는 설사 의지가 이성의 판단에 따른다고 해도 자율이라고 할 수는 없다. 따라서 자율로서의 자유개념에는 강제로부터의 자유개념과 함께 필연으로부터의 자유개념이 포함되어 있다고 볼 수 있다.

  합리주의적 도덕개념에서는 순수이성의 판단에 따를 때만이 도덕적으로 선한 행위라고 보기 때문에, 도덕적으로 선한 행위만이 정념의 강제로부터 자유로운 행위가 된다. 마찬가지로 도덕적으로 선한 행위는 자율적인 행위이며 자율적인 행위는 도덕적으로 선한 행위이다. 그러나 선택의 자유 관점에서는 도덕적으로 선한 행위뿐 아니라 도덕적으로 악한 행위도 필연으로부터 자유로운 행위이다. 만일 도덕적으로 선한 행위만이 필연성으로부터 자유로운 행위이고 악한 행위는 필연적인 행위로 본다면, 인간은 아무리 노력해도 악한 행위를 피할 수 없다는 결론이 되므로 도덕법칙은 불가능하게 된다. 그리고 악한 행위가 필연적인 행위라면 인간은 악한 행위에 대해서는 책임을 질 수 없을 것이다. 따라서 선택의 자유는 행위에 대한 책임가능성과 도덕법칙의 실천가능성의 전제조건이 된다. 즉 어떤 사람이 불가피한 상황에서 행한 선한 행위나 악한 행위에 대해서는 엄밀한 의미에서 칭찬도 비난도 불가능하게 되고, 필연이 지배하는 상황에서는 도덕법칙에 의한 명령 또는 의무의 실행이 무의미하게 되는 것이다.

  실제 개별 철학자들에게서는 의지자유의 개념이 매우 다양하다. 그 이유는 이들이 이와같은 의지자유의 두 요소를 모두 인정하거나, 둘 다 부정하거나, 또는 어느 한 요소만을 인정하기 때문이다. 일반적으로 합리론자들은 인간의 의지가 정념이나 욕구의 도움 없이 순수이성의 판단에 따라 의욕하거나 행위하는 것이 가능하다고 보는 데 비해 경험론자들은 인간의 모든 의욕이나 행위는 정념 또는 욕구에서 나온다고 본다. 따라서 합리론자들은 강제로부터의 의지자유를 인정하고, 경험론자들은 이러한 자유를 부정하는 경향이 있다. 이들은 선택의 자유를 인정하는가 부정하는가에 따라서 다시 두 입장으로 나뉜다. 합리론 계통의 철학자들 중에서 플라톤, 데까르뜨, 라이프니츠, 칸트 등은 선택의 자유를 인정하는 입장이며, 스피노자와 헤겔(G. W. F. Hegel), 그리고 대부분의 스토아학파는 선택의 자유를 부정한다. 따라서 후자에서 자유개념은 강제로부터의 자유만으로 규정되며, 이러한 자유개념은 필연과 대립되지 않는다. 경험론 계통의 철학자들 중에는 홉스 및 흄과 같이 선택의 자유를 부정하여 결정론을 주장하는 입장과 정념 또는 욕구로부터의 자유는 부정하지만 선택의 자유는 인정하여 결정론을 배제하는 입장이 있다.

흄에 의하면 선택의 자유를 인정하는 것은 인간의 행위나 의지결정이 우연히 이루어진 것임을 인정하는 것인데, 이것은 실은 사람들이 자신의 의지결정의 원인에 대해 모두 알지는 못하는 까닭이라고 본다. 만일 모든 원인을 인식할 수 있는 사람이 있다면, 인간의 의지결정은 반드시 선행하는 원인에 의해 필연적으로 결정되어 있음을 알게 되리라는 것이다. 그는 모든 의지결정과 행위의 동기는 정념이나 욕구로부터 나온다고 보기 때문에 내적 강제인 정념으로부터의 자유를 부정하지만, 행위의 원인이 행위자의 내부에 있을 경우에는 외적 강제로부터의 자유라 하여 자발성으로서의 자유를 인정한다.

스피노자의 자유개념 __ 데까르뜨와 라이프니츠는 강제로부터의 자유와 선택의 자유 모두를 인정하고 그 가능성을 해명하려 노력했다. 데까르뜨는 정신과 물체가 서로 독립적인 실체이므로, 비록 인간에서 이 둘 사이의 상호작용이 가능하기는 하지만 능동적인 행위는 정신이 자발적으로 육체에 영향을 미치는 경우이므로 정념으로부터 자유로운 행위, 즉 순수이성의 판단에 의한 행위라고 보았다. 또한 인간이 선택의 자유를 갖고 있다는 것은 직관적으로 자명한 사실이라고 본다. 신이 인간의 미래행위를 예정했다는 사실도 이성에 의한 추론에서 나온 확실한 인식이기는 하지만, 신이 인간의 미래행위를 예정하면서 어떻게 선택의 자유를 가능케 하는지는 유한한 인간이성으로는 해명할 수가 없다. 그러나 유한한 이성이 이 문제를 해명할 수 없다고 해서 직관적으로 명석·판명한 선택의 자유를 부정해서는 안된다고 주장한다. 그러나 이러한 주장은 선택의 자유 가능성에 대한 명확한 해명이 아니며 더구나 심신상호작용설은 그의 이원론적 실체개념과도 모순되는 주장이다.

　스피노자는 데까르뜨의 선택의 자유 개념이 어떻게 가능한가에 대한 정당화에 따르는 난점과 심신상호작용설의 난점을 피하기 위해 선택의 자유 개념을 포기한다. 스피노자에 의하면 스스로 존재하는 신만이 유일한 실체이며, 정신과 물체는 독립적인 실체가 아니라 유일실체인 신, 즉 자연의 양태이다. 인간의 의지결정이나 행위 및 물체의 변화인 자연사건은 신, 즉 자연의 본성에 따라 필연적으로 발생한다. 그의 우주에는 우연이라는 것이 존재하지 않는다. 따라서 인간뿐 아니라 신에게서도 선택의 자유는 불가능하다. 그러나 스피노자는 강제, 즉 정념과 욕구로부터의 자유는 인정했다. 그에 의하면 신은 본성의 필연성에 의해 작용하며, 신을 강제할 수 있는 것은 아무것도 존재하지 않는다. 따라서 신의 작용은 필연적이기는 하지만 강제로부터는 자유롭다. 그리고 인간은 정서에 예속되어 있기는 하지만, 이러한 정서의 원인에 대해 이성적인 인식, 즉 명석·판명한 인식을 갖게 되면 정서는 수동적이지 않고 능동적인 정서로 바뀐다고 본다. 따라서 인간에게 모든 것은 필연적이기는 하지만 강제, 즉 정념의 강제로부터는 자유로울 수 있다는 것이다. 이성적 존재인 인간이 이성을 통해 신의 본성을 인식하고 이에 순응하는 것은 정념의 강제로부터 자유롭게 되는 것이며 진정한 행복에 이르는 것이다. 그러나 그의 이론은 인간이 신의 본성의 필연성에 의해 정념에 따라 행위를 하도록 결정되어 있다면, 어떻게 정념의 강제로부터 벗어나서 순수이성의 판단에 따라 행동할 수 있는지 이해할 수 없다는 문제점이 있다.

　라이프니츠의 자유개념 __ 라이프니츠도 초기에는 스피노자와 같은 자유 개념을 갖고 있었다. 우연이란 유한한 존재의 관점에서만 그렇게 보일 뿐 실제로는 존재하지 않으며 모든 것은 필연적으로 발생한다고 생각했다. 따라서 어떤 사건이 필연적으로 발생한다 해도 강제적으로 발생하는 것이 아니면 자유라고 보았던 것이다. 그러나 그는 메가라(Megara)학파와는 다른 가능성개념에 주목하면서 자유개념을 변경했다. 메가라학파는 아직 현실화되지 않았지만, 언젠가는 반드시 현실화될 수 있는 것만이 가능성이라고 주장한다. 즉 결코 현실화되지 않는 것은 불가능하기 때문에 현실화되지 않는다는 것이다. 그러나 라이프니츠는 과거에도 일어나지 않았고 현재에도 일어나지 않으며 미래에도 일어나지 않는 것이라도 가능한 것이 있다고 한다. 그는 가능성개념을 현실성 여부가 아니라 논리적 무모순성을 통해 규정한다. 어떤 사물이나 사건은 논리적으로 모순이 없다면 가능한 것이다. 가능성을 이런 의미로 이해하게 되면 신이나 인간의 오성 안에는 여러가지 가능한 선택, 가능한 사건이나 세계들이 존재하며, 현실화된 행위 또는 의지의 결정은 그중에서 선택된 것이라고 볼 수 있다. 라이프니츠는 인간의 의지는 강제로부터뿐만 아니라 절대적 필연성으로부터도 자유로우며, 선택의 자유가 가능하다고 말한다. 또한 인간은 올바른 선택능력이 있다고 말한다. 그렇다면 문제는 인간이 올바른 선택능력을 가지고 있는가 하는 것이다. 라이프니츠는 이에 대해서도 긍정적인 답변을 제시한다.

　인간이 다양한 선택지들 앞에서 하나를 선택해야 하는 상황에 처해 있다고 생각해보자. 이 경우 우선적으로 고려되어야 할 것은 선택지들이 가지는 완전성의 정도와 이에 대한 우리의 끌림 또는 경향성이다. 라이프니츠에 의하면 완전성의 정도에서 선택지들은 모두 동일하지 않다. 어떤 선택지는 다른 선택지보다 더 완전하며 우리의 관심을 더 끌게 될 것이다. 그런데 인간의 지성은 단순히 끌림이라는 경향성에 좌우되지는 않는다. 인간의 의지는 어느 한 선택지가 다른 선택지보다 더 끌림에도 불구하고 다른 대상을 선택할 수 있는 능력을 가지고 있다. 의지는 좋아 보이는 것을 선택하고 나빠 보이는 것을 배척한다. 올바른 선택은 의지가 정념이나 욕망에 따르느냐 아니면 이성에 따르느냐에 의해 결정된다. 의지가 정념 또는 욕구에 따를 때는 단지 좋아 보이는 것을 선택할 뿐, 진실로 좋은 것을 선택하지 못한다. 의지가 이성의 판단에 따를 때 의지는 진실로 좋은 것을 선택할 수 있게 된다. 따라서 의지가 정념이나 경향성에서 벗어나 이성적 판단에 따를 때 최선의 선택을 할 수 있다는 것이다.

　라이프니츠는 최선의 선택을 위해 이성에 따른다고 할 때, 이성적인 것의 기준을 신의 의지에서 찾는다. 라이프니츠에 의하면 신은 가장 완전한 존재이며, 완전한 존재로서 신의 의지는 언제나 이성적 통찰에 의해 시행된다. 그리고 인간은 이성적인 숙고를 통해 이러한 신의 의지를 간파할 수 있다. 그런데 신의 의지는 가능한 한 가장 완전한 세계를 창조하는 것인데, 그것은 양적으로나 질적으로 가장 풍요로우면서도 가장 단순한 법칙에 의해 통제되는 세계이다. 신은 이성을 가진 개체(모나드)인 인간들이 서로 공존하며 가장 조화롭고 풍요로운 결과를 얻을 수 있도록 세계를 창조했다. 그렇기 때문에 인간에 대한 신의 의지는 인간이 모든 개체들의 조화와 풍요라는 공공선에 기여하는 것이며, 공공에 대한 기여는 그것이 신의 의지이기 때문에 인간이 지켜야 할 도덕법칙이 된다. 라이프니츠가 말하는 강제로부터의 자유 또는 의지의 자유는 도덕법칙인 이성을 통해 신의 의지를 인식하고 스스로 이에 따르는 것, 즉 자율로서의 자유를 의미한다.

칸트의 자유개념 __ 칸트의 자유개념은 매우 다양한데, 우선 그는 자유개념을 인과율에 따른 자연필연성과 대립되는 개념으로 규정한다. 따라서 다른 원인에 의해 규정되지 않고 자기 스스로 규정하는 원인성을 자유라고 보는데, 그는 이러한 자유를 우주론적 자유라고 한다. 이 자유개념은 우주의 인과계열에서 최초의 원인과 관련되기 때문이다. 이에 반해 인간의 의지와 관련한 자유를 실천적 자유라고 한다. 우주론적 자유와 실천적 자유의 구별은 자유의 주체와 관련된 구분이다. 우주론적 자유는 인간의 의지행위와 관련된 인과관계가 아니라 자연사건에 대한 인과관계의 관점에서 스스로 시작하는 원인인 최초의 원인이 갖는 능력으로서의 자유이다. 그러나 자연적 사건뿐만 아니라 인과관계를 규정하는 능력으로서의 인간의 의지에 대해서도 동일한 의미의 자유를 규정하는 것이 가능하다. 칸트는 우주론적 자유를 생각하는 것이 가능하면 실천적 자유를 생각하는 것도 가능하기 때문에 실천적 자유가 우주론적 자유에 근거한다고 말한다. 그러나 도덕문제와 관련하여 중요한 것은 실천적 자유, 즉 의지의 자유이다.

칸트가 『순수이성비판』의 변증론에서 개진하고 있는 의지의 자유를 소극적 의미의 자유와 적극적 의미의 자유로 구분해볼 수 있다. 소극적 자유는 '감성적 충동에 의한 강제로부터의 자의의 독립성'으로, 적극적 자유는 '감성적 충동에 의한 강제로부터 독립하여 스스로 자신을 규정할 수 있는 능력'으로 규정된다. 그는 바로 이 적극적 자유를 실천적 자유라고 부른다. 여기서 칸트는 이 실천적 자유를 '감성적 충동에 의한 강제로부터의 독립성'이라 하여 강제로부터의 자유를 의미하는 듯하지만, 이것은 실은 필연성으로부터의 자유를 의미한다. 왜냐하면 그는 같은 문맥에서 인간의 자의는 동물과 달리 감성적 충동에 의해 필연적으로 규정되는 것이 아니라 감성적 충동에 의해 규정되기는 하지만 그 규정은 필연적이 아니고, 인간은 이에 저항할 수 있는 능력이 있음을 강조하고 있기 때문이다. 그가 여기서 자신의 자유개념에 대해 명시적으로 사용하는 표현인 "자유로운 자의"

(arbitrium liberum)는 전통적으로 선택의 자유라고 번역되는 용어이다. 칸트에 의하면 인간에게 감성적 충동의 강제는 인간의 의지를 필연적으로 규정하는 것이 아니며, 인간의 의지는 이에 저항하여 달리 선택할 능력이 있다.

그런데 칸트는 『도덕형이상학의 정초』와 『실천이성비판』(*Kritik der Prakischen Vernunft*, 1788)에서 의지자유의 개념을 이와는 다른 방식으로 규정한다. 소극적 개념으로는 '감각세계를 규정하는 원인(욕구의 대상, 법칙의 질료)으로부터 의지의 독립성'으로 규정하고, 적극적 개념으로는 '자율로서의 자유'로 규정한다. 감각세계를 규정하는 원인으로부터 의지의 독립성이란 감성적 충동의 강제로부터의 독립성을 의미한다. 그리고 감성적 충동의 강제로부터 독립적으로 의지를 규정한다는 것은 순수이성의 판단에 따라 의지를 결정함을 의미한다. 순수이성의 판단에 따라 의지를 결정한다는 것은 주관적인 행동원칙인 어떤 준칙이 단지 일반화가 가능하다는 이유로 이를 따를 때 가능하다. 왜냐하면 준칙의 일반화 가능성은 이성을 통해서만 인식할 수 있기 때문이다. 일반화 가능한 준칙이란 바로 법칙이다. 단지 준칙에 따라 행위하는 것이 아니라 스스로 법칙을 부여하며 이에 따라 행위할 때 사람들은 순수이성의 판단에 따라 행위하는 것이며, 의지는 감성적 충동의 강제로부터 자유인 것이다. 즉 감성적 충동의 강제로부터의 자유에 대한 적극적 개념은 자율로서의 자유가 된다. 선택의 자유라는 관점에서 보면 도덕적으로 선한 행위만이 아니라 도덕적으로 악한 행위도 자유로운, 즉 필연으로부터 자유로운 행위가 되고 따라서 이에 대한 책임을 묻는 것이 가능하지만 자율로서의 자유라는 관점에서 보면 도덕적으로 선한 행위만이 자유로운, 즉 강제로부터 자유로운 행위가 되는 것이다.

칸트는 후기 저작인 『도덕형이상학』(*Die Metaphysik der Sitten*, 1797)의 법론에서 의지자유를 선택의 자유로 정의하는 것을 경계하고 의지자유개

318

념은 자율로 정의해야 함을 강조하는데, 여기서는 선택의 자유와 자율로서의 자유를 대립적 개념으로 간주하는 것처럼 보이기도 한다. 그러나 칸트가 인간의 의지에 선택의 가능성이 있음을 부정한 것은 아니다. 칸트는 선택의 자유를 일부 스콜라철학자들처럼 모든 면에서 똑같은 대상들 중에서 하나를 선택하는 능력이란 의미로 사용하던 '무차별성의 자유'로 이해하지는 않는다. 그는 인간의 의지는 어떤 한 대상에 의해 다른 대상보다 더 강하게 끌리는 경향이 있지만, 그럼에도 불구하고 달리 선택할 수 있는 가능성이 있음을 인정한다. 이러한 가능성이 바로 선택의 자유인 것이다. 칸트는 자유란 용어가 한가지 의미로만 사용되어야 하는 것으로 간주하여 이러한 가능성에 자유라는 표현을 사용하기를 거부했을 뿐 인간의 의지에 이러한 능력과 가능성이 있음을 부정한 것은 아니다. 오히려 선택의 자유가 불가능하다면 칸트의 자유개념은 스피노자의 자유개념과 동일하게 될 것이다. 강제로부터의 자유는 선택의 자유가 전제될 때만이 자율로서의 자유가 되기 때문이다.

의지자유의 가능성

의지자유의 가능성 조건 _ 의지자유의 가능성 문제는 신의 예정에도 불구하고 인간에게 선택의 자유가 어떻게 가능한가 또는 자연필연성이 우주에 예외 없이 적용된다면 의지의 자유가 어떻게 가능한가를 해명하는 문제이다. 만일 전능한 신이 인간의 의지결정이나 행위에 간섭하지만 인간이 그런 사실을 의식하지 못한다면, 인간은 모든 행위를 자기 스스로 결정하며 의지의 자유를 가진다고 생각할 것이다. 이런 자유에 대한 의식은 환상이 된다. 자연필연성이 심리현상에도 예외 없이 적용되는 것이라면, 우리가 자유롭게 선택했다고 의식하는 것은 그러한 의지결정의 원인에 대해 의식하지 못하기 때문일 수도 있다. 따라서 의지자유의 가능성을 해명하는 논의는 이러한 허위의식의 가능성을 배제할 수 있는 조건을 포함해야 한다.

　정념에 의한 강제로부터의 자유를 주장하는 합리론 계통의 철학자들은 우선 자연필연성이 지배하는 세계와 자연필연성이 적용되지 않는 세계 등 두 세계의 구별을 전제로 한다. 데까르뜨가 물체와 정신이 독립적인 실체라고 규정한 것이 이러한 예이다. 라이프니츠도 우리가 물체세계라고 보는 것은 현상세계이며, 자유의 영역은 지각할 수 없고 단지 이성을 통해 생각만 해볼 수 있는 실체의 영역이라고 구분함으로써 두 세계의 입장을 취한다. 칸트도 오성개념인 인과성의 범주에 의해 인식되는 현상계와 인과성의 카테고리를 적용할 수 없고 이성에 의해 사유의 대상만 될 수 있는 예지계의 구별을 의지자유 논의의 전제조건으로 삼는다.

　만일 두 영역이 확실히 구별되어 인과필연성 또는 자연법칙이 물체세계 또는 현상세계에만 적용되는 것이라면, 정신의 영역 또는 예지계는 이성에 의한 절대적 자발성의 영역으로서 강제로부터의 자유가 가능한 영역일 수 있다. 그러나 이것은 강제로부터의 자유에 대한 전제조건일 수는 있지만, 선택의 자유에 대한 조건으로서는 아직 충분하지 않다. 왜냐하면 예지계에서 이성에 의해 자발적으로 선택한 의지결정일지라도 그 결과인 행위는 현상세계에 나타나는 것이다. 때문에 자연법칙에 따라 질서있게 전개되는 현상세계와 인간의 의지에 의해 자의적으로 선택함으로써 불규칙적으로 나타나는 결과가 어떻게 하나의 현상세계에서 조화될 수 있는지를 해명하지 않으면 안된다. 데까르뜨의 심신상호작용설은 의지결정이 현상세계에 해당하는 육체 또는 물체의 세계에 영향을 미칠 수 있음을 주장할 뿐, 자의적으로 결정한 행위가 물체세계에서 자연법칙에 따라 규칙적으로 발생하는 다른 사건들과 어떻게 조화될 수 있는지에 대한 해명은 담고 있지 않다. 또한 스피노자는 선택의 자유를 부정하기 때문에 이러한 문제를 해명할 필요가 없다. 그러나 라이프니츠와 칸트에게 이 문제는 의지자유를 해명하기 위한 중요한 전제조건이 된다.

라이프니츠의 의지자유의 가능성에 대한 이론 _ 라이프니츠에서 의지자유의 가능성 문제는 예정조화론적인 세계관의 테두리에서 설명된다. 라이프니츠는 물체세계인 현상세계는 존재론적으로 보면 실체(모나드)들의 세계의 반영에 불과하기 때문에 세계는 실체들의 관계에 따라 설명되어야 한다고 본다. 라이프니츠에 의하면 세계는 실체들로 구성되어 있으며, 실체에는 자유가 없는 비이성적 실체와 자유를 갖고 있는 이성적 실체가 있다. 그리고 모든 실체는 자발적으로 활동하는 생명체들이다. 그런데 이성이 없는 실체는 자율적인 선택능력이 없어 자동기계와 같은 존재이며, 이성을 가진 실체는 선택의 자유를 가진다. 신은 이러한 실체들로 이루어진 세계가 하나의 일관된 법칙에 의해 지배되면서도 동시에 풍요로운 결과를 산출하도록 하기 위해 가장 잘 조화되게 만들었다. 현실적으로 보면 사물들이나 인간들은 서로 관계를 맺으며 인과적으로 작용을 하거나 영향을 주고받는 것처럼 보인다. 그러나 존재론적으로 보면 그러한 사실들은 신에 의해 예정된 수순에 의한 것이다. 이것이 라이프니츠의 예정조화설이다. 그런데 문제는 모든 것이 신에 의해 예정된 것의 결과라면 인간의 행동도 예정된 결과에 불과하며, 그렇다면 인간이 자율적으로 어떤 것을 선택하고 행동한다는 것은 불가능하다는 결론이 나온다. 달리 말해 자연에서의 사건들이 법칙에 의해 결정되어 있듯이 인간에게 의지의 자유란 존재하지 않는다는 말이 된다. 그러나 라이프니츠의 생각은 좀 다르다.

라이프니츠에 의하면 비이성적인 실체인 물체들은 신에 의해 예정된 자연법칙에 의해 완벽히 결정된 방식으로만 행동하게 되어 있다. 그러나 이성적 존재인 인간은 그렇지 않다. 신의 예정은 지적으로 인간의 모든 행동을 예견한다는 것이지 결정해버린다는 것은 아니다. 신은 인간에게 자유를 부여했으며 개체들은 선택의 자유를 가진다. 그러나 신은 전지한 존재이기 때문에 개체들이 미래에 행할 선택과 행동을 모두 예견할 수 있다는 것이다. 이러한 예견을 바탕으로 개체들이 조화롭게 관계를 맺는 세계를 창조했다는 것이다. 그리고 라이프니츠는 필연적인 자연법칙에 종속되는 육신을 수반한 인간이 어떻게 자유로운 의지의 행사가 가능한가 하는 문제에 대해서는 다음과 같이 해명한다. 육신과 영혼으로 이루어진 인간의 경우 명료한 의식의 상태로 행동할 때는 의식수준이 떨어지는 실체의 집합인 육신은 정신에 순응하도록 되어 있다. 그러나 반대로 인간의 의식이 모호할 때는 정신이 육신에 종속되어 육신의 법칙에 결정되는 방식으로 행동하게 된다. 이성을 갖지 않아 신의 의지를 간파하지 못하는 존재는 필연적으로 자연의 법칙을 따를 수밖에 없다는 것이다.

그러나 라이프니츠의 예정조화론적 해명은 기본적인 문제점을 안고 있다. 첫째, 신의 예견은 신이 미리 알고 있다는 것인데, 미리 알고 있음은 의지의 자유와 피결정성에 모순되지 않는가 하는 것이다. 신이 미리 알고 있지만 인간은 자유롭게 선택하고 행동할 수 있다는 설명은 모든 선택과 행위는 결정되어 있음에도 불구하고 그것을 알지 못하고 스스로 자유롭다고 느끼는 인간의 무지를 드러내는 것이라 할 수 있다. 둘째, 예정조화론적 해명은 신이 아무리 전지하다 해도 자기 마음대로 불규칙하게 선택하는 개체들의 행위를 어떻게 예견하는지를 설명하지 못한다. 라이프니츠는 자유를 가진 개체라 할지라도 그 행동이나 의지결정이 절대적으로 불규칙한 것은 아니라고 한다. 그리고 개체들의 선택은 선천적 조건과 후천적으로 획득된 성격에 따라 어느정도 규칙성을 보이기 때문에, 신은 이를 예견하는 것이 가능하다고 말한다. 그러나 이것은 구체적인 설명이 아니다. 신이 이성을 가진 개체들의 자발적인 미래행위를 어떻게 예견하는가 하는 것은 더이상 설명할 수 없는 문제이다. 셋째, 왜 이성적 모나드가 자유를 갖지 않으면 안되는가 하는 것이다. 이 문제에 대해서 라이프니츠는 신국론에서 한가지 해법을 제시한다. 이에 따르면 신은 선한 존재이며 세계를 창조한 목적은 이성적 모나드들의 행복이다. 그런데 행복은 공정하게 분배되어야 하며, 그러기 위해서는 전제조건으로 자유의지가 가능해야 한다. 말하자면 자유로운 의지와 행위의 조건하에서만 선과 악의 판단이 가능한 것이다. 이러한 라이프니츠의 설명은 신은 선하고 정의로운 존재이기 때문에 인간에게 의지의 자유를 부여했다는 것을 말한다. 즉 의지의 자유의 근거는 신의 선함과 정의로움인 것이다.

칸트의 의지자유의 가능성에 대한 이론__ 칸트의 두 세계 조화론도 신에 의한 예정조화 부분만을 제외하면 라이프니츠의 이론과 유사하다. 칸트도 자유를 가진 인간의 의지결정이 절대적으로 불규칙한 것은 아니라고 본다. 라이프니츠와 마찬가지로 사람은 후천적으로 형성된 성격으로 인해 자유로운 결정이라 해도 일종의 규칙성을 가지고 있다고 본다. 현상세계에서 나타나는 인간의 행위나 의지결정의 규칙성을 칸트는 경험적 성격이라고 부르는데, 경험적 성격의 측면에서 보면 인간의 모든 행위나 의지결정은 자연필연성에 따르는 것으로 볼 수 있다. 그러나 예지계에 속하는 이성은 동시에 예지적 성격을 가지고 있는데, 물론 이 예지적 성격도 규칙성을 나타내기는 하지만 자연필연성에 의해 수동적인 것으로 간주되는 규칙성이 아니라 자유로운 선택을 통해 능동적으로 형성된 규칙성이다. 자연필연성에 의해 지배되는 현상세계는 자유로운 의지결정이 가능한 예지계의 반영이다. 따라서 감성의 수동성과 이성의 능동성을 토대로 현상계와 예지계의 두 세계에 동시에 속한 것으로 간주될 수밖에 없는 인간은 이성의 원인성에 의한 행위에서 자연필연성과 자유를 조화시키는 것이 가능하다. 즉 현상계에 속하는 존재로서 인간의 모든 의지결정과 행위는 앞선 원인에 의한 필연적 결과로 간주될 수 있지만, 동시에 예지계에 속한 존재로 간주될 수밖에 없는 존재인 인간은 자신의 행위를 이성에 의한 자유로운 선택으로 간주할 수 있다는 것이다.

이러한 자유와 자연필연성의 조화가능성에 대한 해명은 의지자유가 모순 없이 사유 가능하다는 사실로서 의지자유 가능성의 전제조건이기는 하지만 의지자유 가능성에 대한 충분조건은 아니다. 칸트의 용어로 표현하면 단순히 사변이성에 의한 사유일 뿐이지 그 자체로 인식인 것은 아니다. 칸트는 도덕법칙의 가능성을 설명하기 위해 『도덕형이상학의 정초』에서 이러한 자유의 이념이 이성적 존재에게서 필연적임을 입증하고자 한다. 이 논의는 라이프니츠의 신국론 논의와 매우 유사성을 보인다. 그러나 라이프니츠는 신국론을 통해 이성적 존재의 의지자유를 증명하고 있지만, 칸트는 예지계, 즉 목적의 왕국이 인간의 오성에 의해 인식할 수 없는 세계일뿐만 아니라 아직 이러한 세계가 선한 신에 의해 통치되는 세계, 즉 신국이라고 주장할 근거를 마련하지 못한 상태이다. 때문에 라이프니츠와 같이 신국론을 통해 이성적 존재의 의지자유를 입증할 수는 없다. 즉 이성적 존재가 사유에 관해 이성의 절대적 자발성을 근거로 예지계의 구성원으로 상정된다 하더라도 이로부터 그가 의지를 가지고 있으며 따라서 자유라는 주장을 할 수는 없다. 칸트가 『도덕형이상학의 정초』에서 이와같은 난점을 분명히 인식했는지는 명확하게 드러나지 않는다. 하지만 자유의 실재성을 입증하지 않고 자유이념의 상정을 위한 사변적 필연성을 제시하는 것만으로는 부족하다고 생각하고 있음은 분명하다. 그리하여 뒤이어 나온 『실천이성비판』에서는 도덕법칙 자체의 가능성은 증명을 요하는 것이 아니라 도덕적 자의식에 의해 명백히 인식되는 것이며, 인식근거로서의 도덕법칙의 가능성을 통해 도덕법칙의 존재근거인 의지자유를 연역할 수 있다고 주장한다.

| 김국태 · 맹주만 · 윤광호 · 윤선구 |

개인과 사회

___인간은 원자적 존재인가, 공동체적 존재인가

1. 개인과 사회의 관계

역사가 시작된 이래 어느 시대를 막론하고 인간은 사회를 구성하고 그 안에서 살아왔다. 따라서 이러한 사회의 본질이 무엇이며 더 나아가 사회가 개인과 어떤 관계를 맺고 있는가에 대한 탐구 또는 사회의 성립근거는 무엇이며 사회는 개인에게 무엇을 요구할 수 있고 또 개인은 이런 사회의 요구를 어디까지 받아들여야 하는가 등에 대한 탐구는 중요한 철학적 관심사 가운데 하나였다. 따라서 시대의 변화에 따라 철학자들은 개인과 사회의 문제들에 대하여 다양한 해답들을 제시해왔다.

개인과 사회의 문제에 관한 한 서양 근대철학은 특별히 관심의 대상이 된다. 왜냐하면 중세를 지배하던 종교적인 교리와 이념들이 점차 그 영향력을 상실하면서 이전과는 전혀 다른 방식으로 개인과 사회의 관계를 규정하려는 다양한 시도들이 근대철학 시기에 등장했기 때문이다. 중세철학의 관점에서 볼 때 사회는 신이 인간에게 부여한 일종의 질서이다. 통치자는 신의 대리인으로서 사회를 관리하는 역할을 부여받은 자이므로 통치자의 권력은 적어도 지상사회, 즉 국가에서는 신의 권력과 같은 절대성을 지닌다. 그리고 통치자의 명령에 복종함으로써 국가의 질서를 유지하는 것은 사후에 신의 국가로 들어가기 위한 예비적인 절차로 간주되었다.

그러나 이러한 종교적 권위와 이에 근거를 둔 권력과 제도, 질서가 점차 영향력을 상실한 근대로 접어들면서 철학자들은 더이상 신의 권위나 종교적 교리에 의지하지 않으면서 개인과 사회, 국가의 관계를 규정하기 위해 여러가지 시도를 한다. 그리고 근대적 관점에서 이런 시도를 한 대표적인 인물로 16세기의 마끼아벨리(N. Machiavelli)와 17세기의 홉스, 로크를 들 수 있으며 18세기에는 루쏘와 칸트, 19세기의 헤겔 등도 독자적인 이론을 제시하고 있다. 특히 이들은 도덕이나 법의 지배로부터 벗어나 있는 이기적인 개인의 군집상태인 이른바 자연상태를 가정하고 이로부터 어떻게 공동체가 형성될 수 있는가를 탐구하였다는 공통점을 지닌다. 따라서 이들의 주장을 중심으로 개인과 사회의 관계를 규정하는 근대의 이론들을, 특히 사회와 국가의 성립근거와 국가권력의 범위와 한계라는 관점에서 살펴본다.

2. 마끼아벨리—현실의 직시

마끼아벨리는 『군주론』(*Il principe*, 1513)의 저자로 널리 알려져 있다. 그는 이 책을 통해 모든 권모술수와 교활한 방법들이 통치를 위해서라면 정당화될 수 있다는 이른바 '마끼아벨리즘'을 주장한 것으로 악명이 높다. 그러나 그는 근대에 접어들면서 발생한 정치적·사회적 변화들을 가장 확실하게 인식하고, 중세적인 낡은 제도들이 지닌 문제점을 가장 잘 통찰하고, 또한 현실적인 권력의 역할과 작용을 직시했던 근대적인 정치사상가였다. 그는 르네쌍스시대를 살았던 대표적 인물로 통치자에 대한 절대적인 충성심과 복종, 사회의 모든 측면을 지배했던 종교적 신앙과 경건함이 철저히 붕괴되는 것을 지켜보았으며 이로부터 생겨난 도덕적·정치적 부패의 폐해를 적나라하게 목격했다. 그리고 이로부터 벗어날 수 있는 해결책으로 현실정치와 도덕적 이상을 분리해서 볼 것을 제안했다. 종교적 관점에서 탈피하여 정치적 현실을 직시할 줄 알고 현실적 국가를 완전히 장악할 수 있는 유능하고 강력한 통치자 또는 입법자가 진정한 군주가 될 수 있다고 주장하고 있다. 물론 마끼아벨리의 이러한 현실인식은 당시 이딸리아가 처한 특수한 상황을 반영한 것이다. 즉 종교적 권위의 상징인 교황이 이딸리아를 통일할 정도의 힘을 지니지는 못했어도, 다른 통치자가 이딸리아를 통일하는 것을 방해할 만한 힘은 충분히 지니고 있었다. 따라서 이딸리아는 통일국가가 될 수 없었던 상황을 반영한 것이다. 하지만 그의 몇몇 주장들은 당시 이딸리아의 상황이라는 특수성을 넘어서서 근대 정치철학의 일반적 특징을 잘 보여준다.

그는 우선 현실적인 통치자가 유념하지 않으면 안되는 첫번째 요소로 인간본성이 본질적으로 이기적이며 인간은 자신의 이익과 안전을 향한 욕구에 따라 행위한다는 점을 든다. 그에 따르면 인간본성은 지극히 이기적이며 공격적이고 탐욕스럽다. 인간들은 기본적으로 자신이 소유한 것을 지키고 더 많은 것을 획득하기 위해 애쓴다. 인간들은 어떤 법적인 제한을 받지 않는다면 항상 무질서와 혼란에 빠질 위험이 있는 대립과 경쟁상태에 놓여 있다. 그런데 재산을 늘리려는 인간의 욕구에는 어떤 한계도 없는 반면 인간이 획득할 수 있는 자원은 희소하고 제한적이다. 무제한적 욕망과 제한적인 현실 사이의 괴리 때문에 사람들 사이에서 투쟁이 일어나는 것을 피할 수 없다. 따라서 인간은 강력한 힘을 바탕으로 한 어떤 법률이나 외부적 강제력의 통제를 받지 않는다면 항상 무정부상태와 같은 혼란을 초래할 위험성을 지니고 있는 존재이다.

마끼아벨리는 바로 이 때문에 국가가 필요하며 국가의 성립근거도 여기에 있다고 생각한다. 즉 국가는 국가권력의 도움 없이는 재산과 생명을 침해받는 것을 막을 수 없는 인간의 허약함과 불완전성 때문에 생겨난 것이다. 재산과 생명의 안전을 보장받으려는 것은 인간의 가장 기본적인 본성이며 보편적인 욕구이므로 이런 욕구를 더욱 손쉽고 안전하게 충족시키기 위한 수단으로 국가가 등장한 것이다. 성공적인 국가는 당연히 이런 인간의 욕구를 만족시키는 국가이다. 그는 이렇게 국가는 이기적인 인간들의 현실적인 욕구와 필요에 의해서 생겨난 것일 뿐 국가의 구성에는 다른 어떤 종교적 근거나 도덕적 당위도 존재하지 않는다고 본다. 그렇기 때문에 국가는 재산과 생명을 보존하려는 인간의 보편적인 욕구를 만족시켜야 한다는 기본적인 임무를 지니며 이 임무를 완수할 경우에만 그 존재가 정당화된다.

이런 주장을 바탕으로 마끼아벨리가 가정하는 것은 국가에서는 통치자 또는 입법자가 절대적인 권력을 소유해야 한다는 점이다. 그에 따르면 성공적인 국가는 한 사람에 의해서 통치되어야 하며 오직 그만이 법률을 제정하고 정부를 구성할 수 있어야 한다. 그는 자신의 모든 능력을 동원하여 사회를 장악하고 국민들을 통솔해야 하며 이를 위해 필요한 모든 권력을 소유해야 한다. 이러한 통치자는 현실적으로 아무런 제한 없이 무엇이든 할 수 있어야 한다. 그는 구체제를 폐쇄하고 새로운 국가를 구성할 수도 있으며, 정부의 형태를 변경시킬 수도 있고, 주민들을 이주시킬 수도 있고, 자신의 필요에 따라 국민들에게 새로운 이념이나 덕성을 심을 수도 있다. 그리고 이런 관점에서 마끼아벨리는 이른바 '마끼아벨리즘'의 핵심적인 주장, 즉 통치자와 국민들에게 서로 다른 도덕적 기준을 적용해야 한다는 자신의 주장을 정당화한다. 국가의 창설자이자 동시에 지배자이며 입법자이기도 한 통치자는 법률과 도덕의 지배를 받는 것이 아니라 그 외부에 존재하면서 필요에 따라서는 법률과 도덕을 변경할 수도 있는 존재여야만 한다. 그는 국민들의 재산과 생명을 보호한다는 국가의 기본임무를 수행하기 위해서는 모든 것을 할 수 있는 만능적인 존재이다. 즉 그는 자신의 지혜를 동원하여 행하는 무자비함, 배신, 폭력과 전쟁 등을 얼마든지 스스로 정당화할 수 있어야 한다.

이러한 마끼아벨리의 주장은 뒤에 등장한 홉스의 정치철학을 예견하게 하는 많은 요소들을 포함하고 있다. 비록 그는 인간의 이기성을 설명해주는 심리적 요소나 국가성립에 대해 통치자와 국민들 사이에 이루어지는 계약과 같은 요소를 체계적으로 도입하지는 못했지만, 적어도 종교적 관점에서 벗어나 개인과 사회, 개인과 국가를 바라보는 현실적인 관점을 제시하고 있음은 분명한 사실이다.

3. 홉스 — 사회계약이론의 도입

홉스는 마끼아벨리에 비해 여러 측면에서 훨씬 체계적인 접근을 시도한다. 홉스에 따르면 인간은 기본적으로 자기보존의 욕구를 지니고 있으며 이 욕구를 충족시키기 위해서는 무엇이라도 할 수 있는 존재이다. 어떤 파괴적이고 공격적인 행동도 자기보존을 위해서라면 얼마든지 정당화된다. 또한 쾌락주의의 전통에 서 있는 홉스는 선과 악을 욕구와 혐오의 관점에서 규정하고 있다. 즉 그는 인간이 갖고 있는 자연적인 능력의 총체로서의 욕구를 바탕으로 자신이 욕구하는 것을 선, 자신이 혐오하는 것을 악이라고 규정한 뒤, 인간은 철저히 자신만의 선을 추구하고 자신만의 악을 회피하려고 하는 이기적 존재일 뿐이라고 본다. 이러한 인간의 욕구를 제어할 수 있는 어떤 도덕적 장치나 명령이 마련되어 있지 않은 상태를 홉스는 자연상태라고 부르며, 이 자연상태에서 각 개인은 모든 수단과 방법을 동원하여 자신의 욕구를 추구하며 또한 그렇게 자신에게 주어진 자연적 권리를 행사하는 것을 당연한 일로 여긴다. 그리고 이 과정에서 이기적인 개인들은 서로 비교하고 경쟁하며 상대방보다 나은 지위를 차지하기 위해 전력을 다한다. 그렇다면 이 과정에서 발생하는 대립은 피할 수 없는 것이 된다. 홉스의 유명한 언급에서 표현되듯이 사회가 구성되기 이전의 자연상태에서 개인은 "만인에 대한 만인의 전쟁" 상태에 놓이게 되며 "인간은 인간에 대하여 늑대와 같은 존재"일 뿐이다. 이런 자연상태에서 인간의 삶은 "고독하고 비참하고 외롭고 잔인하며 그리고 무엇보다도 짧다." 하지만 이러한 자연상태에서 계속되는 전쟁의 위협과 폭력, 그리고 언제 닥칠지 모를 죽음의 공포에서 벗어나기 위해 인간들은 "평화를 추구하라"는 자연법의 명령에 따라 자신의 권리 가운데 일부를 양도하는 계약을 맺는다. 그리고 이 계약을 통해서 국가를 형성하고 평화와 공존의 가능성을 확보하게 된다.

홉스에 따르면 국가란 계약을 통해 각 개인이 양도한 자연권을 근거로 성립하는 것이지만 국가권력은 단일한 의지의 형태로 표명되어야 한다. 이 국가의지의 소유자가 바로 절대군주이며 '군주는 지상의 신'과 같은 존재여야만 한다. 즉 군주의 통치권은 국민에 의해서 변경·몰수되거나 문책 또는 처벌의 대상이 되지 않는다. 더 나아가 국가의 통치권은 결코 분리되어서는 안되며 쉽게 양도되어서도 안된다. 국민들은 통치권에 대하여 저항하거나 혁명을 일으킬 수 있는 권리가 없으며, 한번 국가가 형성되고 통치권이 수립되기만 하면 이에 철저히 복종함으로써 자연상태의 혼란과 전쟁으로 돌아가는 것을 막아야 한다. 홉스도 이러한 절대권력이 부패하고 타락할 위험성을 충분히 인식하고 있었지만, 절대권력의 위험성이 자연상태의 비참함과 끝없는 전쟁으로 인한 공포와 죽음보다는 훨씬 나은 것이라고 생각했다. 즉 그는 "최악의 정부도 무정부의 자연상태보다는 낫다"라는 확고한 신념을 지니고 있었다.

그렇다면 국가의 절대권력을 옹호한다는 측면에서 중세의 잔재도 다분히 지닌 듯 보이는 홉스의 이론이 과연 어떤 의미에서 근대적 관점을 잘 보여준다고 할 수 있는가? 우선 홉스는 쾌락과 고통에 따라 선과 악의 개념을 결정하고 자기이익의 극대화를 추구하는 이기적 개인을 상정함으로써 이전의 어떤 권위와 질서, 외부적인 명령에도 복종하지 않는, 아니 어떤 면에서는 그러한 권위와 질서를 상실한 근대인의 모습을 잘 반영하고 있다. 의존해야 할 권위와 질서가 없다는 말은 곧 당시의 사회체계가 크게 변화하고 있음을 암시하며 이는 또한 어떤 새로운 질서와 체계의 수립이 요구되고 있음을 의미한다. 이에 홉스는 각 개인이 자신의 권리 가운데 일부를 양도하는 사회계약을 맺음으로써 탄생하게 되는 세속적 권력을 새로운 질서의 궁극적 근거로 삼는다. 즉 신의 명령에 근거한 군주의 권위나 종교적 질서에 의존하지 않고 각 개인이 스스로 자신이 처한 상황을 인식한 후 그런 상황에서 벗어나기 위해 사회계약을 맺음으로써 이를 공통권력의 근거로 삼는다. 홉스의 사회계약론 안에서 우리는 인간의 자기통제 또는 자기지배의 능력이 개인과 사회의 관계에서 중요한 계기로 등장함을 발견하게 된다. 그리고 이를 계기로 국가의 보호와 개인의 복종 사이의 관계가 새롭게 정립되는 길이 열리게 되었다.

그러나 홉스는 인간의 자기통제능력을 전적으로 신뢰하지는 않는다. 그는 이기적 인간들이 자기통제보다는 이기적 욕구에 따라 행위할 가능성이 항상 존재한다고 생각하였기 때문에 도덕적 질서를 계속 유지하기 위해서는 절대권력에 의한 처벌과 보상이 필요하다고 주장했다. 이런 점에서 홉스는 이전의 질서가 붕괴된 혼란한 상태에서 오직 자기통제능력을 근거로 새로운 질서를 수립할 수 있다는 근대적 이념을 충분히 반영함과 동시에 그러한 질서가 이기적 인간들에 의해 파괴될 수 있는 위험성을 지적함으로써 근대인이 처한 상황과 개인과 사회, 개인과 국가 사이의 긴장관계를 매우 잘 보여준다고 말할 수 있다.

4. 로크—절대권력의 부정

앞서 살펴본 대로 홉스는 정치적인 절대권력 또는 전제적인 군주제가 인간의 본성과 엄밀한 개인주의적 원리로부터 도출될 수 있다는 주장을 체계적으로 제시했다. 따라서 홉스의 결론과는 다른 어떤 주장을 설득력 있게 펴기 위해서는 단지 정치제도만을 문제삼아서는 안되며 인간의 본성과 욕구에 대한 새로운 입장을 제시해야만 한다. 그런데 이러한 시도의 대표적인 경우를 우리는 로크에게서 발견할 수 있다. 그는 홉스가 자신이 상대해야 하는 대표적인 대상임을 잘 알고 있었으며 홉스에 반대하는 자신의 입장을 체계적으로 제시했다.

홉스가 논의의 출발점으로 삼는 것은 만인에 대한 만인의 투쟁상태로 묘사되는 이른바 자연상태이다. 따라서 홉스에 대한 로크의 공격 또한 홉스가 제시한 자연상태의 개념을 반박하는 것으로부터 시작된다. 로크는 사회가 구성되기 이전의 자연상태는 결코 개인의 무한한 욕망과 이익이 대립되는 투쟁상태가 아니라 평화와 선의, 상호원조와 원활한 종족보존이 유지되는 상태라고 가정한다. 로크에 따르면 자연상태는 이미 자연법과 자연권에 대한 존중이 이루어지고 있는 상태이며, 각 개인이 자신의 생명과 재산의 보호에 최선을 다하지만 동시에 다른 사람들의 소유와 권리에 대한 존중이 자연법상의 의무로서 받아들여지고 있는 상태이다. 자연상태는 이미 자연법으로부터 비롯된 도덕적인 권리와 의무가 어떤 구체적인 법률보다도 선행하여 확고하게 자리잡은 상태라는 것이다. 이러한 자연상태에서는 모든 사람들이 자연이 제공하는 다양한 것들을 사용하여 자신의 삶을 유지할 자유와 권리를 지닌다. 이런 의미에서 자연상태에서의 재산은 공동의 소유라고 할 수 있다.

하지만 이런 자연상태에서 일종의 불편이 발견되기 때문에 인간들은 정치적 공동체로서의 사회를 형성하게 된다. 이때의 불편이란 각자가 옳다고 생각한 대로 자신의 주장에 따라 행위하여 마찰이나 시비가 발생할 경우 이를 공정하게 판정할 수 있는 재판관이 없다는 것이다. 이런 불편을 해결하기 위해 정치공동체를 구성하기로 결정한 개인들은 일단 자신의 권리 가운데 일부를 위임한다. 이를 바탕으로 기본체제가 구성된 정부는 우선 법을 제정하는 입법부의 형태를 띠게 되며, 이 정부가 제정한 구체적인 법률조항들을 통해 개인들 사이의 마찰이나 시비를 해결함으로써 자연상태에서의 불편함을 해소할 수 있다는 것이다. 하지만 여기서 로크가 강조하는 바는 이러한 권리의 위임이 철저히 조건적이라는 점이다. 즉 개인의 권리는 정부가 모든 사람들의 자유와 재산을 더욱 잘 보존한다는 조건을 충족시킬 경우에만 위임되며 동시에 정부는 모든 사람들의 소유권을 비롯한 각종의 권리들을 안전하게 보장해줄 의무를 충족시킬 경우에만 성립하게 된다. 이렇게 로크가 조건적인 권리의 위임을 강조하는 데에는 어떤 형태의 절대권력도 허용하지 않겠다는 내면적인 의도가 분명히 드러나 있다. 즉 조건적으로 권리를 위임받고, 조건을 충족시킬 경우에만 성립하게 되는 정부는 결코 절대권력을 지닐 수 없다. 왜냐하면 처음부터 일종의 불편을 해결하기 위해서 세워진 정부가 개인의 생명과 재산 전체를 위협하거나 빼앗을 수 있는 절대권력을 소유하는 일은 결코 용인될 수 없기 때문이다. 홉스처럼 자연상태를 만인에 대한 만인의 투쟁상태로 가정한다면 어떤 댓가나 희생이 따르더라도 자연상태로부터 벗어나야만 할 것이며 따라서 자연상태에서 벗어나기 위한 수단으로서의 절대권력은 정당화될 수 있을 것이다. 하지만 로크의 주장대로 자연상태가 단지 사소한 불편 정도가 따르는 상태라면 이로부터 벗어나기 위해 절대권력을 용인하는 일은, 로크의 표현대로 여우로부터 화를 피하기 위해 사자한테 몸을 맡기는 것이라 하지 않을 수 없을 것이다.

로크는 우리가 스스로 원한다고 해도 결코 모든 권리를 양도할 수는 없다고 주장한다. 우리는 자신의 생명에 대해 절대적인 권리를 지니며 따라서 자신의 생명을 유지하고 보존하기 위해 필요한 최소한의 권리는 결코 다른 사람들이나 사회에 양도할 수 없는 것이다. 이렇게 보면 절대권력을 지닌 정부를 허용하는 것은 자신의 생명을 위협하는 것이며 자연법에 반하는 것이기도 하다. 로크는 누군가가 절대권력의 정부를 인정하고 이 정부에 자신의 모든 권리를 기꺼이 양도하더라도 이는 양도할 수 없는 것을 임의로 양도한 것이기 때문에 이 계약은 무효라고 주장한다. 이를 통하여 로크는 절대권력을 부정하며 개인에 의한 정부의 견제와 혁명을 충분히 정당화하는, 더욱 근대적인 개인과 정부, 개인과 사회의 관계를 확립했다고 말할 수 있다.

5. 루쏘―순진무구한 자연상태와 선악이 교차하는 사회

루쏘가 주장하는 개인과 사회의 관계를 파악하려면 자연상태에서 사회상태로 나아가는 발생론적 설명에 초점을 맞추어야 한다. 그는 평등한 자연상태에서 불평등한 사회상태로의 이행을 『인간불평등기원론』(*Discours sur l'Origine de l'Inégalité*, 1755)에서 발생론적으로 설명하고 있으며, 개인의 자유실현을 위한 법과 국가정체에 관해서는 『사회계약론』(*Du Contrat Social*, 1762)에서 다룬다. 루쏘는 자연상태에서 사회상태로의 이행을 파악하기 위해 '인간본성'에 대한 이해를 강조한다. 그가 보기에 인간의 모든 지식 가운데 가장 유용하지만 동시에 가장 뒤떨어져 있는 것이 인간에 대한 지식이다. 인간은 오랜 시간에 걸쳐 사회화되고 문명화된 단계에서 살아왔기 때문에, 자연상태 본연의 모습은 상실되었거나 변형되었으리라 추측한다. 사회문화에 물들지 않은 원초적 자연인 상태로부터 멀리 떨어져 있는 문명인이 인간 본래의 모습인 자연인과 자연상태를 파악하기는 현실적으로 어렵다. 그래서 루쏘는 자연상태와 그것에 대한 진리는 역사적 진리가 아니라 가설적·조건적 추리임을 인정한다.

루쏘와 마찬가지로 자연상태를 가설로 보는 홉스는 자연인을 자연권에 따라 자기보존이라는 목적에만 몰입하며 자신을 자연 전체의 유일한 소유 자로 간주하고, 그 권리를 절대적으로 주장하기 때문에 타인을 배려할 줄 모르는 존재라고 주장한다. 홉스의 자연인은 욕구를 충족시키기 위해 만인에 대한 만인의 투쟁을 벌이는 일종의 '건장한 어린아이'와 같다. 루쏘의 자연인도 '어린아이'로 비유되지만, 홉스처럼 어린아이의 탈을 쓴 어른이 아니라 순진무구한 어린아이 그 자체이다. 순진무구한 자연인은 광대한 산림 가운데서 일정한 거처도 없고, 타인을 필요로 하지도 않으며, 서로 얼굴도 모르고, 대화할 일도 없이 동물처럼 평화롭게 지낸다. 아무도 자연물에 대한 소유권을 주장하지 않으며 소유권에 대한 개념도 없다. 자연인은 서로 부딪칠 기회도 많지 않지만, 부딪쳐도 이해관계의 대립이 부각되지 않는다. 혹시라도 누군가 자기 구역을 침범하더라도 다른 구역으로 옮겨 가면 그만이다. 여기에는 불평등뿐만 아니라 악도, 악이라고 판단할 수 있는 선악개념도, 도덕적 관계도, 의무도 존재하지 않는다. 개인은 넓은 자연 공간에서 그저 자기보존을 추구하면서 살아간다. 자기애(amour de soi)는 인간의 원초적 감정이다. 자유롭고 평등하고 안락한 자연인의 삶에 비한 다면, 불평등과 다양한 악에 시달리는 사회인에게 자연상태는 잃어버린 낙원과 같다.

그런데 왜 인간은 평등한 자연상태에서 불평등한 사회상태로 이행하는 가? 살다보면 자기보존과 행복에 방해되는 요소가 나타난다. 동물과의 싸움, 자신의 생존수단을 노리는 타인, 토지와 기후에 따른 생활양식의 차이, 이리저리 배회하다 만난 남녀의 2세 생산과 인구증가 등이 그런 것들이다. 이런 일이 반복되면서 인간의 정신에 '관계에 대한 자각'이 생긴다. 사물을 파악하는 최소단위에 해당되는 '비교개념에 따라 표현되는 관계'는 자연 인의 마음에 '반성'과 '무의식적 신중함'을 낳는다. 반성하는 가운데 지식

336

이 생성되고 증가하며, 이로 인해 인간은 동물에 대한 우월성을 느끼게 된다. 우월성은 존재의 서열개념과 인간 자신에 대한 자존심을 낳는다. 자존심(amour propre)은 '관계에 대한 자각'에서부터 작동하는 이성의 산물이다. 상황이 이 정도에 이르면 개인들은 타인에게서 경험하진 않았지만, 같은 처지의 사람이면 자신과 같은 행동·사고방식·감정 등을 지닌다는 일치감을 느끼게 된다. 일치감과 공통성에 대한 발견은 인간에게 추론능력을 주고, 목적실현에 적합한 규칙을 낳는다. 그래서 자기보존과 자신의 행복추구는 타인보존 및 타인의 행복추구이며 공동체 전체의 보존 및 행복과 관계하게 된다.

그리고 루쏘는 초기에 나타난 이성의 진보가 자연을 가공할 돌도끼를 창출하고 비바람을 피할 오두막을 짓게 한다는 점에 주목한다. 오두막은 일대 변혁의 기점이다. 오두막은 지속적인 주거공간이 되며 이성과도 지속적 관계를 유지하는 터전이 되면서 공통 거주자들간의 가족형태를 낳기 때문이다. 협소한 공간에서 습관적으로 함께 생활하다 보면 거주자들 사이에는 남다른 친밀감이 생기며 부부애·부성애·모성애 등도 생겨난다. 이것은 더 나아가 질투·주목·존경 등을 낳으며, 이를 충족시키는 과정에서 허영·경멸·수치·선망·모욕 등이, 그리고 이런 감정을 제어하는 과정에서 사회성이 분명한 예의범절이 생겨난다.

자연인에게 사회라는 개념은 생소하지만 사회상태로 이행하려면 최소한 사회의 목적에 대한 관심을 요구한다. 그렇다면 개인은 어떻게 사회의 목적으로 눈을 돌리게 되는가? 그것은 타인에게 관심을 갖는 데서부터이다. 그런데 왜 자연인은 타인에게 관심을 갖는가? 이를 위해 루쏘는 자존심과 예의범절을 낳는 '이성'보다 더 근본적인 것으로 '감성'을 제시한다.

루쏘의 자연인은 자기중심적이긴 해도, 타인을 만났을 때 그를 해치고 싶은 마음보다는 그에게서 입을지 모르는 피해와 고통으로부터 자신을 지키는 데 더 신경을 쓴다. 고통을 싫어하고 고통을 피하려는 감정은 타인이

고통받을 때도 그를 동정하는 '자애심(연민의 감정)'으로 발휘된다. 살인 자조차도 야수가 아이를 물어뜯는 장면을 보면 충격을 받듯이, 자연인에 게도 타인의 불행에 대해 동정심을 느끼는 '자연적 연민의 힘'이 있다. 그 것은 자기보존 욕구를 완화시키면서 타인의 행복에 관심을 갖는 것으로 해석되며, 인간 전체의 보호에 협력할 수 있는 원리를 낳는다. 자애심은 자 연상태의 힘이지만 사회적 미덕들이 발전되어 나오는 원천이다. '자기보 존과 안녕' '동포의 죽음과 고통에 대한 혐오감'은 이성이나 자존심보다 선 행하는 원리이며, 자연법의 모든 규칙을 도출하는 감성적 원동력이다. 자 애심은 반성과 이성보다 더 근원적인 힘이다.

자연인이 타인과 공동체에 관심을 가지면서 사회로 이행하는 원동력은 자애심과 자존심이다. 그러나 이것으로 충분하지 않다. 또하나의 결정적 요인으로 사유재산이 필요하다. 만약 누군가 어떤 토지에 울타리를 두르 고 "이것은 내 땅이다"라고 선언한다면, 그는 '시민사회의 진정한 창립자' 이다. 어떤 땅에 먼저 울타리를 치거나 폭력을 휘둘러서 땅을 차지하면 그 것은 점유이며, 명확한 권리에 기초하여 점유하면 '소유권'을 지니는 '사유 재산'이 된다. 사유재산은 소유를 확인하기 위한 정의의 규칙들을 요구하 며, 소유권은 자연권과는 다른 종류의 새로운 권리이다.

이렇게 해서 점차 사회상태로 이행하면 자연상태에서는 존재하지 않던 선악개념이 생기고, 선으로의 진보와 더불어 악 내지 불평등도 심화된다. 그러므로 사유재산은 시민사회의 출발점이면서 동시에 범죄와 전쟁과 살 인을 야기하는 악의 시발점이기도 하다. 이렇듯 자연상태와 사회상태 사 이에는 현저한 질적 차이가 있다. 사회화는 인류의 진보와 타락의 동시적 발생이며 선과 악의 동시적 심화과정이다. 인간사회를 살펴보면 강자의 폭력과 약자의 억압이 만연한다는 사실을 쉽게 목격할 수 있으며, 사회 속 의 개인은 이미 악에 물들어 있어서 잃어버린 낙원으로 회귀하기 어렵다. 그래서 루쏘의 '자연으로 돌아가라'라는 구호에 담겨 있는 자연상태로의 회귀욕구는 선을 극대화하여 자연상태에 근접한 모습을 창출해내는 방식, 즉 문명의 극단적 진보를 활용하는 방식말고는 없다. 이를 위해 루쏘는 정당한 권리, 권위, 의무의 기초가 되는 합의와 약속으로서 '사회계약'을 최대한 활용한다.

사회계약은 자연인이 '인간이라는 자격으로 인해 자연으로부터 받은 선물'인 자유와 평등 그리고 자기보존과 행복을 실현하기 위해 자연상태처럼 자유로운 결합상태를 발견하는 근본적 원리이다. 사회계약은 구성원 전체의 자발적 참여와 동의에 기초하며, 특히 최초의 사회계약은 만장일치에 의해 이루어져야 한다. 차후에 발생하는 계약이 설령 만장일치가 아니더라도 부분적 일치만 있어도 실효성을 지닌다는 것을 애초에 만장일치로 인정한다면 문제가 없게 되는 것이다.

루쏘의 관점에서 사회계약의 근본정신과 의의를 인정하는 개인은 자기의 모든 권리와 함께 자신을 공동체 전체에 양도하게 된다. 모든 권리를 공동체에 양도하는 것은 억압과 불평등을 묵인하는 것이 아니라 자신에게만 복종하는 것이다. 왜냐하면 나처럼 타인들도 똑같이 자신의 모든 권리를 공동체에 양도하기 때문에, 자기를 공동체에 양도하는 것은 그 누구에게도 자기를 양도하지 않는 것과 같기 때문이다. 자기를 사회에 전적으로 양도하는 것은 자기를 위한 것이며, 자유를 양도하는 것은 자유를 실현하는 것이다. 이렇게 해서 권리 양도자는 인간 전체와 결합하며 '하나의 정신적이고 집합적인 단체'가 된다. 이 집합적 단체의 의지는 사회구성원의 공통의지이며, 공통의지는 일반의지이다. 개인들의 의지와 목적을 일반의지로 실현하려고 할 때, 루쏘는 일반의지의 담지자를 수동적으로는 국가로, 능동적으로는 주권자로, 정치체제로는 '공화국'으로 일컫는다.

일반의지를 실현하는 국가는 '공화국'이다. 루쏘는 일반의지에 의해 형성되는 합법적 정부는 '공화적'이며 '어떤 정부형태를 취하든지 간에 법률에 따라 지배되는 국가'는 공화국이라고 본다. 루쏘에게 모든 입법체계의 목적은 '전체 시민의 행복' 실현이며, 자기보존과 행복이라는 개인의 목적을 최적으로 실현하는 장치는 법률과 이에 기초하여 정의를 구현하는 민주정부이다. 이 속에서 '자유와 평등'으로서 자연권이 실현된다. 그래서 루쏘는 자유를 포기하는 것은 권리와 의무를, 더 나아가 인간이기를 포기하는 것이며 인간본성에 어긋나는 것으로 간주한다. 그는 자유를 포기하는 일이 발생하지 않도록 '삼권분립'의 철저한 시행을 요구하고 이를 위한 적절한 정체로서 민주정·귀족정·군주정 모두를 허용한다. 왜 모두를 허용하는가? '좋은 정부는 단 하나'이지만, 자유는 아무 풍토에서나 결실을 맺는 것이 아니며 지역적 여건, 영토의 크기와 비옥도, 구성원의 수, 주민들의 기질, 적용방식이 국가마다 다르므로 하나의 정부형태가 모든 국가에 적합한 것은 아니기 때문이다. 어떤 정체이든지 일단 공화국의 본질적 특징을 견지하면 그 정치형태는 가치를 지니게 된다.

이러한 공화국의 법과 정의는 신으로부터 나온 절대적인 것이 아니라 인간이성으로부터 도출된 것이다. 그래서 사람들간에 서로 인정받을 수 있어야 하는데 인정의 근본적 원리가 바로 약속과 사회계약이다. 사회계약의 자의성을 고려한다면 그 결과물인 공화국은 절대적이지도 필연적이지도 않다.

6. 칸트—이성적 개인과 도덕의 개선으로서 시민사회

홉스, 로크, 루쏘 같은 사회계약론자는 개인의 삶을 보호하는 최종점을 국가로 간주한다. 이들에게 개인과 사회의 관계를 해명하는 결정체는 국가와 법이다. 그러나 칸트는 국내법의 차원을 넘어서서 국가간의 관계로까지 지평을 확장하고 세계사적 전망에 기초하여 국제법과 세계시민법을 다루기 때문에 개인과 사회의 관계는 국가뿐만 아니라 역사적 차원에서의 이해를 요구한다. 그리고 루쏘가 『인간불평등기원론』에서 자연법에 관한 학문을 인간본성에 관한 학문이며 그래서 법학이라고 지칭할 때, 개인과 사회의 관계는 '법철학'과 관련이 있지만, 칸트에게서 루쏘의 발생론적 고찰과 유사한 측면은 「추측해본 인류역사의 기원」(1786)을 비롯한 역사철학 논문에서 나타난다. 칸트의 관심사가 발생론은 아니지만 인간행위를 보편적 체계로 정립하기 위해 인류의 출발점을 상정하고 이로부터 세계사를 전개할 때 발생론적 설명의 단초가 엿보이며, 이 속에서 개인과 사회에 대한 관계를 총체적 관점에서 논할 수 있다.

루쏘가 자연상태를 '역사적 진리가 아니라 가설적·조건적 추리'라고 시인하듯이, 칸트도 가볍게 '유람여행'을 떠나는 심정으로 최초의 인간에게 '추측'을 적용한다. 그러나 추측은 전적인 허구라기보다는 이성의 영향을 받는 상상력의 작업이다. 게다가 '자연이 인간행위의 최초의 출발을 가능케 했다'는 점에서, 인류의 기원으로까지 거슬러올라가서 인간행위를 자연과 유비적으로 추측하는 일은 합당하다. 인간행위와 유비되는 자연은 '주어진 대상들의 총괄 개념'이며, 자연의 생명체는 칸트의 『판단력비판』(*Kritik der Urteilskraft*, 1790)에 따르면 합목적적 구조를 지닌다. 칸트는 개별대상의 합목적성을 주어진 대상들의 총괄 개념인 자연 전체에 확장시켜 적용하며, 더 나아가 비자연적 역사에까지 적용한다. 그런 연유에서 인류의 기원에서부터 세계사적 운동의 종말에 이르기까지 자연의 합목적성과 자연의 법칙이 사회와 역사인식의 모델이 된다. 칸트는 역사의 전개 속에 투영된 합목적성을 자연의 계획, 자연의 의도라고 일컫는다.

칸트는 추측의 척도로 '성경'을 사용하며 자립적 생존과 종족번식이 가능하도록 '성인남녀 한쌍'에서 논의를 시작한다. 성인남녀로 구성되는 '하나의 가족'은 평화스럽게 직립보행을 하며 말도 사유도 할 수 있다. 루쏘의 자연인은 이성능력이 없지만, 칸트의 자연인은 말과 사유를 가능케 하는 이성능력을 지닌다. 이성능력은 지나친 추측이 '독자에게 너무 많은 부담'

을 준다는 칸트의 배려뿐만 아니라 '도덕의 발전과정에 대한 고찰'을 중시하는 칸트의 의도를 상징적으로 보여준다. 개인과 사회의 목적을 자기보존과 행복으로 간주하는 루쏘와 달리 칸트에게 목적은 '선의 실현'이고 선의지에 기초한 도덕성 개선에 있기 때문에 무엇보다도 그에게는 이성이 전제되어야 한다. 이때 도덕성의 개선은 인간본성인 자연적 소질의 계발을 통해 이루어지지만, 한 개인에 의해 한꺼번에 이루어지는 것이 아니라 인류의 유적과정으로서 세계사적 전개를 필요로 한다.

자연의 계획의 시초에 서 있는 인간은 동물적 본능에 기초하여 이성을 발생론적으로 전개한다. 이 과정에서 최초의 인간의 사회화가 드러나고 사회성의 근본적 원리가 무엇인지가 분명해진다. 최초의 본능은 신의 음성에 따라 음식물 섭취 여부를 판별하는 후각작용이다. 이 최초의 본능에 후각과 다른 시각적 감관이 작동하면서 음식물을 기존의 섭취물과 '비교'하는 이성이 개입되며, 비교에 의해 축적된 지식은 본능의 한계를 넘어서까지 확장된다. 이 과정에서 이성은 상상력의 도움을 받아서 동물적인 자연적 충동 이외의 '인위적 욕망'과 '반자연적 경향들'을 만들어낸다.

이성의 두번째 진보는 섭취본능 다음으로 두드러지는 '성적 본능'과 관련이 있다. 성욕은 동물과 큰 차이 없이 일시적이고 주기적인 충동으로 나타나지만, 감관대상이 자기로부터 떨어져 있으면 상상력이 증폭된다. 나와 대상 사이에 놓여 있는 큰 간격은 나의 욕구충족을 지연시키면서 본능이외의 차원을 계발시키고 영양섭취에서보다 '훨씬 더 큰 이성'을 야기한다. 나와 감관대상 사이의 거리와 나에 대한 타인의 거절은 감각적 매력으로부터 정신적 매력을, 동물적 욕구로부터 사랑을, 쾌락으로부터 아름다움에 대한 취미를 유도한다. 이것은 멸시감이라는 부정적 측면에서도 유사하게 작용한다. 마음속으로는 상대방을 멸시하면서도 그 마음을 은폐하는 몸가짐, 즉 멸시에 대한 거리는 예의를 발생시킨다. 예의는 '모든 진정한 사회성의 기본토대이며 인간을 도덕적 존재로 만드는 출발점'이다. 칸트의 예의는 예의범절을 사회성의 척도로 간주하는 루쏘와 같은 맥락에 있다.

이성의 세번째 진보는 욕구대상과 직접 결합되어 있던 상태로부터 좀더 진행된 것이며, 현재의 삶에 만족하지 않고 미래의 목적을 위해 준비하는 '미래에 대한 의식적 기대'이다. 이렇게 해서 인간은 자신을 '자연의 본래 목적'으로 파악하는 마지막 단계로 나아가며 존재물 전체는 이성적 존재인 인간을 위한 것이며 인간은 동물보다 우월하다고 느끼는 목적론적 발상을 심화시킨다.

이성의 진보를 통해 인간은 동물적 본능상태로부터, 에덴동산 같은 낙원으로부터 인간적 상태로 이행한다. 인간적 상태로의 이행은 완전성을 향한 도덕의 진보이며, 인간성 실현의 핵심인 자유의 확장을 의미한다. 칸트에게 사회는 '인간본성의 근원적 소질로부터 자유가 최초로 전개되는' 공간이다. 이 최초의 변화는 '좋은 것으로의 진보'이다. 그러나 아직은 이성이 미약하기 때문에 동물적 성질과 그 위력에 뒤섞이면서 악도 생겨난다. 낙원에서는 알지 못했던 악덕이 이성의 계발과 더불어 발생한다. 칸트에게 자연의 역사는 신의 작품이므로 선으로부터 시작하지만, 이성의 계발로서 자유의 역사는 인간의 작품이므로 악으로부터 시작한다. 그러나 성경뿐만 아니라, 루쏘와 달리 칸트의 악은 선의 실현에 도움이 되는 악이다. 자유를 사용할 때 개인이 자신만을 생각한다면 (자유로 인한) 악은 손해가 되지만, 자연의 계획에 따르면 오히려 이익이 된다. 칸트에게 악덕에 대한 충동은 '악의 원인'이 아니라 '그 자체로 선한 것'이며, 자연의 계획에 이바지하는 자연적 소질이다.

왜 악이 이익이고 선한 것인가? 이것을 이해하려면 「세계시민적 관점에서 본 보편사의 이념」(1784)이라는 작품 속에 숨겨진 칸트의 구상을 이해할 필요가 있다. 지상의 생명체는 '자연적 소질'을 지니고 태어나며 '언젠가는 완전하게 그리고 목적에 맞게 자연적 소질을 발현'하도록 되어 있다. 인간의 자연적 소질도 지속적인 훈련과 수업을 통해 계발되며 이것을 후대에 전달하고 역사적으로 누적시키는 가운데 완전하게 발현된다. 사회발전은 자연의 계획을 인간이 실현하는 것이며, 그 속에서 자유가 전개되고 도덕이 개선된다.

그러나 이러한 자연의 계획은 인간이 계획한 것이 아니기 때문에 인간은 자연의 계획을 알지 못한다. 그렇다면 인간은 자연의 계획을 어떻게 알며, 자연의 계획은 어떻게 드러나는가? 이것은 자연적 소질이 발현되도록 하는 인간의 이기심과 자신의 의도대로만 행동하려는 경향성에 의해서이다. 인간은 자신을 사회화하려는 경향을 지니지만, 그에 반해 '자신의 의도대로만 행동하려는 반사회적 경향'도 지닌다. 자신의 의도를 관철시키고자 하는 경향은 타인과의 갈등 그리고 투쟁을 야기하는 반사회적인 것이며 악이다. 그러나 투쟁을 통해 오히려 인간이 지닌 자연적 소질이 일깨워진다. 인간은 자신의 의도를 관철시키기 위해 나태해지려는 성향을 극복하며, 그로 인해 명예욕·지배욕·소유욕 등을 고려하고 계발하게 된다. 악덕에 대한 충동은 자연적 소질을 점차 개화시키므로 선의 실현을 가져오는 사회화의 추진력이다. 이기심과 반사회적 경향성 때문에 생기는 투쟁은 '반사회적 악'이지만, 오히려 사회성을 도출해내는 '반사회적 사회성'이다. 역설적으로 말해서 악은 자연적 감정으로 뭉친 인간사회를 도덕적 전체로 바꾸는 장치인 것이다.

반사회적 사회성의 사회적 발현물은 궁극적으로 '법'이다. 그러므로 사회성의 근본적 원리는 법과 법률체계로서 제도가 된다. 이렇게 형성된 '보편적 법이 지배하는 사회'를 칸트는 '시민사회'라 부른다. 법이 지배하는 사회를 루쏘가 공화국이라고 하듯이, 칸트도 『영구평화론』(*Zum Ewigen Frieden*, 1795)에서 법과 헌법에 근거하는 합법적 시민사회를 공화국으로 부른다. 참다운 공화국은 삼권분립을 분명하게 적용하여 '입법부로부터 집행권(행정권)'을 분리한 체제이다. 입법권과 행정권의 분리가 중요하므로 칸트가 보기에 양자가 일치하는 민주제는 공화정이 아니라 오히려 전제정치에 가깝다. 그래서 칸트는 직접민주제를 비판하면서 삼권분립에 적합한 '대의제'를 제시하고 민주제나 귀족제보다 군주제가 더 적절하다고 주장한다.

자연의 계획은 공화제적 시민사회의 건설이다. 그러나 그것의 건설과 존속이 쉽지는 않다. 한 사회가 온전하게 시민사회가 되어도 다른 사회가 그렇지 못하면 타격을 받을 수 있기 때문이다. 각 국가들은 이해관계 때문에 정복전쟁을 일으키는데, 그로 인해 시민사회가 멸망하거나 야만상태로 후퇴할 수도 있다. 칸트는 이 속에서도 자연의 계획을 재확인한다. 국가간의 '전쟁'은 일종의 반사회적 사회성이며 모든 국가의 시민사회화를 가능케 하는 원동력이다. 전쟁에서 패한 사람들은 미개발지역으로 도주하여 새로운 영토를 개발하기도 하고, 자신들의 안전과 권리를 확보하고 구속받지 않는 자유로운 관계를 이루기 위해 '국제연합'을 맺기도 하기 때문이다. 국제연합은 시민사회간의 법 체결을 낳는다. 시민사회는 자국에서는 국내법을, 국제연합에서는 국제법을 통해 공화주의를 실현한다. 물론 국제연합은 한 국가 안에서의 법의 적용과 달리 느슨하고 제재력도 약하므로 분쟁의 소지는 계속해서 남아 있다. 그러나 국가들이 전쟁의 싹을 제거하고 평형의 법칙을 발견한다면, 모든 국가는 마치 한 국가의 시민에게 적용되는 법처럼 단일한 세계시민법과 보편적 세계시민 상태에 도달하게 될 것이다.

칸트는 시민사회와 그것의 전세계적 확장으로서 국제연합 및 세계시민 상태를 자연의 계획으로 설정하지만, 시민사회의 발생론적 전개나 경험적 실현을 강조하지는 않는다. 시민사회와 세계시민은 경험에서 도출되는 경험적 원리이기보다는 선험적 원리로 제시된 이념이기 때문에 궁극적으로는 실현 불가능하다. 실현불가능성에 대한 비유로 굽은 나무의 비유를 들 수 있다. 산에 나무가 한 그루만 있으면 나무는 공간이 넓어서 제멋대로 자라지만, 주변에 나무들이 많으면 더 많은 햇볕과 공기를 얻기 위해 하늘로 곧게 자란다. 인간본성도 나무처럼 반사회적 사회성에 의해 끊임없는 투쟁을 겪으면서 곧게 자라 선을 실현하려고 한다. 그러나 애초에 굽은 나무처럼 인간본성도 애초에 굽어 있기 때문에, 아무리 반사회적 사회성이 강력해도 전적으로 곧은 나무로 자랄 수는 없다. 그래서 자연적 소질의 완전한 전개로서 세계시민 상태는 불가능하며 이념으로만 남는다.

칸트는 철학자의 입장에서 신의 섭리를 비판하는 근대인답게 개인과 사회의 관계를 자연의 계획을 통해 논증한다. 그러나 인간의 역사는 선이 아니라 악으로부터 시작하며, 선을 실현하고 도덕을 개선하기 위해 반사회적 사회성이 요구되고, 처음부터 굽은 상태로 태어나는 인간본성 때문에 보편적 세계시민 상태에 도달하기 어렵다는 점은 칸트가 변신론과 이성적 주체 사이를 오가면서 신을 개인과 사회를 연결시키는 간접적 동인으로 인정하고 있다는 증거가 된다.

7. 헤겔—사회계약론 비판과 자유실현으로서 인륜적 국가

헤겔은 칸트로부터 많은 것을 물려받지만 자연의 계획에 의존하지도 않고 변신론과 이성적 주체 사이에서 동요하지도 않으면서 개인과 사회의 관계를 정립하려고 한다. 사회와 역사의 모델을 신의 계획으로 설명하는 데서 그친다면 여기에서는 인간의 이성과 주체성이 사라지고 개인의 의지는 알 수 없는 낯선 외적 장치의 영향을 받게 된다. 칸트가 이 문제점을 해결하기 위해 자연의 계획을 상정하고 이 속에서 개인의 의지와 충동과 투쟁을 부각시키지만 무엇보다도 중요한 이성적 주체성 그리고 도덕 및 선의 실현이 퇴색해버릴 여지가 있다. 그래서 헤겔은 종교적 차원을 견지하면서도 이것이 각 개인의 이성과 어떻게 조화롭게 통일될 수 있는지를 고심한다. 헤겔은 초기부터 기독교의 예수를 인격적 주체이자 한 인간으로서의 개인이라고 보고, 이 개인이 사회에서 어떤 의미를 지니는가를 탐구한다. 예수는 사회의 한 구성원이면서도 공동체의 통일성과 필연성을 확립하는 상징적 인물이다. 헤겔은 개인과 사회 간에는 통일된 지평이 있으며 개인은 태어날 때부터 이미 공동체적 존재로 태어난다고 본다. 헤겔의 이런 차원을 드러내는 개념이 바로 인륜성이다.

헤겔은 인륜성을 분명하게 부각시키면서 개인과 사회의 관계를 조명하기 위해 칸트를 포함하여 자연법론자와 사회계약론자를 일관되게 비판한다. 그는 원자적 개인에 대해서도, 자연상태에 대해서도, 그리고 사회상태로의 발생론적 이행에 대해서도 논하지 않으며, 이전 철학자들의 이론 안에는 사회계약을 통해 형성된 국가 자체가 임의적이고 우연적이기 때문에 인륜성이 결핍되어 있다고 주장한다. 그래서 헤겔은 사회계약론자들이 태어날 때부터 주어지는 권리로 간주하는 자연권을 무조건 받아들이지 않고 권리의 의미와 가치까지도 논증해낸다. 헤겔은 '인간은 자유롭다' '인간은 인격을 지닌다'와 같은 주장을 사회계약론자처럼 당연하게 전제하지 않는다. 헤겔에게 자유와 인격의 의미는 인륜적 공동체의 삶 속에서 법적·도덕적 장치가 형성되고 작동하는 가운데서 분명해지고, 외적 장치를 통해 실천적으로 드러날 때 자유와 인격의 의미뿐만 아니라 자유권과 인격권도 확립된다. 그런 과정이 바로 사회계약론자에게서 당연하게 전제되는 권리인 자유와 인격 자체의 정당성이 증명되는 과정이다.

헤겔에 따르면 권리도 계약도 인간들의 상호작용을 통해 실현된다. 그리고 그 상호작용의 총체적 지평으로서 공동체적 기반이 인륜성이다. 이때 인륜성의 의미는 무엇인가? 인륜성은 개인과 사회의 관계를 이전 철학자들과는 다르게 보여주는 헤겔의 독특한 지평이다. 헤겔은 『법철학』(*Gruntlinien der Philosophie des Rechts*, 1821)에서 법(권리)의 이념을 다루면서 국가를 이성적인 것으로 파악하는데, 법의 이념은 자유이며 자유가 이성적으로 실현되는 국가는 인륜적 공동체이다. 인륜성은 국가의 주요 지반이 되는 추상법과 도덕성의 통일이며, 법적인 것과 도덕적인 것의 통일을 의미한다. 헤겔은 추상법에서는 자연법론자와 사회계약론자를 포괄하는 법의 의미와 한계를 다루고, 도덕성에서는 칸트의 도덕과 한계를 다룬다. 그러므로 인륜성은 사회계약론의 법 내용을 견지하면서도 비판을 통해 고양된 법과, 칸트의 도덕을 견지하면서도 비판을 통해 고양된 도덕을 통일시켜서, 이성이 새롭게 인식한 선의 지평이다. 여기에서는 개인의 특수의지와 공동체의 보편의지가 법과 선을 매개로 통일된다. 헤겔은 이런 의미의 인륜성을 가족·시민사회·국가의 논리적 전개를 통해 정립하고 궁극적으로 인륜성을 국가법과 제도에 담겨 있는 국가의 정신이라고 본다.

그래서 헤겔에게 훌륭한 개인, 훌륭한 시민은 '좋은 법률을 가진 국가의 시민이 되는 것'이다. 이때 법의 출발점은 각 개인의 자유롭고 특수한 의지이며 그 정점은 개인의 특수의지와 공동체의 보편의지가 통일된 지점이다. 법의 체계는 보편의지로 실현되는 자유이념에 대한 모든 규정들의 체계이다. 그래서 자유는 법의 실체와 규정이며, 국가는 자유가 실현된 왕국이다. 국가 안에서 자유의 전개와 실현을 통해 정립되는 자유이념의 진리가 인륜성이다.

법철학은 이러한 인륜성이 한 국가 안에서 어떻게 실현되는지를 논증한다. 그러나 한 국가의 인륜성은 세계사의 전개를 통해 현실화되기 때문에, 인륜성의 실현은 법철학과 역사철학을 관통하는 철학의 목적이며 민족국가를 단위로 하는 자유민주주의가 세계사적 정신으로 전개된 것이다. 자유민주주의와 이를 뒷받침하는 참다운 제도와 헌법은 선험적 원리로 주어지는 것이 아니라 여러 세기에 걸친 역사적 노력의 결과물이다.

그러므로 인간의 자유·인격·권리·도덕은 공동체의 법률과 제도로 실현될 때 의미가 있으며, 법률과 제도를 가능케 하려면 일단 정치적인 것의 영역, 즉 국가가 있어야 한다. 내가 아무리 자유로워지고 싶고 나의 권리를 실현하는 인격체로 인정받고 싶어도 자유와 권리를 지켜주는 정치적 국가와 법제도가 없다면 모든 것은 무용지물이 된다. 그래서 헤겔은 『법철학』의 「인륜성」 장에서 가족·시민사회·국가의 전개를 논하면서 국가의 법제도의 필연성을 정립한다. 사회계약론자가 최초의 인간이 가족을 형성하고 그리고 국가로 이행하는 것이 자연스럽다고 하듯이, 헤겔도 '혼인에 의한 가족'을 최초의 단계로 규정하고 그러고 나서 가족의 확대와 해체를 통해 가족구성원이 시민사회의 시민으로, 시민이 다시 국가의 공민으로 이행하는 구조를 취한다. 그러나 이것은 발생론적 설명이 아니라 논리적 서술이다. 가족이 먼저 등장한다고 해도, 가족과 시민사회는 이미 국가 속에 있다. 가족과 시민사회 구성원으로서 개인의 권리 또한 국가에서만이 제대로 실현될 수 있다. 물론 가족과 시민사회 없는 국가 또한 존재하지 않으므로 가족과 시민사회는 국가의 본질적인 두 계기이다. 그러므로 헤겔이 논리적 서술을 통해 보여주고자 한 것은, 가족과 시민사회가 이미 국가 속에 있지만 국가는 단순히 전제된 것이라기보다는 가족과 시민사회의 한계를 지양하면서 그 계기들의 논증을 통해서 도출되고 증명된다는 점이다. 개인에게 국가는 전제이면서 결과이므로, 국가와 국가체제를 임의적으로 만드는 사회계약론자와 달리, 헤겔의 국가는 전제와 증명을 통해서 필연성과 보편성이 정립된 이성적인 것이다. 그래서 헤겔은 국가와 국가정체를 '신적인 것' 내지 '항구적인 것'이라 일컫기도 한다.

국가의 법률 및 제도는 개인들의 특수의지를 지양하고 보편의지를 실현한 것이다. 그런데 일상생활에서 이기적이고 충동적인 특수의지를 지니는 개인이 도대체 어떻게 의지의 보편성을 실현할 수 있으며, 어떻게 개인들의 동일성을 확보할 수 있는가? 헤겔은 이를 입증하기 위해서 가장 비근하게 개인의 보편적 행동양식으로 간주되는 관습의 인륜성에 대해 논한다. 개인의 삶의 지평이면서 보편적인 행동양식은 관습이다. 개인은 관습 안에서 살아가는 존재이며 관습과 보편성은 개인이 처해 있는 상황에서 이미 개인에게 지시되고 알려져 있는 것이며 개인에게 의무를 부과한다. 인륜성이 개인에게 의무로만 간주된다면, 인륜성은 개인들의 자유로운 의지의 발현이기보다는 구속이나 억압으로 비칠 수 있고, 오히려 자유와 인격의 포기처럼 보일 수도 있다. 그러나 헤겔은 의무와 권리를 분리시키지 않는다. 개인은 의무를 통해 동물적이고 자연적인 충동과 자기중심적 이기성으로부터 해방되며 자신의 권리를 실현한다.

권리와 의무가 분리되지 않는 헤겔의 국가도 사회계약론자처럼 삼권분립에 기초한다. 헤겔은 삼권을 입법권(헌법), 통치권(중간계층으로서 공직자), 군주권으로 분할하며, 군주권은 입헌군주제를 의미한다. 분명한 삼권분립에도 불구하고, 헤겔은 자신의 국가를 공화제나 민주제로 간주하지 않는다. 헤겔이 볼 때 국가를 민주제·귀족제·군주제로 구분하는 방식은 국가의 정신이 실체적 통일을 이루지 못하고 국가 자체의 이성적 파악에 도달하지 못한 낡은 방식이다. 헤겔이 볼 때 국가는 세가지 정체의 요소를 모두 지니고 있기 때문에 군주권이 한 사람, 소수 또는 다수의 공민에 있느냐에 따른 양적 구분은 의미가 없다. 그러나 헤겔의 입헌군주제도 루쏘나 칸트가 공화국에 적용하는 요소, 즉 법률에 의해 지배되는 체제이다. 물론 헤겔의 입헌군주제는 마끼아벨리의 군주국과도, 루쏘가 공화국에 적용한 군주정과도, 군주제를 공화정의 최대치로 보는 칸트의 시민사회적 정치체제와도 다르다. 국가가 삼권분립에 기초하면서도 권력분할의 여러 계기들의 개별적 통일을 이루려면 하나의 인격, 즉 단일하고 통일적인 인격의 성격을 지녀야 하기 때문에 헤겔은 하나의 인격으로서 군주가 필요하다고 보며, 군주의 인격을 내세우기 때문에 국가는 공화정이 아니라 입헌군주정이다. 군주를 최정점에 놓는다고 해도, 이것이 군주국으로의 후퇴를 의미하지는 않는다. 군주는 이름만 군주이지 실제로는 자유민주주의의 최고 정치가로서 일종의 대통령과 다르지 않다. 군주는 입법권이 확정한 헌법에 대해 단지 '나는 의지한다' '나는 동의한다'라는 서명을 하는 자로 정상에 있을 뿐이다.

여기에서 이전 철학자와 비교할 때 용어상의 차이를 짚고 넘어갈 부분이 있다. 칸트는 시민사회를 공화국 또는 국가라고 하는 데 반해 헤겔은 시민사회와 국가를 구분한다. 헤겔에 이르기까지 시민사회와 국가는 서로 구분되지 않고 동일한 의미로 사용되었다. 아리스토텔레스도 도시국가를 시민사회(사회 전체)라 불렀으며 그 전통이 칸트에게까지 이어진다. 그러나 프랑스혁명과 같은 급변을 통해서 시민의 권리요구가 생겨나고, 이른바 근대적 의미의 시민사회가 형성되자 헤겔은 국가로부터 시민사회를, 시민사회로부터 국가를 분리하여 양자의 차별성을 분명히하고 그 성과를 『법철학』에서 보여준다.

시민사회는 헤겔에게는 국가가 아니지만, 칸트에게는 국가이다. 헤겔의 관점에서 보면 '개인과 사회의 관계'는 '개인과 국가의 관계'로 확장되며 역사철학의 문맥에서 보면 개인과 세계사의 관계로까지 확장되어야 한다. 그러므로 개인과 사회의 관계를 위해서는 정치적 국가와 법제도가 형성되어야 한다. 이때 정치적인 것은 '인간이 스스로 만드는 것'이다. 국가 건설을 위한 사회계약을 주장할 때도, 정치와 역사에 헤겔적 이성을 개입시킬 때도 '만든다'와 연관이 있다. 그러나 '만든다'를 강조하면 국가의 임의성과 자의성이 부각될 수 있고, 국가와 역사를 절대적 필연성으로 전개하면서 그 속에서 신의 개입을 배제하고 섭리를 이성적으로 재구성하는 헤겔의 주장 또한 비판받게 된다. 이것은 헤겔 이후의 철학자들이 헤겔의 국가관과 역사관을 비판하면서 상대주의적 입장을 전개시키는 요인이 된다. '인간이 스스로 만들었다면' 그 결과물에 대한 합리적 파악도 가능하며, 그것을 다시 변화시키고 개혁할 수도 있다. 그런 점에서 부르주아 사회이론을 비판하는 맑스의 견해도, 헤겔적 국가공동체의 필연성을 거부하는 상대주의적 국가관과 역사관도 의미를 지니게 된다.

8. 원자적 개인과 공동체적 개인

개인은 누구나 자신이 속한 사회에서 원하는 일을 스스로 자유롭게 수행한다. 그러나 기사화되는 사건, 행정집행, 국가업무 등은 개인이 그 일에 참여할 수도 통제할 수도 없는 것처럼 보이기 때문에, 사람들은 "나와 상관없는 일이다"라는 말을 자연스럽게 내뱉곤 한다. 루쏘는 개인이 그런 태도를 취하는 한 '국가의 운명은 이미 끝난 것으로 생각'한다. 무관심은 공동체에 대해 영향력을 포기하는 것이며, 결국 공동체와 상호작용하는 개인의 자유와 권리의 포기이고 인격의 포기이기 때문이다.

개인의 삶의 공간이 어떠하든지 간에 개인은 이미 사회 속에 살고 있다. 아리스토텔레스에 따르면 인간은 근본적으로 '정치적 동물(사회적 동물)'이라서 사회의 구성원으로, 공동체의 일원으로, 전체의 부분으로 삶을 시작한다. 전체 없는 부분이 없듯이, 사회 없는 개인은 불가능하다. 그래서 사회구성원의 존재목적은 자신이 아니라 타인 및 공동체의 생존이다. 개인은 홀로 원자적으로 태어나는 것이 아니라 사회구성원으로 태어나므로 개인의 목적은 공동체의 목적에 의해 좌우된다.

여기에서 인간이 '근본적으로' 사회적 동물이고 공동체적 개인이라고 주장할 정당성이 있는가? 근대 사회계약론자들은 개인의 독자성과 자유에 주목하면서 아리스토텔레스와는 다른 관점을 제시한다. 개인은 공동체적 개인이기보다는 사회 이전의 원자적 개인이며, 그의 원초적 상황은 자연상태이다. 그래서 원자적 개인이 어떻게 사회를 형성하며, 형성된 사회는 보편적 사회인가 등의 문제가 난제로 대두된다.

개인과 사회의 관계를 도출하기 위해 사회계약론자는 무엇보다도 '인간본성'에 대한 이해를 요구하고, 특히 자신이 원하는 것을 선으로 간주하며 자기이익을 관철시키는 이기성에 주목한다. 개인은 자신이 원하는 것을 충족시키고 권리를 확립하는 '자유'를 지니며, 타인도 그러하다. 그러나 욕구와 의지에는 차이가 있으며, 차이는 개인의 욕구를 특수한 것으로 전락시킨다. 그에 반해 사회는 모든 개인에게 관철되는 보편적 의지와 보편적 목적을 지향한다. 개인의 특수성과 사회의 보편성의 매개는 개인과 사회의 관계를 가늠하는 잣대이지만, 양자는 분리된 것처럼 보인다.

이 글에서는 양자를 관계시키기 위해 '이미 사회 속에 존재하는 개인의 상황'을 발생론적으로 파악한 홉스, 로크, 루쏘와, 인간본성의 발현을 선험적 역사철학으로 정립한 칸트, 사회계약론자들의 전제와 논의방식을 비판하면서 인륜성을 제시하는 헤겔을 살펴보았다. 그리고 발생론적 관점은 아니지만 개인과 사회의 관계의 근대적 출발점에 서 있는 마끼아벨리로부터 이 글을 시작했는데, 그는 자연권에 대한 강조나 공화국의 정당성을 주장하지 않기 때문에, 자연법론자와 사회계약론자 이래로 자유민주주의를 추구하는 근·현대사회에 어울리는 철학자는 아니다. 그러나 루쏘가 주장하듯이 "마끼아벨리는 군주들을 가르치는 듯하면서 사실은 사람들에게 위대한 교훈을 주었다. 그의 저서 『군주론』은 공화주의자의 교과서이다"라고 해석할 만한 여지를 지닌다. 마끼아벨리는 교황권을 제어하기 위해 군주권을 강화하는 시기의 철학자라서 군주국을 이상적 정치형태로 제시하지만, 국가를 군주국과 공화국으로 대별하고 이것들을 다시 세분한다. 마끼아벨리의 이런 논의를 근대 철학자들이 되새김질하는 가운데 정당성의 축이 점차 공화국으로 넘어간다. 이후의 철학자들도 내용의 차이는 있어도 이 노선을 따랐으며, 이와 더불어 사회—국가 형태가 다양하게 논의되었다.

| 김성호·이정은 |

신과 종교

___선한 신과 악은 양립 가능한가

1. 종교개혁과 고대 회의론의 부활

근대의 문을 여는 중요한 사건 중 하나인 종교개혁은 루터에 의해 촉발되었다. 그러나 그것이 처음부터 혁명적인 성격을 지녔던 것은 아니다. 면죄부 판매를 비롯하여 일련의 교회정책들에 대한 비판을 담은 95개조의 반박문을 내걸 때, 그는 교회가 진정한 과거로 돌아가야 한다는 생각을 갖고 있었다. 루터는 자신의 반박이 종교·신앙의 문제들을 판단하는 교회의 기준에 근거한 객관적인 것임을 알리는 데 주력했다. 즉 자신이 비판하는 정책들은 교회의 전통과 종교회의의 결정 그리고 교황의 회칙에 위배된다는 것이다. 하지만 그는 교황청으로부터 거센 비난을 받았고, 종국에는 파문까지 당했다. 그러나 루터는 독일령 제후들의 지원을 받았고, 이를 계기로 종교·신앙의 문제에서 교회가 지녔던 절대권위에 정면으로 도전하게 되었다. 그는 기존 교회의 권위와 전통을 거부하고 세례와 복음과 신앙만이 영적인 존재로서의 기독교인을 만들 뿐이라며, 양심에 따른 성경의 이해를 그 대안으로 제시했다.

깔뱅(J. Calvin)은 종교개혁운동을 전유럽으로 확산시킨 인물이다. 그는 종교·신앙의 문제에서 우리가 의존해야 할 기준을 그리스도가 우리에게 부여하는 내적인 확신에 두었다. 그것이 우리로 하여금 성경이 그리스도의 말씀임을 믿고 이해할 수 있도록 해준다고 생각했기 때문이다. 깔뱅의 교리에 의하면 아담의 원죄는 구제될 수 없는 것이다. 그런데 한없는 자비심을 지닌 신은 예수 그리스도를 지상에 보내어 아담의 후손들이 구원받을 수 있도록 했다. 이때 누가 구원을 받을지는 그 사람의 사람됨이나 혹은 가톨릭교회가 주장하듯이 그가 행한 선행에 달린 것이 아니라 이미 예정되어 있는 것이다. 이렇게 구원이 예정된 자는 신의 은총에 의해 구원을 받게 되며, 따라서 이 구원의 은총은 지상에서의 세속적인 행위와 무관하다.

루터와 깔뱅이 주창하는 개혁의 공통점은 종교·신앙의 문제에 대한 결정권을 교회로부터 개인에게 돌리고, 그리스도의 말씀인 성서를 구원을 위한 유일한 준거점으로 삼았다는 데 있다. 따라서 종교개혁자들이 가장 큰 관심을 둔 것은 성경을 자국어로 번역하는 일이었다. 그러나 문제는 이후 각각의 개인들이 자신들의 양심이나 신념에 따라 성경을 이해하고자 할 때 발생했다. 즉 개인의 양심이나 신념의 주관성에 따라 성경이 달리 해석될 수 있으며, 이런 이견들이 어떻게 조율될 수 있느냐 하는 점이다. 이 문제는 반개혁주의자들의 눈에는 치명적인 것으로 인식되었다. 그들이 보기에 개혁주의자들의 이런 주관주의적인 입장은 종국에 종교·신앙의 문제에 대해 회의감을 불러일으킬 수 있기 때문이었다. 그러나 이것은 단지 개혁주의자들에게만 국한된 문제는 아니었다. 같은 논거로 반개혁주의자들 역시 같은 문제에 봉착했다. 왜냐하면 교황이나 사제들도 인간이기에 절대적일 수 없고 또 이들간에도 이견이 있을 수 있다는 사실 때문이다. 또한 신앙이라는 중요한 문제와 관련해 자신의 양심과 신념을 따르기보다 성직자들의 결정을 맹목적으로 받아들이는 경우 신이 아닌 사람을 의지하는 것이 됨으로 무신론자와 다를 바 없다는 비판이 가해진다.

이처럼 서로를 무신론자로까지 몰고 가는 논쟁의 틈바구니에서 양자에

막대한 영향을 끼치는 책 한권이 출간되었다. 바로 1562년에 나온 쎅스투스 엠피리쿠스의 『퓌론주의 개요』의 라틴어 번역본이다. 개혁자들이나 반개혁자들이나 모두 상대방의 입장을 이론적으로 공격하기 위해 강력하고 효과적인 논증이 필요했는데, 그들은 바로 이 책에서 자신들이 필요로 하던 도움을 받을 수 있었다. 그러나 이를 통해 결정적인 이득을 본 쪽은 개혁자들보다는 반개혁자들이었다.

퓌론주의 회의론은 같은 고대 회의론의 하나인 아카데미학파의 회의론과는 입장이 다르다. 아카데미학파의 핵심적인 주장 가운데 하나는 인식이 불가능하다는 것이다. 하지만 그들은 믿음 사이에 개연성의 차이를 인정하고 있기에 개연성이 높은 믿음을 획득하는 데 중점을 두고, 오늘날 실용·실증주의와 유사한 이론을 발전시켰다. 그러나 퓌론주의는 오늘날 철학에서 인식론의 관점에서 다루어지지만, 고대에는 삶의 한 방편이었다. 퓌론주의에 따르면 인식에 대한 욕구는 불안과 근심만을 불러일으킬 뿐이다. 그 이유는 인식이 불가능하기 때문이 아니다. 인식이 불가능하다는 것을 안다면 인식에 대한 욕구를 버리는 것은 어려운 일이 아닐 것이다. 퓌론주의자들이 보기에 인식이 불가능하다는 아카데미학파의 주장은 여느 독단론자들의 주장과 다를 바 없다. 왜냐하면 그들이 보기에 우리는 인식이 가능한지 아닌지조차 알 수 없기 때문이다. 그리고 바로 이것이 우리로 하여금 인식에 대한 욕구를 계속해서 불러일으키는 이유이다. 그러나 충족될 수 있을지 없을지조차 알 수 없는 인식에 대한 욕구는 영혼에 불안과 고통만을 일으킬 뿐이다.

퓌론주의는 이로부터 해방될 수 있는 방책으로 인식과 관련된 모든 판단을 중지하고 관습과 전통에 따라 살 것을 권한다. 그것만이 인식에 대한 욕구로 인해 야기되는 고통을 치유해줄 수 있고 우리를 평온 속에서 살게끔 해주는 유일한 해결책이라고 믿기 때문이다. 그래서 퓌론주의자들은 판단중지를 위한 논증들을 발전시켜왔는데, 대략 기원후 2백년경 쎅스투스 엠피리쿠스가 그 시기까지 발전해온 논증들을 집대성한 책이 바로 『퓌론주의 개요』이다.

인식이 가능한지 아닌지에 대해서조차 유보적인 입장을 표명하는 이러한 퓌론주의는 새로운 권위(인간의 양심이나 신이 준 확신 등 그것이 어떤 종류이든)를 내세우는 개혁주의자들보다는 기존 교회의 전통적인 권위를 유지하고자 하는 반개혁자들에게 더 이득이 될 수밖에 없었다. 그도 그럴 것이 개혁자들이 비판하려는 교회의 권위는 그것이 어떠한 종류의 것이든 간에 이미 하나의 전통이었기에 반개혁주의자들은 개혁자들에 비해 상대적으로 유리한 고지를 선점하고 있었기 때문이다. 다시 말해서 반개혁자들에게는 아무리 개혁자들이 퓌론주의 논증을 사용하여 자신들의 입장을 반박한다 해도, 유사한 반박에 의해 반박될 수 있는 개혁자들과는 달리 돌아갈 곳이 있고, 또 바로 그곳이 그들이 지키고자 하는 것이었다. 따라서 반개혁자들에게 퓌론주의 논증은 개혁주의자들을 공략하는 데 더할 나위 없이 좋은 무기였던 것이다.

그러나 루터와 그의 추종자들이 주관주의적인 입장을 실제로 극단까지 밀고 나간 것은 아니었다. 작센지방에서 일부 과격한 추종자들이 무정부주의적인 사상을 교회에 적용시키고자 했을 때, 그 결과는 참담한 혼란과 민중의 불안이었다. 루터와 그의 온건한 추종자들은 의식과 교리를 갖춘 교회를 조직했으며 성직자들에게 결혼을 허용했지만, 모든 신자들은 성직자라는 만인제사장주의 선언과는 달리 직업적인 성직자들을 임명했다. 깔뱅주의자들 역시 앞서 설명한 예정조화설을 주장했으나 그렇다고 선행과 근검한 생활의 중요성을 간과한 것은 아니었다. 그는 구원받은 신자들은 성령의 충만함을 통해 이웃을 사랑하는 선행을 하게 되는 것이기에 선행은 구원의 조건은 아니나 구원받은 자의 징표일 수 있다고 주장했다. 특히 루터와 깔뱅이 주장한 노동의 신성성과 직업의 소명설은 산업혁명과 근대 세계의 성립에 필요한 이념적 기반을 제공하는 데 지대한 공헌을 했다.

2. 인식과 학문의 토대로서의 신

코페르니쿠스, 케플러, 갈릴레오가 이룩한 천문학의 혁명과 더불어 뉴턴에 의한 근대역학의 탄생으로 요약될 수 있는 근대과학의 등장은 처음에는 그 규모나 성과에 대한 기대가 그리 크지 않았다. 새로운 과학의 가능성과 그 성과에 대한 불투명성은 많은 이들로 하여금 종교개혁 논쟁과 더불어 새로이 부활한 회의론으로 빠져들게 했다.

몽떼뉴는 퓌론주의를 신앙의 문제뿐만 아니라 인문주의와 철학에까지 확대적용시킴으로써 퓌론주의를 결정적으로 부활시켰다. 인간이성에 대해 근본적인 불신감을 가지고 있던 몽떼뉴는 퓌론주의의 논거를 통해 감각을 통한 인식가능성에 회의적인 입장을 제기했다. 예를 들면 인간이 지닌 오감(五感)이 과연 참된 인식을 위해 충분한지 아닌지 알 수 없으며, 설사 오감만으로 충분하다 해도 동일한 대상에 대한 동일한 감각의 내용이 인간과 동물 그리고 인간간에도 서로 다를 수 있으며, 또한 동일한 인간에게조차도 상황에 따라 차이가 있을 수 있다. 인간의 능력으로 진리를 인식하려는 것은 헛된 짓이다. 그리스도가 성령의 빛으로 인도해주지 않는 한, 우리는 불확실한 현상세계를 배회할 뿐이기 때문에, 종교·신앙의 문제뿐만 아니라 인식과 문화에서도 판단유보가 이루어져야 한다.

몽떼뉴와 그의 영향을 받은 많은 자유사상가들은 신학문에 대해 별다른 관심을 보이지 않았다. 설혹 관심을 보였다 해도 그것은 단지 기존 학문을 거부하기 위한 것이거나 아니면 자신들의 회의주의 입장을 뒷받침할 사례를 찾기 위해서였을 뿐이다. 그러나 입장에 따라서는 과학이 일단 길만 제대로 잡히면 자연에 대한 근본적인 이해가 가능하여 그후로는 급속도로 발전할 수 있으리라는 희망과 기대를 갖기도 했는데, 베이컨이 바로 그런 사람 가운데 하나였다. 메르쎈느와 가쌍디 같은 신학자들도 신학문에 대해 지대한 관심을 가지고 있었다. 1634년에 메르쎈느는 당시 원고로 나돌던 역학에 관한 갈릴레오의 글을 최초로 출판했을 뿐만 아니라 『두가지 새로운 과학에 관한 논의와 수학적 증명』을 프랑스에서 발췌·출판(1636)했고, 1638년에는 요약하여 출판했다. 이 중에서도 특히 메르쎈느와 데까르뜨의 긴밀한 교류는 잘 알려져 있다. 메르쎈느와 가쌍디는 극단적인 신뢰론주의에 대해 정면대응을 피하고 중도를 모색했다. 과학을 형이상학과 구분하여 형이상학적 의미의 절대적인 인식(그것이 종교·신앙적이든 세계에 관한 것이든)은 포기하되, 살아가는 데 꼭 필요한 가설로서의 과학적 지식은 가능하다고 주장하며, 이러한 과학적 지식은 경험과 실험을 통해 확대하고 발전시킬 수 있다는 실용·실증주의적인 입장을 견지했다.

데까르뜨는 이러한 실용·실증주의적인 입장에 만족하지 않고 퓌론주의에 정면으로 대처한다. 그러나 그가 처음부터 퓌론주의에 적극적인 관심을 보인 것은 아니었다. 인간의 인식능력에 대해 절대적인 확신을 가지고 있던 그의 주된 관심사는 세계에 대한 참된 인식을 획득하기 위해 그것을 어떻게 사용해야 하는가 하는 방법론적인 문제였다. 데까르뜨가 이때 가지고 있던 확신의 내용은 "인간이 자신에게 주어진 인식능력을 올바르게 사용한다면 세상에 대해 참된 인식을 획득할 수 있다"는 것이다. 그런데 그것을 어떻게 사용하는 것이 올바른가라는 질문에 대한 답변은 그 질문만큼이나 추상적이다. 즉 "인간의 인식능력을 그 본성에 따라 사용하는 것"이다. 그렇다면 "인간의 인식능력을 그 본성에 따라 사용하는 것"이란 도대체 어떻게 사용하는 것을 말하는가? 이 질문과 연관된 난점은 "인간이 자신에게 주어진 인식능력을 그것의 본성에 따라 사용하면 세계에 대해 참된 인식을 획득할 수 있다는 확신" 자체에 의문이 제기될 때 나타난다. 이 의문은 세계가 하나의 보편적인 이론을 통해 이해될 수 있다는 입장을 견지하는 사람들이라면 누구나 부딪치게 되는 의문인데, 데까르뜨도 이러한 입장을 취하고 있었다.

1630년을 전후로 그에게 새로운 관심사로 떠오른 것들이 있는데, 바로 회의주의와 보편물리학과 세계생성의 문제와 신의 문제이다. 이는 앞의 의문과 깊은 연관관계가 있다. 무엇보다도 데까르뜨는 신과 관련해서 지대한 관심을 보이는데, 그는 신과 관련된 문제는 이성을 통해 논증되어야 한다고 주장한다. 또 신은 전능한 존재이기에 세계에 내재해 있는 보편법칙도 세계는 그 창조자이자 보존자인 전능한 신의 의지에 의존한다고 주장한다. 다시 말해 나를 포함하여 이 세상이 그 존재를 유지해간다는 것은 매순간 그 존재를 재창조하는 것과 마찬가지이기에, 우리는 창조되기 위해서뿐만 아니라 매순간 우리의 존재를 유지하기 위해서도 신의 도움을 필요로 한다는 것이다. 이러한 사유를 담고 있는 것이 『방법서설』과 『제1철학에 대한 성찰』이며, 세계의 생성과 발전을 지배하는 보편법칙에 대한 관심을 서술한 책이 『세계』(Le Monde, 1633)와 『철학원리』이다. 데까르뜨는 이를 토대로 여러가지 개별적이고 실용적인 학문들이 완성될 수 있다고 믿었다. 데까르뜨는 『방법서설』에서 비록 인간의 수명이 짧고 실험이 부족하다는 현실적인 제약으로 인해 이런 학문들을 단기간에 이룰 수 있는 것은 아니지만, 학자들간의 협동연구와 이를 통한 자료축적을 통해 언젠가는 인류가 그러한 상태에 도달하게 될 것이라고 생각했다. 그가 자신의 연구결과를 발표하고 다른 사람들과의 적극적인 정보교환을 추구한 것도 바로 이 때문이다. 비록 이것이 바른 길로 들어서는 첫걸음이기는 하지만, 문제는 그것이 여전히 "가능성에 대한 막연한 믿음"에 불과하다는 데 있다. 앞서 보았듯이 데까르뜨의 프로젝트가 전제하는 "인간이 자신에게 주어진 인식능력을 그것의 본성에 따라 사용하면 세계에 대해 참된 인식을 획득할 수 있다는 확신"이 과연 어떻게 정당화될 수 있을까? 실제의 추진에 앞서 확신에 대한 정당화를 요구하는 것이 무리라면, 적어도 그 가능성에 대해 유보적인 태도를 취해야 한다는 퓌론주의에 흔들리지 않고 탐구와 연구를 계속 수행해나갈 수 있을 정도의 확신을 줄 다른 어떤 것이 필요하지 않을까?

오늘날 자연과학자들은 이 질문과 관련해서 데까르뜨보다는 유리한 입장에 있다고 할 수 있다. 왜냐하면 그들은 자연과학의 급속한 발달과 그 성과를 인식가능성에 대한 긍정적인 근거로 내세울 수 있을 것이기 때문이다. 데까르뜨도 인식가능성에 대한 정당화에서 최선의 방법은 그것이 가져오는 긍정적인 결과물이라고 생각했다. 그러나 스티븐 호킹(Stephen Hawking)이 지적했듯이 지금까지 자연과학이 이론을 발전시켜온 방식 그리고 경쟁이론들 중 하나를 선택하는 (실용·실증주의적인) 방식을 바라볼 때, 그것이 지향하는 바와 하나의 보편이론을 통해 세계에 대한 참된 인식을 지향하는 프로젝트는 서로 어긋날 수가 있다. 그렇다면 오늘날 자연과학의 급속한 발달이 하나의 보편이론을 통해 세계에 대한 참된 인식을 얻고자 하는 데까르뜨 식의 프로젝트를 추진시키는 근본적인 추진력으로 이해될 수는 없을 것이다. 스티븐 호킹의 경우 인간이 본성적으로 지닌 지식에 대한 갈망에서 그 추진력을 찾았다면, 데까르뜨는 인간에게 그러한 본성과 그것을 이행하기 위한 인식능력을 부여했을 뿐만 아니라 인식대상인 세계를 창조하고 유지하는 신에서 그 추진력을 찾았다. 우리는 데까르뜨의 신이 인간에게 해준 보장은 "인간이 자신에게 주어진 인식능력을 그것의 본성에 따라 사용하면 세계에 대해 참된 인식을 획득할 수 있다"는 아주 일반적이고 추상적인 보장이라는 사실에 주목해야 할 것이다. 바로 이 점에서 데까르뜨는 중세의 전통을 잇는 근대인이었다.

3. 신에 대한 변론

인식과 학문의 근거로서 요청된 신은 이 세계의 창조주이다. 따라서 일상적인 삶에서 우리가 겪는 온갖 고통과 고난도 신의 존재와 무관한 것일 수 없다. 기독교에서 말하는 것과 같이 전능하고 지선한 사랑의 존재인 신이 어떻게 세상을 이토록 시련이 많은 곳으로 만들어놓았는가? 이 물음은 걸핏하면 신비와 신앙으로 모든 의문을 묻어버리던 고대인이나 중세인들보다는 이성의 눈을 뜨고 좀더 확대된 세계를 목격했던 근대인들에게 더 심각한 문제가 아닐 수 없었다. 그들이 이성에 대한 절대적 신뢰 속에서 신의 존재를 계시가 아닌 이성의 힘만으로 논증할 수 있다고 생각했다면, 악의 존재와 선한 신의 존재를 이성적으로 납득시킬 수 있도록 변론하는 문제 역시 중요한 철학적 문제였다. 우리는 근대 시기에 아주 이질적인 두 가지 변신론을 목격하게 되는데, 하나는 빠스깔에 의해 전개된 '반이성적인 변신론'이고 다른 하나는 라이프니츠에 의해 전개된 '이성적인 변신론'이다.

빠스깔의 변신론

빠스깔의 변신론은 인간이성을 절대화하는 모든 합리주의·인문주의 사상들을 정면으로 비판하면서 시작된다. 그래서 그의 변신론의 출발점은 이성을 겨냥한 비판이다. 모든 사물과 존재의 원인을 알 수 있다고 주장하는 인간이성이 과연 신적 진리, 즉 신에 대한 인식에 이를 수 있는가? 빠스깔의 대답은 부정적이다. 인간이성은 독자적으로 신적 진리에 이를 수 없으며, 이 세상에 존재하는 악과 부조리, 특히 인간 안에 존재하는 불균형과 모순 등의 원인을 밝힐 수 없다. 그가 자신의 변신론적 구상 가운데 많은 부분을 이성에 대한 비판에 할애하는 이유도 여기에 있다. 빠스깔에게 모든 존재는 이성의 범위를 넘어서 있다. 그가 마음과 이성을 구별하여 제1원리를 인식하는 것은 마음이며 이성이 아니라고 주장하는 것도 이런 맥락에서 이해할 수 있다. 제1원리가 '무로부터 나온다'는 말은 제1원리가 이성의 인식범위를 넘어선다는 것을 말한다. 이성이 존재의 모든 것을 다 이해하는 것은 아니며 따라서 빠스깔은 이성의 한계를 강조하여 "이성에 가장 합당한 것은 이성을 부인하는 것이다"라고 말한다.

이런 뜻에서 볼 때 빠스깔에서 변신론의 문제는 이성에 대한 비판이 전제되어야 하며, 변신론과 관련된 악의 문제는 원죄론에서 풀어야 한다. 선한 신과 악을 양립시키는 문제는 원죄론과 깊은 관련이 있기 때문이다. 따라서 그의 인간학은 신학으로 이행한다. 그의 원죄론은 아우구스티누스 사상에 뿌리를 두고 있다. 원죄론과 관련하여 펠라기우스(Pelagius)와 아우구스티누스와의 논쟁은 유명한데, 펠라기우스는 인간의 타락은 유전에 의해서가 아니라 모방에 의해서 전달되었다고 주장한다. 아담의 죄는 오직 아담 자신에게만 국한되어 후손에게 미칠 수 없으며, 죄는 의지의 작용이므로 그 책임은 의지의 소유자에게만 국한되어야 한다고 본다. 인간의 악은 원죄 때문이 아니라 상황 때문이다. 따라서 모든 인간은 스스로 악에서 벗어나 구원에 이를 수 있다고 본다. 반면 아우구스티누스는 인간의 타락은 외부로부터 후천적으로 들어온 불의(不義)에 기인하는 것이 아니라 생득적으로 이루어졌다고 주장한다. 인간의 악은 아담의 원죄 이후로 모든 인간에게 유전되어왔으며 그것이 생득적이란 점에서 인간 스스로 그 문제를 해결할 수 없다고 말한다. 여기서 신적 은총에 근거한 구원론이 나온다.

빠스깔도 아우구스티누스의 견해를 따라 악이란 원죄와 함께 세상에 존재하게 되었다고 말한다. 원죄는 인간존재의 근원적 문제이며, 이 세계가 안고 있는 악과 모순의 원인이 된다. 빠스깔에 따르면 악과 모순의 원인이 되는 원죄라는 인간존재의 근원적 문제는 이성적인 노력으로 해결될 수 없는, 계시신학의 영역에서 해결되어야 할 문제인 것이다. 따라서 빠스깔은 모든 인간에게 유전되는 원죄를 합리적으로 설명할 근거를 찾지 않는다. 그는 그것이 우리의 인식과는 너무 멀리 떨어져 있는 신비에 속한다고 말한다. 최초 인간의 죄인 원죄가 그것에 참여할 수 없었던 후손들에게 전가된다는 것을 주장하는 것보다 우리 이성에 불합리한 것은 없다. 그래서 원죄의 교리는 사람들의 눈에는 불합리할 뿐 아니라 어리석게 보인다. 그러나 이 교리에는 처음부터 이성적인 것이 담겨 있지 않기에 그 안에 이성적인 것이 결여되어 있다고 비난해서는 안된다. 이 교리는 이성에 대립되는 것이며 또 이성의 방법을 따라 만들어진 것이 아니기에, 우리가 그것을 이성적 방법으로 설명하려 든다면 그것은 이성으로부터 더욱 멀어질 것이라고 말한다. 빠스깔에 따르면 우리에게 분명한 사실은 우리가 비록 신비를 설명할 수 없지만, 인간조건의 모순들이 제기하는 문제를 해결하기 위해 의지할 수 있는 유일한 해결책은 바로 그 신비인 것이다.

이처럼 빠스깔은, 아담의 타락이 그의 후손 모두에게 유전된다는 원죄론은 우리의 이성에 부합하지 않는 하느님에게 속한 신비의 영역임을 강조한다. 그러나 원죄의 유전만큼 우리의 정의(正義)에 부합되지 않는 것도 없다. 죄의 유전으로 인해 모든 인간은 자신의 자유의지와 상관없이 실존적 죄인이 되기 때문이다. 그러나 이러한 이해할 수 없는 신비를 받아들이지 않는 한 우리는 인간을 이해할 수 없다. 빠스깔에 따르면 원죄의 신비가 없다면 인간을 이해할 수 없다는 점에서 원죄의 신비는 인간존재의 신비보다 더 이해하기 어려운 것이라고 말할 수 없다. 따라서 그는 이성을 만족시킬 만한 어떤 설명을 찾기보다는 신비한 것을 그대로 남겨두고자 한다. 이는 우리가 비록 신비를 설명할 수는 없지만, 신비만이 인간조건의 모순이 제기하는 문제를 해결할 수 있다고 보기 때문이다. 이 세계는 인간의 이성으로 이해되지 않는 악과 모순 그리고 불의로 가득 차 있기에 빠스깔은 이성의 오만을 경계하며 이성의 겸손과 복종을 요구하고 있는 것이다.

악의 존재를 설명하기 위해 끌어들인 원죄의 유전에 대한 문제는, 결국 인간은 신적 정의(正義)를 판단할 수 없는 존재라는 추론을 가능하게 한다. 하느님의 정의는 무한하며 유한한 존재인 우리 인간은 이런 무한을 이해할 수 없기 때문이다. 유한은 무한 앞에서 무화(無化)되며, 우리의 정신과 정의 또한 신의 정의 앞에서 무화된다. 그렇다면 우리는 신의 절대의지를 판단할 수 없고, 그 신비를 다 이해할 수 없다. 이러한 인간의 한계의식, 이

것이 빠스깔의 변신론이 겨냥하는 것이다. 자연적 인간은 그들의 한계의
식으로 인해 타락의 순간과 그 이전에 일어난 일들을 이해하지 못한다. 즉
아담의 상태를 이해하지 못하고 죄의 본성을 이해하지 못하며, 그에게 행
해진 죄가 어떻게 우리에게 전가되는지를 이해하지 못한다. 이 모든 것은
자연의 빛 아래서 현재 우리의 이해력으로는 알 수 없는 신비의 영역에 속
한 것이다.

　아우구스티누스처럼 빠스깔은 인간본성 안에 있는 두 상태를 구별한다.
하나는 창조된 아담 안에 처음에 존재했던 허물 없고 의롭고 완전하고 성
스러운 상태와, 다른 하나는 그의 반역을 통해 나타난 가증스럽고 더럽고
불완전한 상태를 말한다. 빠스깔은 후자를 제2의 본성이라고 부른다. 아
담의 반역은 신의 은총에 대한 자유의지의 오용(誤用)의 결과라고 할 수 있
다. 즉 아담의 타락은 그의 의지에 따른 것으로서, 신에 대한 불순종은 의
지의 자유로운 사용으로 말미암은 것이다. 창조는 만약 아담이 신의 계명
에 주의했더라면 결코 상실하지 않았을 조건적 의지 안에서의 창조를 말
한다. 즉 그 안에는 계명을 지키고 의(義) 가운데 거할 필연적인 어떤 것도
없었다는 것이다. 인간의 죄 혹은 악이란 인간이 자유로운 의지에 따라 신
으로부터 독립하고자 하는 반역을 통해 야기된 의무태만에서 기인한다.
그런데 신이 인간에게 준 자유에는 책임이 따르기에 인간은 그 책임을 결
코 회피할 수 없는 것이다. 악의 본성이라고 할 수 있는, 신에게 등을 돌리
는 인간의 반역적 성향, 즉 원죄는 모든 인간에게 보편적인 것으로서 인간
을 참 진리에서 멀어지게 하며 온갖 악행의 원인이 되기에 악의 원인은 인
간이지 신이 아니다.

　한편 악의 존재가 원죄에 있음을 밝히는 계시의 역할은 단지 악의 존재
를 밝히고 설명하는 것으로 끝나지 않는다. 계시는 인간 안에 있는 신성 혹
은 신의 형상이 회복될 수 있는 가능성을 보여준다. 한마디로 악의 존재는
선을 위한 전제조건인 것이다. 악이 존재한다고 하더라도 신은 그 악을 선

으로 바꾸어놓는다. 빠스깔은 두번째 아담인 예수 그리스도가 사람들에게 신성에 참여하도록 가르친다고 말한다. 죄·타락·악·비참·죽음 등은 그리스도를 통한 신의 은총으로 인해 회개·회복·선·축복·구원 등으로 이행한다. 빠스깔은 칸트처럼 인간이성은 이율배반을 통해 사유하며, 항상 명제에 반명제를 대립시킨다고 본다. 그러나 그는 칸트가 보지 못한 사실, 즉 이런 이율배반이 단지 우리의 정신에 국한된다고 보고, 사실(fact)에 대한 수용을 통해 거기서 나올 수 있는 방법을 제시한다. 결국 이성에 집착하는 모순 대신 인간을 초월하는 사실들이 있다고 본다. 그리스도교의 참된 증명은 우리 안에 있는 것도 자연 안에 있는 것도 아니고, 자연을 초월하는 초자연적 사실들 안에 있는 것이다.

자연과 초자연의 불연속성은 오직 하느님의 은총을 통해 비로소 연속적 운동이 된다. 그리고 은총은 자연을 꽃피우게 한다. 다시 말해 은총은 자연을 무한히 높이고, 변화시키고, 내면을 거룩하게 만든다. 자연적 인간은 신의 은총을 통해 신비를 이해하게 되며 죄의 종인 인간은 자신을 선으로부터 떨어져 있게 하는 힘보다 더 큰 힘을 통해서 악으로부터 돌아서서 선을 지향한다. 중보자이며 두번째 아담인 예수 그리스도를 통해 죄의 종인 인간은 의(義)의 종 혹은 자유의 종이 되기 위하여 환희 가운데 자유의지를 사용한다. 결국 초자연적 계시의 빛을 통해 우리는 악의 근원인 원죄의 신비를 이해하게 한다. 그리고 자연적 계시 안에 나타나는 원죄의 유전은 초자연적 은총을 통해 치유된다. 이것은 의로운 신의 절대적 선택의 의지에서 기인하는 것이다.

라이프니츠의 변신론

라이프니츠의 신관(神觀)은 철저한 합리적 체계 위에 세워져 있다고 말할 수 있다. 사물세계의 객관성과 합리성을 바로 하느님의 창조의 원리에 근거시키기 때문이다. 라이프니츠에 의하면 만물은 서로 조화를 이루며 이성적인 질서에 따라 존재하는데, 이러한 사실의 최종근거는 신이다. 데까르뜨는 수학적 진리조차 신의 의지에 따라 달라질 수 있다고 보았다. 하지만 라이프니츠는 신도 논리적으로 모순되는 것은 사고할 수 없다고 본다. 라이프니츠에 의하면 신은 전지전능하고 완전한 존재이다. 자연에는 완전성의 정도에 따라 수많은 다양한 사물들이 있지만, 가장 완전한 존재는 신이다. 완전한 존재인 신은 모든 경우에서 생각하며, 합리적으로 행동한다. 그렇기 때문에 라이프니츠는 신도 자신이 창조한 세계의 법칙을 초월하지 않는다고 생각한다.

라이프니츠의 변신론은 이처럼 신을 완전한 존재로 보는 신관에 바탕을 두는데, 여기서 완전한 존재인 신과 세상에 존재하는 악 사이에 나타나는 모순을 어떻게 변호할 것인지가 바로 그의 『변신론』(*Théodicée*, 1710)의 주제이다. 예정조화론과 함께 낙관론적인 그의 신관은 세계 안에 존재하는 고통과 불행 그리고 악이라는 사실과 모순되는 결과를 가져올 수밖에 없는 것처럼 보인다. 그는 신이 이 세상을 창조하면서 가능한 모든 세계 가운데 최상(Optimum)의 세계를 창조했다고 믿고 있다. 만약 모든 가능한 세계들 가운데 최상의 세계가 없었다면 신은 도무지 이 세계를 창조하지 않았을 것이며, 만약 그가 최상의 세계가 아닌 다른 세계를 선택했다면 그의 행위는 비난받게 될 것이다. 그렇지만 탁월한 신의 지혜는 무한한 가능성 가운데 오직 하나의 최상의 세계를 선택한다. 또한 이 세계가 최상의 것이 아니고 이보다 나은 세계의 창조가 가능했다면 그것은 신의 본성에 배치될 수밖에 없다. 즉 그것은 더 나은 세계에 대한 무지, 창조능력의 부족 혹은 자비의 부재 등으로 연결되며, 이는 완전하며 전지전능한 사랑의 신으로서의 그의 속성에 모순된다. 그런데 문제는 이러한 완전자로서의 신이 최상의 세계를 창조했다면 어떻게 이 세계에 악과 불행, 고통이 존재하는가 하는 것이다.

이 문제를 좀더 구체화한다면 악을 단순한 선의 결핍으로 본 아우구스티누스의 입장과는 달리, 라이프니츠는 악을 세가지 유형, 즉 형이상학적 악, 도덕적 악, 물리적 혹은 자연의 악으로 나눈다. 그렇다면 이 세가지 악은 이 세계가 모든 세계 가운데 최상의 세계로 창조되었다는 사실과 어떻게 조화를 이룰 수 있는가? 먼저 형이상학적 악은 세계 안에 존재하는 피조물의 불완전성에서 기인한다. 신은 피조물에게 완전성만을 부여할 뿐이며 불완전성은 피조물에게서 기인한 것이다. 한마디로 불완전성이란 신이 피조물을 창조하는 데 나타난 불가피한 현상으로, 이 세계의 모든 피조물은 불완전한 존재라는 사실로 인해 모든 피조물은 형이상학적 악을 내포하고 있다. 다시 말해서 이 세상의 모든 존재는 신의 피조물이라는 한계성 때문에 모든 죄(罪) 이전에 근원적인 불완전성에 놓여 있으므로 모든 피조물에는 사물의 단순한 불완전성 때문에 생기는 형이상학적 악이 존재할 수밖에 없다. 피조물의 불완전성과 한계성은 피조물의 이념 안에 내재되어 있다는 것이다. 라이프니츠는 피조물과 유일한 완전자인 하느님과의 차별을 인정하기 위해 피조물의 불완전성에 대한 논리적 필요성을 주장한다. 여기서 신만이 완전자이고, 피조물들에게는 신과 같은 완전성이 없다는 것이다. 피조물은 신으로부터 부분적 완전성만을 제공받았을 뿐이며, 만약 피조물이 신처럼 모든 악에서 자유로운 완전한 존재라면 또다른 신이 될 수밖에 없기 때문이다. 이러한 형이상학적인 악으로 인해 인간은 갖가지 고통과 불행을 필연적으로 겪을 수밖에 없는 것이다.

도덕적 악도 이와 마찬가지이다. 이것은 죄와 직접적인 관계가 있다. 죄는 선의 전제조건으로서 신에 의해서 허용된다. 신은 좀더 좋은 세계를 위해 죄와 악을 허용한다. 이런 선을 위한 악의 허용은 아우구스티누스의 입장을 따르는 것으로서, 아담의 죄가 '축복된 죄'(felix culpa)가 될 수 있는 것은 그것이 신의 아들의 성육신을 통해 회복될 수 있기 때문이다. 만약 우리에게 죄가 없다면 우리는 신을 그리스도의 인격 안에 있는 사랑의 신으로 결코 인식할 수 없을 것이다. 물론 신은 사물을 아름답게 창조할 수 있다. 죄 자체만을 보면 죄의 존재는 나쁘다. 그러나 그는 자신의 자유와 권능에 따라 더 좋은 것을 선택하기 위해 죄를 허용한다. 여기서 허용한다는 것은 원한다는 것도 원하지 않는다는 것도 아닌, 죄인에게 결핍된 것을 신이 안다는 것을 의미한다. 인간도 그것을 알기 때문에 죄를 짓는다. 그렇기 때문에 신은 죄에 대한 자신의 의지로부터 자유롭다. 여기서 신은 최상의 자유의지를 갖고 행한다. 자유의지란 요구되는 모든 조건이 외적으로 갖추어진 곳에서 행위하거나 혹은 행위하지 않을 수 있는 능력을 말한다. 신은 최상의 포괄적인 이성을 사용하여 최상의 자유에 따른 행위를 하는 것이다.

물리적 악은 세계에 존재하는 고통이다. 사람들이 가장 많이 묻는 질문은 '만약 신이 있다면 어떻게 고통이 존재할 수 있는가?'이다. 그의 신관은 세계 안에 존재하는 자연재해·전쟁·질병·핍박 등 일상적인 우리의 경험을 무시하는 모순처럼 보인다. 그러나 라이프니츠는 이같이 모순처럼 보이는 사실을 두가지로 변호한다. 첫째는 신은 이런 물리적 악을 반드시 원하는 것은 아니라는 것과 둘째는 세계 내의 고통과 불안은 도덕적 악의 결과라는 것이다. 즉 죄의 결과로 생긴 악인 것이다. 신은 인간을 자유의 존재로 창조했기 때문에 인간은 자신의 행위에 대해 도덕적 책임을 갖는다. 즉 악이란 잘못 사용한 자유의 댓가라고 할 수 있다. 따라서 악을 선택한 자에게는 그에 대한 책임이 따른다. 신은 아담에게 자유의지를 주었지만 그는 그 자유를 남용하여 악을 행한 것이기에 불행을 자초했다. 라이프니츠에 따르면 신은 물리적 악을 죄에 대한 형벌로서 또는 목적을 이루기 위한 수단으로서, 그리고 더 큰 악을 방지하거나 또는 더 큰 선을 실현하기 위해 허용한다고 말한다. 라이프니츠의 관점에서 보면 전체적으로 악보다는 선이, 불행보다는 행복이 훨씬 더 많다. 따라서 세계는 전체적으로 조화롭게 운행되고 있다. 가령 오케스트라의 화음 속에 들어 있는 불협화음이 그 자체로는 불필요해 보이지만, 화음을 이루는 음악 전체를 놓고 볼 때는 없어서는 안될 중요한 음의 요소인 것처럼, 악과 불행도 그 자체로는 없어져야 할 것처럼 보이지만 그런 것들을 통해 세계는 최상의 조화를 이룬다고 말할 수 있다. 이런 의미에서 앞서 양립 불가능한 것처럼 보이던 신의 완전성 및 최상의 세계와 악의 존재가 양립 가능한 것처럼 보이게 된다. 그러나 우리는 선한 자에게 닥치는 불행을 목격할 때 이러한 답변에 만족할 수 없으며, 따라서 라이프니츠는 눈에 보이지 않는 세계, 즉 내세에서 얻을 행복에 대해 말한다. 이런 점에서 라이프니츠는 이성주의 철학자이면서도 일면 기독교 변신론자로서의 면모를 보여준다고 말할 수 있다.

4. 종교의 계몽

계몽대상으로서의 종교

성서만이 유일한 진리요 다른 모든 종교적 권위는 거부되어야 한다는 종교개혁자들의 주장은 17세기에 들어오면서 확실성을 추구하는 데까르뜨의 방법적 회의의 정신을 피해갈 수 없었다. 데까르뜨 자신은 물론 자신의 방법적 회의가 지식에 국한된 것이며 신앙에 관해서는 성서와 교회의 권위를 따를 것을 주장했지만, 회의의 정신은 신앙의 영역에까지 확산되었다. 데까르뜨의 정신을 좇아 확실성의 원천을 경험적인 대상이 되는 생성계가 아닌 순수 존재계에 두고 있으면서도 데까르뜨와는 달리 사유와 연장, 정신과 자연이 동일한 실체인 신의 상이한 양태일 뿐이라는 실체일원론을 주장하는 스피노자는 시간 속의 역사를 담고 있는 성서로부터는 절대적 진리를 얻을 수 없으며, 중세인들의 생각과 달리 성서는 자연을 푸는 열쇠가 아니라 자연과 마찬가지로 해석이 요구되는 소산적 자연(natura naturata)일 뿐이라고 보았다.

스피노자는 『신학적·정치학적 논고』(*Theological-Political Treatise*, 1670)

에서 성서의 권위를 비판한다. 그는 성서의 이해를 위해서는 초자연적인 인식능력이 요구된다는 깔뱅주의를 배격하는 한편, 성서의 권위를 떠받치고 있는 두개의 기둥인 예언과 기적에 대해, 예언이란 예언자의 상상력의 산물일 뿐이며 기적이란 이해력이 부족했던 성서의 기록자에게나 기적으로 보이는 것이지 실상은 자연적 발생에 불과한 것이라고 보았다. 그러므로 성서란 전지한 신이 인간에게 직접 구술해준 것이라기보다는 성경의 기록자가 무지한 대중들의 지적 수준에 알맞게 작성한 도덕적 교훈의 내용을 담고 있는 하나의 문서에 불과하다는 것이다. 요컨대 스피노자에게 시간과 시간적 관계에 대한 기록인 모든 역사적 지식은 상상력의 매개를 통해 이루어지기에 객관적인 확실한 통찰을 주지 못하며, 따라서 단지 주관적이며 개연적인 지식에 지나지 않는다. 성서란 이처럼 이성과 직관의 대상이 되는 초시간적인 절대적 진리를 담고 있는 것이 아니라 단지 상대적 진리를 담고 있을 뿐이며, 이같은 상대적 진리를 파악하기 위해 우리는 성서의 기록들을 그것이 기록된 시대적 배경과 연관지어 고려하는 경험적 탐구방법에 의존할 수밖에 없다. 이같이 성서가 절대적 진리의 담지자에서 상대적 진리의 담지자로 그 위상이 격하됨으로써 그간 지적 발전의 방해자요 정치적·사회적 분쟁과 혼란의 주된 원인이었던 종교에 대한 계몽의 포문이 열리게 되었다.

영국 이신론의 자연종교

종교에 대한 좀더 본격적인 계몽작업이 이루어진 것은, 인간의 자연적 인식능력인 이성을 근거로 파악되는 이신론적 신념을 인류의 보편적 신앙의 토대로 삼는 자연종교의 이념을 전개한 영국의 이신론자들로부터 비롯된다. 이들은 1695년 영국에서 출판법이 진보적으로 개정된 것을 계기로 활발한 움직임을 보인다. 그리고 영국에서 18세기에 이신론자들이 대두하게 된 원인은 대체로 두가지 측면에서 찾아볼 수 있다. 하나는 르네쌍스 자연과학의 영향으로 생겨난 기계적 자연관과 조화를 이룰 수 있는 새로운 신관의 정립이라는 측면이고, 다른 하나는 튜더왕가에서 스튜어드왕가로 이어지는 근대 영국사에서 찾아볼 수 있는 종교적 분쟁과 그로 인한 종교적 탄압과 부패의 근원적 씨앗을 제거하고자 하는 종교개혁의 측면이다. 이신론이란 일반적으로 신이 이 세계를 창조했으나 창조가 끝난 후에는 이 세계에 대해 어떠한 섭리적인 관여도 하고 있지 않다는 일종의 철학적 신관이다. 이것은 자연법칙을 위배하는 어떠한 기적도 신의 섭리로 인정하지 않는다는 점에서 세계의 엄격한 자연적 질서를 주장하던 근대 자연과학적 세계관과 조화를 이룬다. 더 나아가서 종교적 부패와 탄압의 빌미가 될 수 있는 의인적 신관을 배격한다는 점에서 분명 종교개혁적인 요소를 지니고 있다. 그러나 영국 이신론자들이 처음부터 이처럼 엄격한 이신론적 신념을 지니고 있었던 것은 아니다.

대표적인 이신론자의 하나인 쌔뮤얼 클라크(Samuel Clarke)에 따르면 이신론자들은 네가지로 분류될 수 있다. 첫번째 단계의 가장 온건한 이신론은 전지·전능·지선한 이 세계의 창조주가 이 세계를 섭리 가운데 운행하고 있으며, 인간의 도덕적 삶의 여부에 관심을 갖고 내세에서 선한 자와 악한 자를 심판하리라는 것을 믿는다는 점에서 기독교 유신론자와 다를 바가 없지만, 인간의 이성으로 파악할 수 없는 신비한 계시를 인정하지 않는다는 점에서 전통적인 유신론과 견해를 달리한다. 두번째 단계의 이신론은 앞서의 이신론과 대동소이한 견해를 주장하나 인간영혼의 불멸성과 내세의 심판을 부인한다는 점에서 전통적 유신론과 좀더 거리를 둔다. 세번째 단계의 이신론은 두번째 단계의 이신론에서 좀더 발전해 인간 영혼의 불멸성, 내세의 심판 모두를 부인할 뿐 아니라 더 나아가 신은 비인격적 존재로서 우리의 도덕적 태도에 전혀 관심을 갖지 않는다고 주장한다. 마지막 네번째 단계의 이신론은 가장 극단적인 견해로서 신이 이 세계를 섭리 가운데 주재하고 있다는 사실을 부인하며 신은 세계를 창조한 이후에 세계에 전혀 관여하지 않는다고 주장한다. 17세기 말에서 18세기 전반기에 주로 활동한 영국 이신론자들은 주로 첫번째와 두번째 단계에서의 이신론자들이다. 그들은 허버트 경(Lord Herbert of Cherbury)이 주창한 자연종교의 이념과 로크의 합리성의 이념을 좇아 이신론적인 기독교를 주창했다.

근대 이신론의 아버지라고 할 수 있는 허버트 경은 그의 『이방종교에 대하여』(De Religione Gentilium, 1663)에서 종교적 신념들에는 공통적 요소가 있다는 신념에서 출발하여 인류의 원초적 종교는 항상 합리적이며 도덕적인 존재인 최고의 신에 대한 믿음에 토대를 두고 있다고 말한다. 그는 신은 우리의 마음에 신의 존재와 이 땅에서 경건하고 덕스러운 삶을 살아야 한다는 의무감과 내세의 존재를 믿는 자연적인 성향을 심어주었다고 말하며, 바로 이같은 기초적인 믿음이 인류의 모든 종교가 지니고 있는 공통요소라고 주장했다. 따라서 허버트 경은 우리의 믿음이 순수하고 순결한 모습을 잃고 놀랍도록 타락하고 왜곡되어 있는 현실종교를 돌아보면서 자연종교로의 복귀를 주장했다. 허버트 경이 주장한 자연종교는 훗날 영국 이신론자들의 방향설정에 지대한 영향을 주었다.

로크는 중세적 전통을 따라 계시의 도움 없이 이성만으로 밝혀질 수 있는 이성적 진리와 계시의 도움 없이는 알 수 없는 계시적 진리의 구분을 그대로 이어받고 있다. 그러나 로크는 개개인에게 강한 느낌이나 확신으로 다가오는 체험적 계시에 입각해 일련의 독단적인 종교적 주장을 전개하는 광신주의를 피하기 위해 종교적 문제에서 이성의 역할을 강조한다. 물론 신은 이성을 초월하는 진리를 계시하지만 그것을 신앙으로 수용하기 위해서는 그것이 실제로 신에 의해 계시된 진리인지의 여부가 이성에 의해 판단되어야 한다고 본 것이다. 예를 들어 로크는 영혼의 불멸성이나 육체의 부활 등의 교리는 성서의 증언에 따라 계시적 진리로서 받아들이지만 삼위일체나 원죄 같은 기독교의 핵심교리나 성체성사에 대한 성체변화설과 같은 교리는 신에 의한 진리로 보지 않았다. 왜냐하면 어떤 종교적 교리나 명제를 신에 의한 계시적 진리로 판단하려면 그것이 비록 이성을 초월한 신비적인 내용을 지닌 것일지라도 이성에 반하는 것이어서는 안된다고 보았기 때문이다. 로크는 분명 인간의 이성만으로 파악할 수 없는 계시적 진리가 있다고 본 점에서 이신론자로 분류될 수는 없다. 그러나 이성을 계시적 진리 여부를 판별하는 기준으로 삼았다는 점에서 종래의 전통적인 유신론자들과는 구별되는 계몽주의적 성향을 지니고 있었다고 볼 수 있다.

허버트 경의 자연종교 이념과 로크의 종교의 합리성에 대한 이념을 좇아 일어난 영국 이신론의 대표주자인 톨랜드(J. Toland)는 『신비하지 않은 기독교』(Christianity Not Mysterious, 1696)에서 "인간의 지식이란 오직 관념에 관한 것이기에 관념들 사이의 연관과 일치 또는 불일치와 모순에 대한 지각에 불과한 것"이라는 로크의 지식론의 원리를 종교적 인식에도 그대로 적용하여 계시에 대한 이성의 우위를 주장했다. 톨랜드에 따르면 종교적 인식에서 그 대상이 되는 것의 절대적 초월성을 주장하면서 그 본성을 알 수는 없으나 그 존재를 확신할 수 있다고 말하는 것은 무엇인지도 모르는 것에 대해 확신을 갖는다는 말이 된다. 이것은 지각되지 않는 것에 대해 확신을 주장하는 것이기에, 로크에 따르면 추측과 상상에 불과한 것이며 따라서 공허하고 무의미한 말에 지나지 않는다. 요컨대 종교적 인식이 참된 의미와 의의를 지니기 위해서는 그 인식대상이 이성에 의해 분명하게 이해될 수 있어야만 한다. 따라서 계시를 확실한 인식의 근거로 보아 이성에 어긋나는, 즉 이성적으로 이해가 불가능하고 심지어는 모순되는 종교적 교리를 신비적 주장으로 간주하여 절대적 진리로 인식하는 것은 명백히 잘못된 것이다. 계시란 인식의 확실한 근거라기보다는 진리전달의 특수한 방식일 뿐이며, 그것의 진리성은 이성에 의해 검증되어야 하는 것이다.

또다른 대표적 이신론자 가운데 한 사람인 틴달(M. Tindal)도 『창조만큼 오래된 기독교』(*Christianity as Old as the Creation*, 1730)에서 로크 인식론의 원리를 출발점으로 삼아 접근하고 있다. 여기서 그는 참된 계시를 판별하는 기준을 시공의 제약을 초월한 계시의 보편성에 두었다. 참된 신이라면 계시의 빛을 어떤 특정한 부류의 사람에게만 선별적으로 비추어주는 존재라기보다는 모든 사람에게 골고루 비추어주는 불편부당(不偏不黨)한 존재일 것이다. 따라서 계시종교의 참된 내용은 신비와 비의에 감추어진 독단적인 종교적 교의가 아니라 보편적으로 타당한 것으로서 승인될 수 있는 자연법적인 도덕적 규범에 제한되어야 한다고 본다.

이같은 계시에 대한 비판적 정신과 도덕적 진지성은 신앙의 평화 대신 종교라는 이름으로 저질러진 전쟁·학살·부정 등 온갖 만행을 종식시키고자 하는 이신론자들의 참된 종교적 정신의 발로에서 비롯된 것이었다.

프랑스 자유사상가

볼떼르는 프랑스 계몽주의운동의 상징인 백과전서의 편찬에 가담했을 뿐 아니라 영국의 대표적 사상가인 뉴턴과 로크의 사상을 프랑스에 널리 알린 대표적인 프랑스 계몽주의 사상가이다. 그는 한편으로는 무신론과 유물론에, 그리고 다른 한편으로는 기독교와 형이상학, 신비주의 등에 반대하여 이들 양극단의 중도적 입장이라 할 수 있는 이신론을 주장했다.

그는 『형이상학 논고』(*Traité de métaphysique*, 1735)에서 신의 존재에 대한 두가지 논증을 전개하는데, 훗날 그중에서 제1원인 논증(the first cause argument)은 폐기하고 우주의 경이로운 질서와 목적인의 개연성에 입각한 목적인 논증(the final cause argument)만을 견지하고 있다. 이 후자의 논증은 뉴턴에 의해서도 제시된 것으로서, 시계가 시계 제조공의 존재를 함축하고 있다면 이 우주의 명확한 질서도 이 우주를 창조한 창조자를 함축하고 있다는 것이다. 볼떼르는 이 논증이 완결적인 것이라고 생각하지는 않았지만 우리의 상식에 호소할 수 있는 매우 개연성 높은 논증이라고 생각했다. 특히 그는 이 이신론적인 신은 인류에게만 사랑과 관심을 쏟는 의인화된 편파적인 존재가 아니라 그의 피조물 모두에 애정과 관심을 갖는 자애로운 존재로서, 인간에게 도덕적인 선을 자각할 수 있는 능력과 그것에 따라 행동할 수 있는 성향을 창조시에 이미 부여해놓았다고 생각했다. 그러나 1755년에 리스본에서 일어난 대지진과 그 다음해에 발발한 7년전쟁은 우주가 자애로운 신에 의해 완벽한 질서를 갖추고 창조되었다는 이신론적인 신념에 치명상을 입히게 되었다.

그는 자신의 풍자소설 『깡디드』(*Candide*, 1759)에서, 왜 이 세상에 악이 존재하는지에 대해 묻는 깡디드에게 터키의 한 현자는 "지존 마호메트께서 배를 타고 이집트로 가실 때, 그 배 안에 있는 쥐 몇 마리가 편안한지 편하지 않은지가 지존의 마음을 움직였을 것 같냐?"라고 되묻는다. 이 말이 시사하듯이 볼떼르는 『깡디드』를 집필할 때 이 세계에는 악과 선이 공존하며 인간은 신에게 하찮은 존재에 불과하다는 생각을 갖게 되었던 것 같다. 그러나 이처럼 악과 선이 공존하고 신은 인간에게 전혀 관심이 없다면 신의 존재를 인정할지라도 실상 그것은 무신론과 다를 바가 없다. 따라서 '신이 없다면 모든 것이 허용될 수 있다'는 생각이 든 볼떼르는 무신론과 다를 바 없는 극단적인 이신론이 도덕에 부정적인 영향을 끼칠 것을 우려했다. 그 결과 볼떼르는 다시금 자신의 초기 입장으로 돌아가 신은 인간에게 도덕적인 삶을 요구하며 부도덕한 삶에 대해 심판할 것이라는 그리스도교적인 신관에 가까운 이신론을 취했다. 바로 이러한 이유에서 혹자는 볼떼르의 이신론적인 신관을 내밀히 위장된 무신론자(crypto-atheist)의 신관이라고 생각한다.

볼떼르는 무신론자가 유신론자보다 더 사악한 존재일 것이라는 근거 없는 편견에 사로잡혀 있었다는 점에서 계몽주의자로서의 한계가 있었다. 그러나 볼떼르처럼 영국의 사상으로부터 많은 영향을 받았고, 또 프랑스에 영국의 사상을 소개한 백과전서의 편집자이며 편찬자인 디드로는 처음에는 볼떼르와 같은 이신론적인 입장을 취했지만 후에는 이보다 한걸음 더 나아가 무신론적인 견해를 취했다. 디드로에 따르면 상호배타적이며 비관용적인 유대교나 기독교와 같은 모든 역사적인 기성종교들의 배후에는 모든 인간에게 보편적으로 각인되어 있는 이신론적인 신념과 도덕적 양심이 있다고 생각했다. 그러나 그는 이러한 이신론적인 신념도 변질되어 인간을 분리시키고 인간을 온갖 멍에와 굴레에 속박시키는 미신의 배아가 될 수 있다는 점에서, 머리가 12개가 달린 히드라와 같은 괴물로 보고 있다.

흄

흄의 종교에 관한 논의는 『종교의 자연사』(*Natural History of Religion*, 1779) 서론에서 밝히고 있는 두개의 과제, 즉 종교적 신념을 정당화하는 종교의 토대문제와 종교적 신념의 발생을 규명하는 종교의 기원에 관한 문제로 요약할 수 있다. 전자는 『자연종교에 관한 대화』(*Dialogues Concerning Natrual Religion*, 1757)에서 다룬 주제이며, 후자가 바로 『종교의 자연사』에서 다루고 있는 주제이다. 전자에서 보여주는 종교적 신념의 철학적인 무근거성에 관한 지적은 흄을 무신론자로, 그리고 후자에서 중점적으로 언급되는 대중종교의 해악성은 흄을 반종교론자로 판단하는 근거가 되었다. 그러나 우리는 흄이 저술한 이 두권의 책에서 이신론과 종교의 가능성을 찾아볼 수 있다.

흄은 『자연종교에 관한 대화』에서 자연신학에서 논의되고 있는 신의 존재와 본성에 관한 철학적 논증의 불합리성을 비판함으로써 이성을 통해 종교에 이르는 길이 닫혀 있음을 보여주지만, 인간본성에 기초한 지성적 설계자에 대한 자연적 신념이 가능함을 우리에게 보여줌으로써 인간본성을 통해 종교에 이르는 길을 열어놓고 있다. 한편 흄은 인간본성 안에서 종교의 기원을 탐구하는 『종교의 자연사』에서 인류의 역사를 통해 살펴볼 수

있는 모든 대중종교는 지적인 설계자에 대한 자연적 신념에 기초하는 것
이 아니라 사제들에 의해 인위적으로 도입되고 그릇된 철학에 의해 독단
화되고 계시에 의해 정당화된 의인적 유신론에 기초함으로써 심하게 왜곡
되어 있다고 말한다. 흄에게 이같이 불행한 현상은 하나의 종교적인 난제
로 제기되고 있다.

흄은 이러한 종교적인 난제를 해결하기 위해 처음에는 18세기 영국 이
신론자들과 마찬가지로 이신론적 신념과 그것에 기초한 자연종교를 지지
했다. 그러나 흄은 이신론과 자연종교야말로 세속적인 도덕의 원리나 정
치적 질서를 확보할 수 있는 건전한 종교적 신념의 체계라고 생각하면서
도, 한편으로는 이러한 이신론과 자연종교를 왜곡시키는 인간의 자연적인
본성이자 나약성이라 할 수 있는 감각과 상상력의 강력한 역할을 결코 과
소평가하지 않았다. 따라서 종교에서 감각과 상상력에 의존하는 인간의
자연적인 본성을 인정했다. 그러나 그는 이신론적인 신념이 감각에 대한
지나친 의존으로 인해 가톨릭과 같이 미신으로 흐르거나 또는 상상력에
대한 지나친 의존으로 인해 예수교와 같이 광신주의로 흐르는 것을 막기
위해, 감각과 상상력의 적절한 제재와 조화가 이루어지고 있는 영국국교
회를 가장 이상적인 종교로 간주했다.

요컨대 흄은 종교를 인간의 자연적인 나약성에서 기인하는 삶의 양식으
로 수용하는 한편, 신의 존재를 인정하나 일체의 신화적 요소를 부인하고
도덕적인 실천만을 유일한 종교적 실천으로 삼았던 영국 이신론자들의 자
연종교와, 계시와 신화적인 토대 위에서 인간본성에 반하는 온갖 광신적
인 종교적 실천을 강요해온 기성종교와의 두 극단 가운데서 현실적인 중
용을 찾고자 했던 종교개혁론자였다.

5. 신앙의 시대에서 종교의 시대로

16세기부터 전개되기 시작한 종교개혁·과학혁명·사회변혁 등 다양한 측면에서 전개된 인류의 도전과 진보는 종래 내세에 대한 희망을 통해 현세적 삶의 질곡을 이겨내고자 했던 대중들로부터 그들의 종교적 신앙의 관심을 돌려놓기에 충분한 것들이었다. 그들은 이제 삶의 긴장이 가져오는 불안을 해소하기 위해 종래와 같이 무조건 신앙에 의존하기보다는 점차로 인간의 이성과 지혜 그리고 힘에 의존하기 시작했다. 그 결과 대중들은 그들을 억압하고 착취해오던 계시적 권위에 기초한 종교적·정치적 지배세력에 대항하는 개혁의 깃발을 들게 되었으며, 자연의 위협에 대항하여 그것을 정복하고 다스리는 과학의 무한한 가능성에 눈을 뜨게 되었다. 이러한 현상은 대중들의 종교적 신앙의 약화로 이어졌고, 이제 종교는 일상적인 삶 가운데서 야기되는 생존의 긴장을 벗어나기 위해서보다는 인식과 학문의 토대로서 그리고 이 세상에서 이웃과 더불어 살아가기 위해 필요한 도덕의 근거이자 토대로서 요청되기에 이른다.

이같은 시대적 분위기를 요약적으로 가장 잘 보여줄 뿐 아니라 그것을 이론적으로 체계화한 인물이 18세기를 철학적으로 마무리한 칸트였다. 『순수이성비판』을 통해 신은 이성을 통해 논증될 수 있는 존재가 아니라고 주장한 점에서나, 『실천이성비판』을 통해 인간의 최고의 도덕적 진보를 달성하기 위해 신의 존재가 요청된다고 주장한 점에서나 그는 분명 18세기의 시대적 정신을 이어가고 있었다.

칸트가 일흔살이 되던 해에 출간한 『이성의 한계 안에서의 종교(*Die Religion Innerhalb der Grenzen der Blossen Vernunft*, 1793)라는 책 제목을 통해 알 수 있듯이, 17세기에서 18세기로 이어지는 유럽 계몽주의시대의 시대적 특징은 중세를 특징짓던 '계시와 신앙'에 대조되는 '이성과 종교'이다. 계몽주의자들은 신앙을 주관적 변덕과 거짓 그리고 기만의 산물로 인식하는 한편, 이성에 의해 객관적으로 판단할 수 있는 신조와 교리 그리고 의례의 체계를 종교로 인식했는데, 그들은 초월과의 영적 교감이라는 종교적 체험이 배제된 왜곡된 종교인식을 보여주고 있다. 이같은 계몽주의자들의 왜곡된 종교인식은 향후 본격적으로 등장하게 되는 19세기의 도덕의 탈종교화와 그에 따른 노골적인 무신론의 교두보가 되었다.

| 원석영 · 이태하 · 장성민 |

인명 찾아보기

사항 찾아보기

글쓴이 소개

김국태 金國泰 호서대 디지털예술학부 교수
김규선 金奎善 연세대 강사
김성호 金聖昊 고려대 강사
김성환 金性煥 대진대 철학과 교수
김용환 金龍環 한남대 철학과 교수
김혜숙 金惠淑 이화여대 철학과 교수
김효명 金曉明 서울대 철학과 교수
맹주만 孟柱滿 중앙대 철학과 교수
박삼열 朴三悅 숭실대 국문과 교수
배선복 裵善福 한국정신문화연구원 연구교수
양선숙 梁善淑 영산대 법률학부 교수
양선이 梁善伊 서울대 강사
원석영 元鉐永 한양대 강사
윤광호 尹洸鎬 고려대 강사
윤선구 尹善九 서울대 철학사상연구소 선임연구원
이경희 李敬姬 연세대 강사
이재영 李在榮 조선대 철학과 교수
이정은 李程殷 연세대 철학연구소 전문연구원
이중원 李中遠 서울시립대 철학과 교수
이태하 李泰夏 서경대 철학사상연구소 전임연구교수
장성민 張聖敏 총신대 신학과 교수
정병훈 鄭炳勳 경상대 인문학부 교수
진태원 陳泰元 서울대 강사
최희봉 崔希峰 강원대 철학과 교수
홍병선 洪炳善 중앙대 교양학부 교수
황수영 黃洙塋 한양대 연구교수